Eco/Sebeok (Hrsg.)
Der Zirkel oder Im Zeichen der Drei

Supplemente

herausgegeben von
Hans-Horst Henschen

Band 1

Umberto Eco / Thomas A. Sebeok
(Hrsg.)

Der Zirkel
oder
Im Zeichen der Drei
Dupin, Holmes, Peirce

Übersetzt
von
Christiane Spelsberg und Roger Willemsen

Wilhelm Fink Verlag

Titel der englischen Originalausgabe:
Umberto Eco / Thomas A. Sebeok (Hrsg.), *The Sign of Three*
Dupin, Holmes, Peirce
© Indiana University Press, Bloomington, Ind., 1983

ISBN 3–7705–2310–5
© der deutschen Ausgabe: Wilhelm Fink Verlag, München, 1985
Gesamtherstellung: Graph. Großbetrieb F. Pustet, Regensburg
Umschlagentwurf: Heinz Dieter Mayer

Inhalt

Die Marginalien verweisen auf die Seiten des englischen Originals. Das genaue Seitenende ist durch einen Schrägstrich (/) im Text gekennzeichnet.

Vorwort

Die Herausgeber räumen ein, daß das vorliegende Buch nicht »programmiert«, also aus Gesetz und Fall oder, um es in einem Wort zu sagen, aus Deduktionen entstanden ist. Peirce lehrte, es sei nicht absolut wahr, »daß jedes Ereignis durch gesetzmäßige Ursachen bestimmt sei«; wenn nämlich beispielsweise »ein Mann und sein Gegenüber im gleichen Augenblick nießen«, können wir lediglich »von einer Koinzidenz sprechen« (1.406). Betrachten wir die folgende merkwürdige Reihe von Ereignissen:

(1) Im Jahre 1978 teilte Sebeok Eco beiläufig mit, daß er und Umiker-Sebeok gerade dabei seien, die Methode von Sherlock Holmes im Lichte der Peirceschen Logik zu untersuchen. Eco erwiderte darauf, daß er selbst an einem Vortrag schreibe (den er schließlich im November desselben Jahres beim zweiten Internationalen Kolloquium zur Poetik hielt, das die Fakultät für französische und romanische Philologie an der Columbia University veranstaltete), in dem er den Gebrauch abduktiver Methodologie in Voltaires *Zadig* mit der bei Holmes vergleichen wollte. Da beide Verfasser dieses Vorwortes Peirce bereits unheilbar verfallen waren, war diese Koinzidenz so erstaunlich nicht.

(2) Sebeok erwähnte daraufhin, daß ihm ein thematisch ähnlich gelagerter Essay bekannt sei, den Marcello Truzzi, ein Soziologe und offensichtlicher Holmes-Liebhaber, einige Jahre zuvor veröffentlicht habe, der sich bisher nicht durch besonderes Interesse an der Semiotik hervorgetan hatte. Truzzi zitierte hauptsächlich Popper, nicht Peirce, wobei es ihm eindeutig um das Problem der Abduktion oder jedenfalls der hypothetisch-deduktiven Methoden ging.

(3) Einige Wochen später fand Sebeok heraus, daß der bedeutende finnische Logiker Jaakko Hintikka zwei (zu dem Zeitpunkt noch) unveröffentlichte Arbeiten über Sherlock Holmes und die moderne Logik geschrieben hatte. Zwar bezog sich Hintikka nicht explizit auf die Peircesche Abduktion, doch das Problem war kein anderes.

(4) Zur selben Zeit las Eco eine im Jahre 1979 veröffentlichte Studie, die einer seiner Kollegen an der Universität von Bologna bereits seit über einem Jahr angekündigt hatte. Diese Arbeit griff die Anwendung von konjekturalen Modellen bei Hippokrates und Thukydides bis zu Kunstexperten im neunzehnten Jahrhundert auf. Ihr Verfasser, der Historiker Carlo Ginzburg, zitierte in seinen aufschlußreichen Anmerkungen aber auch *Zadig*, Peirce und sogar Sebeok. Es versteht sich von selbst, daß Sherlock Holmes in dieser Studie neben Freud und Morelli die Hauptrolle spielte.

(5) Als nächstes veröffentlichten Sebeok und Umiker-Sebeok eine frühe Version ihrer Arbeit – nachdem ersterer sie im Oktober 1978 an der Brown University innerhalb einer Veranstaltung zur »Methodologie in der Semiotik« vorgetragen hatte –, in der eine vergleichende Nebeneinanderstellung von Peirce und Holmes vorgenommen wurde. Eco veröffentlichte seinen *Zadig*-Vortrag und organisierte daraufhin im Jahre 1979 an der Universität von Bologna ein einsemestriges Seminar, das sich mit Peirce und dem Detektivroman befaßte. Fast gleichzeitig bot Sebeok – ohne das geringste von Ecos parallel dazu verlaufender Lehrtätigkeit zu wissen – im Rahmen des komparatistischen Literaturprogramms der Indiana University einen Kurs mit dem Titel [VII] *»Semiotic Approaches to James Bond and Sherlock Holmes«* an / (er bediente sich dabei jedoch Ecos Studie über Erzählstrukturen bei Ian Fleming aus dem Jahre 1965 (Original der dt. Ausgabe: Fink, München 1972). Zu den greifbarsten Ergebnissen von Ecos Seminar gehörte die Arbeit von zweien seiner Mitarbeiter, Bonfantini und Proni, die nun in dieses Buch Aufnahme gefunden hat; während sich eines der Ergebnisse von Sebeoks Kurs in der gemeinsam mit Harriet Margolis, einer Kursteilnehmerin, erstellten Analyse der Semiotik der Fenster bei Sherlock Holmes niederschlug (Erstveröffentlichung in der 1982er Ausgabe von *Poetics Today*). Während all dies seinen Lauf nahm, ging Eco Forschungen zur Geschichte der Semiotik nach und stieß dabei auf die aristotelische Definitionstheorie; seine Studie in diesem Buch ist ein Ergebnis dieses Forschungsweges.

(6) In der Zwischenzeit beschlossen Sebeok und Eco, die gesammelten Arbeiten zusammenzustellen, und Indiana Uni-

versity Press erklärte sich voller Enthusiasmus bereit, dieses Unternehmen zu unterstützen. Im Laufe eines seiner Herbstkurse an der Yale Universiy übergab Eco das gesamte Manuskript Nancy Harrowitz, die für ihn eine Semesterarbeit zu Peirce und Poe schrieb. In dieser wurde die Holmes'sche Methode, nach einem Vorschlag, den die Sebeoks in ihrer Arbeit gemacht hatten, wie selbstverständlich zu einer obligaten Bezugsgröße.

(7) Eine weitere Überraschung trat zutage, als Eco entdeckte, daß Gian Paolo Caprettini an der Universität von Turin seit zwei Jahren ein Seminar über Peirce und Holmes hielt. Caprettini ist ein bekannter Peirce-Schüler, doch war dies das erste Mal, daß Eco und Caprettini sich gemeinsam über Holmes äußerten. Diese Koinzidenz war es zumindest wert, weiter verfolgt zu werden, und sie führte schließlich dazu, daß man auch Caprettini einlud, an diesem Buch mitzuarbeiten.

Wir können uns des Eindrucks nicht erwehren, daß wir, wenn wir noch weiter umhergetastet hätten, wohl noch auf andere, ähnliche Beiträge gestoßen wären. (Vielleicht ist der historische Zeitgeist unseres Jahrhunderts doch kein rein hegelianisches Schauspiel!) Doch mußten wir die Suche aufgeben, wenn auch nur aus Zeitmangel. Sehr zu unserem Bedauern sahen wir uns überdies gezwungen, eine Fülle von interessantem Material auszuschließen, das sich zwar mit der Holmes'schen »Methode«, nicht aber mit der Logik der Abduktion auseinandersetzte (vgl. unsere gemeinsamen Quellenangaben sowie, umfassender, Ronald Burt De Waals unvergleichliche *World Bibliographie of Sherlock Holmes and Dr. Watson*, 1974). Die Sekundärliteratur zu Sherlock Holmes umfaßt ein wahrhaft ehrfurchtgebietendes Aufgebot von Arbeiten, doch wollten wir uns hier lediglich auf jene relativ wenigen Werke jüngeren Datums konzentrieren, die für die Geschichte der abduktiven Methodologie relevant sind. Im Verlaufe unserer Forschungen haben wir beide festgestellt, daß jeder moderne Gelehrte, der an der Logik der Forschung interessiert ist, Holmes wenigstens ein paar Zeilen, wenn nicht mehr, gewidmet hat. So schrieb Saul Kripke am 29. Dezember 1980 an Sebeok: »Übrigens habe ich da den einen oder anderen unveröffentlichten Vortrag sowie eine vollständige unveröffentlichte Vorlesungsreihe (meine John-Locke-Vorlesungen in Oxford) über die fiktionale Darstellung in Leernamen, in der Holmes möglicherweise eine noch herausragendere Rolle spielen könnte« – als in der früheren Verwendung nämlich, die Kripke von ihm in den *Semantical Considerations on Modal Logic* oder dem Anhang zu seinem *Naming and Necessity* gemacht hatte. Viele Studien halten nach wie vor an der Vorstellung fest, die Holmes'sche Methode bewege sich irgendwo in der Mitte zwischen Deduktion und Induktion. Dabei findet die Idee der Hypothese einer Abduktion kaum und wenn, dann nur [VIII] andeutungsweise Erwähnung. /

Natürlich gelangen nicht alle Beiträge in diesem Buch zu demselben Ergebnis. Die Herausgeber möchten hier nicht auf die verschiedenen Sichtweisen eingehen, sondern es dem Leser überlassen, sie zu bewerten und sie, jeder seinen eigenen Interessen gemäß, zu nutzen.

Der Titel dieses Buches wollte zweierlei anklingen lassen. Da ist einmal der offensichtliche Bezug *(renvoi)* auf Doyles Erzählung in Romanlänge,»Im Zeichen der Vier« *(The Sign of Four)*, die im Jahre 1890 zum erstenmal in *Lippincotts Magazine* und später in Buchform erschien. Sodann verspürten wir den unwiderstehlichen Drang, unsere Leser in den Zirkus der zügellosen Triplizitäten zu entlassen, für die Sebeok mit seinem dreiartigen Glücksspiel im ersten Kapitel ein Diskussionsbeispiel gibt.

In jüngster Zeit ist die Logik der Forschung – eine Wendung, deren Nähe zu Karl R. Popper unschwer zu erkennen ist – zu einem im Brennpunkt der erkenntnistheoretischen Forschung stehenden Thema geworden, das nicht nur Popper selbst, sondern auch seinen Kollegen, den verstorbenen Imre Lakatos, und seinen grimmigsten Kritiker, Paul K. Feyerabend, um nur einige zu nennen, beschäftigt hat. Poppers kontroverses Bild einer Wissenschaft, die auf »Vermutungen und Widerlegungen« basiert – er behauptet unter anderem, die Induktion nähre sich aus Mythen, das wissenschaftliche Streben nach Gewißheit sei aussichtslos und alle Erkenntnis auf ewig fehlbar –, wurde in den Grundzügen bereits von Peirce antizipiert, den Popper übrigens für einen »der größten Philosophen unseres Zeitalters« hält, wenn auch die Falsifikation als mögliche Technik der Logik sogar schon im Mittelalter alles andere als unbekannt war. Kritiker Poppers wie T. S. Kuhn und Anthony O'Hear wider-

sprechen Popper in einigen dieser grundlegenden Gedanken.
Wir sind der festen Überzeugung, daß eine Betrachtung der
Abduktion vom semiotischen Standpunkt aus neues Licht auf
diese altehrwürdige, nach wie vor lebendige Debatte werfen
kann. Wir hoffen darüber hinaus, daß diese Essaysammlung bei
der großen Schar von Sherlock Holmes-Liebhabern Interesse
finden wird, daß sie daneben aber auch von Anhängern der
Analytica priora (in bezug auf den Syllogismus) und der *Analytica posteriora* (in bezug auf die Bedingungen wissenschaftlicher
Erkenntnis) gelesen wird. Und natürlich hoffen wir, mit ihr auch
einige Peirce-Verehrer zu faszinieren, deren Zahl weltweit stetig
zunimmt; wir sind nur zwei von ihnen. In bescheidener Weise
wird dieses Buch in unseren Augen jedoch nicht zuletzt für die
Epistemologie und die Wissenschaftstheorie von Bedeutung
sein.

Umberto Eco   Thomas A. Sebeok

SCHLÜSSEL-VERZEICHNIS DER SHERLOCK HOLMES-TEXTE – NACH TRACY (1977)*

ABBE   *The Abbey Grange* – Der Tote von Abbey Grange
BERY   *The Beryl Coronet* – Die Beryll-Krone
BLAC   *Black Peter* – Der schwarze Peter
BLAN   *The Blanched Soldier* – Der bleiche Soldat
BLUE   *The Blue Carbuncle* – Der blaue Karfunkel
BOSC   *The Boscombe Mystery Valley* – Das Rätsel von Boscombe Valley
BRUC   *The Bruce-Partington Plans* – London im Nebel
CARD   *The Cardboard Box* – Ein unheimliches Paket
CHAS   *Charles Augustus Milverton* – Einbrecher im Frack
COPP   *The Copper Beaches* – Die Blutbuchen
CREE   *The Creeping Man*– Der Mann, der auf allen Vieren lief
CROO   *The Crooked Man* – Ein ganz einfacher Fall
DANC   *The Dancing Men*– Die tanzenden Männchen
DEVI   *The Devil's Foot* – Der Teufelsfuß
DYIN   *The Dying Detective* – Sherlock Holmes auf dem Sterbebett
EMPT   *The Empty House* – Das leere Haus
ENGR   *The Engineer's Thumb* – Der Daumen des Ingenieurs
FINA   *The Final Problem* – Sherlock Holmes Untergang
FIVE   *The Five Orange Pips* – Die fünf Orangenkerne
GLOR   *The Gloria Scott* – Der erste Fall
GOLD   *The Golden Pince-Nez* – Das goldene Pincenez
GREE   *The Greek Interpreter* – Der griechische Dolmetscher
HOUN   *The Hound of the Baskervilles* – Der Hund der Baskervilles
IDEN   *A Case of Identity*– Eine Frage der Identität
ILLU   *The Illustrious Client* – Chinesisches Porzellan
LADY   *The Disappearance of Lady Frances Carfax* – Das geheimnisvolle Verschwinden der Lady Carfax
[XI] LAST   *His Last Bow* – Der letzte Fall
LION   *The Lion's Mane* – Die Löwenmähne
MAZA   *The Mazarin Store* – Kardinal Mazarins Diamant
MUSG   *The Musgrave Ritual* – Das Familienritual
NAVA   *The Naval Treaty* – Das Geheimabkommen

12

NOBL *The Noble Bachelor* – Der adlige Junggeselle
NORW *The Norwood Builder* – Die gefährliche Erbschaft
PRIO *The Priori School* – Spuren im Moor
REDC *The Red Circle* – Ein Zimmer in Bloomsbury
REDH *The Red-Headed League* – Die Liga der Rotschöpfe
REIG *The Reigate Puzzle* – Der abgerissene Zettel
RESI *The Resident Patient* – Die Brookstreet-Affäre
RETI *The Retired Colourman* – Der Farbenhändler im Ruhestand
SCAN *A Scandal in Bohemia* – Ein Skandal in Böhmen
SECO *The Second Stain* – Der zweite Fleck
SHOS *Shoscombe Old Place* – Shoscombe Old Place
SIGN *The Sign of Four* – Im Zeichen der Vier
SILV *Silver Blaze* – Das verschwundene Rennpferd
SIXN *The Six Napoleons* – Sechsmal Napoleon
SPEC *The Specled Band* – Das gesprenkelte Band
STOC *The Stockbroker's Clerk* – Der Fehler in der Rechnung
STUD *A Study in Scarlet* – Studie in Scharlachrot
SUSS *The Sussex Vampire* – Der Vampir
THOR *The Problem of Thor Bridge* – Rendezvous an der Brücke
3GAB *The Three Gables* – Die drei Giebel
3STU *The Three Students* – Die drei Studenten
TWIS *The Man with the Twisted Lip* – Der Mann mit der entstellten Lippe
VALL *The Valley of Fear* – Das Tal der Furcht
WIST *Wisteria Lodge* – Der Tiger von San Pedro
YELL *The Yellow Face* – Das gelbe Gesicht

* Die Titel der deutschen Übersetzungen beziehen sich, sofern die Texte in der neuen Werkausgabe in neun Bänden (Zürich 1984ff.) noch nicht vorliegen, auf Sämtl. Sherlock Holmes-Romane und Erzählungen, Frankfurt/Berlin/Wien 1977. Eine Reihe der Holmes-Zitate wurden für das vorliegende Buch neu übersetzt.

Christiane Spelsberg, Roger Willemsen

KAPITEL EINS

Thomas A. Sebeok

One, Two, Three ...
Spells UBERTY

<small>(ANSTELLE EINER EINLEITUNG)</small>

Wir gehen sicher kein großes Wagnis ein, wenn wir annehmen, daß zwar alle C. S. Peirce-Spezialisten Arthur Conan Doyles Sherlock Holmes-Erzählungen vermutlich wenigstens einmal durchgeblättert haben, daß die Masse der Sherlock Holmes-Verehrer von Peirce jedoch nicht einmal gehört hat. Eine Schlüsselfrage, die in den meisten Beiträgen zu diesem Buch explizit oder implizit gestellt wird, besteht darin, ob ein Vergleich des amerikanischen Polymathen und des großen englischen Detektivs – der erstere eine Person, deren Realität über alle Zweifel erhaben ist und der überdies, wie William James 1895 festhielt, »einen Namen von mysteriöser Größe« für sich beansprucht, der letztere sicherlich eine mythische Gestalt, aber, wie Leslie Fiedler bemerkte, »unsterblich« – ob dieser Vergleich also *»esperable uberty«* erzeugen könne? *Esperable uberty?** Die etymologische Erfahrung legt nahe, daß *esparable* – eine Wortschöpfung, die Peirce vermutlich selbst kreierte, die sich jedoch in keinem modernen Wörterbuch findet– »erwartet« oder »erhofft« bedeuten muß. *Uberty*, eine Vokabel, die so gut wie ganz aus dem modernen englischen Sprachgebrauch verschwunden ist, wird zum ersten Mal nach 1412 in einem obskuren Werk des »Mönches von Bury«, John Lydgates *Two Merchants* belegt; sie drückt in etwa »reiches Wachstum«, »Ergiebigkeit«, »Fruchtbarkeit«, »Reichlichkeit« oder »Fülle« aus, und entspricht ungefähr dem, was im Italienischen früher mit *ubertà* bezeichnet wurde.

In einem langen Brief, den Peirce im Frühherbst des Jahres

---

* Und hier stockt auch der englische Leser (Anm. d. Übers.).

15

1913 an Frederick Adams Wood, M. D., einen Biologiedozenten am *Massachusetts Institute of Technology*, schrieb, führte er aus, daß eines der beiden Hauptziele des Logikers darin bestehen solle, die mögliche *»esperable uberty«* oder den »Produktivitätswert« aus den drei kanonischen Arten des Schlußverfahrens zu ziehen, als da sind: Deduktion, Induktion und Abduktion (letztere wird abwechselnd auch mit »Retroduktion« oder »hypothetischer Folgerung« bezeichnet). Es sei eben die *»uberty«*, also Ergiebigkeit, dieses letzten Typus des Schlußverfahrens, so betont er, die zunehme, während gleichzeitig ihre Sicherheit vermindert beziehungsweise die Annäherung an eine Gewißheit [1] verlangsamt werde. Er beschreibt die Unterschiede, die er / »immer schon« (seit den sechziger Jahren des neunzehnten Jahrhunderts) erkannt habe; erstens: »die *Deduktion* fußt auf dem Vertrauen in unsere Fähigkeit, die Bedeutung der Zeichen, mit oder anhand deren wir denken, zu analysieren«; zweitens: die *Induktion* »beruht auf unserer Zuversicht, daß der Fluß einer bestimmten Erfahrung keine Veränderung erfährt oder abrupt endet, ohne daß uns ein Hinweis auf dieses Ende gegeben würde«; und drittens: die *Abduktion* hängt von unserer Hoffnung ab, früher oder später die Bedingungen erraten zu können, unter denen ein gegebenes Phänomen auftreten wird« (8.384–388). In der Steigerung von »Erstheit« über »Zweitheit« zu »Drittheit« ergibt sich ein umgekehrtes Verhältnis von Sicherheit und Ergiebigkeit, was schlicht bedeutet, daß mit dem Abfall des Sicherheitsgrades einer Vermutung der heuristische Wert entsprechend zunimmt.

»Magic numbers and persuasive sounds« – magische Zahlen und verführerische Klänge, in Congreves rhythmischer Wendung – und besonders die 3 und die durch 3 teilbaren Zahlen peinigten einige der geistreichsten Viktorianer und plagen auch heute noch einige von uns. Es handelt sich hierbei in der Tat um eine merkwürdig obsessive Überspanntheit, die unter anderen der Serbokroate Nikola Tesla (1856–1943) teilte, dem ein Großteil der Grundlagen des Elektrizitätswesens im zwanzigsten Jahrhundert zu verdanken ist. Jedesmal, wenn Tesla um den Block, in dem sein Labor sich befand, gehen wollte, fühlte er den Zwang, ihn gleich dreimal zu umrunden; und wenn er im Waldorf-Astoria Hotel zu Abend aß, benutzte er 18 oder

[(3+3)×3] blütenreine Leinenservietten, um sein funkelndes Tafelsilber und die Kristallgläser von – eingebildeten oder tatsächlichen– Bakterien zu reinigen. Die bedeutendste Anwendung der zahlensymbolischen Denkweise liegt schon lange – mindestens seit Pythagoras – in der Kategorisierung und Aufstellung von Verzeichnissen. In seinen *De numerorum mysteria* (1618) verfolgte Pietro Bongo, wie schon vor ihm Cornelius Agrippa in seiner (1510 geschriebenen und 1531 veröffentlichten) *De occulta philosophia,* die Magie der Triade mit hartnäckiger Besessenheit, indem er bei der höchsten Bedeutung von *drei,* nämlich bei dem dreibuchstabigen Namen Gottes in dessen eigener Sprache, dem Hebräischen, ansetzte und dann über die christliche Dreifaltigkeit von Vater, Sohn und Heiliger Geist zu Triplizitäten in jedem nur vorstellbaren Aspekt der Weltsicht aller Zeiten überging (ein Bann, unter dem auch heute noch die Sternzeichen der Himmelshäuser, auf die ein Horoskop gegründet ist, stehen; Butler, 1970: 68).

Conan Doyle läßt in acht Titeln seiner Holmes-Erzählungen Zahlen erscheinen. Die Ordinalzahl von zwei und die Kardinalzahlen von vier, fünf und sechs tauchen dabei jeweils nur einmal auf: »Der zweite Fleck« *(The Second Stain),* »Im Zeichen der Vier« *(The Sign of* [the] *Four),* »Die fünf Orangenkerne« *(The Five Orange Pips),* »Sechsmal Napoleon« *(The Six Napoleons).* Die *Drei* wird nicht weniger als dreimal erwähnt, oder, in Erweiterung eines okkulten Prinzips, viermal: »Die drei Giebel« *(The Three Gables), The Three Garridebs* [bisher nicht übersetzt], »Die drei Studenten« *(The Three Students)* sowie vielleicht noch *The Missing Three-Quarter* [bisher nicht übersetzt]. Darüber hinaus spielt Chevalier C. Auguste Dupin, jener »Ausbund an Mittelmäßigkeit«, die zentrale Rolle in drei (von vier, oder fünf, wenn wir »Du bist der Mann!« [*Thou art the Man*] dazuzählen wollen) Texten von Edgar Allan Poes kriminalgeschichtlichem Triptychon: »Die Morde in der Rue Morgue« *(The Murders in the Rue Morgue),* / »Das Geheimnis um Marie [2] Rogêt« *(The Mystery of Marie Rogêt)* und »Der stibitzte Brief« *(The Purloined Letter),* die Jacques Derrida zusammengenommen als »Dupin-Trilogie« bezeichnet hat (1975) und die Jacques Lacan (1966: 11–61) als ein System von sich wiederholenden psychoanalytischen Strukturen von *»trois temps, ordonnant trois*

17

regards, supportés par trois sujets ...« las, die ein Diagramm wie das folgende ergaben (S. 48):

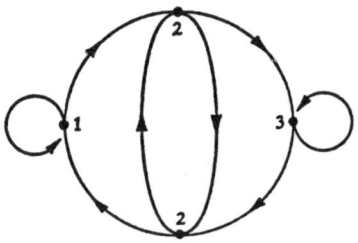

So betont Derrida in der Tat (S. 108): »*Les locutions ›trio‹, ›triangles‹, ›triangle intersubjectif‹ surviennent tres fréquemment* ...« in einem netzartig strukturierten *Wiederholungszwang.* (Es sei daran erinnert, daß Dupin in Nummer 33, rue Dunôt, »*au troisième*«, Faubourg St. Germain, wohnte. Zu »*Poe-etics*« in der Sichtweise von Lacan und Derrida vgl. außerdem Johnson, 1980, Kap. 7).

Butlers Studie (1970: 94) zeigt, daß in der Geistesgeschichte des Westens »die Zahlensymbolik im weitesten Sinne philosophischen, kosmologischen und theologischen Zwecken« diente. Peirces Vorliebe für die Verwendung trichotomischer Analysen und Klassifizierungen ist berüchtigt; er war sich dessen nur allzu bewußt und fühlte sich im Jahre 1910 veranlaßt, die folgende betörende Apologie zu verfassen:

»*Erwiderung des Autors auf den antizipierten Verdacht, er messe der Zahl 3 einen abergläubischen und phantastischen Wert bei und zwinge Klassifizierungen in das Prokrustesbett der Trichotomie.*

Ich gebe ohne Umschweife zu, daß die allgemeine Versessenheit auf Trichotomien nicht eben schwach ausgeprägt ist. Es ist mir nicht bekannt, ob die Psychatrie bereits einen Namen hierfür ersonnen hat. Falls nicht, so sollte das unverzüglich geschehen ... man könnte vielleicht von *Triadomanie* sprechen. Ich für meinen Teil bin nicht übermäßig davon geplagt; doch finde ich mich um der Wahrheit willen so oft genötigt, Trichotomien aufzustellen, daß sich mir die Frage aufdrängte, ob nicht vielleicht meine Leser, besonders solche, die Kenntnisse von der Verbreitung der Krankheit besitzen, argwöhnen oder gar dafürhalten mögen, daß auch ich ihr anheimgefallen sei ... Ich hege keine unverhältnismäßige Vorliebe für die Trichotomie im Allgemeinen« (1.568–569).

Trotz dieser Verteidigung: Ist nicht allein der Hinweis darauf phantastisch, daß Peirce einen bedeutenden Teil seiner beruflichen Laufbahn im Küstenvermessungs- und Geodäsiedienst, und zwar in *Triangulations*abteilungen verbrachte, die längs der Küsten von Maine und der Golfstaaten arbeiteten; und daß im Jahre 1979 eine geodätische Triangulationsstation, die in Anerkennung dieses biographischen Umstandes den treffenden Namen »C. S. Peirce Station« trug, / im Vorhof von Arisbe (seinem [3] Haus in der Nähe von Milford in Pennsylvania) errichtet wurde?

Im Jahre 1857 war Peirce auf der lauteren philosophischen Suche nach Allgemeingültigkeit und tieferem Verständnis der Welt bereits weit in die Ordnung von Dreierklassifikationen eingedrungen, nachdem er »Kant, den König des modernen Denkens« (1.369) und besonders Hegels These/Antithese/Synthese studiert hatte (vgl. dazu allgemein den Briefe von Peirce an Lady Welby vom 12. Oktober 1904, der bei Hardwick [1977: 22–36] wiedergegeben ist und der eine ausführliche Darstellung der drei Universalklassen unter besonderem Verweis auf Kant wie auf Hegel enthält) sowie Schillers Trias der drei »Impulse« (Sebeok, 1981, Kap. 1). Die grundlegendste dieser triadischen ontologischen Kategorien war gegeben durch das Pronomialsystem des *It* – die materielle Welt der Sinne, das Zielobjekt der Kosmologie; *Thou* – das Wort des Geistes, Objekt von Psychologie und Neurologie; und *I* – die abstrakte Welt, mit der sich die Theologie befaßt. Diese grundsätzlichen, der Peirce-Forschung vertrauten Unterscheidungen werden meist in umgekehrter Reihenfolge als Erstheit, Zweitheit und Drittheit bezeichnet, die ihrerseits eine ungeheuer lange Liste von weiteren untereinander verbundenen Triaden erzeugen, von denen die bekanntesten wohl »Zeichen«, »Objekt«, »Interpretans«; »Icon«, »Index«, »Symbol«; »Qualität«, »Realität«, »Repräsentation« sowie natürlich »Abduktion«, »Induktion« und »Deduktion« sind. Einige davon werden im Anhang von Espositos ausgezeichneter Studie (1980; vgl. Peirce, 1982: xxvii–xxx) zur Entwicklung der Peirceschen Kategorientheorie diskutiert, eine Reihe anderer zumindest erwähnt; doch handelt es sich hierbei um derart komplexe Begriffe, daß sie einer weitaus umfangreicheren Betrachtung würdig sind. So stimmt die Peircesche Aussage: »Der Geist kommt an erster, die Materie an zweiter und die Evolution

19

an dritter Stelle« (6.32) mit den modernen Ansichten zu der
Entstehung der Urknallkosmologie überein – wobei Peirces Satz
in etwa der gleichen Anzahl von Seinsformen entspricht: Möglichkeit, Tatsächlichkeit und Gesetz (1.23).
Über die Existenz des Weltalls vor ungefähr 20 Jahrmilliarden
läßt sich nichts Wesentliches aussagen, es sei denn vielleicht das
eine, daß zu dem Zeitpunkt, als das Weltall in singulärer Form
begann – was der Peirceschen Erstheit entspricht –, als also jeder
einzelne Punkt im wahrnehmbaren Weltall beliebig weit von
jedem anderen entfernt war und die Materiekonzentration eine
unendliche Dichte aufwies, daß zu jenem Zeitpunkt das Stadium
der Möglichkeit bereits vorbei und das der Tatsächlichkeit (*alias*
Zweitheit) angebrochen war. In der ersten Millisekunde war das
Weltall von primordialen Quarks erfüllt. Diese elementaren
Teilchen, die Grundbausteine, aus denen alle (bisher nachgewie-
senen) Elementarteilchen zusammengesetzt sind, lassen sich als
Zeichen begreifen, denn die moderne Physik stellt fest: »Bisher
sind die Quarks noch nicht gesehen worden ... die meisten
Physiker sind heutzutage der Ansicht, daß es nie gelingen wird,
die Quarks zu Gesicht zu bekommen ...« (Pagels, 1982: 231)
Im weiteren Verlauf der Weltallexpansion fielen die Temperatu-
ren auf ungefähr 12^{27} Grad Kelvin, und das vor dem Weltenan-
fang geltende Naturgesetz löste sich in drei Wechselwirkungen
[4] auf, die als elektromagnetische, schwache / und starke (hadroni-
sche) Wechselwirkung bekannt sind, wobei die letztere die
Kernteilchen des Atoms zusammenhält. Die Evolution – Drittheit – dieser drei Kräfte in einem einzigen mathematischen
Rahmenwerk, wie sie die »*Grand Unified Theory*« anstrebte,
bringt das Peircesche »Gesetz« auf den Plan, welches eine
Erklärung für die kosmologische Präferenz von Materie gegenüber Antimaterie und außerdem eine Lösung für das sogenannte
Horizontproblem (das heißt die Homogenität des Weltalls) wie
auch für das Flachheitsproblem (das mit der Massendichte zu tun
hat) böte.
Im Kern der Materie befindet sich ein Meer von bloßen
Zeichen – oder, wenn man so will, mathematischen Winkelzü-
gen. Die Quarks, die der Nobelpreisträger Murray Gell-Mann
(zusammen mit Yuval Ne'eman) im »Achtfachweg-Modell«
beschrieben hat, bestehen aus Oktetten von Hadronengruppen,

die in einer bestimmten Grundmatrix aus drei Quarks in ebenso-
vielen Kombinationen zusammengesetzt sind. Sie stehen in einer
postulierten Symmetrie zueinander, die einen Semiotiker unweigerlich an das von Lotz (1962: 445) beschriebene bausatzartige,
würfelförmige System der türkischen Vokale erinnert.

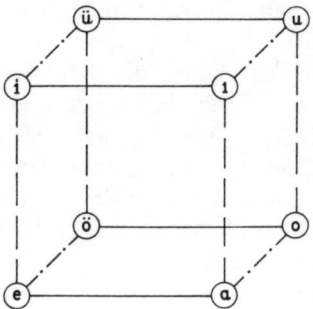

Dieses Diagramm projiziert acht Phoneme in dreifacher absolu-
ter binärer Opposition. Vergleichbar dazu werden die oberen,
unteren sowie die nicht bekannten Quarks als n, d und s (und die
Antiquarks entsprechend als n̄, d und s̄) bezeichnet, wobei dem
Aufbau der Hadronen aus Quarks äußerst simple Regeln zugrundeliegen. Die Klassifikationen eines Hadronenoktetts nach
dem Achtfachweg-Modell sähe demnach wie unten aus

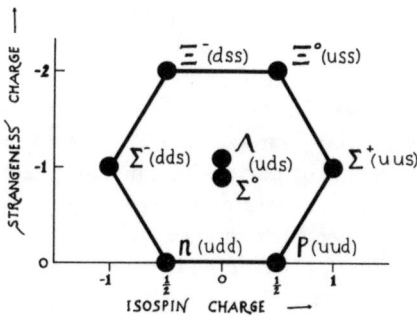

Aus *The Cosmic Code: Quantum Physics as the Language of Nature.*
© 1982 by Heinz R. Pagels. Mit frdl. Erlaubnis von Simon and
Schuster, New York.

THOMAS A. SEBEOK

Was seine Konfession anbetraf, so wechselte Peirce innerhalb der Episkopalkirche schon früh vom Unitarismus zum Dreieinigkeitsglauben. Er schrieb einmal:»Ein Zeichen vermittelt zwischen einem *Objekt* und seiner *Bedeutung* ..., dabei ist das Objekt der Vater, das Zeichen die Mutter der Bedeutung« – was Fisch zu dem scherzhaften Kommentar veranlaßte: ...»er hätte den Satz auch beenden können: ihres Sohnes, des Interpretans«
[5] (Peirce, 1982: xxxii). /
Die radikale Dreigliedrigkeit, die Freud betrieb und die Larsen (1980) in jüngster Zeit durch besonderen Vergleich mit Peirce herausgearbeitet hat, sollte, wie auch Fisch (1982: 128) forderte, andere Forscher dazu ermutigen, diese scheinbare Übereinstimmung der Sichtweisen einmal gründlicher zu untersuchen. Wenn auch Freud wahrscheinlich das Peircesche Gefüge von *I, It* und *Thou* überhaupt nicht kannte, so ist doch die Resonanz von Peirces fruchtbarer semiotischer Struktur in der Dreiteilung des psychischen Geschehens in *Ich, Es* und *Über-Ich*, die Freud 1923 vorbrachte (vgl. bes. Freud, 1923, G. W. XIII: 246–267) und die die Schlüsselbegriffe der Psychopathologie umfaßt, reichlich bemerkenswert. So erhebt sich beispielsweise der Begriff des Über-Ichs als der letzten der großen Urverdrängungen aus den zwei früheren Kategorien von primärer und sekundärer Verdrängung. (Übrigens trifft Freud einzig in einem Roman auf Sherlock Holmes. Er wurde von Nicholas Meyer unter dem Titel *The Seven Percent Solution* verfaßt und von diesem in Zusammenarbeit mit Herbert Ross verflmt.)
Der Titel dieses einleitenden Essays ist, wie einige Leser bereits erkannt haben werden, an George Gamows richtungsweisendes *One Two Three ... Infinity* (1974) angelehnt. Der berühmte Theoretiker Gamow, der als erster die Existenz des Drillingscodes in der Erbinformation behauptete, war selbst von Terzinen fasziniert, was in dem berüchtigten Brief über den Ursprung chemischer Elemente zum Ausdruck kommt, der in der Zeitschrift *Physical Review* (1948) erschien und als dessen Verfasser scherzhafterweise ein »Alpher, Bethe and Gamow« zeichnete.
Peirce behauptete (zu Recht), daß Substantive Pronomen ersetzen und nicht – im Gegensatz zum konventionellen Verständnis und wie in der westlichen grammatikalischen Standard-

terminologie codifiziert – das Gegenteil der Fall ist. Einige der Implikationen, die die Peircesche Grundtriade in bezug auf die Linguistik enthält, bedürfen jener Art von fachmännischer Zuwendung, um die sich der verstorbene János Lotz (1976) in einer Strukturanalyse dieser / grammatikalischen Klasse bemühte. In [6] dieser kaum zugänglichen Arbeit, die zuerst 1967 auf Ungarisch erschien, zeigte Lotz, daß eigentlich sieben logisch äußerst unterschiedliche Möglichkeiten unter den drei fraglichen, nicht kollektiven Pronomen vorherrschen, von denen sich jedoch nur eine einzige als entwicklungsfähig im Hinblick auf die ihn interessierende Sprache erwies. Eine Beziehung erscheint in Dreiecksform:

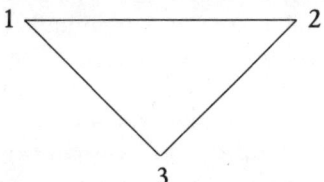

Drei Beziehungen bilden sogenannte T-Strukturen:

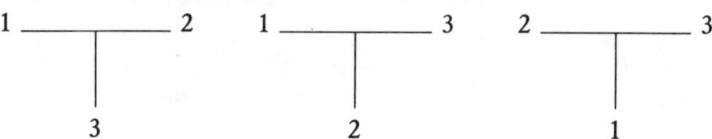

Und weitere drei Beziehungen sind linear:

1	2	3
1	3	2
2	1	3

Ingram untersuchte einige Jahre später (1978) die typologischen und universellen Charakteristika des Personalpronomens im allgemeinen und behauptete (auf der Grundlage von 71 natürlichen Sprachen) die Existenz von Systemen von 4 bis zu 15 Personen, vorausgesetzt man vereinigte Singularität und Kollektivität. Ingram zufolge ist das englische »Fünf-Personen-System«, wie er es nennt, »in hohem Grade atypisch« (*ibid.*, 215). Wenn dies wahr wäre, so hätte es auf den ersten Blick eine gründliche Neubetrachtung der drei von Peirce entwickelten Grundkonzepte sowie des auf diesem scheinbar natürlichen Dreieck errichteten riesigen Gebäudes nach sich ziehen müssen.

Aus dieser Überlegung heraus haben wir in der Morphologie einer Sprache, die einer von uns vor etwa 30 Jahren untersucht hat (Sebeok, 1951), nämlich der Sprache der Aymara (die in Bolivien gesprochen wird), die Zahl der grammatikalischen Personen auf 3×3 festlegen können, wobei in jeder das Zusammenwirken von zwei möglichen Kommunikationspartnern verdichtet ist. Etwas vereinfacht kann das die folgenden Situationen ergeben: Die erste Person wird gebildet aus Sender einschließlich [7] Empfänger, /die zweite aus einschließlich Empfänger, aber ausschließlich Sender, die dritte aus einschließlich weder Sender noch Empfänger und die vierte Person aus einschließlich sowohl Sender als auch Empfänger.

Daraus ergeben sich nun neun Kategorien von möglichen Interaktionen: 1→2, 1→3, 2→1, 2→3, 3→1, 3→2, 3→3, 3→4 und 4→3.

Sich vorzustellen, wie Peirces Metaphysik ausgefallen wäre, wenn seine Muttersprache eine der Jaqi-Sprachen gewesen wäre, grenzt ans Phantastische – und ist ein bizarres Gedankenexperiment für jeden, der an das Prinzip sprachlicher Relativität glaubt oder, wie der schwedische Linguist Esaias Tegnér es im Jahre 1880 noch prägnanter ausdrückte: *språkets makt över tanken*, also an »die Macht der Sprache über das Denken«.

Natürlich nahm ich in der Perceschen Theorie jede der drei elementaren personalen Formen im Zuge einer kontextuellen Verlagerung das Wesen einer der beiden anderen an. Er erklärte dies in Ms. 917: »Wenn sie sich auch nicht unter Bezugnahme auf die jeweils anderen ausdrücken lassen, so stehen sie doch in einem Verhältnis zueinander, denn das *Du* [Thou] ist ein *Es* [It], in dem ein weiteres *Ich* [I] steckt. Das *Ich* [I] schaut herein, das *Es* [It] sieht heraus, und das *Du* [Thou] mischt sich in beide ein.« (Ein weiterer, in linguistischer Hinsicht interessanter Punkt, der

eine baldige Behandlung erfordert, hier jedoch nur gestreift
werden kann, bezieht sich auf das unruhige und ungleiche
Verhältnis von Jacobsons dichotomischem Prinzip oder Binaris-
mus [vgl. Jacobson und Waugh, 1979:20] und der Peirceschen
Apriori-These von der Unzerlegbarkeit triadischer Verbindungen, die besagt, daß die Dreiteilung jedes Diskursfeldes unweigerlich erschöpfend sein muß und ebenso unweigerlich eine
Trinität von sich gegenseitig ausschließenden Klassen ergibt.)
Fassen wir das Obengesagte zusammen und sehen wir uns
dazu als konkretes Beispiel den berühmten Peirceschen Bohnen-
sack von 1878 an (2.623):

	Deduktion
Gesetz	Alle Bohnen aus diesem Sack sind weiß.
Fall	Diese Bohnen sind aus diesem Sack.
Ergebnis	Diese Bohnen sind weiß.

	Induktion
Fall	Diese Bohnen sind aus diesem Sack.
Ergebnis	Diese Bohnen sind weiß.
Gesetz	Alle Bohnen aus diesem Sack sind weiß.

	Abduktion
Gesetz	Alle Bohnen aus diesem Sack sind weiß.
Ergebnis	Diese Bohnen sind weiß.
Fall	Diese Bohnen sind aus diesem Sack.

Es bleibt wichtig, daraufhinzuweisen, daß diese drei Figuren
nicht reduzierbar sind. »Daraus ergibt sich der Beweis, daß in
jeder Figur das Prinzip der ersten, in der zweiten und dritten
darüber hinaus jedoch noch andere Prinzipien enthalten sind«
(2.807). Das bedeutet, daß eine Abduktion und zwar die Formulierung einer allgemeinen Voraussage ermöglicht, / ohne jedoch [8]
den Erfolg des Ergebnisses zu garantieren; obendrein bietet die
Abduktion als ein Prognosemittel »die einzig mögliche Hoffnung, unser zukünftiges Verhalten verstandesmäßig regeln zu
können«.
Jedes Argument, das zum Beispiel auf syllogistischem Wege
vollzogen wird, stellt selbst ein Zeichen dar, »dessen Interpretans sein Objekt als tieferliegendes Zeichen durch ein Gesetzes

repräsentiert, das besagt, daß der Übergang von all solchen Prämissen zu solchen Konklusionen zur Wahrheit neigt« (2.263). Peirce nennt alle Argumente »symbolische Legizeichen«. Diese bestehen aus drei Sätzen, nämlich Fall, Ergebnis und Gesetz, die in drei Varianten auftreten und so jeweils die drei Figuren ergeben, die das Bohnensack-Beispiel aufstellt. Doch ist jeder Einzelsatz wiederum selbst ein Zeichen, nämlich eines, das »mit seinem Objekt durch eine Assoziation von allgemeinen Vorstellungen verbunden« ist (2.262), ein Dicent-Symbol, das notwendigerweise ein Legizeichen ist.

Da sowohl Objekt als auch Interpretans notwendigerweise selbst Zeichen sind, ist es kaum verwunderlich, daß Peirce zu der Behauptung gelangt, »dieses ganze Universum [sei] von Zeichen durchflutet« und daß er sogar darüber spekulierte, »ob es sich nicht ausschließlich aus Zeichen« zusammensetze (vgl. Sebeok, *passim*). Sogar Fischs Anspielung auf die von Peirce implizierte triadische Familienkonstellation von Vater, Mutter und Sohn – in der leise Milton (»*The Childhood shows the man/as morning shows the day*«) und Wordsworth (»*The Child is father of the Man*«) anklingen – hat ihre lebenswissenschaftliche Verankerung in Thoms differenzierter Erklärung der Genese der Zeichen gefunden: »*Dans l'interaction ›Signifié – Signifiant‹ il est clair qu'entraîné par le flux universel, le Signifié émet, engendre le Signifiant en un buissonnement ramifiant ininterrompu. Mais le Signifiant réengendre le Signifié, chaque fois que nous interprétons le signe. Et comme le montre l'exemple des formes biologiques, le Signifiant (le descendant) peut redevenir le Signifié (le parent), il suffit pour cela du laps de temps d'une génération*« (1980: 264; Sebeok, 1979: 124).

In einer vielzitierten Passage beantwortet Peirce die Frage: »Was ist der Mensch?«, indem er ihn als ein Symbol kategorisiert (7.583). Was das Universum betraf, so betrachtete er es als ein Argument. In einer bewegenden und denkwürdigen Vortragsreihe, die er im Frühjahr des Jahres 1903 hielt, stellte er die Behauptung auf, die Realität der Drittheit werde »in der Natur wirksam« (5.93), und schloß: »Das Universum als ein Argument ist notwendigerweise ein großes Kunstwerk, ein großes Gedicht – denn jedes wohlgestaltete Argument ist ein Gedicht, ist eine Symphonie – so wie ein jedes wahre Gedicht ein tadelloses

Argument ist ... Die Gesamtheit der Wirkung übersteigt unseren Horizont; doch können wir die resultierende Qualität von Teilen des Ganzen bis zu einem gewissen Grad einschätzen – wobei solche Qualitäten aus der Kombination der Elementarqualitäten der Prämissen resultieren« (5.119). Peirce schloß daran in seinem nächsten Vortrag eine »Reihe von Behauptungen« an, »die wild klingen«, und fuhr fort mit einer Orgie von weiteren Dreiteilungen, /die zwar von erstaunlicher Reichweite [9] waren, die William James (1907: 5) jedoch als das erkannte, was sie waren: »hellstrahlende Lichtblitze, gegen die kimmerische Finsternis ausgesandt«.

Im Jahre 1911 übernahm Sir Arthur Conan Doyle den Vorsitz bei einem Festessen in London, das anläßlich des hundertsten Jahrestages von Poes Geburt* stattfand. Er hatte Sherlock Holmes ja, neben anderen Dupinschen Wesensmerkmalen jene listige Geschicklichkeit, jene behexende semiotische Hellsichtigkeit mitgegeben, die es vermochte, durch und durch persönliche Gedanken anderer zu decodieren und ans Tageslicht zu fördern, indem sie ihren stummen inneren Dialogen durch verbale Zeichen konkrete Gestalt verlieh. Er fragte: Wo war die Detektivgeschichte, bevor Poe ihr Leben einhauchte (Symons, 1978: 170)? 1908 bemerkte Peirce zu einer Aussage von Poe in »Die Morde in der Rue Morgue« (»Mir scheint, daß der Grund, weshalb man dieses Rätsel als unlösbar betrachtet, gleichzeitig Anlaß geben sollte, es als leicht erklärbar anzusehen. Ich denke dabei an die Ausgefallenheit seiner Merkmale«): »Probleme, die auf den ersten Blick unlösbar erscheinen, erhalten durch eben diesen Umstand ... ihren perfekt passenden Schlüssel (6.460; vgl. auch Kap. 2 dieses Buches).« Und wo, so fühlen wir uns berechtigt zu fragen, waren Logik und Naturwissenschaft, bevor Peirce sie jenem Gesetz der Freiheit unterstellte, das er, in einer Wortschöpfung, der es an »*uberty*« gewiß nicht mangelt, als »Spiel der Versenkung« bezeichnete?

---

* (Irrtümliche Datierung: Poe wurde 1809 geboren; Anm. d. Übers.).

KAPITEL ZWEI

Thomas A. Sebeok und Jean Umiker-Sebeok

»Sie kennen ja meine Methode.«

EIN VERGLEICH VON CHARLES S. PEIRCE UND SHERLOCK
HOLMES[1]

>»Ich rate nie.«
SHERLOCK HOLMES IN *Im Zei-*
chen der Vier

>»Doch müssen wir die Welt
durch Raten erobern oder gar
nicht.«
CHARLES S. PEIRCE, Ms. 692[2]

C. S. PEIRCE – BERATENDER DETEKTIV[3]

Am Freitag, dem 20. Juni 1879, ging Charles S. Peirce in Boston
an Bord des Dampfschiffes *Bristol,* um nach New York zu
fahren, wo er am folgenden Tag an einer Konferenz teilnehmen
sollte. Bei seiner Ankunft in New York am nächsten Morgen,
machte ihm »ein eigenartig verschwommenes Gefühl« im Kopf
zu schaffen, das er auf die verbrauchte Luft in seiner Kabine
zurückführte. Hastig kleidete er sich an und verließ das Schiff. In
seiner Eile, an die frische Luft zu gelangen, ließ er versehentlich
seinen Überzieher sowie eine wertvolle Ankeruhr von Tiffany,
die ihm von der amerikanischen Regierung für seine Verdienste
bei der Küstenvermessung zur Verfügung gestellt worden war,
liegen. Schon bald bemerkte Pierce den Verlust und eilte zurück
auf das Schiff, wo er feststellen mußte, daß seine Sachen verschwunden waren. Und da er sich in diesem Moment der
drohenden Aussicht auf »eine lebenslange berufliche Schande«
gegenübersah, wenn es ihm nicht gelänge, die Uhr in derselben
einwandfreien Verfassung, in der er sie erhalten hatte, zurückzu-
bekommen, unternahm er die folgenden Anstrengungen, nach-

dem er »alle farbigen Bediensteten, ungeachtet, welchem Deck sie angehörten, hatte zusammenrufen und der Reihe nach aufstellen lassen ...«:

»Ich schritt die Reihe von einem Ende zum anderen ab und wandte an jeden von ihnen ein paar Worte, und zwar so unbefangen ich es vermochte und zu einem Thema, über das der Betreffende mit Anteilnahme zu reden verstand, von dem er aber am wenigsten annehmen konnte, daß es mich in meinen Nachforschungen weiterbringe. Auf diese Weise hoffte ich, einen derart närrischen Eindruck zu machen, daß es mir gelänge, den Dieb an irgendeinem Zeichen zu erkennen. Als ich die Reihe zu Ende gegangen war, machte ich ein paar Schritte zur Seite, wobei ich aber in Hörweite blieb, und brummte vor mich hin: ›Nicht ein Fünkchen Licht, an das ich mich hier halten könnte.‹ Dem entgegnete jedoch mein zweites Ich (mit dem ich fortwährende Dialoge unterhalte): ›Du *mußt* den Mann einfach herausbekommen. Vergiß, daß dir die Gründe fehlen, du mußt sagen, / welchen du für den Dieb hältst.‹ Ich machte eine kleine [11] Schleife, nachdem ich kaum eine Minute gegangen war, und als ich mich ihnen wieder zuwandte, war jeder Zweifel von mir gewichen. Alle Selbstkritik hatte mich verlassen, denn sie hatte hier keinen Platz« (Peirce, 1929: 271).

Abb. 1. Die *Bristol* von der *Fall River Line.* Aus Hilton (1968: 28). Reproduziert mit Genehmigung von Howell-North Books.

29

Den Verdächtigen nahm Peirce zur Seite, konnte ihn jedoch
weder durch vernünftige Argumente, Drohungen oder die Aussicht auf fünfzig Dollar überreden, sein Eigentum zurückzuge-
ben. Daraufhin »rannte [er] an Land, und ließ [s]ich, so schnell
der Taxifahrer konnte, zu Pinkerton fahren«. Dort wurde er zu
einem Mr. Bangs, dem Leiter der New Yorker Niederlassung
jener berühmten Detektivagentur, vorgelassen, wo das folgende
Gespräch stattfand:

»»Mr. Bangs, ein Neger auf dem Fall River Schiff, dessen Name
soundso ist (ich nannte ihn), hat mir meine Uhr, meine Uhrenkette
sowie einen leichten Überzieher gestohlen. Es handelt sich um eine
Charles-Frodsham-Uhr, hier ist ihre Nummer. Um ein Uhr geht er
von Bord, von wo aus er sich unverzüglich zu einem Pfandleiher
begeben und für die Uhr fünfzig Dollar einkassieren wird. Ich
möchte, daß Sie ihn beschatten lassen und festnehmen, sobald er den
Pfandleihschein in Händen hält.‹ An dieser Stelle wollte Mr. Bangs
wissen: ›Wie kommen Sie darauf, daß *er* Ihre Uhr gestohlen hat?‹
›Wie? Ich habe,‹ erwiderte ich, ›nicht den geringsten Grund zu dieser
Annahme, doch bin ich fest davon überzeugt, daß es sich so verhält.
Angenommen, er begäbe sich nicht zu dem Pfandleiher, um sich der
Uhr zu entledigen, woran ich aber keinerlei Zweifel hege, so wäre die
Angelegenheit damit erledigt, und Sie brauchen keine weiteren
Schritte zu unternehmen. Ich weiß jedoch, *daß* er es tun wird. Die
Nummer der Uhr habe ich Ihnen bereits gegeben, hier ist meine
Visitenkarte. Glauben Sie mir, Sie gehen kein Risiko ein, wenn Sie
ihn festnehmen‹« (1929: 273).

Ein Mitarbeiter der Pinkerton-Agentur wurde mit dem Fall
beauftragt, erhielt jedoch die Anweisung, seinen »eigenen
[12] Schlußfolgerungen zu folgen«, anstatt Peirces Verdacht / nach-
zugehen. Nachdem er sich nach den persönlichen Lebensum-
ständen jedes einzelnen Bediensteten auf dem Schiff erkundigt
hatte, machte sich der Detektiv daran, einen anderen Mann als
den von Peirce angegebenen zu beschatten, was sich jedoch als
falsche Fährte herausstellte.

Damit waren die Nachforschungen an einem toten Punkt
angelangt, und Peirce suchte Mr. Bangs erneut auf, der ihm nun
riet, Postkarten an alle Pfandleiher von Fall River, New York
und Boston zu senden, auf denen er eine Belohnung für die
Wiedererlangung der Uhr aussetzen solle. Die Postkarten wur-

Abb. 2. Charles S. Peirce (aus dem Archiv der Nationalen Akademie der Wissenschaften; vermutlich 1877 aufgenommen, kurz nachdem Peirce zum Mitglied dieser Institution gewählt worden war).

den am 23. Juni verschickt. Schon am nächsten Tag konnten Peirce und der Detektiv von Pinkerton die Uhr bei einem New Yorker Rechtsanwalt abholen, und wurden von diesem an den Pfandleiher verwiesen, der sich auf die Belohnung hin gemeldet hatte. Der Pfandleiher selbst »beschrieb den Mann, der die Uhr versetzt hatte, so lebhaft, daß ohne Zweifel feststand: Es handelte sich um ›meinen [d. h. Peirces] Mann‹« (1929: 275). /   [13]
Peirce und der Detektiv machten sich daraufhin schleunigst auf den Weg zur Unterkunft des Verdächtigen, wo sie außerdem die verlorene Uhrkette und den Überzieher zurückzubekom-

31

Abb. 3. George G. Bangs, Leiter der nationalen Detektivagentur »Pinkerton« in den Jahren 1865–1881. Aus Horan (1967: 28). Reproduziert mit Genehmigung von Pinkerton's Inc.

men gedachten. Da der Detektiv zögerte, das Haus ohne einen Durchsuchungsbefehl zu betreten, ging Peirce, der von dessen Unfähigkeit inzwischen die Nase gründlich voll hatte, allein hinein, wobei er den Detektiv zuversichtlich anwies, ihn in genau zwölf Minuten mit seinem Eigentum zurückzuerwarten. Die folgenden Ereignisse beschreibt er so:

»Ich stieg die drei Treppen hinauf und klopfte an die Wohnungstür. Eine Frau von gelblicher Gesichtsfarbe öffnete, eine zweite mit demgleichen Hautton und ohne Hut stand gleich hinter / ihr. Ich trat [14]
ein und begann: ›Ihr Mann befindet sich auf dem Weg nach Sing Sing, denn er hat meine Uhr gestohlen. Man hat mir gesagt, daß meine Uhrkette und der Überzieher, die er mir ebenfalls entwendet hat, hier sind, und ich möchte sie abholen.‹ Auf diese Worte hin erhoben beide Frauen ein fürchterliches Krakeelen und drohten, sofort die Polizei zu holen. Ich entsinne mich nicht mehr meiner genauen Erwiderung, ich weiß nur noch, daß ich völlig gelassen[4] blieb und ihnen klarmachte, daß sie sich im Irrtum befänden, wenn sie glaubten, die Polizei holen zu können, da das die ganze Sache für den Ehemann nur noch verschlimmern würde. Denn weil ich wüßte, wo meine Kette und mein Überzieher seien, hätte ich sie sowieso

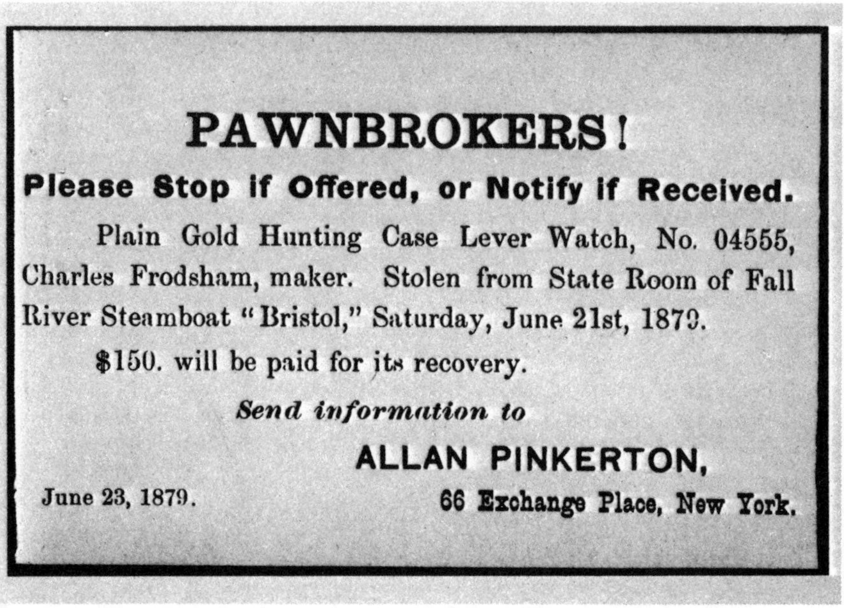

PAWNBROKERS!

Please Stop if Offered, or Notify if Received.

Plain Gold Hunting Case Lever Watch, No. 04555, Charles Frodsham, maker. Stolen from State Room of Fall River Steamboat "Bristol," Saturday, June 21st, 1879.

$150. will be paid for its recovery.

Send information to

ALLAN PINKERTON,

June 23, 1879. 66 Exchange Place, New York.

Abb. 4. Eine der nicht verschickten Postkarten, auf der eine Belohnung für das Auffinden von Peirces Uhr ausgesetzt wurde. Aus den Akten des Küstenüberwachungs- und Godäsie-Instituts in den Nationalarchiven.

zurück, bevor die Polizei einträfe ... Im ganzen Zimmer schien es keine Stelle zu geben, wo die Kette versteckt sein konnte, und so durchquerte ich es und betrat das Nebenzimmer. Hier standen außer einem Ehebett und einer hölzernen Truhe auf der anderen Seite des Bettes kaum Möbel. Ich sagte: ›Meine Kette liegt am Boden der Truhe, und ich werde sie mir nehmen ...‹ Ich kniete nieder und fand die Truhe zu meinem Glück unverschlossen. Nachdem ich die ganze Wäsche hinausbefördert hatte ..., stieß ich ... auf meine Uhrkette. Sogleich befestigte ich sie an meiner Uhr und bemerkte dabei, daß die zweite Frau (die keinen Hut getragen hatte) verschwunden war, obwohl sie zuvor lebhaftes Interesse an meinem Vorgehen gezeigt hatte. ›Nun‹, überlegte ich, ›heißt es nur noch, meinen leichten Überzieher zu finden.‹ ... Die Frau streckte ihre Arme zu beiden Seiten aus und lud mich ein: ›Bitte schauen Sie sich nur gründlich [15]   um.‹ Ich entgegnete: ›Ich bin Ihnen sehr zu Dank verpflichtet, / Madam, denn dieser plötzliche Wandel in Ihrem Ton, seit ich mich mit der Truhe beschäftige, bestätigt meine Vermutung, daß der Überzieher nicht hier zu suchen ist.‹ Ich verließ also die Wohnung und bemerkte beim Hinausgehen, daß sich auf demselben Stockwerk noch eine zweite Wohnung befand.

Obwohl ich mich nicht mehr positiv zu erinnern vermag, halte ich es doch für wahrscheinlich, daß ich damals einfach davon überzeugt war, das Verschwinden der zweiten Frau stehe in direkter Verbindung zu der auffälligen Bereitschaft, mich meinen Überzieher in der Wohnung suchen zu lassen, die ich soeben verlassen hatte. Ich hatte außerdem den untrüglichen Eindruck, daß die zweite Frau nicht weit entfernt wohnte. Deshalb klopfte ich zunächst einmal an die Tür der gegenüberliegenden Wohnung. Zwei gelbhäutige oder fahlgelbe Mädchen öffneten. Ich spähte über ihre Schulter und gewahrte ein ganz respektables Wohnzimmer mit einem hübschen Klavier. Auf diesem Klavier lag ein ordentlich verschnürtes Päckchen, das von seiner Größe und Form her gerade meinen Überzieher beinhalten konnte. Ich verkündete: ›Ich bin nur vorbeigekommen, um ein Paket abzuholen, das mir gehört; ach, da sehe ich es ja schon, ich nehme es gleich mit.‹ Worauf ich mich sacht an ihnen vorbeischob, das Päckchen nahm, es öffnete und meinen Überzieher darin fand, den ich sofort anzog. Ich ging wieder auf die Straße hinunter und erreichte meinen Detektiv ungefähr fünfzehn Sekunden vor Ablauf meiner zwöf Minuten« (1929: 275–277).

Am nächsten Tag, dem 25. Juni, schrieb Peirce an Oberinspektor Patterson: »Die beiden Neger, die die Uhr stahlen, wurden heute dem Gericht übergeben. Ich habe alles Gestohlene wiedererhalten. Bei dem Dieb handelt es sich um genau den Mann, auf dem mein Verdacht von Anfang an ruhte, entgegen der Ansicht des Detektivs.«[5] Wie er später in einem Brief an seinen Freund und Schüler, den Harvard-Philosophen und Psychologen William James (1842–1910), bemerkte, sollte diese Ermittlungsgeschichte zur Erläuterung von Peirces »Theorie, warum man so oft zutreffend rät« dienen. »Diesen seltsamen Rateinstinkt« (1929: 281) oder den Hang zur Hypothese, den Peirce allgemein *Abduktion*[6] oder *Retroduktion* nennt, beschreibt er als »ein seltsames Gewirr . . ., dessen Hauptelemente seine Unbegründetheit, seine Allgegenwart sowie seine Verlässlichkeit sind« (Ms. 692). Zur Allgegenwart merkt Peirce an:

> »Wenn ich an diesem herrlichen Frühlingsmorgen aus dem Fenster schaue, sehe ich eine Azalee in voller Blüte. Doch nein! Das sehe ich gar nicht; nur handelt es sich hierbei um die einzige Möglichkeit, das, was ich sehe, zu beschreiben.
>
> Meine Beschreibung ist eine Behauptung, ein Satz, ein Faktum; was ich jedoch wahrnehme, ist weder eine Behauptung noch ein Satz noch gar ein Faktum, sondern lediglich ein Bild, das ich mit Hilfe einer faktischen Aussage teilweise faßbar mache. Diese Aussage ist abstrakt, während das von mir Gesehene konkret ist. Ich vollziehe eine Abduktion, sobald ich das von mir Gesehene in einem Satz ausdrücke. In Wahrheit stellt das gesamte Gefüge unseres Wissens nicht mehr als eine dichtverwobene Schicht von reinen Hypothesen dar, die mittels Induktionen bestätigt und weiterentwickelt worden sind. Nicht den kleinsten Schritt können wir in unserer Wissenserweiterung über das Stadium des leeren Starrens hinaus tun, ohne dabei bei jedem Schritt eine Abduktion zu vollziehen« (Ms. 692).

Wenn alle neue Erkenntnis auf der Aufstellung einer Hypothese basiert, scheint das »auf den ersten Blick überhaupt keinen Raum für die Frage nach / einer Bestätigung zu lassen, da aus der [16] eigentlichen Tatsache lediglich ein *Vielleicht (vielleicht ja* oder *vielleicht nein)* geschlossen wird. Die Tendenz zur affirmativen Hypothese ist jedoch deutlich stärker ausgeprägt, und die Häufigkeit, mit der sie sich dann als in der Wirklichkeit bestätigt herausstellt . . ., bildet gewiß eines der erstaunlichsten Wunder des Universums« (8. 2. 38). Beim Vergleich zwischen unserem Abduktionsvermögen und »den musikalischen und Flugfähigkeiten eines Vogels – das heißt des Bereichs, der für uns das ist, was diese für ihn sind, nämlich der erhabenste und edelste unserer Instinkte« (1929: 282)[7], stellt Peirce fest: »Die Retroduktion gründet sich auf die Hoffnung, daß zwischen dem Verstand des Denkenden und der Natur eine hinreichende Affinität bestehe, um das Raten nicht vollkommen hoffnungslos zu gestalten, vorausgesetzt, daß alles Geratene durch einen Vergleich mit einer Beobachtung geprüft wird« (1.121).

»Ein gegebener Gegenstand bietet eine außerordentliche Kombination von Wesensmerkmalen, an deren Erklärung uns liegt. Daß sie sich überhaupt erklären lassen, ist eine reine Annahme, und falls das der Fall ist, so wird diese Erklärung in einer einzigen verborgenen Tatsache liegen, während es darüber hinaus Tausende von anderen Erklärungsmöglichkeiten gibt, die jedoch leider allesamt falsch sind. Ein Mann wird in den Straßen von New York rücklings erstochen aufgefunden. Der Hauptkommissar könnte nun ein Telefonbuch aufschlagen und blind den Finger auf einen Namen legen, den er dann als den Namen des Mörders ›rät‹. Was wäre eine solche Mutmaßung wert? Die Anzahl der Namen in einem Telefonbuch reicht nicht einmal entfernt an die Vielzahl der möglichen Anziehungsgesetze heran, die für Kepplers [sic] Gesetz der Planetenbewegung verantwortlich hätten sein können und ihm vor der Verifizierung von Pertubationsaussagen etc. vortrefflich gerecht geworden wären. Newton, werden Sie einwerfen, nahm an, daß es sich um ein einfaches Gesetz handele. Doch war das nicht das Ergebnis einer langen Reihe von Mutmaßungen? Sicher gibt es doch weitaus mehr Naturphänomene, die komplex, als solche die simpel sind ... Es gibt keine Rechtfertigung dafür, mehr zu tun, als eine Frage [in Form einer Abduktion] zu stellen« (Ms. 692).

Die Abduktion bzw. Retroduktion – »eine dürftige Benennung«, wie Peirce selbst zugab – bezeichnet, einer späteren Formulierung von Peirce zufolge, die dem britischen Philosophen George Berkeley (1685–1753) viel zu verdanken hat, ein Kommunikationsmittel zwischen Mensch und Schöpfer, ein »Göttliches Privileg«, das es zu pflegen gilt (Eisele, 1976, III: 206). »Dem Wahrscheinlichkeitsprinzip zufolge ist es einem Menschen praktisch unmöglich, durch puren Zufall die Ursache eines Phänomens zu erraten«, stellt Peirce fest und schließt daraus, es könne »kein plausibler Zweifel daran gehegt werden, daß das menschliche Denken, da es sich unter dem Einfluß der

Naturgesetze entwickelt hat, aus diesem Grund auch mehr oder weniger in naturgesetzlichen Bahnen verläuft« (Peirce, 1929: 269). »Es liegt auf der Hand, daß das Menschengeschlecht im Existenzkampf schon vor Urzeiten seiner völligen Untauglichkeiten wegen auf der Strecke geblieben wäre, wenn nicht dem Menschen eine Art Erleuchtung dazu verhülfe, daß seine Mutmaßungen sich doch öfter als wahr erweisen, als es vom bloßen Zufall her möglich wäre ...« (Ms. 692). /   [17]

Neben dem Grundsatz, daß der menschliche Verstand als Ergebnis des natürlichen Evolutionsprozesses die Anlage besitzt, zutreffende Mutmaßungen über die Welt anzustellen, bringt Peirce noch eine zweite Annahme vor, die das Phänomen des Ratens teilweise erklären soll: »Eine Beobachtung liefert uns oft einen deutlichen Hinweis auf die Wahrheit, ohne daß wir in der Lage wären, die von uns beobachteten Umstände, die uns diesen Hinweis liefern, genauer zu bestimmen« (1929: 282). Um auf die Geschichte von der verschwundenen Uhr zurückzukommen: Peirce war nicht imstande, eine bewußte Entscheidung bezüglich des schuldigen Dampfschiffbediensteten zu treffen. Obwohl er sich während seiner kurzen Unterredung mit jedem Bediensteten »so passiv und aufnahmebereit als möglich verhielt« (1929: 281), erkannte er doch erst, nachdem er sich gezwungen hatte, eine scheinbar unbesonnene Mutmaßung anzustellen, daß der Übeltäter selbst ihm unabsichtlich den entscheidenden Hinweis geliefert hatte und daß er, Peirce, dieses verräterische Zeichen »unterbewußt-bewußt« bemerkt und ein »Urteil« unter der Bewußtseinsoberfläche getroffen hatte, »das zwar als solches unerkannt, aber darum nicht weniger gültig war« (1929: 280). Peirce macht den Prozeß der Verdachtsbildung von Wahrnehmungsurteilen abhängig, die allgemeine Elemente enthalten und so die Deduktion einer allgemeingültigen Aussage zulassen. Auf der Grundlage seiner experimentellen Studien zur Wahrnehmungspsychologie, die er an der Johns Hopkins University zusammen mit dem bekannten Psychologen und damaligen Studenten von ihm, Joseph Jastrow (1863–1944), unternahm (1929; 7.21–48), stellte Peirce die Behauptung auf, bei diesen Wahrnehmungsurteilen handle es sich um das »Resultat eines Prozesses, wenn dieser Prozeß auch nicht hinreichend im Bewußtsein verankert ist, um kontrolliert werden zu können, bzw., was der Wahrheit eher entspricht, nicht kontrollierbar und daher nicht vollständig bewußt ist« (5.181)[8]. Wir haben die verschiedenen Elemente einer Hypothese im Kopf, bevor wir uns der Hypothese selbst bewußt werden, »doch läßt erst die Idee, etwas zu vereinen, an dessen Verbindung wir vorher nicht einmal im Traum gedacht haben, den neuen Vorschlag in unseren Betrachtungen entstehen« (5.181). Peirce beschreibt die Bildung einer Hypothese als einen »Akt der *Einsicht*«, der »obduktiven Suggestion«, die »wie ein Blitz« in unser Denken fahre (5.181). Der einzige Unterschied zwischen einem Wahrnehmungsurteil und einem abduktiven Schluß besteht darin, daß ersteres im Gegensatz zu letzterem nicht der logischen Analyse unterworfen ist.

> »Der logische Schluß geht ohne eine klare Trennungslinie in das Wahrnehmungsurteil über; oder anders ausgedrückt, unsere erste Prämisse, das Wahrnehmungsurteil, stellt strenggenommen einen extremen Fall von abduktivem Schluß dar, von dem es sich nur darin unterscheidet, daß es absolut unanfechtbar ist« (5.181; vgl. 6.522, Ms. 316).

Die Abduktion, »der erste Schritt im wissenschaftlichen Denken« (7.218)[9] und die »einzige Art von Schlußfolgerung, die eine neue Idee entstehen läßt« (2.97)[10], ist ein Instinkt / der von der [18] unbewußten Wahrnehmung zwischen konkreten Aspekten oder, um aus einem anderen terminologischen Bereich zu schöpfen, von einer unterbewußten Kommunikation von Botschaften abhängig ist. Sie steht laut Peirce außerdem zu einer bestimmten Emotion in Beziehung bzw. produziert diese, was sie sowohl von der Induktion als auch von der Deduktion abgrenzt:

> »Die Hypothese setzt an die Stelle eines komplizierten Gewirrs von Aussagen über einen Gegenstand eine Einzelidee. Der gedankliche Schritt, der besagt, daß jede dieser Aussagen dem Gegenstand innewohnt, ist begleitet von einer eigentümlichen Empfindung. Beim hypothetischen Schluß nun wird der so produzierte Gefühlskomplex durch ein einziges Gefühl von größerer Intensität ersetzt, das den gedanklichen Schritt der hypothetischen Folgerung begleitet. Wenn unser Nervensystem einer komplizierten Erregung ausgesetzt ist, deren Ursprungselemente miteinander in Verbindung stehen, ist das Ergebnis eine einzige harmonische Störung, die ich als Emotion bezeichne. Auf dieselbe Art und Weise treffen die verschiedenen

Klänge, die ein Orchester produziert, auf das Ohr, und das Ergebnis
ist eine seltsame musikalische Emotion, die sich von den Klängen
selbst völlig unterscheidet. Diese Emotion ist dem Wesen nach die
gleiche wie beim hypothetischen Schluß, wobei jeder hypothetische
Schluß von der Bildung einer solchen Emotion begleitet ist. Wir
können daher sagen, daß die Hypothese das *sinnliche*, die Induktion
das *habituelle* Element unseres Denkens ausmacht« (2.643).

Hier findet sich auch eine Erklärung für die Zurschaustellung
eines gewissen Selbstbewußtseins und des Wissens um die Kor-
rektheit seiner Mutmaßungen, das Peirce in bezug auf seine
detektivische Arbeit an den Tag legt.

SHERLOCK HOLMES – BERATENDER SEMIOTIKER

Peirces Darstellung der Methode, die ihm zur Wiedererlangung
seiner Uhr verhalf, weist eine verblüffende Ähnlichkeit mit den
Beschreibungen auf, die uns Dr. Watson von Sherlock Holmes'
Vorgehen liefert[11]. Oft wird Holmes mit einem Fuchshund
verglichen (z. B. in STUD, DANC, BRUC und DEVI). In
BOSC berichtet Watson:

> »Sherlock Holmes war wie verwandelt, wenn er so dicht auf einer
> solchen Spur war. Wer nur den stillen Denker und Logiker aus der
> Barker Street kannte, hätte ihn nun nicht wiedererkannt. Sein Ge-
> sicht war erregt und verdüstert. Die Brauen waren zu zwei harten
> schwarzen Strichen geworden, unter denen seine Augen mit einem
> stählernen Glitzern hervorleuchteten. Sein Gesicht war nach unten
> gerichtet, die Schultern vorgebeugt, die Lippen zusammengepreßt,
> und vom langen sehnigen Hals hoben sich die Adern wie Peitschen-
> schnüre ab. Seine Nasenflügel schienen sich in tierischer Jagdlust
> aufzublähen, und sein Geist war so ausschließlich auf die vor ihm
> liegende Sache konzentriert, daß Fragen oder Bemerkungen unge-
> hört an ihm vorbeistrichen oder bestenfalls ein schnelles, ungeduldi-
> ges Knurren als Antwort hervorriefen.« /   [19]

Auf diese Stelle bezugnehmend kommentiert Pierre Nordon:
»Hier verwandelt sich ein Mann von einem Augenblick zum
anderen vor unseren Augen in einen Fuchshund, bis er beinahe
jegliche sprachliche Ausdrucksfähigkeit verloren hat und nur
noch unartikulierte Laute von sich gibt« (1966: 217) und statt-

dessen seine instinktiven, nonverbalen Beobachtungs- und Abduktionsgaben zum Zuge kommen läßt.

Eben diese intuitive Spurensammlung befähigt Holmes zu der Formulierung seiner Hypothesen, wenn er auch meist sowohl seine Wahrnehmungs- als auch seine Hypothetisierungsprozesse unter der Überschrift »Beobachtung« zusammenfaßt, wie in der folgenden Passage aus dem Kapitel »Die Wissenschaft der Deduktion« in SIGN, in der sich Holmes und Watson über einen französischen Detektiv namens François le Villard unterhalten:

[Holmes:] »Er besitzt selbst bemerkenswerte Talente, und zwar zwei jener drei Eigenschaften, die für den idealen Detektiv unerläßlich sind. Er hat die Gabe der Beobachtung und die der Kombination. Nur Kenntnisse fehlen ihm noch ...«[12]

[Watson:] »... Sie sprachen eben von Beobachtung und Kombination. Das eine schließt doch wohl das andere bis zu einem gewissen Grad ein.«

[Holmes:] »Durchaus nicht ... Beobachtung zeigt mir zum Beispiel, daß Sie heute morgen im Postamt auf der Wigmore Street waren, aber erst eine Kombination bringt mich auf den Gedanken, daß Sie dort ein Telegramm aufgegeben haben.«

[Watson:] »Stimmt ... Doch ich muß zugeben, ich weiß nicht, wie Sie sich zusammengereimt haben.«

[Holmes:] »Nichts einfacher als das! ... So simpel, daß sich jede Erklärung erübrigt! Und doch können wir daran die Grenze zwischen Beobachtung und Kombination ermessen. Ich beobachte, daß etwas rote Erde am Rist Ihrer Schuhsohle klebt. Gerade vor dem Postamt in der Wigmore Street hat man das Pflaster aufgerissen und Erde aufgeworfen, und zwar so viel, daß man kaum ins Postamt gelangt, ohne hineinzutreten. Die Erde zeigt diesen rötlichen Ton, den man meines Wissens nirgends sonst in der Nachbarschaft antrifft. Soweit die Beobachtung. Der Rest ist Kombination.«

[Watson:] »Schön, und wie schließen Sie auf das Telegramm?«

[Holmes:] »Ich wußte natürlich, daß Sie heute morgen keinen Brief geschrieben hatten, denn ich saß Ihnen ja die ganze Zeit gegenüber. Außerdem sehe ich in Ihrer offenen Schreibtischschublade, daß Sie reich mit Postkarten, Formularen, Briefmarken und so weiter versorgt sind. Zu welchem Zweck sollten Sie dann in ein Postamt gehen, wenn nicht, um ein Telegramm aufzugeben. Man braucht nur alle anderen Faktoren auszuschalten, dann muß der, der übrigbleibt, stimmen.«

Daraufhin stellt Watson Holmes eine noch schwierigere Aufgabe, und als sich der Detektiv wieder einmal selbst übertrifft, bittet Watson ihn, ihm seinen Gedankenprozeß zu erklären. »Ah«, entgegnet Holmes, »das war reines Glück. Ich wußte lediglich den Wahrscheinlichkeitsgrad zu bestimmen. Daß er so hundertprozentig zutreffen würde, habe ich nicht erwartet.« Als Watson dann die Frage wagt, ob es sich denn »nicht schlicht und einfach um Raterei gehandelt« habe, gibt er zurück: »Aber nein, ich rate nie. Das ist eine entsetzliche Angewohnheit – zerstört das logische Denkvermögen.« Zuletzt schreibt er das Erstaunen seines Gefährten der Tatsache zu: »Sie folgen / weder meinen [20] Gedankengängen, noch nehmen Sie die kleinen Tatsachen wahr, von denen so mancher große Schluß abhängen kann.«

Obwohl er es abstreitet, ist Holmes' Beobachtungsgabe, sein »außerordentliches Genie für das Minutiöseste«, wie Watson es nennt, sowie seine Fähigkeit zur Deduktion in den meisten Fällen das Ergebnis einer komplizierten Kette von »*guesses*«, wie Peirce sie genannt hätte. So kann Holmes in dem obenerwähnten Beispiel nur raten, daß Watson wirklich das Postamt betreten hat und nicht nur an ihm vorbeigekommen ist. Watson hätte ja beispielsweise ebensogut in das Gebäude hineingehen können, um jemanden zu treffen, und nicht, um etwas zu besorgen.

Die Überzeugung Holmes', daß die gründliche Untersuchung von Details den Erfolg einer Nachforschung in entscheidender Weise bestimmt, kommt in der folgenden Passage zum Ausdruck:

»Sie scheinen in ihr eine ganze Menge gelesen zu haben, was für mich völlig unsichtbar war«, bemerkte ich.

»Nicht unsichtbar, sondern nicht beobachtet, Watson. Sie wußten nicht, worauf Sie achten mußten, und deshalb haben Sie alles Wichtige übersehen. Es wird mir wohl nie gelingen, Ihnen die Bedeutung der Ärmel klarzumachen oder die Wichtigkeit von Daumennägeln oder die großen Dinge, die an einem Schnürriemen hängen können. Also: Was haben Sie dem Äußeren dieser Frau entnehmen können? Beschreiben Sie.«

»Nun, sie hatte einen schieferfarbenen breitkrempigen Strohhut mit einer ziegelroten Feder. Ihre Jacke war schwarz, mit schwarzen Perlen besetzt und einem Saum mit kleinen schwarzen Jade-Ornamenten. Ihr Kleid war braun, eher etwas dunkler als Kaffee, mit ein wenig rotem Baumwollsamt am Hals und an den Ärmeln. Ihre

Handschuhe waren gräulich und so abgetragen, daß der rechte Zeigefinger durchschien. Ihre Schuhe habe ich nicht beobachtet. Sie hatte kleine, runde, herabhängende Goldohrringe und machte insgesamt einen Eindruck von Wohlstand, in einer gewöhnlichen, bequemen, fast lässigen Weise.«

Sherlock Holmes klatschte leise in die Hände und kicherte. »Mein Ehrenwort, Watson, Sie spielen wunderbar mit. Sie haben zwar alles übersehen, was wichtig ist, aber Sie haben die Methode getroffen, und Sie haben ein gutes Auge für Farben. Vertrauen Sie niemals allgemeinen Eindrücken, mein Lieber, sondern konzentrieren Sie sich auf Einzelheiten. Mein erster Blick gilt immer den Ärmeln einer Frau. Bei einem Mann kann es besser sein, zuerst das Knie der Hose in Augenschein zu nehmen. Wie Sie sagten, hatte diese Frau Baumwollsamt an ihren Ärmeln, und dieses Material ist sehr nützlich, weil es Spuren bewahrt.

Die doppelte Linie kurz über dem Handgelenk, wo jemand, der Maschine schreibt, sich auf den Tisch aufstützt, war wunderschön sichtbar. Eine mit der Hand zu bedienende Nähmaschine hinterläßt einen ähnlichen Abdruck, aber nur am linken Arm und auf der dem Daumen abgewandten Seite, statt wie in diesem Fall an der breitesten Stelle. Dann habe ich mir ihr Gesicht angesehen, und als ich auf beiden Seiten der Nase die Eindrücke eines *pince-nez* bemerkte, habe ich mich über Kurzsichtigkeit und Maschinenschreiben geäußert, was sie zu überraschen schien.«

»Jedenfalls hat es mich überrascht.«

[21]

»Aber das war doch ganz offensichtlich. Weiter hat es mich sehr überrascht und interessiert, / daß ich, als ich an ihr hinabsah, feststellte, daß die Stiefel, die sie trug, nicht gerade völlig verschieden waren, aber sie gehörten doch nicht zusammen; der eine war vorn ein wenig verziert, und der andere war ganz schlicht. Der eine war nur mit den beiden unteren von fünf Knöpfen verschlossen, der andere mit dem ersten, dritten und fünften. Wenn Sie nun also eine junge Dame sehen, die mit halb zugeknöpften und nicht zueinanderpassenden Stiefeln aus dem Haus gegangen ist, obwohl sie sich sonst ordentlich kleidet, dann ist es kein Kunststück, abzuleiten, daß sie in Eile war.«

»Und was noch?« fragte ich, da mich die scharfe Logik meines Freundes wie immer zutiefst interessierte.

»*En passant* habe ich festgestellt, daß sie einen Brief geschrieben hat, bevor sie das Haus verließ, aber nachdem sie sich angekleidet hatte. Sie haben ja bemerkt, daß ihr rechter Handschuh am Zeigefinger zerrissen war, aber offenbar haben Sie nicht gesehen, daß Handschuh und Finger mit violetter Tinte befleckt waren. Sie hat sehr hastig geschrieben und ihre Feder zu tief eingetaucht. Es muß heute morgen gewesen sein, andernfalls wäre der Fleck nicht mehr so deutlich sichtbar auf ihrem Finger. All das ist amüsant, wenn auch ziemlich elementar ...« (CASE).

Was Sherlock Holmes' Nachforschungen so erfolgreich gestaltet, ist nicht sein Verzicht auf das Raten, sondern die Tatsache, daß er das Raten so vortrefflich beherrscht. Dabei folgt er unwissentlich Peirces Empfehlung zur Wahl der besten Hypothese (vgl. 7.220–320). In Anlehnung an Peirce können wir sagen, daß die beste Hypothese auch gleichzeitig die simpelste und natürlichste ist[13], die sich am leichtesten und unaufwendigsten nachprüfen läßt und dennoch zum Verständnis eines möglichst umfangreichen Spektrums von Fakten beiträgt. In der Post-Episode bilden Holmes' Mutmaßungen über Watsons mögliche Handlungen die unter den gegebenen Umständen tatsächlich vernünftigsten Überlegungen.

Darüber hinaus ermöglichen sie ihm mit einem Mindestmaß an logischem Gepäck einen Punkt zu erreichen, von dem aus er durch weitere Beobachtungen einige der hypothetisch gewonnenen Voraussagen prüfen und so die Anzahl der möglichen Schlüsse drastisch reduzieren kann. Anders ausgedrückt, Holmes wählt nicht nur die simpelste und natürlichste Hypothese, sondern »zergliedert eine Hypothese in ihre kleinsten logischen Komponenten, wobei [er] immer nur eine auf einmal riskiert«; letzteres Verfahren beschreibt Peirce als das Geheimnis des Zwanzigfragenspiels (7.220; vgl. 6.529)[14]. Indem er von der Hypothese ausgeht, daß Watson das Postgebäude betritt, um eine postalische Besorgung zu erledigen, deduziert Holmes (im Peirceschen Sinne), daß es sich bei einer solchen Besorgung um die Aufgabe eines Briefes, den Kauf von Briefmarken und (oder) Postkarten oder die Verschickung eines Telegramms handeln könne. Sodann unterzieht er jede dieser Möglichkeiten einer systematischen Prüfung, wobei er rasch auf diejenige stößt, die sich dann als die korrekte erweisen soll. Sind mehrere Erklärungen denkbar, »so versucht man eine Prüfung nach der anderen, bis sich die eine oder andere davon überzeugend erhärten läßt« (BLAN).

Wie wir bereits bemerkt haben, bestand Peirce darauf, daß eine Hypothese stets als eine Frage betrachtet werden müsse, und wenn sich auch jede neue Erkenntnis auf Annahmen gründe, diese, ohne eine Hinterfragung, nutzlos sei. Auch Holmes [22] warnt Watson in SPEC, »wie gefährlich es immer ist, / aus unzureichenden Daten Schlüsse zu ziehen«. Der Detektiv stimmt mit Peirce (2.635; 6.542; 7.202) weiterhin darin überein, daß eine vorgefaßte Meinung oder Hypothese, dir wir der induktiven Prüfung zu unterziehen zögern, den Hauptstolperstein bei der erfolgreichen Schlußfolgerung bildet. Holmes betont: »Ich lege größten Wert darauf, nie irgendeine vorgefaßte Meinung zu hegen« (REIG; vgl. ABBE, NAVA). Peirces Bewunderung, die er bedeutenden Männern in der Geschichte der Wissenschaft wie zum Beispiel Kepler entgegenbringt, geht auf eben diese bemerkenswerte Fähigkeit zurück, die »Raten-Prüfen-Raten«-Folge konsequent durchzuhalten.

Und in diesem Punkt, der Aufrechterhaltung von Objektivität gegenüber den Fakten eines Falles, gerät Holmes, wie Peirce in der einleitenden Begebenheit, in einen Konflikt mit den offiziellen Vertretern der Polizei oder, wie im Fall von Peirce, mit den Berufsdetektiven der Pinkerton-Agentur[15]. In BOSC bemüht sich Holmes zum Beispiel, Inspektor Lestrade von Scotland Yard auf einige entscheidende Indizien hinzuweisen, doch will jener die Verbindung zwischen den von Holmes zu Tage geförderten Details und dem untersuchten Verbrechen wie gewöhnlich nicht einsehen. Als er erwidert: »Ich fürchte, ich bin nach wie vor skeptisch«, gibt Holmes nur gelassen zurück: »Sie arbeiten mit Ihrer Methode, und ich halte mich an die meine.« Später beschreibt Holmes Watson diese Unterhaltung wie folgt:

> »Bei einer Untersuchung des Bodens stieß ich auf die belanglosen Details, die ich an diesen Dummkopf Lestrade weitergab, weil sich an ihnen die Persönlichkeit des Verbrechers erkennen ließ.«
> »Aber wie hatten Sie sie denn erkannt?«
> »Sie kennen ja meine Methode. Sie gründet sich auf die Beobachtung von Belanglosigkeiten.«

Die Polizei verliert im Anfangsstadium ihrer Nachforschungen in den Holmes-Erzählungen deshalb so oft die Spur, weil sie dazu neigt, diejenige Hypothese anzunehmen, die die wahrscheinlichste Erklärung für ein paar Hauptfaktoren bietet, weil sie »Belanglosigkeiten« zumeist völlig ignoriert und jegliche

Information, die eine einmal eingenommene Haltung nicht unterstützt, verwirft. »Nichts ist trügerischer als eine offensichtliche Tatsache«, warnt Holmes in BOSC. Die Polizei begeht in seinen Augen den »kapitalen Fehler«, zu theoretisieren, bevor sie alle Beweise beisammen hat (STUD). Das Ergebnis ist, daß sie »unmerklich« beginnt, »die Tatsachen so zu verdrehen, daß sie sich den Theorien anpassen, anstatt die Theorien an den Fakten auszurichten« (SCAN)[16]. Das gegenseitige Mißtrauen, das aus diesem entscheidenden methodischen Unterschied erwächst, ist in allen Sherlock Holmes-Erzählungen zu spüren. In REID äußert Watson gegenüber Inspektor Forrester, er habe »gewöhnlich festgestellt, daß in seinem [Holmes'] Wahnsinn Methode liegt«, worauf der Inspektor versetzt: »Manche würden wohl sagen, in seiner Methode liegt Wahnsinn.«[17]

Wir sind nicht die ersten, die die Bedeutung des Ratens in der Sherlock-Holmes'schen Methode der Verbrechensaufdeckung hervorheben. So stellt Régis Messac beispielsweise fest, daß, als Holmes in CARD Watsons Gedanken liest (vgl. auch die fast identische / Szene in einigen Ausgaben von RESI), Watson bei [23] der Betrachtung der Porträts von General Gordon und Henry Ward Beecher Millionen von verschiedenen Dingen durch den Kopf gehen könnten und daß Holmes schlicht und einfach rate (1929: 599). Messac weist ganz richtig darauf hin, daß Holmes zwar gelegentlich zugibt, daß eine Art von Instinkt bei seiner Arbeit eine Rolle spiele (so bemerkt er in STUD, sein »seltsamer Instinkt und [seine] Beobachtungsgabe« entsprängen einer »Art von Intuition« – eine Betrachtungsweise, die sich auch in SIGN und THOR findet), doch bestätigt er andererseits »die Tatsache der ›Deduktion‹« (1929: 601). Messac stellt weiterhin die Behauptung auf, daß es sich bei Holmes' Deduktionen nicht um echte Deduktionen handele, daß sie jedoch auch nicht als Induktionen bezeichnet werden könnten, sondern »eher Folgerungen« darstellten, »die von der Beobachtung eines bestimmten Faktums getragen sind und von dort auf mehr oder weniger komplizierten Umwegen zu einem anderen bestimmten Faktum führen« (1929: 602). Und Nordon schließt daraus, »es muß festgestellt werden, daß er [Holmes] in der Praxis weit mehr entscheidende Ergebnisse aufgrund von Beobachtungen als von logischen Prozessen erzielt« (1966: 245).

In seiner Untersuchung der Holmes'schen Methode (Kap. 3 dieses Buches) nahm Marcello Truzzi unsere vorliegende Studie insofern vorweg, als er auf die Ähnlichkeiten zwischen den sogenannten Deduktionen bzw. Induktionen des Detektivs und Peirces Abduktionen oder Hypothesen hinwies. Peirces logischem System zufolge stellen Holmes Beobachtungen darüber hinaus selbst eine Art von Abduktion dar, wobei die Abduktion eine ebenso legitime Form des Schlußverfahrens darstellt wie sowohl Induktion als auch Deduktion (Peirce 8.228). Peirce behauptet sogar:

»Nichts hat so entscheidenden Anteil an der gegenwärtigen wirren beziehungsweise irrigen Vorstellung von der wissenschaftlichen Logik gehabt wie die Unfähigkeit, den grundlegend verschiedenen Charakter unterschiedlicher Elemente wissenschaftlicher Schlußverfahren voneinander zu trennen; dabei liegt eine der schlimmsten und gleichzeitig verbreitetsten Verwirrungen darin, in der Zusammenführung von Abduktion und Induktion (und nicht selten auch noch der Deduktion) ein simples Argument zu erkennen« (8.228)[18].

Peirce gesteht, daß er selbst »in beinahe allem, was vor Beginn dieses Jahrhunderts [von ihm] im Druck erschien ..., Hypothese und Induktion mehr oder weniger durcheinander gebracht habe« (8.227), und führt diese Begriffsverwirrung darauf zurück, daß die Logiker ein zu »enges und formalistisches Konzept des logischen Schließens unterhielten (bei dem notwendigerweise das Urteil auf der Basis der Prämissen formuliert [werde])« (2.228; vg. 5.590–604; Ms. 475; Ms. 1146).

Sowohl Abduktion als auch Induktion »führen [natürlich] zu der Annahme einer Hypothese, weil sich die beobachteten Fakten so darstellen, wie sie sich notwendigerweise oder wahrscheinlicherweise als Konsequenz aus dieser Hypothese ergäben«. Doch:

»Die Abduktion setzt bei Fakten ein, ohne dabei gleich zu Beginn eine bestimmte Theorie zu verfolgen, wenn sie auch von der Empfindung motiviert ist, daß eine Theorie / zur Erklärung der überraschenden Fakten erforderlich ist. Die Induktion setzt bei einer Hypothese ein, die sich scheinbar von selbst anbietet, wobei sie zu Beginn keine bestimmten Fakten verfolgt, wenn sie auch von dem Gefühl begleitet ist, daß Fakten zur Unterstützung der Theorie vonnöten sind. Die Abduktion sucht eine Theorie. Die Induktion

[24]

sucht nach Fakten. Bei der Abduktion bestimmt die Erwägung der Fakten die Hypothese, während bei der Induktion die Untersuchung der Hypothese die Experimente bestimmt, die eben jene Fakten zu Tage fördern, auf die die Hypothese verwiesen hatte« (7.218).

Anhand eines Beispieles, das einem von Holmes' Fällen entnommen sein könnte, erläuterte Peirce den Unterschied zwischen den zwei Arten des Schließens:

»Ein abgerissenes Stück Papier trägt gewisse anonyme Schriftzüge, von denen man annimmt, daß sie aus der Feder eines bestimmten Mannes stammen. Man untersucht seinen Schreibtisch, zu dem nur er allein Zugang hat, und findet dort ein Stück Papier, dessen abgerissener Rand in allen seinen Unregelmäßigkeiten genau zu dem fraglichen Fetzen paßt. Die Annahme, daß der Verdächtige tatsächlich der Schreiber war, stellt eine durchaus rechtmäßige Schlußfolgerung dar, wobei die Grundlage dieser Schlußfolgerung zweifelsohne die Überzeugung ist, daß ein zufälliges Zusammenpassen unwahrscheinlich ist. Von einer großen Anzahl derartiger Schlußfolgerungen wäre demnach nur ein sehr geringer Anteil irreführend. Die Analogie von Hypothese und Induktion ist so ausgeprägt, daß einige Logiker sie miteinander verwechselt haben. So hat man die Hypothese eine Induktion aufgrund von Merkmalen genannt. Eine Reihe von Merkmalen, die einer bestimmten Klasse angehören, finden sich in einem Gegenstand, daraus ergibt sich die Folgerung, daß alle Merkmale jener Klasse dem fraglichen Gegenstand zukommen. Sicherlich ist das hier angewandte Prinzip identisch mit dem Induktionsprinzip, doch erscheint es in modifizierter Form. Zunächst einmal lassen Merkmale eine simple Aufzählung nicht so ohne weiteres zu wie Gegenstände; zweitens zerfallen sie in Kategorien. Wenn wir also eine solche Hypothese über ein Stück Papier aufstellen, so untersuchen wir damit nur eine einzige Gruppe von Merkmalen oder möglicherweise zwei oder drei, ohne jedoch nur ein Exemplar aus all den anderen Gruppen miteinzubeziehen. Handelte es sich bei der Hypothese lediglich um eine Induktion, so stünde uns in dem obigen Beispiel rechtens kein gewagterer Schluß zu als der, daß die beiden Papierfetzen, die mit den vorgefundenen Unregelmäßigkeiten zusammenpaßten, auch mit anderen, vielleicht weniger ausgeprägten Unregelmäßigkeiten zusammenpassen würden. Der Schluß von dem Stück Papier auf den Besitzer aber kennzeichnet genau den Unterschied zwischen Hypothese und Induktion und macht die erste zu einem weitaus kühneren und riskanteren Schritt« (2.632).

Holmes bestätigt indirekt das riskantere Wesen der Hypothese, wenn er sich für den Gebrauch der »Phantasie« (RETI, SILV), der »Intuition« (SIGN) und der »Spekulation« (HOUN) ausspricht. Man muß bereit sein, sich den Verlauf eines Geschehens vorzustellen und auf der Grundlage einer solchen Annahme zu handeln, was »in einen Bereich führt, in dem wir Wahrscheinlichkeiten abwägen und die geeignetste wählen« (HOUN).

Holmes hatte die Angewohnheit, aus der beinahe wilden Zielstrebigkeit eines Fuchshundes bei der Verfolgung seiner [25] Beute in eine Art / lethargischen Tagtraum zu verfallen; eine Kombination, die John G. Cawelti »*stereotype vitalization*« [Stereotypenaktivierung] nannte (1976: 11, 58), eine phantasiebegabte Synthese von Persönlichkeitstypen, die I. I. Revzin mit dem Begriff »*fusion*« belegte, wobei er auch besonders auf die Detektivliteratur einging (1978: 385–388). Eine solche Disposition hat in diesem Kontext ihren Ursprung natürlich in Poes doppelschichtigem Dupin. Watson macht in der folgenden Passage deutlich, daß der Tagtraum auch bei Holmes' Nachforschungen eine Rolle spielte:

»Mein Freund war ein begeisterter Musiker und selbst nicht nur ein sehr guter Geiger, sondern auch ein Komponist mit ansehnlichen Leistungen. Er brachte den ganzen Nachmittag in der Parkettloge zu, erfüllt von der vollkommensten Heiterkeit; seine langen, schmalen Finger bewegten sich sanft im Takt der Musik, während sein milde lächelndes Gesicht und seine verträumt schmachtenden Augen denen von Holmes dem Spürhund, Holmes dem unerbittlichen, scharfsinnigen, zupackenden Kriminalisten so unähnlich waren, wie man es sich unähnlicher nicht vorstellen kann. Die zwei Wesen seines einzigartigen Charakters setzten sich abwechselnd durch, und seine äußerste Genauigkeit und Schlauheit stellten, wie ich oft bei mir überlegte, eine Reaktion auf die poetische und beschauliche Stimmung dar, die sich seiner gelegentlich bemächtigte. Der Pendelschlag seines Wesens trug ihn von äußerster Mattheit zu verzehrender Energie, und wie ich wohl wußte, war er nie furchtbarer, als wenn er tagelang in seinem Lehnsessel die Zeit zwischen Improvisationen auf der Geige und seinen alten Fraktur-Editionen vertändelt hatte. Dann vermochte jählings das Jagdfieber ihn zu packen, und sein glänzendes Denkvermögen schwang sich zu den Höhen der Intuition auf, bis jene, die mit seinen Methoden nicht vertraut waren, ihn scheel ansahen, als einen Mann, dessen Kenntnisse nicht die anderer Sterblicher waren. Als ich ihn an diesem Nachmittag in der St. James's Hall so völlig in Musik eingehüllt sah, fühlte ich, daß eine schlimme Zeit über jene zu kommen drohte, die zur Strecke zu bringen er sich vorgenommen hatte« (REDH).

Peirce hat sich auch zu dem Verhältnis zwischen dieser Art geistiger Aktivität und erdverbundeneren Praktiken geäußert: »Es gibt«, so schreibt er, »eine gewisse angenehme geistige Beschäftigung, die ... keinem anderen Zweck dient als dem, alle ernsthaften Zwecke zu verwerfen, und die »ich manchmal halb geneigt war, [...] Tagtraum mit gewissen Einschränkungen zu nennen; doch wäre eine solche Benennung bei einer Geistesverfassung, die der Abwesenheit und Träumerei so extrem entgegengesetzt ist, ein zu verwerflicher Fehlgriff. Es ist eigentlich nichts anderes als reines Spiel« (6.458). Eine Art des reinen Spiels, »eine lebhafte Übung der eigenen Kräfte, die keine Regeln, sondern nur das Gesetz der Freiheit kennt«, bezeichnet er als »*musement*« [Versenkung] und definiert sie als einen Prozeß der gedanklichen Suche nach einer »Verbindung« zwischen zweien der drei Erkenntnisbereiche (dem der Ideen, dem der brutalen Wirklichkeit und dem der Zeichen 6.455), sowie »Spekulationen bezüglich ihres Ursprungs« (6.458). Die Versenkung

> »beginnt reichlich passiv in dem Rausch des Eindrucks eines Winkels in einem der drei Bereiche. Doch dieser Eindruck geht alsbald in aufmerksame / Beobachtung über, die Beobachtung in die Versenkung und diese Versenkung in ein lebendiges Geben und Nehmen in der Selbstbesinnung. Gestattet man seinen Betrachtungen und Überlegungen eine zu große Beschränkung, so wandelt sich das Spiel in wissenschaftliches Studium ...« (6.459). [26]

Das Verbrechen, bemerkt Peirce, biete sich für die Anwendung der Versenkung besonders an. Bezugnehmend auf Dupins Bemerkungen in Poes »Die Morde in der Rue Morgue« (nämlich: »Mir scheint, daß der Grund, weshalb man dieses Rätsel als unlösbar betrachtet, gleichzeitig Anlaß geben sollte, es als leicht erklärbar anzusehen. Ich meine damit die Ausgefallenheit seiner Merkmale«), stellt Peirce fest, / daß »solche Probleme, die auf [27] den ersten Blick unlösbar erscheinen, durch ebendiesen Umstand perfekt passende Schlüssel erhalten. Dies macht es für das

Abb. 5. Versunken lauscht Sherlock Holmes in »Die Liga der Rothaari-
gen« einem Konzert. Illustration von Sidney Paget, erschienen in *The
Strand Magazine* im August 1891.

Spiel der Versenkung besonders geeignet« (6.460; vgl. Sebeok,
1981)[19].

So können wir, wenn auch aus anderen Gründen, Nordon
zustimmen, der sagt: »Als die Schöpfung eines Arztes, der völlig
in das rationalistische Denken seiner Zeit eingetaucht war[20],

bietet uns der Sherlock-Holmes-Zyklus zum erstenmal das
Schauspiel eines Helden, der mit Hilfe einer logischen wissen-
schaftlichen Methode immer neue Triumphe feiert. Dabei ist die
Meisterschaft des Helden so wunderbar und unfaßlich wie die
Macht der Wissenschaft selbst, von der viele, allen voran Conan
Doyle, gehofft hatten, daß sie zu einer materiellen und geistigen
Verbesserung der menschlichen Verhältnisse führen würde«
(1966: 247).

KRANKHEIT, VERBRECHEN UND SEMIOTIK

Die Wurzeln der Semiotik gehen auf medizinische Abhandlun-
gen des Altertums zurück (Sebeok, 1976: 5, 125 ff., 181 f.; 1979:
Kap. 1). Dieser Umstand erläutert das Argument von Peirce:
»Ganz grob und allgemein gesprochen läßt sich sagen, daß die
Wissenschaften aus den angewandten Künsten entstanden sind
oder zumindest aus solchen, die als anwendbar galten.« So wie
die Astronomie aus der Astrologie und die Chemie aus der
Alchimie entstanden, so »entstand auch die Physiologie, indem
sie die Rolle der auf halbem Wege der Magie entwachsenen
Medizin übernahm« (1.226). Peirce scheint in Geschichte und
Theorie der Medizin sehr bewandert gewesen zu sein. Seine
Familie glaubte ihn für eine glänzende Laufbahn in der Chemie
berufen und stellte ihm darum die medizinische Bibliothek
seines verstorbenen Onkel Charles, der Arzt gewesen war, zur
Verfügung (Fisch: persönliche Mitteilung). An wenigstens einer
Stelle (2.11, Fußn. 1), erwähnt Peirce eine Liste von Medizinge-
schichtsbüchern, die er zu Rate gezogen hatte. In einem im Jahre
1933 geführten Gespräch mit Henry S. Leonhard (einem Philo-
sophiestudenten der Harvard University, der nach dem Tode
von Peirces Witwe, Juliette, zu dessen Haus in Milford in
Pennsylvania geschickt worden war, um möglicherweise zu-
rückgelassene Manuskripte sicherzustellen) behauptete der Arzt
G. Alto Pobe, der ihn als letzter behandelt hatte:

>»Peirce wußte besser über Medizin Bescheid als ich. Jedesmal, wenn
>ich kam, blieb ich eine halbe bis eine Stunde bei ihm. Es war ein
>Vergnügen, sich mit ihm zu unterhalten. Bei meinem Eintreten
>zählte er mir oft schon alle seine Symptome auf und diagnostizierte
>seine Krankheit. Dann beschrieb er die gesamte Geschichte der

medizinischen Behandlung dieser Krankheit. Und schließlich schlug er mir vor, was ich ihm verschreiben solle. Er irrte sich nie. Er meinte nur, er müsse mich wohl bitten, die Rezepte auszustellen, da er selbst kein qualifizierter Arzt sei« (aus den Anmerkungen von Max H. [28] Fisch). /

Peirce erkennt an, daß »die Mediziner«, was die statistischen Probleme, die Versuchs- und Induktionsverfahren aufwerfen, angehe, deshalb verdienten, »besonders erwähnt zu werden, weil sie seit Galen auf ihre eigene Logiktradition zurückgreifen können« und »in ihrer Ablehnung der ›Post hoc, ergo propter hoc‹ Einstellung« über die »wenn auch trübe« Erkenntnis der Induktionsregel verfügen, die besagt, daß »wir zunächst entscheiden müssen, auf welches Merkmal hin wir unsere Probe untersuchen wollen, und erst nach dieser Entscheidung die Untersuchung vornehmen« (1.95–97). Peirce sieht andererseits ganz klar, daß die Medizin, »jener materialistische Berufsstand« (8.58), Schwierigkeiten hat, sich an einen anderen Grundsatz der Induktion zu halten, der verlangt, daß die Anzahl der Proben nicht zu begrenzt sei:

»Verletzt man diesen Grundsatz, so veranlaßt man die Zahlen zum Lügen. Besonders medizinische Statistiken sind für gewöhnlich lächerlich begrenzt und dazu dem Verdacht der Manipulation ausgesetzt. Dabei spreche ich jetzt von den Statistiken angesehener und seriöser Ärzte. Es ist ungemein schwierig, eine große Anzahl von Fakten zu sammeln, die sich auf einen unbekannten medizinischen Umstand beziehen, und noch schwieriger fällt der Beweis, daß diese Fakten eine angemessene Darstellung des allgemeinen Ereignisablaufs geben. Dies erklärt den zähen Fortschritt, den die medizinische Wissenschaft trotz der ihr gewidmeten umfangreichen Forschung gemacht hat, sowie die kapitalen Irrlehren, an denen die Medizin oft jahrhundertelang festgehalten hat. Es gibt wohl kaum ein wissenschaftliches Gebiet, das sich in jeder Hinsicht so kompliziert ausnimmt wie die Medizin. Nur ein wahrhaft großer Geist ist zu einer medizinischen Induktion fähig; dies ist zu offensichtlich, als daß es eines Beweises bedürfte. Es gibt so viele Störfaktoren – wie persönliche Eigenarten, die Kombination verschiedener Behandlungsmethoden, zufällige und unbekannte Einflüsse, klimatische, rassische, jahreszeitenbedingte Besonderheiten –, die eine große Anzahl von Fakten notwendig machen, die wiederum mit Luchsaugen auf etwaige Täuschungen hin untersucht werden sollten. Doch ist das Sam-

meln von Fakten in der Medizin merkwürdigen Schwierigkeiten
ausgesetzt. Die Erfahrung eines Einzelnen kann selten entscheidend
ins Gewicht fallen, andererseits kann niemand in der Medizin Urteile
über einen Umstand abgeben, bei dem ihm die persönliche Erfahrung fehlt, sondern er muß sich dabei auf das Urteil anderer verlassen. Während also eine Probe in dieser Wissenschaft einen größeren
Umfang und eine sorgfältigere Behandlung verlangt als in irgendeiner anderen, sind diese Bedingungen gerade in dieser Wissenschaft
nur schwer zu erfüllen.

Nichts legt damit ein jämmerlicheres Zeugnis von der allgemeinen
Unlogik des Denkens ab als die Bereitschaft, die neun von zehn
Menschen zu erkennen geben, wenn es darum geht, eine Arznei für
heilsam zu erklären, wobei sie sich auf die begrenzteste, die unge-
naueste und voreingenommendste Erfahrung beziehen, die diesen
Namen überhaupt noch verdient. Jedes alte Weiblein, das nach der
Verabreichung einer bestimmten Arznei nur die geringste Besserung
der Symptome in einem Dutzend von Fällen mitangesehen hat, die
auch nur einen Hauch von Ähnlichkeit aufweisen, wird nicht einen
Moment zögern, diese Arznei als unfehlbares Heilmittel für all die
Fälle zu erklären, die auch nur im geringsten mit jenem Dutzend
vergleichbar sind. Sicher ist das schockierend; noch schlimmer je-
doch ist, daß eine Behandlungsempfehlung nicht selten auf der
Kenntnis von nur ein oder zwei Fällen beruht, die lediglich vom
Hörensagen stammt.

Betrachten wir doch einmal die Kombination der in solch einem
Verfahren enthaltenen Trugschlüsse. Zunächst einmal verbietet uns
jedes Gefühl von Angemessenheit, einen Induktionsschluß zu ziehen, / ohne vorher einer klar definierten Klasse eine Probe entnom- [29]
men zu haben. Diese Narren jedoch – die glauben, der bloße
Aufenthalt in einem Krankenzimmer mache sie zu einem Galen –
sind völlig unfähig, die fragliche Krankheit zu definieren. Nehmen
wir an, es handele sich beispielsweise um *diptheria* [sic]. Wie sollen sie
diptheria [sic] von Halsschmerzen unterscheiden können? Ihre Proben stellen in Wirklichkeit vollkommen undefinierte Proben dar.

Zweitens reicht die Zahl ihrer Beispiele kaum für die simpelste
Induktion aus. Und drittens entstammen die Beispiele aller Wahrscheinlichkeit nach überdies noch dem Hörensagen. Zusätzlich zu
der Ungenauigkeit, die einer solche Art von Beweis anhaftet, dringen, im Verhältnis zu der Häufigkeit ihres Auftretens, mehr ungewöhnliche Ereignisse an unsere Ohren als alltägliche, und dem
Rechnung tragen zu wollen, hieße ausgewählte Proben nehmen.
Viertens ist die Aussage, die alle diese Beispiele gemein haben,
ausgesprochen vage. Fünftens wird oft eine Deduktion in bezug auf

THOMAS A. SEBEOK UND JEAN UMIKER-SEBEOK

den jeweiligen Fall angestellt, ohne sorgfältig zu erwägen, ob er wirklich der Klasse angehört, dem das Beispiel entstammt. Sechstens lassen sich leicht mehr Aussagen über den jeweiligen Fall machen, als vergangene Fälle sie geliefert haben. All diese Trugschlüsse verbinden sich zu einer Argumentation, von der einem bald jede Woche ein neues Beispiel zu Ohren kommt« (Ms. 696)[21].

In Sherlock Holmes' Anwendung medizinischer Verfahrensweisen[22] vermischt sich das Element von Kunst und Zauberei mit der Logik wissenschaftlicher Forschung, die sein Hauptanliegen ist. Wir sind der Auffassung, daß dieses Phänomen Holmes als literarische Figur von der Methode der reinen Logik eines Poeschen Dupin absetzt.

Es gilt heute allgemein als unbestritten, daß Conan Doyle, der selbst als Arzt praktizierte, bis er mit seinen Sherlock-Holmes-Erzählungen genügend Geld verdiente, um seine Praxis aufgeben zu können, die Gestalt des Sherlock Holmes seinem Professor Dr. Joseph Bell vom Edinburger Krankenhaus nachgebildet hat. Die zumindest teilweise Anlehnung an dieses ärztliche Vorbild war jedoch der bewußte Versuch Conan Doyles, eine rigorosere wissenschaftliche Methode in die Verbrechensuntersuchung einzuführen, als sie bis dahin üblich war. Messac bemerkt zutreffend, daß Doyle Bell in seiner Ausweitung der Diagnose auf das gesamte Lebens- und Persönlichkeitsbild eines Patienten folgte und die Ansicht vertrat, daß die »Diagnose« nie völlig exakt sein kann; denn »sie enthält Unschlüssigkeiten und Irrtümer«. Die Aufdeckung eines Verbrechens sei, wie die Medizin, eine Art »Pseudowissenschaft« (1929: 617)[23]. Zu der Entstehung von STUD schreibt Doyle:

> »Gaboriau hatte einen ziemlichen Eindruck auf mich gemacht, weil seine Handlungsstränge immer so tadellos ineinanderpaßten, und Poes meisterlicher Chevalier Dupin war von Kindheit an einer meiner Helden gewesen. Doch würde es mir gelingen, dem etwas Eigenes hinzuzufügen? Ich dachte an meinen alten Lehrer Joe Bell, an sein Adlergesicht, seine seltsamen Angewohnheiten und sein unheimliches Talent bei der Beobachtung von Details. Wäre er Detektiv, so würde er dieses faszinierende, jedoch ungeordnete Geschäft sicher auf eine beinahe exakte Wissenschaft reduzieren«
[30] (1924: 69). /

54

Doyle war von Bells außergewöhnlichen diagnostischen Fähigkeiten »nicht nur in bezug auf Krankheiten, sondern auch auf
Berufe und Charaktere« einer Person beeindruckt. Er war Bells
Ambulanzassistent, was bedeutete, daß er »seine ambulanten
Patienten in einer Reihe aufstellen, sich einige simple Notizen zu
ihren Fällen machen und sie dann einen nach dem anderen in das
große Zimmer führen mußte, in dem Bell, umgeben von seinen

Abb. 6. Ein Porträtphoto, das Dr. Joseph Bell, Edinburgh, als jungen
Mann zeigt. Ihn hat sich Conan Doyle für seine Gestalt des Sherlock
zum Vorbild genommen. Das ausgeprägte Holmes'sche Profil ist bemerkenswert. Aus Haycraft (1941: 48).

THOMAS A. SEBEOK UND JEAN UMIKER-SEBEOK

Operationsgehilfen und Studenten, thronte« (1924: 20). Dort hatte der junge Medizinstudent »reichlich Gelegenheit seine [Bells] Methoden zu studieren und dabei festzustellen, daß er oft aus ein paar raschen Blicken mehr über den Patienten erfuhr« *(ibid.)* als aus der Reihe von Fragen, die Doyle selbst vor der ärztlichen Unterredung gestellt hatte.

»Gelegentlich waren die Ergebnisse äußerst dramatisch, wenn es auch dann und wann vorkam, daß er einen Fehler machte. In einem seiner Paradefälle sprach er einen Patienten in Zivilkleidung wie folgt an: /

[31]

»Nun, guter Mann, Sie haben also in der Armee gedient.«
»Jawohl, Sir.«
»Noch nicht lange entlassen.«
»Nein, Sir.«
»Ein Hochlandregiment?«
»Jawohl, Sir.«
»Wohl Unteroffizier?«
»Jawohl, Sir.«
»In Barbados stationiert?«
»Jawohl, Sir.«

»Sehen Sie, meine Herren«, pflegte er im Anschluß an ein solches Gespräch zu erklären, »der Mann war gewiß ein respektvoller Mensch, und trotzdem nahm er seinen Hut nicht ab. Das ist in der Armee nicht üblich, jedoch hätte er sich sicher inzwischen zivile Manieren angewöhnt, wenn er schon lange entlassen gewesen wäre. Sein Auftreten ist gewichtig, und er ist offensichtlich ein Schotte. Was Barbados betrifft, so leidet er an Elephantiasis, einer Krankheit, die westindischen, aber kaum britischen Ursprungs ist.«

Der Schar von Watsons, die ihm zuhörte, erschien alles recht wundersam, bis sie schließlich die Erklärung erfuhren und ihnen das Ganze plötzlich durchaus simpel vorkam. Es ist kaum erstaunlich, daß ich nach dem Erlebnis einer solchen Gestalt deren Methode benutzte und vertiefte, als ich später einen wissenschaftlichen Detektiv zu schaffen versuchte, dem seine eigene Vortrefflichkeit und nicht eine törichte Handlung des Verbrechers zur Lösung des Falles verhalf« (1924: 20–21).

Während der Barbados-Dialog sich als einziges Beispiel für Bells außerordentliche Beobachtungsgabe und Deduktionsfähigkeit bei Doyle selbst findet, hat Trevor Hall (1978: 80–83) mehrere weitere Berichte von Bells bemerkenswerten Leistungen veröffentlicht und kommentiert, die ursprünglich von Mitstudenten

Doyles in Edinburgh oder Freunden von Bell und seiner Frau aufgezeichnet worden waren. William S. Baring-Gould hat eine der weniger bekannten Anekdoten wiedergegeben (aus der medizinischen Fachzeitschrift *Lancet* vom 1. 8. 1956):

> »Man führte eine Frau mit einem Kleinkind herein. Joe Bell wünschte ihr einen guten Morgen, worauf sie seinen Gruß erwiderte. [Das folgende Gespräch wird in einem schottischen Dialekt der Gegend von Fife geführt; A. d. Ü.]
> »Wie war die Überfahrt von Burntisland?«
> »Sie war gut.«
> »Und hatten Sie einen angenehmen Gang die Inverleith Row hinauf?«
> »Ja.«
> »Was haben Sie denn mit dem anderen Kleinen gemacht?«
> »Ich habe ihn bei meiner Schwester in Leith gelassen.«
> »Und Sie arbeiten wohl immer noch in der Linoleumfabrik?«
> »Ja, das stimmt.«
> »Sehen Sie, meine Herren, als sie mir einen guten Morgen wünschte, fiel mir gleich ihr Fifer Akzent auf, und wie Sie wissen, ist die nächste Stadt in Fife Burntisland. Sie bemerken den roten Lehm an den Kanten ihrer Schuhsohlen. Die einzige Stelle, an der solcher Lehm in einem Umkreis von zwanzig Meilen rund um Edinburgh vorkommt, ist der Botanische Garten. Inverleith Row führt daran vorbei und ist außerdem der kürzeste Weg von Leith hierher. Sie / haben außerdem bemerkt, daß der Mantel, den sie über dem Arm trägt, zu groß für das Kind hier ist, und sie deshalb mit zwei Kindern von zu Hause aufgebrochen sein muß. Und schließlich hat sie Dermatitis an den Fingern ihrer rechten Hand, was besonders für Arbeiter in der Linoleumfabrik von Burntisland typisch ist« (1967, I: 7). [32]

Oder sehen wir uns ein Interview mit Doyle vom Juni 1892 an, das dem Artikel eines gewissen Harry How mit dem Titel »Ein Tag mit Conan Doyle« entstammt, der zuerst im August desselben Jahres im *Strand Magazine* und später von Hall veröffentlicht wurde (1978: 82–93).

> »Ich begegnete [in Edinburgh] dem Mann, der mir die Idee für Sherlock Holmes eingab ..., seine Intuition war einfach unglaublich. Fall Nr. 1 trat zum Beispiel vor. ›Ich sehe, Sie kämpfen mit dem Alkohol‹, sagte Mr. Bell. ›Sie tragen sogar eine Flasche in der Innentasche ihres Mantels mit sich.‹ Und dann ein zweiter Fall: ›Ich sehe, Sie sind Schuster‹, worauf er sich seinen Studenten zuwandte und sie

57

auf die abgewetzten Innenseiten der Hose in Kniehöhe hinwies, die sich dort am Klopfstein gerieben hatten – ein typisches Merkmal, das man nur bei Schustern antrifft.«

Hall (1978: 78) vermerkt auch, daß Doyle Bells Einfluß auf dem Verso der Titelseite von *The Adventures of Sherlock Holmes* (1892) dankbar anerkennt und dieses Buch seinem ehemaligen Lehrer widmet. Hall berichtet darüberhinaus, daß Doyle in einem Brief vom 4. Mai 1892 an Bell erklärte:

> »Ohne Zweifel habe ich Sherlock Holmes Ihnen zu verdanken, und wenn ich auch in den Erzählungen den Vorteil habe, jegliche Art von dramatischer Position für den Detektiv wählen zu können, so glaube ich nicht, daß seine analytische Arbeit dabei im geringsten die Wirkung übertreibt, die ich Sie in der Ambulanz habe erzielen sehen. Ausgehend von dem zentralen Komplex der Deduktion und Schlußfolgerung und Beobachtung, den Sie uns immer wieder nahegelegt haben, habe ich versucht, einen Mann zu formen, der die ganze Sache bis zu ihren äußersten Grenzen verfolgte – und oft darüber hinaus –, und ich bin zutiefst erfreut, daß das Ergebnis Ihr Gefallen findet, der Sie doch als erster das Recht hätten, scharfe Kritik anzumelden« (1978: 78).

Die folgende Passage liefert sicherlich einen erstaunlichen Widerhall einiger der Anekdoten um Joseph Bell. Holmes und sein Bruder Mycroft sitzen zusammen in einem runden Erker (vgl. Sebeok, 1981: Kap. 3) des Diogenes-Clubs, als Mycroft sich vernehmen läßt:

> »Wenn jemand die Menschen studieren wollte, so könnte er sich wohl keine geeignetere Stelle wünschen als diese hier ... Schau Dir all diese prächtigen Typen an. Nimm zum Beispiel die beiden Männer, die dort auf uns zukommen.«
> »Du meinst den Billardmarkör und den anderen?«
> »Genau die. Für was hältst du den anderen?«
> Die beiden Männer waren vor dem Fenster stehengeblieben. [33] Einige Kreideflecke über / der Westentasche des einen waren die einzigen Anzeichen, die für mich [Watson] auf Billard hinzuweisen schienen. Der andere war sehr klein und von dunkler Gesichtsfarbe; er hatte seinen Hut aus dem Gesicht geschoben und trug mehrere Pakete unter dem Arm.
> »Ein ehemaliger Soldat, wie man sieht«, begann Sherlock.
> »Und noch nicht lange entlassen«, fügte der Bruder hinzu.
> »Hat in Indien gedient.«

Abb. 7. Porträt von Mycroft Holmes. Illustration von Sidney Paget für »The Greek Interpreter«, erschienen in *The Strand Magazine* im September 1893.

»Als Unteroffizier.«
»Nehme an, in der Königlichen Artillerie«, meinte Sherlock.
»Und er ist Witwer.«
»Hat aber ein Kind.«
»Kinder, mein Lieber, Kinder.«
»Hören Sie auf«, lachte ich [Watson], »das geht zu weit.« /   [34]
»Es ist doch wohl nicht schwer zu erkennen«, erwiderte Holmes,

»daß ein Mann mit dem Auftreten und dem Ausdruck von Autorität und einem solchen sonnenverbrannten Gesicht mehr als ein einfacher Soldat und dazu noch nicht lange aus Indien zurück ist.«

»Daß er erst seit kurzem aus dem Dienst ausgeschieden ist, zeigt sich daran, daß er immer noch seine sogenannten Munitionsstiefel trägt«, beobachtete Mycroft.

»Er hat nicht den Gang eines Kavalleristen, doch trägt er die Mütze auf die Seite gedrückt, was die hellere Gesichtsfarbe auf der einen Schläfenseite beweist. Sein Gewicht spricht dagegen, daß er Sappeur war, also ist er in der Artillerie.«

»Seine vollständige Trauerkleidung zeigt natürlich an, daß er jemanden ihm sehr Nahestehenden verloren hat. Die Tatsache, daß er sich selbst um die Einkäufe kümmert, läßt darauf schließen, daß es sich dabei um seine Frau handelt. Wie Sie sehen, hat er Dinge für die Kinder eingekauft; eine Rassel, also ist eines davon noch sehr klein. Seine Frau ist möglicherweise im Kindbett gestorben. Das Bilderbuch, das er unter dem Arm trägt, deutet darauf hin, daß er daneben noch für ein zweites Kind zu sorgen hat.« (GREE)

Bell selbst hebt die Ähnlichkeit zwischen Verbrechen und Krankheit in der folgenden Passage hervor, die er 1893 schrieb und die sich bei Starrett zitiert findet (1971: 25–26).

»Versuchen Sie, sich mit den Merkmalen einer Krankheit oder einer Verletzung so vertraut zu machen, wie es Ihnen die Gesichtszüge, der Gang und die Angewohnheiten ihres engsten Freundes sind. Ihn werden Sie selbst in einer Menschenmenge sofort erkennen. Dabei können alle Menschen um ihn herum genau wie er gekleidet und, was Augen, Nase, Haare und Gliedmaßen betrifft, sein genaues Ebenbild sein. In jedem wesentlichen Merkmal sehen sie ihm gleich; sie unterscheiden sich nur in unwesentlichen Kleinigkeiten – und doch: wenn Sie diese Kleinigkeiten genau kennen, so gelingt Ihnen ein Erkennen, eine Diagnose mit Leichtigkeit. *Dasselbe gilt für jede Krankheit, ob sie nun Geist, Körper oder Moral befällt*[24]. Rassische Besonderheiten, erbliche Angewohnheiten, ein Akzent, der Beruf oder das Fehlen eines solchen, Bildung und jegliche Art von Milieu formen und gestalten den Einzelnen, indem sie geringfügige Eindrücke in ihn einmeißeln, die der Experte anhand der hinterlassenen Fingerabdrücke oder Kerben aufdecken kann. Die offensichtlichen Charakteristika, die auf einen Blick als Anzeichen für ein Herzleiden, für Schwindsucht, Trunksucht oder anhaltenden Blutverlust erkennbar sind, sind Gemeingut der ausgemachtesten medizinischen Anfänger, während für den Meister seiner Kunst Myriaden von

Zeichen sprechend und lehrreich sind, die zu entdecken es jedoch eines geschulten Auges bedarf ... *Die Bedeutsamkeit des unendlich Kleinen ist unermeßlich.* Sie brauchen nur einen Brunnen in Mekka mit dem Cholerabazillus zu vergiften, und das heilige Wasser, das die Pilger in Flaschen mitbringen, kann einen ganzen Kontinent infizieren. Die Lumpen eines Pestopfers versetzen jeden Hafen der christlichen Welt in Angst und Schrecken.« [Hervorhebungen der Autoren]

Diese Sichtweise der Symptome als der entscheidenden Identitätsmerkmale einer Krankheit, die wiederum als eine konkrete Einheit behandelt wird, erinnert an eine Stelle in einem unveröffentlichten Manuskript von Peirce (Ms. 316), wo er erklärt: »Die Kenntnis der meisten unserer allgemeinen Begriffe entsteht in analoger Form zu unserer Kenntnis einer einzelnen Person«, wobei er das Diktum des französischen Physiologen / Claude [35] Bernard (1813–1878) kritisiert: »Die Krankheit ist keine Einheit; sie ist lediglich eine Ansammlung von Symptomen.« Peirce hält diese Aussage weniger für eine physiologische Doktrin als vielmehr für ein Beispiel irriger Logik. »Im Lichte der positiven Entdeckungen Pasteurs und Kochs und bei zusätzlicher Betrachtung der Theorien Weissmanns [sic], sehen wir, daß Krankheiten, sofern es sich dabei um Infektionskrankheiten handelt, genauso ein Ding sind, wie das Meer ein Ding ist ... Eine Ansammlung von Symptomen [ist] nicht nur eine Einheit, sondern muß notwendigerweise auch konkret sein ...« Hätte Bernard dies erkannt, führte Peirce weiter aus, »so hätte er das zum Anlaß nehmen können, sich äußerst einträglich mit diesem Ding auseinanderzusetzen, und nähere Bekanntschaft mit ihm zu machen«.

Sherlock Holmes praktiziert in der Tat, was Bell predigt. Er gelangt zu einer »Diagnose« beziehungsweise Identifizierung einer Kriminalpathologie aufgrund einer Reihe winziger Wahrnehmungen, die untereinander durch Hypothesen verbunden sind, und behandelt einen früheren Fall überdies gewöhnlich wie einen alten Freund. Betrachten wir zur Verdeutlichung einmal den oft zitierten Bericht von Holmes, der Watsons Gedanken liest (zu »Gedankenlesen« vgl. Anm. 14):

»Da ich merkte, daß Holmes zu vertieft war für eine Konversation, legte ich die uninteressante Zeitung beiseite und lehnte mich in meinem Sessel zurück, wo ich mich meinen Gedanken hingab. Plötzlich drang die Stimme meines Gefährten zu mir. ›Recht haben Sie, Watson‹, pflichtete er mir bei, ›es scheint wirklich eine absurde Art und Weise zu sein, einen Streit beizulegen.‹

›Höchst absurd!‹ rief ich aus, und setzte mich, als mir mit einem Mal klarwurde, daß er damit meine innersten Gedanken ausgesprochen hatte, in meinem Sessel auf und starrte ihn in fassungslosem Erstaunen an.

›Was soll das heißen, Holmes?‹ entfuhr es mir. ›Das übertrifft wirklich alles, was ich mir hätte vorstellen können ... Ich habe doch nur ruhig in meinem Sessel gesessen, welche Indizien hätte ich Ihnen geben können?‹

›Sie tun sich selbst unrecht. Der Mensch hat Gesichtszüge mitbekommen, um mit ihrer Hilfe seine Emotionen auszudrücken, und die Ihrigen sind getreue Diener.‹

›Wollen Sie damit sagen, daß Sie meine Gedanken aus meinem Gesichtsausdruck lesen konnten?‹

›Aus Ihrem Gesichtsausdruck und besonders aus Ihren Augen. Vielleicht entsinnen Sie sich selbst nicht mehr, wie Ihr Tagtraum anfing?‹

›Nein, das weiß ich nicht mehr.‹

›Dann will ich es Ihnen sagen. Nachdem Sie Ihre Zeitung zu Boden geworfen hatten, weshalb ich auf Sie aufmerksam wurde, saßen Sie eine halbe Minute mit leerem Gesichtsausdruck da. Dann ließen sich Ihre Augen auf Ihrem neugerahmten Bild von General Gordon nieder, und ich konnte an einer Veränderung in Ihrem Gesicht erkennen, daß Sie angefangen hatten, zu denken. Diese Überlegung führte jedoch nicht sehr weit, denn Ihre Augen wandten sich dem ungerahmten Porträt von Henry Ward Beecher zu, das dort auf der obersten Reihe Ihrer Bücher lehnt. Darauf hob sich Ihr Blick zu der [36] Wand, und / was das bedeutete, war natürlich klar. Sie überlegten sich, daß das Porträt, wenn es gerahmt wäre, genau die freie Stelle ausfüllen und außerdem mit dem Bild von Gordon dort drüben übereinstimmen würde.‹

›Wie wunderbar Sie mir da gefolgt sind?‹ rief ich aus.

›Nun, bis hierher hätte ich mich kaum irren können. Doch nun kehrten Ihre Gedanken zu Beecher zurück, und Sie blickten angestrengt hinüber, als wollten Sie das Wesen seiner Gesichtszüge erforschen, wobei Ihre Miene einen nachdenklichen Ausdruck annahm. Ihnen fielen die Ereignisse in Beechers Laufbahn ein. Mir war ganz klar, daß das nicht geschehen konnte, ohne daß Sie an seine Mission dachten, die er im Auftrag der Nordstaaten während des Bürgerkriegs übernahm, denn ich erinnere mich Ihrer leidenschaftli-

Abb. 8. »... Ich ließ meine Gedanken wandern.« Illustration von Sidney Paget zu »The Cardboard Box«, erschienen in *The Strand Magazine* im Januar 1893.

chen Empörung über die Art und Weise, wie er von den hitzigeren unter unseren Männern empfangen wurde. Sie bewegte das damals so heftig, daß ich wußte, Sie konnten nicht an Beecher denken, ohne daß Ihnen seine Mission einfiele. Als ich dann einen Moment später beobachtete, wie Ihr Blick sich von dem Bild wegwandte, vermutete ich, daß Ihre Gedanken beim Bürgerkrieg seien, und als ich sah, wie Sie ihre Lippen zusammenpreßten, wie Ihre Augen funkelten und Ihre Hände sich zu Fäusten ballten, war ich überzeugt, daß Sie in der Tat an die Tapferkeit dachten, die beide Seiten in jenem verzweifelten Kampf gezeigt haben. Doch wurde Ihr Gesicht bald darauf traurig, und Sie schüttelten den Kopf. Ihre Gedanken weilten bei der Traurigkeit, bei den Greueln und dem unnütz geopferten Leben. Ihre Hand stahl sich zu Ihrer eigenen alten Wunde hin, und als ein Lächeln um Ihre Lippen zuckte, / erkannte ich, daß sich die Lächerlichkeit dieser Methode zur Beilegung internationaler Fragen in [37]

Ihren Gedanken breitgemacht hatte. An diesem Punkt stimmte ich Ihnen zu, daß es absurd sei, und es bereitete mir großes Vergnügen, zu sehen, daß meine Schlüsse korrekt gewesen waren.‹

›Auf der ganzen Linie!‹ bekräftigte ich. ›Und nun, da Sie es mir erklärt haben, muß ich gestehen, bin ich so erstaunt wie zuvor‹« (RESI; vgl. CARD).

Die Prüfung einer Hypothese über die Identität einer Person, die aufgrund der Sammlung von Indizien bezüglich der äußeren Erscheinung, Sprachmuster und dergleichen aufgestellt worden ist, erfordert immer ein gewisses Maß an Mutmaßung, weshalb Peirce von *abductory induction* (abduktive Induktion) oder manchmal auch *speculative modeling* (spekulatives Modellieren) spricht:

»Nehmen wir jedoch einmal an, ich befinde mich in einem Zug, und jemand macht mich auf einen Mann in unserer Nähe aufmerksam und fragt, ob er nicht etwas von einem katholischen Priester an sich habe. Daraufhin gehe ich in Gedanken die wahrnehmbaren Charakteristika eines durchschnittlichen katholischen Priesters durch, um anhanddessen zu bestimmen, wieviele davon jener Mann aufweist. Charakteristika entziehen sich einer Zählung oder Messung, und ihre relative Bedeutung in bezug auf die Frage kann nur vage geschätzt werden. Ja, die Frage selbst läßt eine präzise Antwort gar nicht zu. Wenn dessen ungeachtet jedoch die Art seiner Kleidung – seine Stiefel, Hosen, Mantel und sein Hut – mit der der Mehrzahl katholischer Priester in Amerika übereinstimmt, wenn seine Bewegungen die für diese Gruppe charakteristischen sind, durch die er einen ähnlichen Nervenzustand verrät, und wenn sein Gesichtsausdruck als Folge einer gewissen langen Disziplin von innerer Fassung zeugt und somit ebenfalls für einen Priester spricht, während andererseits ein einziger Umstand ihn von einem römisch-katholischen Priester deutlich absetzt, wie wenn er zum Beispiel ein freimaurerisches Kennzeichen trägt, so berechtigt mich das zu dem Schluß, daß er kein Priester ist, wenn er auch vielleicht einmal ein katholischer Geistlicher war oder nahe davorstand, einer zu werden. Diese Art vager Induktion nenne ich *abduktive Induktion*« (Ms. 692; vgl. 6.526).

Und noch einmal, vom Priester zur Nonne:

»Trambahnen sind berühmte *Werkstätten* für das spekulative Modellieren. Wenn man sich dort so ohne jede Beschäftigung festgehalten sieht, beginnt man oft, sein Gegenüber prüfend zu betrachten und ihm eine passende Biographie zu erdenken. Da sehe ich eine Frau von vierzig. Ihr Gesichtsausdruck ist so finster, daß sich unter Tausenden kaum seinesgleichen findet; dabei haftet ihm etwas beinahe Wahnsinniges an, zumal ihm gleichzeitig eine Grimasse von Freundlichkeit innewohnt, deren Beherrschung nur wenige Angehörige ihres eigenen Geschlechts je gelernt haben; – daneben zeugen jene zwei häßlichen Linien zu beiden Seiten ihrer zusammengepreßten Lippen von Jahren strenger Disziplin. Der Ausdruck von Unterwürfigkeit und Heuchelei ist für eine gewöhnliche Dienstperson zu kriecherisch; während eine gewisse niedere, jedoch nicht ausgesprochen vulgäre Art von Bildung, zusammen mit einem Geschmack in der Kleidung, der weder unfein noch unzüchtig, jedoch auch in keinster Weise vornehm wirkt, auf die Verbindung mit etwas Höherem hinweist, die über den bloßen Kontakt zwischen Herrin und Dienerin hinausgeht. Die ganze Kombination, die auf den ersten Blick nicht im mindesten auffallend anmutet, erweist sich / bei genauerBetrachtung als äußerst ungewöhnlich. Unsere Theorie besagt, daß an dieser Stelle eine Erklärung erforderlich ist, und ich kann ohne langes Bedenken erraten, daß es sich bei dieser Frau um eine ehemalige Nonne handelt« (7.196). [38]

In den obigen Beispielen stellt jede an Peirce gerichtete Frage selbst eine Hypothese dar und ähnelt damit in gewisser Hinsicht dem Schlußverfahren, das Peirce in einem autobiographischen Kontext an anderer Stelle notiert:

> »Einmal ging ich in dem Seehafen einer türkischen Provinz an Land; und als ich so zu dem Haus hinaufstieg, das ich besuchen wollte, begegnete ich einem Mann zu Pferde, der von vier weiteren Reitern begleitet war, die einen Baldachin über seinen Kopf hielten. Da mir außer dem Statthalter jener Provinz niemand einfiel, dem eine solche Ehre zukäme, schloß ich, daß dieser Mann der Staathalter sein müsse. Damit stellte ich eine Hypothese auf« (2.625).

Die vorhergehenden Beispiele bieten auch eine Veranschaulichung dessen, was Sherlock Holmes als »Rückwärtsdenken« (vgl. Peirce: *retro-duction*) bezeichnet, eine Fähigkeit, die zwar in manchen Aspekten mit der Gedankenfolge des gewöhnlichen Menschen im Alltagsleben durchaus vergleichbar ist, jedoch daneben eines gewissen Maßes an besonderer Schulung bedarf.

> »Bei der Lösung eines derartigen Problems macht es sich großartig, wenn man instande ist, rückwärts zu denken. Das ist eine außeror-

dentlich nützliche Fertigkeit und eine sehr leicht zu beherrschende dazu, und doch wird sie viel zu selten geübt. In den alltäglichen Angelegenheiten des Lebens ist das Vorwärtsdenken zweckmäßiger, und so wird das andere vernachlässigt. Auf fünfzig, die synthetisch denken können, kommt nur einer, der zu analytischem Denken fähig ist.«
»Ich muß zugeben«, warf ich [Watson] ein, »ich kann Ihnen nicht ganz folgen.«
»Das habe ich auch kaum erwartet. Lassen Sie mal sehen, ob ich es deutlicher ausdrücken kann. Die meisten Leute könnten Ihnen, wenn Sie ihnen eine Folge von Ereignissen beschreiben, sagen, wie das Ergebnis aussehen wird. Sie können diese Ereignisse im Geiste miteinander verbinden und dann daraus ableiten, daß sich etwas Bestimmtes ereignen wird. Es gibt aber nur wenige Menschen, die, wenn man ihnen das Ergebnis mitteilte, in der Lage wären, aus ihrem eigenen Gedankenantrieb heraus die Schritte zu entwickeln, die zu diesem Ergebnis geführt haben. Diese Fähigkeit meine ich, wenn ich von Rückwärts- oder analytischem Denken spreche (STUD).«

Holmes bemerkt Watson gegenüber wiederholt, daß er nichts anderes sehe als alle anderen Menschen auch, daß er sich lediglich geschult habe, seine Methode dahingehend anzuwenden, daß er die vollständige Bedeutung seiner Wahrnehmungen bestimmen könne. So bittet Holmes Watson, einen Hut auf ein Indiz hin zu untersuchen, das zu der Identität seines Trägers führen könne. »Ich kann nichts sehen«, antwortet Watson, worauf Sherlock Holmes versetzt: »Ganz im Gegenteil, Watson, Sie sehen alles, aber Sie können aus dem Gesehenen nichts folgern. Sie sind zu zaghaft in ihren Schlüssen« (BLUE). Oder, als Watson meint: »Sie haben offensichtlich mehr in diesen [39] Zimmern entdeckt, als / ich sehen konnte«, erwidert Holmes: »Nein, aber ich kann mir vorstellen, daß ich wohl ein paar Schlüsse mehr gezogen habe. Ich glaube schon, daß wir beide das gleiche gesehen haben« (SPEC).
Peirce unterscheidet seinerseits zwischen einer »Gebrauchslogik«, der *logica utens*, einer Art allgemeiner Methode, kraft derer jeder Mensch eine Wahrheitsfindung betreibt, ohne sich dessen jedoch bewußt zu sein oder den Inhalt dieser Methode beschreiben zu können, und der *logica docens*, einer intellektuelleren Ausformung, wie sie Logiker und Wissenschaftler (aber auch

Abb. 9. Sir Arthur Conan Doyle an seinem Schreibtisch in Southsea im Jahre 1886, angeblich »Eine Studie in Scharlachrot« schreibend. Aus Nordon (1966: gegenüber 36).

bestimmte Detektive und Ärzte) praktizieren und die eine bewußte Erlernung zuläßt und deshalb eine theoretisch begründete Methode der Wahrheitsfindung darstellt (Ms. 692; vgl. Ransdell, 1977: 165). Der Wissenschaftler oder Logiker erfindet seine *logica docens* jedoch nicht etwa, sondern gewinnt sie aus dem Studium und der Weiterentwicklung der natürlichen Logik, wie er und seine Umwelt sie im täglichen Leben anwenden. Sherlock

[40] Holmes / scheint diese Ansicht zu teilen, wenn wir seiner Ansprache an Watson nach urteilen, in der er feststellt: »Wir würden es kaum wagen, die Dinge zu erfinden, die doch nur einen Gemeinplatz unserer Existenz darstellen ... Verlassen Sie sich drauf, nichts ist so unnatürlich wie ein Gemeinplatz« (IDEN). Holmes behauptet außerdem, daß seine Methoden nichts als die »Systematisierung des gesunden Menschenverstandes« seien (BLAN).

Das von ihm angestrebte Modell beschreibt Holmes wie folgt:

> »Der ideale Denker ... schlösse aus der Anschauung eines einzigen Sachverhaltes und all seiner Begleitumstände nicht nur die vollständige Kette von Ereignissen, die zu diesem Sachverhalt führten, sondern auch alle Ergebnisse, die er noch zeitigen wird. So wie Cuvier das ganze Tier aufgrund der Betrachtung eines einzigen Knochens beschreiben konnte, sollte der Beobachter, der ein Glied in einer Reihe von Ereignissen gründlich begriffen hat, in der Lage sein, alle anderen Glieder vor und nach jenem zu nennen« (FIVE).

Es besteht wohl kaum ein Zweifel daran, daß Sherlock Holmes' *logica docens* zum großen Teil auf die wissenschaftliche Schulung seines Schöpfers Conan Doyle zurückgeht. Doyles Lehrer Bell schrieb tatsächlich: »Dr. Conan Doyles Medizinstudium lehrte ihn die Beobachtung, und seine Praxis sowohl als Allgemeinmediziner als auch als Spezialist war eine ausgezeichnete Schulung für einen Mann wie ihn, der Augen, Gedächtnis und Phantasie mit so viel Talent zu gebrauchen versteht« (Bell, 1893; zitiert bei Nordon, 1966: 213). Insbesondere schien das Kontrollbewußtsein, das Holmes an den Tag legte, viel seiner intensiven Beschäftigung mit der Chemie zu verdanken zu haben[25]. Während »die Fassade der chemischen Forschung, die nie sehr solide gewesen war, mit der Zeit immer brüchiger wurde, bis sie schließlich ganz zusammenbrach«, diente Holmes sein kleines Chemielabor dazu, »ihn mit der Exaktheit der Wissenschaft in praktischer Verbindung zu halten, in der Ursache und Wirkung, Aktion und Reaktion mit einer Voraussagbarkeit aufeinanderfolgten, die jenseits des Vermögens der weniger präzisen detektivischen Nachforschung lag, so sehr er sich auch in dem von ihm gewählten Beruf um größtmögliche Exaktheit bemühte« (Trevor Hall, 1978: 36–37). So erklärte Holmes: »Wie alle anderen Geisteswissenschaften kann auch die der Deduktion und der

Analyse nur in langem geduldigem Studium erworben werden; und das Leben ist auch nicht lang genug, um einem Sterblichen die höchstmögliche Perfektionierung darin zu gestatten« (STUD).

Auch Peirce widmete sich sein ganzes Leben lang der Chemie. Im Jahre 1909 schrieb er:

> »Ich habe mich schon früh mit kindlicher Neugier für Dynamik und Physik interessiert. Der Bruder meines Vaters war Chemiker, und

Abb. 10. »Holmes ... war vollkommen in ein chemisches Experiment vertieft.« Illustration von Sidney Paget für »The Naval Treaty«, erschienen in *The Strand Magazine* im Oktober 1893.

ich muß ungefähr 12 Jahre gezählt haben, als ich mein eigenes Chemielabor errichtete, wo ich mich allmählich durch Leibigs [Liebig? A. d. Ü.] hundert Flaschen der Qualitätsanalyse hindurcharbeitete, Zinnoberrot einmal auf trockenem und einmal auf nassem Wege herstellte und überhaupt eine Vielzahl von bekannten chemischen [41] Experimenten wiederholte« (Ms. 169). /

Der Chemie hatte auch Peirces eigentliche Berufsausbildung gegolten, und sie war »die Wissenschaft, in der [ich] am meisten gearbeitet hatte« und »deren Denkprozesse [ich] am meisten bewunder[e]« (Ms. 453; vgl. Hardwick, 1977: 114).

Für jemanden, der nicht in der Logik geschult ist, erscheint das Schauspiel des Denkvermögens eines Experten, wenn er von letzterem über die logischen Schritte, denen er gefolgt ist, im dunkeln gelassen wird, beinahe wie Zauberei. Nordon weist darauf hin: »Seine Deduktion führte Holmes zu Enthüllungen,

Abb. 11. »Ich kann einer gewissen Dramatik nie widerstehen« – bei der Rückgabe der gestohlenen Papiere an Phelps in »The Naval Treaty«. Illustration von Sidney Paget, erschienen in *The Strand Magazine* im November 1893.

die beinahe wie ein Wunder anmuteten« (1966: 222). Dr. Watson ist, wie jedermann weiß, ständig von Holmes' Deduktionen überwältigt. Diese Wirkung wird noch verstärkt durch Holmes' »deutliche Vorliebe ... für theatralische Arrangements und dramatische Effekte« (Starrett, 1971: 29), eine Neigung, die er mit Peirce teilte, der dramatischen Form nach zu urteilen, mit / [42] der letzterer über die verlorene Uhr berichtet, sowie angesichts der Tatsache, daß er schon in seiner Jugend erhebliches Interesse und auch Talent für das Theater gezeigt hatte[26].

»Der Bühne ist ein großartiger Schauspieler verloren gegangen«, schreibt Watson über Holmes, »gerade wie der Wissenschaft ein brillanter Geist verlorenging, als er Spezialist in der Verbrechensermittlung wurde« (SCAN). In gewisser Hinsicht gleicht die dramatische Art und Weise, mit der Holmes seine logischen Gedankengänge zur Schau stellt, dem Vorgehen eines Arztes, der ebenfalls bemüht ist, seinen Patienten hinsichtlich seiner scheinbar magischen diagnostischen Fähigkeiten zu beeindrucken, um dadurch das Vertrauen des Patienten zu wecken, das wiederum fördernd auf den Heilprozeß einwirken soll[27].

Joseph Bell äußert sich zu dieser Art psychologischer Manipulation folgendermaßen:

»Das Erkennen [einer Krankheit] hängt in hohem Maße von der akkuraten und raschen Einschätzung geringfügiger Merkmale ab, in der sich der Krankheits- vom Gesundheitszustand unterscheidet. Genauer gesagt, der Student muß das Beobachten lernen. Um sein Interesse an einer derartigen Arbeit zu gewinnen, haben wir Lehrer es für nützlich befunden, dem Studenten zu zeigen, wieviel der eingeübte Gebrauch der Beobachtungsgabe an gewöhnlichen Dingen wie Fallgeschichte, Nationalität und Beruf eines Patienten entdecken läßt. *Der Patient wird außerdem mit großer Wahrscheinlichkeit von Ihrer Fähigkeit, ihn auch in Zukunft zu heilen, überzeugt sein, wenn er sieht, / wie Sie auf einen Blick eine ganze Menge über* [43] seine Vergangenheit wissen. Und dabei ist die ganze Kunst viel einfacher, als sie zunächst erscheint« (Trevor Hall, 1978: 83; Hervorhebung der Autoren).

Holmes eröffnet seine erste Unterredung mit einem potentiellen Klienten nicht selten mit einer atemberaubenden Reihe von »Deduktionen«, wie sie auch Bell beschreibt, und »diese ge-

Thomas A. Sebeok und Jean Umiker-Sebeok

schickten kleinen Deduktionen haben oft mit dem betreffenden
Fall gar nichts zu tun, hinterlassen aber beim Leser den allgemeinen Eindruck von Können. Die gleiche Wirkung läßt sich mit
der beiläufigen Erwähnung anderer Fälle erzielen« (1924: 101–
102)[28].

Und wer von uns hat sich nicht schon bei seinem eigenen Arzt
durch eine ähnliche Befragungstechnik eingeschüchtert gefühlt,
wenn jener uns eine ganze Reihe von scheinbar zusammenhang-
losen Fragen stellt (wie zum Beispiel: Haben Sie in letzter Zeit
viel geraucht? Tut es nur nachts weh? Hat Ihre Mutter jemals
unter Kopfschmerzen gelitten?), nach deren Beendigung er uns
plötzlich seine Diagnose verkündet, deren Äußerung uns, die
wir die Bedeutung jeder einzelnen Aussage und die Logik der
Fragestellungen nicht beurteilen können, nichts weniger als über-
irdisch erscheint. Wenn der Arzt bereits eine bestimmte Diagnose vermutet, diese dem Patienten jedoch noch nicht mitgeteilt
hat, werden die Fragen, die er zur Erprobung seiner Hypothese
einsetzt, dem Patienten beinahe wie eine Übung in außersinnli-
cher Wahrnehmung vorkommen (z. B.: Sie haben dieses Gefühl
nur immer eineinhalb Stunden nach einer Mahlzeit, und es ist
begleitet von einem hämmernden Schmerz im rechten Arm – Ja,
aber woher wissen Sie das?).

Während das Raten, wie Peirce uns gelehrt hat, einen wichtigen
Bestandteil aller logischen Verfahrensweisen ausmacht, müßte
ein Patient wohl das Vertrauen in seinen Arzt verlieren, wenn er
erführe, wie groß die Rolle des Ratens bei der medizinischen
Diagnose und Behandlung ist, weswegen der Arzt mehr oder
minder gezwungen ist, diesen Aspekt seiner Kunst zu verbergen, ähnlich wie Holmes dazu gezwungen ist, um sein Ansehen
als Meisterdetektiv zu wahren. Wie in dem oben bereits bespro-
chenen Beispiel führt der Arzt den Patienten dabei sozusagen
hinters Licht, indem er seinen Gedankengang absichtlich im
Dunkeln läßt, Fragen den Anschein von Deduktionen verleiht
und indem er handelt, als sei er auf dem Wege über Deduktion
und Induktion zur Diagnose gelangt, ohne daß dem eine Abduktion vorausgegangen wäre, oder indem er sich den Anschein
gibt, als sähe er unsere innersten Gedanken und Gefühle ohne
die Vermittlung der Zeichen, die der Patient liefert.

Die Bedeutung solcher Tricks für Holmes' Ansehen kommt in

72

der folgenden Passage deutlich zum Ausdruck, in der der Detektiv einen Mr. Jabez Wilson befragt. Holmes verkündet seine verblüffend akkurate Schlußfolgerung hinsichtlich Wilsons Hintergrund und Lebensstil, worauf Mr. Wilson / »aus seinem [44] Stuhl aufsprang« und fragte: »Woher, in Glückes Namen, wußten Sie das, Mr. Holmes?«

Abb. 12. Den Klienten schon gleich zu Anfang zu beeindrucken, war ein bevorzugter Eröffnungszug Holmes'. Hier deckt er in »The Yellow Face« Mr. Grant Munros Inkognito auf, indem er Munros Namen vom Hutfutter abliest. Illustration von Sidney Paget, erschienen in *The Strand Magazine* im Februar 1893.

»Wie wußten Sie zum Beispiel, daß ich früher körperliche Arbeit verrichtet habe? Es ist so wahr wie das Evangelium, ich bin nämlich einmal Schiffsschreiner gewesen.«

»Ihre Hände, Verehrtester. Ihre rechte Hand ist um einiges größer als Ihre linke. Sie haben damit gearbeitet, deshalb sind ihre Muskeln da stärker entwickelt.«

»Gut, aber dann der Schnupftabak und die Freimaurerei?«

»Ich werde Ihre Intelligenz nicht damit beleidigen, daß ich Ihnen erkläre, woraus ich das las, besonders / da Sie, entgegen der strengen Regeln ihrer Gemeinschaft, eine Winkelmaß-und-Zirkel-Anstecknadel tragen.«

»Ach ja, natürlich. Das hatte ich vergessen. Aber das Schreiben?«

»Was sonst sollte der breite glänzende Streifen auf der rechten Manschette bedeuten und die glattgescheuerte Stelle nach dem linken Ellenbogen, dort wo der Arm sich auf den Schreibtisch stützt?«

»Nun gut, aber China?«

»Der Fisch, den Sie sich oberhalb ihres rechten Handgelenks haben eintätowieren lassen, kann nur aus China stammen. Ich habe eine kleine Studie über Tätowierungen angefertigt und sogar zur Literatur auf diesem Gebiet beigetragen. Der Trick, die Fischschuppen zartrosa zu färben, ist ganz typisch chinesisch. Wenn ich dazu noch eine chinesische Münze von Ihrer Uhrenkette baumeln sehe, wird die ganze Sache noch einfacher.«

Mr. Jabez Wilson lachte herzhaft ... »Sieh mal einer an!«, rief er aus. »Und da dachte ich schon, Sie hätten etwas ganz unerhört Kluges fertiggebracht; doch jetzt sehe ich, daß eigentlich gar nichts dabei war.«

»Ich gewinne langsam den Eindruck, Watson«, seufzte Holmes, »daß es ein Fehler ist, diese Dinge zu erklären ... ›Omne ignotum pro magnifico‹, wie Sie wissen, und meine sowieso schon bedauerlich bescheidene Reputation wird Schiffbruch erleiden, wenn ich weiterhin so aufrichtig bin« (REDH).

An anderer Stelle bemerkt Holmes: »Ich fürchte, ich verrate mich zu sehr, wenn ich das erkläre ... Ergebnisse ohne Ursachen sind doch weitaus beeindruckender« (STOC). Holmes ist daher nicht ganz aufrichtig, als er einem seiner Klienten gegenüber versichert: »Ich fürchte, meine Erklärung mag Sie enttäuschen, doch ist es von jeher meine Gewohnheit gewesen, keine meiner Methoden vor meinem Freund Watson oder irgendjemandem, der ein vernünftiges Interesse an ihnen zeigt, zu verbergen« (REIG)[29].

THAUMATURGIE IN REALITÄT UND FIKTION

Diese Juxtaposition der Methoden von Charles Peirce, seines Zeichens Detektiv, und deren von Sherlock Holmes, seines Zeichens Semiotiker, die als ein *jeu d'esprit* begann, schließt mit einigen unerwarteten Einblicken in die historische wie in die fiktive Figur. Vom Standpunkt des großen Logikers und Polymathen aus gesehen, erscheint Holmes' Wissenschaft der Deduktion und Analyse, die er umfassend in seinem »Buch des Lebens« (STUD) darlegt und in der der »Verfasser behauptete, aufgrund eines vorübergehenden Gesichtsausdrucks, eines Muskelzuckens oder eines raschen Blicks die tiefinnerlichsten Gedanken eines Menschen begreifen zu können«, meilenweit von dem »unsäglichen Blödsinn« und »Humbug« entfernt, für den Watson sie anfänglich hielt. Die Theorien, die Holmes in jenem Artikel vorbrachte und die seinem Boswell »so schimärenhaft« erschienen, »sind in Wahrheit außerordentlich praktisch«, und sein geplantes einbändiges Lehrbuch über »die gesamte Wissenschaft der Verbrechensermittlung« (ABBEE), dessen Erstellung er seinen »Lebensabend ... widmen« will, geht von einem konjekturalen Grundprinzip in der Ideengeschichte aus, das sich, teils der Wirklichkeit, teils / der Möglichkeit entsprechend, [46] auf »eine Mischung von Phantasie und Realität« (THOR) und den wohlüberlegten Gebrauch der Spekulation als der »wissenschaftlichen Anwendung der Phantasie« gründet (HOUN).

Holmes erwies sich als brillianter Arzt am Staatskörper, dessen Krankheit das Verbrechen ist. Von seinen Fällen spricht er »mit dem Gebaren eines Pathologen, der ein seltenes Exemplar präsentiert« (CREE). Holmes freute sich, daß Watson sich der Aufzeichnung all jener Ereignisse, die der Deduktion und der logischen Synthese Raum boten, angenommen hatte. So wie er festellte (STUD): »Das Leben [ist] eine lange Kette, deren Wesen sich uns zu erkennen gibt, sobald uns nur ein einziges ihrer Glieder gezeigt wird«, behauptete er auch, daß seine Schlüsse von einem auf das andere »so unfehlbar [seien] wie ein euklidischer Satz«. »Seine Ergebnisse erschienen den Uneingeweihten immer so verblüffend, daß sie ihn, bevor sie den Weg erfuhren, der ihn dazu geführt hatte, wohl manchesmal für einen Schwarzkünstler halten mochten.«

THOMAS A. SEBEOK UND JEAN UMIKER-SEBEOK

Peirce war auf seine Art ein ebenso großer Zauberer wie Holmes, weshalb uns seine Arbeiten und die Einzelheiten seiner Biographie bis auf den heutigen Tag in Bann halten. Charles Morris' bedeutender und zutreffender Beschreibung (1971: 337) zufolge war er »der Erbe der gesamten geschichtsphilosophischen Zeichenanalyse ...«. Peirce stellt den bisher höchsten Gipfel in dem Gebirgszug dar, der im klassischen Griechenland mit der klinischen Semiotik des Hippokrates beginnt, dann von Galen ausführlicher und auch expliziter weiterentwickelt wird (Sebeok, 1979; Kap. 1) und mit dem Mediziner Locke seinen Fortlauf nimmt, dessen *Semiotiké* Peirce »genauestens erwog und gebührend studierte«, sei sie doch ohne Zweifel *»another sort of Logick and Critick, than what we have been hitherto acquainted with«* (Locke, 1975: 721).

Es ist wohl eine Sache, die Kontinuität und die kumulative Wirkung dieses Panoramas – so wie wir es hier tun – zu behaupten, und zwar in seiner Ausdehnung von der medizinischen Diagnostik und Prognostik des Altertums bis zur modernen Postulierung einer Zeichendoktrin durch Peirce und nach ihm von solchen neuzeitlichen Gedankenkünstlern wie dem baltischen Biologen Jakob von Uexküll (1864–1944) und dem französischen Mathematiker René Thom (*1923). Sie aber zu dokumentieren ist eine ganz andere Sache. Der Beweis wird zumindest die konzentrierten Bemühungen einer weiteren Generation von in der labyrintischen Geschichte der wissenschaftlichen Zeichentheorie erfahrenen Spezialisten erfordern (vgl. Pelç, 1977), von der bisher nur eine bloße Umrißskizze besteht – dank der Handvoll von Forschern, die in der Lage waren, den Indizien zu folgen, die Peirce, der bisher kühnste Pionier oder
[47] Stammvater in diesem großen Abenteuer, aufgedeckt hat. /

ANMERKUNGEN

1 Die Autoren möchten sich an dieser Stelle für die hilfreichen Kommentare von Martin Gardner, Christian Kloesel, Edward C. Moore, Joseph Ransdell, David Savan und John Bennett Shaw bedanken, die sie als Reaktion auf eine Entwurfsversion dieser Arbeit erhielten. Besonders danken wir Max H. Fisch, selbst Meisterdetektiv, für seine großzügige und unschätzbare Hilfe beim

Aufspüren von Korrespondenz und Passagen aus unveröffentlichten Arbeiten von Peirce, die auf die hier erörterten Gesichtspunkte
bezugnehmen, und dafür, daß er uns an seinen unendlich vielfältigen und faszinierenden Kenntnissen von Peirce und seinem Umfeld
teilhaben ließ. Fischs detaillierte Kommentare zu diesem Text finden sich bei Sebeok (1981: 17–21).

2 Verweise auf die *Collected Papers of Charles Sanders Peirce* (vgl.
Peirce, 1965–66) finden sich in der üblichen Abkürzung nach Band
und Paragraphenzahl angegeben. Verweise auf Peirces Manuskripte
enthalten die Katalognummer von Robin (1967).

3 Peirces vollständige Darstellung der nun folgenden Detektivarbeit,
die er im Jahre 1907 schrieb, wurde erst 1929 in *The Hound and
Horn* veröffentlicht. In einem Brief an William James vom 16. Juli
1907 schreibt Peirce, daß er auf James' Vorschlag hin in einem
Artikel, den er der Zeitschrift *Atlantic Monthly* im Juni anbot, von
der Geschichte um den Verlust seiner Uhr berichtet habe (vgl. Anm.
zu Fisch, 1964: 31, Fn. 28, zur Korrespondenz zwischen Peirce und
anderen bezüglich dieses Artikels). Bliss Perry, der Herausgeber der
Zeitschrift, wies das Manuskript jedoch zurück. Eine äußerst ver-
kürzte Version, in der der Diebstahl nurmehr in einer Fußnote
zusammengefaßt vorkam, erschien in 7.36–48.

4 Peirces bemerkenswerter Aplomb findet liebenswerten Ausdruck in
einem Brief an Oberinspektor Patterson vom Küstenvermessungs-
dienst, den er ihm am 24. Juni schrieb:»Ich muß leider berichten,
daß mir, als ich hier am letzten Samstag ankam, meine Uhr, die
Eigentum des Vermessungsdienstes ist, ... im Augenblick meines
Eintreffens gestohlen wurde ... Ich habe mich sofort daran gemacht, sie aufzuspüren und hatte das große Glück, sie heute nachmittag zu finden, wobei ich nun zuversichtlich hoffe, den Dieb
morgen vor sieben Uhr früh zu stellen ...«

5 Im Zusammenhang mit seiner Rolle bei den gesetzlichen Formalitä-
ten, fährt Peirce fort:»Ich habe eine Nachricht an den Bezirksstaats-
anwalt gesandt in der Hoffnung, daß er die Verhafteten so lange wie
möglich festsetzt, so daß ich nun keine Veranlassung mehr sehe, die
Sache noch weiter zu verfolgen, wozu ich überdies meine Praxis-Expe-
dition aufgeben müßte.« Im Jahre 1902 sollte Peirce weitaus leiden-
schaftlichere Ansichten zur Frage der Bestrafung von Verbrechen
äußern:»Es brennt mir so auf der Seele, daß ich, wenn das in meiner
Macht stünde, so gut wie alle Bestrafung von Erwachsenen und
jegliche Billigung oder Mißbilligung von Urteilen außer durch die
gerichtlich bestellten Beamten abschaffen wollte. Soll die Öffentlichkeit ihre Billigung oder Mißbilligung für sich behalten, bis sie
sich auf das Urteilen versteht! Was jedoch die öffentliche Meinung

betrifft, so sollte sie auf das beschränkt sein, was für das Wohl der Gesellschaft notwendig ist. Bestrafung, und zwar harte Bestrafung, die barbarische Bestrafung der Gefängniszelle, die unendlich grausamer ist als der Tod, kommt weder dem öffentlichen noch dem privaten Wohl im geringsten zugute. Was die Verbrecherschicht betrifft, so würde ich sie wohl ausrotten, jedoch nicht mit den barbarischen Methoden, die einige jener Monster, wie sie die Volkswirtschaft hervorbringt, vorschlagen, sondern indem ich die Verbrecher in relativem Luxus gefangenhielte, sie einer nützlichen Beschäftigung zuführte und so eine Vermehrung verhütete. Wie leicht wäre es, sie von der Quelle enormer Ausgaben und unaufhörlicher Schädigung der Menschen zu sich selbst versorgenden, harmlosen Schützlingen des Staates zu bekehren! Die einzige Ausgabe bestünde darin, daß wir auf unsern Liebling ›Rache‹ verzichten müssen. Was Gelegenheitsverbrecher, Veruntreuer, Mörder und [48] ähnliche betrifft, so würde ich sie auf / eine Insel deportieren und sie dort ihrem Schicksal und dem Umgang miteinander überlassen. Für geringfügige Ordnungswidrigkeiten könnten geringfügige Strafen beibehalten werden« (2.164).

6 »Die Abduktion ist schließlich nichts anderes als Raten«, schrieb er an anderer Stelle (7.219; vgl. Ms. 692). Vgl. Chomskys erklärende Bemerkung (1979: 71) in bezug auf die Abduktion und den »Philosophen, dem [er] sich am nächsten« fühlt: »Peirce behauptete, daß wir, um dem Wissenszuwachs Rechnung zu tragen, annehmen müßten, daß der menschliche Verstand eine natürliche Veranlagung besitze, bestimmte korrekte Theorien zu ersinnen, eine Art ›Abduktionsprinzip, das die Zahl der zulässigen Hypothesen in Grenzen hält‹, etwas wie einen ›Instinkt‹, der sich im Laufe der Evolution entwickelt habe. Peirce hatte recht vage Vorstellungen von der Abduktion, und sein Vorschlag, daß eine biologisch vorgegebene Struktur eine grundlegende Rolle bei der Auswahl wissenschaftlicher Hypothesen spiele, scheint kaum Einfluß ausgeübt zu haben. Meines Wissens hat es so gut wie keine Versuche gegeben, diese Idee weiterzuentwickeln, wenn auch verschiedentlich, unabhängig davon, ähnliche Annahmen erarbeitet worden sind. Peirce hat sicher einen enormen Einfluß ausgeübt, nicht jedoch aus diesem Grund.« Die Standardmonographie zu diesem vernachlässigten Aspekt des Peirce'schen Beitrags zur Wissenschaftsphilosophie ist Fanns (1970; 1963 geschriebene) knappe, jedoch gründliche Arbeit, die schon insofern bemerkenswert ist, als sie auf Sherlock Holmes anspielt. Fann führt seine Beispiele an, um zu »zeigen, daß die wissenschaftliche Methode sehr viel mit der Methode von Detektiven gemein hat« (*ibid.*: 58). Siehe darüber hinaus Walsh (1972).

7 Peirce behauptete an anderer Stelle, daß die Fähigkeit des frischge-
schlüpften Kükens, Futter aufzupicken, »bei seinem Picken zu
wählen und das zu picken, worauf es zielt«, während es dabei jedoch
nicht »denkt, weil der Vorgang nicht absichtsvoll geschieht«, dennoch »in jedem Aspekt außer jenem ... genau wie das abduktive
Schlußverfahren« vorgeht. Darüber hinaus führt er Physik und Sozialwissenschaften auf die tierischen Instinkte für den Nahrungser-
werb bzw. die Retroduktion zurück (Ms. 692). Die Retroduktion
ist eine Art instinktiver Verhaltensweise, für die die Reisezeit der
Wanderdrossel und der Hausbau der Bienen als klassische Beispiele
gelten. Peirce nannte das intelligent wirkende Verhalten niederer
Tierarten *il lume naturale*, das er als unabkömmlich für die Retroduktion ansah (zum Begriff der *lumière naturelle* vgl. Ayim, 1974:
43, Anm. 4). Peirce sprach von dem rationalen, dem tierischen und
dem pflanzlichen Instinkt; wir stimmen mit Ayims Ansicht (*ibid.*:
36) überein, daß allen Ebenen des Instinktverhaltens »dieses Merkmal gemeinsam ist – das Verhalten sorgt für das Überleben und das
Wohlbefinden der gesamten Art, indem es deren Angehörige befähigt, angemessen auf Umweltbedingungen zu reagieren«; dies gilt
ebenfalls für den Menschen als Wissenschaftler. Siehe außerdem
Norwood Russel Hansons interessante Beobachtung (in Bernstein,
1965: 59): »Oft zielt Holmes' Bemerkung ›Simple Deduktion, mein
lieber Watson‹ auf die Aussage, daß der fragliche Folgerungsprozeß
von dem bereits Akzeptierten auf das Zu-Erwartende übergegangen
sei. Ebensooft argumentiert der Mathematiker oder der Wissenschaftler vom Ende der Seite ›aufwärts‹.« Diese Art der Folgerung
bezeichnet Peirce als »Retroduktion«. Sie bewegt sich von einer
unerwarteten Anomalie in Richtung auf eine Prämissengruppe, die
zu einem Großteil bereits akzeptiert ist. Wir brauchen kaum darauf
hinzuweisen, daß Holmes die zitierten Worte – im Gegensatz zu
Hansons Zuschreibung – nie geäußert hat; genausowenig wie er
jemals gesagt hat: »Elementar, mein lieber Watson« [diese Äußerung ist im Englischen zum geflügelten Wort geworden; Anm. d.
Übers.].

8 Zu einer detaillierten Diskussion der experimentellen Arbeit innerhalb der Wahrnehmungspsychologie, die Peirce und Joseph Jastrow
durchführten und die Peirce als unterstützendes Beweismaterial für
seine »Rate-Theorie« heranzieht, vgl. Peirce (1929; und 7.21–48).

9 In bezug auf die wissenschaftliche Methode dient die Abduktion in
Peirces Augen »rein zur Vorbereitung« (7.218). Die anderen »fundamental verschiedenen Arten der Schlußfolgerung« sind Deduktion und Induktion (siehe die Diskussion in 1.65–68, 2.96–97, / [49]
5.145, 7.97, 7.202–07). Kurz gesagt, er nennt den Schritt, mit dem

TÞOMAS A. SEBEOK UND JEAN UMIKER-SEBEOK

eine Hypothese oder eine Behauptung angenommen wird, die zu der Voraussage von scheinbar überraschenden Tatsachen führen würde, *Abduktion* (7.202). Der Schritt, durch den die notwendigen und wahrscheinlichen Erfahrungskonsequenzen unserer Hypothese aufgedeckt werde, heißt *Deduktion* (7.203). Unter *Induktion* versteht Peirce das experimentelle Erproben der betreffenden Hypothese (7.206).

10 Peirce nennt die Abduktion auch »originäres Argument«, da sie von den drei Folgerungsarten die einzige ist, die eine neue Idee in die Welt setzt (2.96), und er sagt sogar: »Ihre einzige Rechtfertigung liegt darin, daß wir, wenn wir die Dinge überhaupt jemals verstehen wollen, das nur auf diese Weise tun können« (5.145). Und in Anlehnung daran: »Weder Deduktion noch Induktion können jemals nur das kleinste Teilchen zu unseren Wahrnehmungsdaten beitragen; und [...] reine Wahrnehmungen stellen keine Erkenntnisse dar, die sich einem praktischen oder theoretischen Zwecke zuführen ließen. Alles, was Erkenntnisse für uns anwendbar gestaltet, erhalten wir *via* Abduktion« (Ms. 692).

11 Unseres Wissens gibt es keinerlei direkten Beweis dafür, daß Peirce überhaupt je eine der Holmes-Erzählungen gelesen hätte oder Sir Arthur Conan Doyle jemals begegnet wäre. Es ist jedoch wahrscheinlich, daß Peirce zumindest von den früheren Holmes-Erzählungen gehört hat. Die erste, die in Amerika erschien, war »Eine Studie in Scharlachrot« *(A Study in Scarlet);* sie wurde bereits 1888 von Ward Lock veröffentlicht. Im Jahre 1890 erschien »Im Zeichen der Vier« *(The Sign of Four)* in *Lippincotts Magazine,* dem damaligen Hauptkonkurrenten des *Atlantic Monthly,* von dem wir wissen, daß Peirce ihn las (s. Anm. 3, oben). Außerdem hatte sich schon eine Anhängerschaft von Doyle gebildet, als der gefeierte Autor zwei Monate in Amerika verbrachte, wo er Vortragsreihen hielt und mit seinen amerikanischen Kollegen zusammentraf (Nordon, 1966: 39–40). Peirce war in der Gesellschaft von Dichtern, Künstlern und auch Wissenschaftlern großgeworden. In einem Brief an Victoria, Lady Welby, vom 31. Januar 1908 schrieb er: »Doch mein Vater war ein liberaler Mann, und wir pflegten auch Umgang mit Literaten. Der Bildhauer William Story, Longfellow, James Lowell, Charles Norton, Wendell Holmes und gelegentlich Emerson sind unter den Gestalten meiner frühesten Kindheitserinnerungen« (Hardwick, 1977: 113). Auch als Erwachsener scheint Peirce mit den literarischen Entwicklungen Schritt gehalten zu haben, denn in seinen Besprechungen für *The Nation* (Ketner and Cook, 1975) erwähnt er oft sowohl europäische als auch amerikanische Schriftsteller seiner Zeit. Edgar Allan Poe (1809–49) scheint darüber hinaus

einer von Peirces Lieblingsautoren gewesen zu sein. Verweise auf ihn finden sich in 1.251, 6.460, Ms. 689, Ms. 1539. Den Erwähnungen von Poes »Die Morde in der Rue Morgue« nach zu urteilen, fand Peirce zweifelsohne Gefallen an Detektivgeschichten. Natürlich gilt als allgemein anerkannt, daß die Gestalt des Sherlock Holmes teilweise auf Poes Chevalier zurückgeht (vgl. Messac, 1929: 596–602; Nordon, 1966: 212ff.; Hall, 1978: 76; vgl. weiter unten). In seinem Artikel über den Logiker Holmes stellt Hitchings (1946: 117) fest, daß »Sherlock Holmes im Gegensatz zu Dupin, der das Produkt eines Mathematikers und Dichters« sei, »selbst in seinen theoretischen Zügen die Schöpfung eines Arztes bleibt, die mit beiden Flüssen stets auf festem Boden« stehe. Hitchings befindet sich jedoch auf der falschen Spur mit seiner Behauptung: »Die meisten logischen Schlußfolgerungen von Holmes sind kausaler Natur«, zu der er die Bemerkung des Detektivs anführt, daß »die Folgerung von der Wirkung auf die Ursache ... seltener« und deshalb schwieriger sei »als die Folgerung von der Ursache auf die Wirkung« (*ibid.*: 115–16).

12 Watson hält fest, daß Holmes Kenntnis »der Sensationspresse immens« sei (STUD). Holmes führte sogar ein Verzeichnis der ungewöhnlichen und interessanten Verbrechensfälle auf der ganzen Welt, das er stets auf dem neuesten Stand hielt und auf das er sich oft bezog, um einen Fall durch Analogiebildung zu früheren, wie beispielsweise in IDEN und NOBL, zu lösen. »Ich kann mich selbst anhand der Tausende von ähnlichen / Fällen, die mein Ge- [50] dächtnis bereithält, leiten«, teilt er Watson in REDH mit. Peirce nennt die Analogie eine Kombination von Abduktion und Induktion (vgl. z. B. 1.65, 7.98).

13 »Es ist eine alte Maxime von mir«, erklärt Holmes, »daß, wenn ich alles Unmögliche ausgeschlossen habe, das Verbleibende, so unwahrscheinlich es auch sein mag, die Wahrheit sein muß« (BERY; vgl. SIGN, BLAN, BRUC). Vgl. dazu die Peirce'sche Maxime: »Fakten können nicht durch eine Hypothese erklärt werden, die außergewöhnlicher ist als jene selbst, und so gilt es, von den verschiedenen Hypothesen die am wenigsten außergewöhnliche anzunehmen« (Ms. 696). Siehe Gardner (1976: 125), der diesen Prozeß wie folgt beschreibt: »Wie der Wissenschaftler bei dem Versuch, ein Geheimnis der Natur zu enträtseln, sammelte Holmes zunächst alles Beweismaterial, dessen er habhaft werden konnte und das für sein Problem von Relevanz war. Zuweilen führte er auch Experimente durch, um neue Daten zu gewinnen. Dann betrachtete er die gesamten Tatbestände im Lichte seiner enormen Kenntnis von Verbrechen und/oder von Wissenschaften, die sich mit dem Verbre-

chen befassen, um so zu der wahrscheinlichsten Hypothese zu gelangen. Er vollzog Induktionen auf der Basis der Hypothesen, prüfte die Theorie dann im Lichte neuen Beweismaterials und revidierte sie, falls notwendig, bis sich schließlich eine Wahrheit ergab, deren Wahrscheinlichkeit an Gewißheit grenzte.«

14 Sebeok (1979, Kap. 5) diskutiert Peirces Überlegungen in bezug auf das Raten im Kontext einiger Kinderspiele einerseits und bestimmter Bühnenillusionen andererseits. Das »Zwanzigfragen-Spiel« stellt ein exaktes verbales Gegenstück zu dem Spiel »Heiß und Kalt« dar, bei dem verbale Stichworte minimal sind, genau wie auch in dem verwandten »Ja-und-Nein-Spiel«, das Dickens so lebhaft beschreibt (1843, Stave Three). Non-verbales Stichwortgeben, das unterbewußt geschieht, leitet den Artisten bei manchen Zaubervorführungen, bei denen verbale Hinweise vollkommen ausgeschlossen sind, zu dem gesuchten Objekt. Non-verbale Kommunikation oder feedback ist auch verantwortlich für solche scheinbar »okkulten« Phänomene wie die Bewegungen der Alphabet-Tafel, das Tischrücken oder automatisches Schreiben, und sie bildet außerdem die Grundlage verschiedener geistiger Akte, die in der Magie als »Muskellesen« oder »Gedankenlesen« bekannt sind. »Der Zuschauer glaubt« bei diesen Akten, »er werde von dem Zauberkünstler geführt, doch erlaubt der Künstler im Grunde dem Zuschauer, ihn zu führen, und zwar durch unbewußte Muskelanspannungen« (Gardner, 1957: 109; vgl. ders., 1978: 392–96, wo sich weitere aufschlußreiche Verweise finden). Die besten Gedankenleser können völlig auf direkten Körperkontakt verzichten und das Gesuchte lediglich anhand der Beobachtung der Zuschauerreaktionen auffinden; Beispiele dafür liefern Persi Diaconis und ein Magier, der unter dem Namen Kreskin auftritt, die Sebeok beide zitiert (ibid.). Diese Fälle weisen eine unheimlich anmutende Ähnlichkeit mit Peirces Geschichte auf (1929). Diaconis ist nicht nur einer der talentiertesten zeitgenössischen Zauberkünstler, er ist auch einer der bedeutendsten Experten der hochdifferenzierten statistischen Analyse von Rate- und Spielstrategien sowie der Anwendung neuer Techniken in der parapsychologischen Forschung (mit bislang durchweg negativen Ergebnissen; vgl. Diaconis, 1978: 136). Scheglovs Beobachtung (1976: 63) über das Anwachsen von Spannung und Erregung, je näher sich logische Schlüsse »an den Verbrecher anschleichen und einen Zipfel des Vorhangs lüften (wir haben es hier mit einer vergleichbaren Wirkung zu tun wie bei dem Kinderspiel ›Heiß oder Kalt‹, bei dem sich das Jagdgebiet immer mehr verengt und ›immer wärmer‹ wird)«, sollte in diesem Zusammenhang ebenfalls erwähnt werden. Das Muskellesen, das sich in den Vereinigten

Staaten größter Beliebtheit erfreute, setzte sich auch als Gesellschaftsspiel unter dem Namen »*Willing*« durch.

15 In zwei Holmes-Geschichten kommen übrigens Detektive der nationalen Detektivagentur Pinkerton vor: »Young Leverton«, der eine Nebenrolle in REDH spielt, sowie Birdy Edwards *alias* John (»Jack«) McMurdo *alias* John (»Jack«) Douglas, der wahrscheinlich vor St. Helena von der Moriarty-Bande über Bord geworfen wurde (am Schluß von VALL). /   [51]

16 Vgl. den Kommentar von Castanēda (1978: 205) zu dieser Passage, »daß die Philosophie *in fieri* aus den verschiedenen methodologischen Prinzipien, die Sherlock Holmes formuliert und in seinen vielen Abenteuern veranschaulicht, Nutzen ziehen kann ...«

17 Eine interessante Parallele findet sich in Voltaires *Zadig* (Kap. 3), in dem Zadigs gewandte Indiziendeutung dazu führt, daß man ihn festnimmt, vor Gericht stellt und zu einer empfindlichen Bußstrafe verurteilt.

18 Peirce räumt ein, daß er selbst »in beinahe allem, was vor Anfang dieses Jahrhunderts [von ihm] im Druck erschien, ... Hypothese und Induktion mehr oder weniger verwechselt habe« (8.277). Zu der Geschichte der Verwirrung über die beiden Arten des Schlußverfahrens, die daher rühre, daß Logiker ein »zu enges und formalistisches Konzept des logischen Schließens« unterhielten, »demzufolge das Urteil notwendigerweise auf der Basis der Prämissen formuliert« werde (2.228), vergleiche auch 5.590–604, Ms. 475, Ms. 1146.

19 Vgl. Holmes Bemerkungen: »Ich habe Ihnen bereits erklärt, daß etwas, das vom Gewöhnlichen abweicht, meist eher eine Hilfe denn ein Hindernis ist« (STUD); »Einzigartigkeit ist beinahe unweigerlich ein Indiz« (BOSC); »Je ausgefallener und grotesker ein Ereignis, desto sorgfältiger verdient es untersucht zu werden, und eben der Punkt, der einen Fall zu komplizieren scheint, erweist sich zumeist als derjenige, der bei angemessener Betrachtung und wissenschaftlicher Behandlung die größte Aufhellung verschafft« (HOUN); und »nur der farb- und ereignislose Fall birgt keine Hoffnung« (SHOS).

20 Zusätzlich zu seiner spezialisierten medizinischen Ausbildung wurde Conan Doyle außerdem von der allgemeinen Welle des wissenschaftlichen Enthusiasmus mitgerissen. Um die Mitte des neunzehnten Jahrhunderts war die Wissenschaft ein fester Bestandteil des englischen Denkens auf allen Ebenen geworden, und es herrschte allgemein »ein Ton von rationalem Positivismus« (Messac, 1929: 612; vgl. Nordon, 1966: 244). Conan Doyle selbst berichtet: »An diese Jahre wird man sich später erinnern als eine Zeit, die von der

THOMAS A. SEBEOK UND JEAN UMIKER-SEBEOK

Philosophie eines Huxley, eines Tyndall, eines Darwin, eines Herbert Spencer und eines John Stuart Mill geprägt war und in der selbst der Mann auf der Straße die starke, mitreißende Strömung ihrer Gedanken verspürte ...« (1924: 26). Hitchings (1946: 115) stellt einen expliziten Vergleich zwischen der Holmes'schen und der Millschen Logik an: Holmes' »gewöhnliche Methode besteht in einer Ausweitung von Mills ›Residuenmethode‹«.

21 So bestätigte Gould (1978: 504) in jüngster Zeit: »Unbewußtes oder trübe wahrgenommenes Fälschen und Frisieren« von Daten seien »in einem Beruf, in dem Status und Macht aufgrund von sauberen und unzweideutigen Entdeckungen zuerkannt werden, weitverbreitet, endemisch und unvermeidbar«. Kurz gesagt, eine solche Datenmanipulation mag eine wissenschaftliche Norm bilden. Vgl. Gardner (1981: 130).

22 In einer Besprechung der großen Anzahl von medizinischen Diagnosen in den Sherlock-Holmes-Erzählungen (besonders von Herzleiden und Tropenkrankheiten) schließt Campbell (1935: 13), selbst Herzspezialist, daß Watson, was die Medizin betraf, »ausgezeichnet informiert gewesen« sei. Hier ist interessant anzumerken, daß Watson sich zwar im Hinblick auf die Pathologie des menschlichen Körpers an die logische Diagnose hält, sich jedoch bei einer Übertragung dieser Methode auf die kriminalistische Ermittlung eigentümlich ungeschickt anstellt und damit das Beispiel eines Menschen bietet, dessen Fähigkeiten ausschließlich auf dem Gebiet der *logica docens* liegen (s. u.).

23 Bezugnehmend auf den künstlerischen Aspekt der Medizin stellt Messac richtig fest, daß Conan Doyle Bell folgte, der die Diagnose auf die gesamte Persönlichkeit und die Lebensumstände des Patienten ausweitete und daß die Diagnose *»n'a jamais une rigueur absolue; il comporte des flottements, des erreurs«.* Wie die Medizin sei die Verbrechensermittlung eine Art »Pseudo-Wissenschaft« (1929: 617). Thomas zufolge (1983: 32) entwickelte sich die Medizin um 1937 »zu einer auf echter Wissenschaft basierenden Technologie«.

[52] 24 Holmes war wie Peirce weitaus stärker an seiner jeweiligen / Methode interessiert als an dem Gegenstand, auf den er sie anwandte. So erörterte er mit Watson z. B. die Art und Weise, wie letzterer von den Fällen des ersteren berichtet hatte, und Holmes kritisierte Watson mit den Worten: »Vielleicht lag Ihr Irrtum darin, zu versuchen, jede Ihrer Aussagen mit Farbe und Leben zu versehen, anstatt sich auf die Aufgabe zu beschränken, den strengen Schlußprozeß von der Ursache auf die Wirkung festzuhalten, der doch wirklich das einzig bemerkenswerte Merkmal dieser Angelegenheit darstellt.« Und als Watson in seiner Erwiderung andeutet, Holmes'

Kritik gründe sich auf Egoismus, antwortet ihm Holmes:»Nein, es ist weder Selbstsucht noch Dünkel ... Wenn ich den Anspruch meiner Kunst voll geltend mache, dann nur, weil sie etwas Unpersönliches ist, das außerhalb meiner selbst liegt. Das Verbrechen ist weitverbreitet. Logik ist rar. Deshalb sollten Sie Ihre Überlegungen der Logik anstatt dem Verbrechen zuwenden. Das, was ursprünglich als eine Vorlesungsreihe geplant war, haben Sie zu einer Geschichtensammlung herabgewürdigt« (COPP).

25 Als Watson eine Liste von Holmes' Kenntnissen auf verschiedenen Gebieten anfertigt, bezeichnet er sie nur in einem einzigen Fall als »profund« (STUD). Zu Holmes, dem »frustrierten Chemiker«, s. Cooper (1976).

26 Die Familie Peirce hatte über Generationen hinweg ein Interesse an Theater und Oper an den Tag gelegt und lud auch Schauspieler und Musiker in ihr Haus ein. Als Junge schon soll Peirce sich als Redner und Vortragskünstler ausgezeichnet haben, sowohl durch das Vortragen von Werken wie Poes »Der Rabe« als auch als Mitglied des Debattierclubs seiner *High School* (persönliche Mitteilung von Max H. Fisch). In seinen ersten Semestern in Harvard kultivierte Peirce sein Interesse an Vortragskunst, Rhetorik und Laienspiel weiter. So wurde er im ersten Jahr Mitglied des W. T. K. (Wen Tschang Koun, chinesisch für »Kollegium für literarische Übungen«), in dem Debatten, Reden, Scheinprozesse sowie das Vortragen von Essays, Gedichten und Theaterstücken gepflegt wurden. Im Jahre 1858, gegen Ende seines Studiums, war er Gründungsmitglied der *O. K. Society* des *Harvard College*, die sich der Rede- und Vortragskunst widmete (Christian Kloesel, persönliche Mitteilung; siehe auch Kloesel, 1979, in bezug auf Peirce und besonders auf die *O. K. Society*). Man weiß außerdem, daß Peirce als Erwachsener mit Vorliebe Shakespeares *King Lear* vortrug, sei es nun für Freunde im Haus seines älteren Bruders »Jem« in Cambridge oder für Mitglieder des Century Club in New York. Jedesmal, wenn er in Paris war, ging Peirce ins Theater oder in die Oper; und seine zweite Frau Juliette war Schauspielerin. Er und Juliette pflegten den Kontakt mit Freunden vom Theater wie Steele und Mary MacKaye auf Jahre hinaus und nahmen sogar gelegentlich an Laienspielaufführungen teil, wie etwa der *Medée* von Legougé, die Peirce ins Englische übersetzt hatte (persönliche Mitteilung von Max H. Fisch).

27 Rituelle Verkleidungen bilden in der klassischen Praxis den Hauptbestandteil des Placebo-Effektes; Sebeok erörtert sie in größeren Einzelheiten in Sebeok (1979, Kap. 5 und 10). Man nimmt an, daß das Placebo deshalb wirksam sei, weil der Patient an seine Wirksamkeit glaubt, und dieser Glaube wird sowohl durch die entsprechen-

den Äußerungen und Verhaltensweisen auf seiten des Arztes und des übrigen Personals unterstützt als auch durch den Kontext geformt, in dem das Placebo verabreicht wird. Der klare und allgemeinverständliche Bericht eines Chirurgen zur Wirkung des Placebo in der Anwendung durch »Wunderheiler« sowie zur Macht der Suggestion unter gelegentlicher Ausdehnung auf die Hypothese findet sich bei Nolen (1974). Einige Psychologen wie z. B. Scheibe (1978: 872–75) verwenden den Begriff »Acumen« für die Art von Voraussagemodus, wie ihn Sherlock Holmes zur Anwendung bringt und in dem sich »emphatisches Können und analytische Präzision verbinden«. Scheibe stellt fest: »Wenn man sich den schrecklichen, jedoch wohlkontrollierten Mächten der Beobachtung und der Schlußfolgerung des ... Detektivs ... gegenüber im Nachteil glaubt, ... dann hat man einer höheren Macht die Autorität zugebilligt und ist bar jeglicher Hoffnung, die Ereignisse in den Griff zu bekommen ... In dem Maße, wie die Öffentlichkeit dem

[53]   ... Detektiv / außergewöhnlichen Scharfsinn zubilligt, werden die Kräfte des Acumen dieser Praktiker dadurch gesteigert. Genauso ist ein Spieler, dem es gelingt, die Naivität oder Leichtgläubigkeit des anderen Spielers in bezug auf die Harmlosigkeit seines Vorhabens auszunutzen, dem anderen Spieler gegenüber eindeutig im Vorteil. Hierin liegt das Grundprinzip der Schwindelei und Bauernfängerei.« Vgl. weiter Scheibe (1979).

28 Hall (1978: 38) stellt fest, daß Holmes' chemische Experimente dazu beitrugen, »Watson nicht wenig zu verblüffen« (vgl. Nordon, 1966: 222).

29 Eine ähnliche Schwindelei findet natürlich zwischen dem Autor einer Detektivgeschichte und dessen Lesern statt. Conan Doyle nahm darauf sowohl indirekt, nämlich in seiner Sherlock-Holmes-Gestalt, als auch direkt in seiner Autobiographie Bezug. So bemerkt Holmes Watson gegenüber: »Hier haben wir einen jener Fälle, in denen der Denkende eine Wirkung hervorrufen kann, die seinem Nachbarn bemerkenswert erscheint, da dem letzteren eben jener kleine Punkt entgegangen ist, auf den sich die Deduktion gründete. Dasselbe, mein Lieber, läßt sich über die Wirkung sagen, die ein paar von Ihren kleinen Skizzen haben und die durch und durch trügerisch ist, hängt sie doch davon ab, daß Sie einige Faktoren des Problems in Ihren eigenen Händen behalten und dem Leser niemals mitteilen« (CROO). In seiner Autobiographie (1924: 101), in der er auch die Komposition der Detektivgeschichte erörtert, schreibt Conan Doyle: »Zuerst einmal muß man eine Idee haben. Ist dieser Schlüssel gefunden, so besteht die nächste Aufgabe darin, diese zu verhüllen und all jene Teile zu betonen, die eine andere Erklärung

ansteuern.« Holmes selbst fand großes Vergnügen daran, offizielle Kriminalbeamte zu verhöhnen, indem er sie absichtlich auf Indizien aufmerksam machte, ohne jedoch gleichzeitig einen Hinweis auf deren Bedeutung zu geben (BOSC, CARD, SIGN, SILV).

KAPITEL DREI

Marcello Truzzi

Sherlock Holmes

PRAKTISCHER SOZIALPSYCHOLOGE[1]

Sir Arthur Conan Doyle (1859–1930), sattsam bekannt als Schöpfer des fiktiven Detektivs Sherlock Holmes, hätte es sicher lieber gehabt, wenn man sich seiner aufgrund seiner vielen anderen Werke, besonders der historischen Schriften und der Verteidigung des Spiritualismus, erinnerte[2]. Er unternahm sogar den Versuch, Sherlock Holmes' Abenteuern ein Ende zu bereiten, indem er ihn in FINA, das Doyle im Jahre 1893 veröffentlichte, eines edlen Todes sterben ließ, doch war ihm die große Nachfrage der Öffentlichkeit nach ihrem Helden Anlaß genug, Holmes 1904 mit einer Fortsetzung der Saga wieder ins Leben zurückzurufen[3]. Das Bild von Holmes, das für die Anwendung von Rationalität und wissenschaftlicher Methodik auf menschliche Verhaltensweisen steht, stellt sicher einen wesentlichen Faktor für die Fähigkeit des Detektivs dar, die Phantasie der ganzen Welt zu fesseln.

REALITÄT UND BEDEUTUNG VON SHERLOCK HOLMES

In ihrer bemerkenswerten Untersuchung zur Geschichte des Detektivromans hat Alma Elizabeth Murch festgestellt:

»Es gibt in der Literatur bestimmte Figuren, die im Laufe der Zeit eine eigene und unverkennbare Identität angenommen haben und deren Namen und persönliche Eigenschaften Tausenden ein Begriff sind, die möglicherweise kein einziges der Werke je gelesen haben, in denen sie gleichwohl erscheinen. Zu diesen Figuren muß auch Sherlock Holmes gezählt werden, der in den Köpfen zahlloser Leser aller Nationalitäten den Status eines tatsächlichen Menschen angenommen hat, der in den ersten Jahren des zwanzigsten Jahrhunderts von vielen als lebender Zeitgenosse akzeptiert wurde und der noch

fünfzig Jahre später im ganzen Zauber einer fest etablierten und unanfechtbaren Tradition überlebt als der sympathischste und meist-geliebte aller Romandetektive« (Murch, 1958: 167). / [55]
In der gesamten englischen Literatur soll es neben ihm nur drei weitere fiktive Namen geben, die dem »Mann auf der Straße« gleichermaßen vertraut sind, nämlich Romeo, Shylock und Ro-binson Crusoe (Pearson, 1943: 86).

Obwohl die Holmes-Saga nur als sechzig Erzählungen[4] von Sir Arthur Conan Doyle umfaßt[5], deren Ersterscheinungsdaten zwischen 1887 und 1927 lagen[6], hat der Einfluß, den Sherlock Holmes auf die populäre Einbildungskraft hatte, kaum seines-gleichen gefunden. Der Grad dieses Einflusses wird durch nichts anschaulicher demonstriert als durch den »Glauben, dem Tau-sende über Jahre hinweg verfallen waren, daß er nämlich ein tatsächlich lebendiges Wesen sei – ein Umstand, der eines der ungewöhnlichsten Kapitel in der Literaturgeschichte darstellt« (Haycraft, 1941: 57–58). So erreichten ihn neben zahllosen an »Sherlock Holmes, 221 B Baker Street, London« (noch dazu eine nichtexistierende Adresse) gerichteten Briefen von hilfesu-chenden potentiellen Klienten und vielen, die zu seinen Händen an Scotland Yard geschickt wurden, nach der Ankündigung im Jahre 1904, daß Holmes sich nun auf einen Imkerhof zurückzu-ziehen gedenke, zwei Briefe, in denen ihm die Dienste einer Haushälterin sowie die eines Bienenzüchters angeboten wurden. Doyle erhielt außerdem mehrere Briefe von Damen, die eine mögliche Heirat mit Holmes ins Auge gefaßt hatten (Lamond, 1931: 54–55), und dann gab es sogar einen Herrn (mit Namen Stephen Sharp), der sich selbst für Holmes hielt und nach 1905 mehrmals Anstalten machte, Doyle zu besuchen (so berichtet Nordon, 1967: 205).

Auch wenn man einmal von all jenen absieht, die die Holmes-Legende naiv glaubten, war es doch besonders vom soziologi-schen Standpunkt aus gesehen bedeutsam, daß »die Legende von Holmes' Realität von anderen enthusiastischen, dabei jedoch geistig differenzierteren Lesern ausgeweitet worden ist, die wohl wissen, daß ihr Held nie ein Mensch aus Fleisch und Blut gewesen ist, die aber die Illusion nicht aufgeben wollen« (Hay-craft, 1941: 58). *Über* die Gestalt von Holmes ist wahrscheinlich mehr geschrieben worden als über irgendeine andere literarische

MARCELLO TRUZZI

Schöpfung, und es ist bemerkenswert, daß dabei immer Holmes
und nicht Sir Arthur Conan Doyle im Mittelpunkt der Aufmerksamkeit stand. Holmes ist Thema von Biographien[7], enzy-
klopädischen Werken[8] und kritischen Abhandlungen[9], und es
gibt zahllose Organisationen in der ganzen Welt, die sich zur
Ehre und Erforschung der Gestalt von Holmes zusammenge-
funden haben[10]. Es hat wiederholt Bestrebungen gegeben, in der
Nähe seiner angeblichen Wohnung in der Baker Street eine
Sherlock-Holmes-Statue aufzustellen[11].

Um eine oft zitierte Bemerkung Christopher Morleys anzu-
führen:»Noch nie, nie haben so viele so viel für so wenige
geschrieben.«

Abseits der vergnüglichen Spiele der Sherlockianer und ihrer
spielerischen Mythisierungen berühren die Gestalt des Sherlock
Holmes und seine Heldentaten jedoch eine tiefere Realität, denn
ihre »Legende erfüllt ein Bedürfnis, das über den Bereich der
Literatur hinausgeht« (Nordon, 1967: 205). Zwar symbolisiert
Holmes, wie Pearson (1943: 86) festgestellt hat, den Sportsmann
[56] und Jäger, eine Art modernen Galahad, der mit seiner Nase tief /
den Geruch einer blutigen Fährte einsaugt, doch andererseits
verkörpert er noch deutlicher den Gebrauch der höchsten Gei-
stesgabe des Menschen – seiner Vernunft – bei der Lösung von
problematischen Situationen im Alltagsleben. Die meisten
Handlungen seiner Geschichten stammten aus dem wirklichen
Leben, und Doyle fand sie in den Zeitungsstories der neunziger
Jahre des letzten Jahrhunderts (Nordon, 1967: 236), wobei eine
bemerkenswert geringe Zahl blutige Gewalt oder Mord zum
Inhalt haben. In der Tat findet, wie Pratt (1955) festgestellt hat,
in einem ganzen Viertel aller Geschichten überhaupt kein Ver-
stoß gegen das Gesetz statt. Der im wesentlichen alltägliche
Charakter der meisten Erzählungen unterstützt die Beobachtung, »der Zyklus [könne] als Epos alltäglicher Begebenheiten
bezeichnet werden« (Nordon, 1967: 247). Und es ist eben dieser
alltägliche Hintergrund, vor dem Holmes seine »Wissenschaft«
und seine Vernunft einsetzt, der den Leser gleichzeitig so erstaunt und befriedigt. Er ist weniger beeindruckt von der überra-
genden Fähigkeit Holmes', aus schlichten Beobachtungen bemerkenswerte Einsichten und Schlüsse zu ziehen, als vielmehr
von der scheinbaren Vernünftigkeit und Selbstverständlichkeit

90

seiner »Methode«, die den Leser erstaunt, nachdem sie ihm einmal entwickelt wurde. Es läßt sich leicht zu der Überzeugung gelangen (zumindest solange der Erzählzauber währt), daß Holmes' neue angewandte Wissenschaft jedem fleißigen Studenten seiner »Methoden« zugänglich ist. Es ist bemerkt worden:

> »Die fiktive Welt, zu der Sherlock Holmes gehörte, erwartete von ihm, was die reale Welt jener Zeit von ihren Wissenschaftlern erwartete: mehr Erleuchtung und größere Gerechtigkeit. Als die Schöpfung eines Arztes, der tief in das rationalistische Denken seiner Zeit eingetaucht war, bietet uns der Holmes-Zyklus zum erstenmal das Schauspiel eines Helden, der mittels der logischen und wissenschaftlichen Methode einen Triumph nach dem anderen feiert« (Nordon, 1967: 247).

Die Möglichkeit einer alltäglichen Anwendung wissenschaftlicher Methoden auf den zwischenmenschlichen Bereich faszinierte nicht nur die nicht-wissenschaftlichen Leser der Holmes-Saga. Er übte eine nennenswerte Wirkung auch auf Kriminologen und all jene aus, die im realen Leben mit Problemen zu tun hatten, wie sie Sherlock in der Fiktion begegneten.

So wies ein Verteter der Wissenschaftlichen Polizeilaboratorien von Marseille darauf hin, daß »viele der von Conan Doyle erfundenen Methoden heute in wissenschaftlichen Labors Anwendung finden« (Aston-Wolfe, 1932: 328); der Direktor des Wissenschaftlichen Erkennungsdienstes sowie der Präsident des Institutes für Wissenschaftliche Kriminologie bestätigten, daß »die Bücher von Conan Doyle mehr als irgendein anderer Faktor zur Weckung eines lebhaften Interesses an der wissenschaftlichen und analytischen Untersuchung von Verbrechen beigetragen« haben (May, 1936: x); und in jüngster Zeit regte ein Waffenexperte an, Holmes den »Vater der wissenschaftlichen Verbrechensermittlung« zu nennen (Berg, 1970). Viele berühmte Kriminologen, unter ihnen Alphonse Bertillon und Edmond Locard, haben Holmes als Lehrer und Quelle von Anregungen bezeichnet, und noch heute werden Holmes' Techniken der Beobachtung und Beweisführung / als ein nützliches Vorbild in [57] der Verbrechensermittlung hingestellt (Hogan und Schwartz, 1964)[12].

Neben den äußerst praktischen Folgen, die der Einfluß des Sherlock Holmes auf die moderne Kriminologie hatte, gibt die

Entschlüsselung der Entstehung seiner Figur über die Realität seiner »Methode« noch genaueren Aufschluß. In seiner Autobiographie *Memories and Adventures* (1924) sagt Doyle ganz deutlich, daß er Holmes seinen Erinnerungen an seinen Chirurgieprofessor, Joseph Bell, M. D., F. R. C. S., Edinburgh [Doktor der Medizin, *Fellow of the Royal College of Surgeons* in Edinburgh] nachgebildet habe, der zu eben jener Art von Beobachtung und Beweisführung fähig war, die so charakteristisch für Holmes ist. Bells bemerkenswerte Fähigkeiten werden anschaulich in der auf Doyle zurückgehenden Anekdote illustriert, die in Kapitel 2 wiedergegeben ist. Es ist jedoch wahrscheinlicher, daß Holmes nur teilweise Dr. Bell nachgebildet war und eigentlich aus der Zusammenführung mehrerer Personen entstand[13]. Schließlich »besteht« jedoch »kein Zweifel daran, daß der wahre Holmes Conan Doyle selbst« war (Starett, 1960: 102). Wie Michael und Mollie Hardwick in ihrer bemerkenswerten Studie *The Man Who Was Sherlock Holmes* (1984) gezeigt haben, beweisen die Parallelen in Doyles Leben, beispielsweise die erfolgreiche Lösung von rätselhaften Vorkommnissen im Alltagsleben und Doyles engagierter Einsatz für die Gerechtigkeit (am deutlichsten veranschaulicht in den Fällen von George Edalji und Oscar Slater, in denen es ihm gelang, zwei fälschlicherweise zum Tode verurteilte Männer auf freien Fuß zu setzen und sie von dem Verdacht zu reinigen)[14], eindeutig, daß die Wurzeln von Holmes' Charakter und Methoden im wesentlichen in seinem Schöpfer liegen. Dr. Edmond Locard, Leiter der *Sureté* von Lyon, nannte Conan Doyle einen »vollkommen erstaunlichen wissenschaftlichen Detektiv«, während der Kriminologe Albert Ullman die Meinung vertrat, daß »Conan Doyle ein bedeutenderer Kriminologe« gewesen sei »als seine Schöpfung Sherlock Holmes« (zitiert bei Anonymus, 1959: 69).

Die Erfolge von Dr. Bell und Sir Arthur Conan Doyle beweisen, und das ist hier der entscheidende Punkt, daß die von Sherlock Holmes in seinen Abenteuern verkörperten und angewandten Methoden ihr Gegenstück im wirklichen Leben hatten. Wie der bekannte amerikanische Detektiv William Burns sich ausdrückte: »Ich bin oft gefragt worden, ob sich die von Conan Doyle in den Sherlock-Holmes-Erzählungen dargelegten Prinzipien auf echte Detektivarbeit anwenden lassen, und meine

Antwort auf diese Frage lautet ganz entschieden: ›Ja!‹« (zitiert bei Anonymus, 1959: 68).

Worin genau besteht also die »Methode« von Sherlock Holmes und welches sind ihre Grenzen und Implikationen für eine moderne angewandte Sozialpsychologie? Wenden wir uns nun einer Untersuchung von Holmes' Ansichten zur Wissenschaft, zum Verhältnis zwischen dem Einzelnen und der Gesellschaft sowie zu seinen Empfehlungen für eine Anwendung der ersteren auf die letzteren zu, so wie sie im Kanon umrissen werden. / [58]

DIE METHODE DES SHERLOCK HOLMES

Leider gibt es innerhalb des Kanons keine systematische Darstellung von Holmes' Methode, die doch das Kernstück seines Charakters und seiner allgemeinen Anziehung ausmacht. Es ist ebenso erstaunlich, daß man seinem »Deduktionsverfahren«* in der Masse der sherlockianischen Literatur relativ wenig Beachtung geschenkt hat. Den meisten Sherlockianern geht es mehr um ihre eigene Anwendung der Holmes'schen Technik auf die Indizien, die der Kanon bietet, als um eine Untersuchung der Methoden selbst. Wir müssen deshalb auf der Suche nach den vielen verstreuten Aussagen über seine Methode auf Holmes selbst zurückgreifen, der sich im Laufe seiner Abenteuer fortlaufend zu ihr äußert.

HOLMES' »WISSENSCHAFT DER DEDUKTION UND ANALYSE«

Es ist oft gesagt worden, daß die Wissenschaft nichts als eine Verfeinerung des gesunden Menschenverstandes darstelle. Holmes würde dem wohl zustimmen, denn er nennt seine Methode

---

* Da das englische *deduction* im Vorliegenden meist auf das logische Schlußverfahren Bezug nimmt, wurden die in den Doyle-Übersetzungen geläufigen Ausdrücke »Kombination« oder »Schlußfolgerungen« etc. vermieden, wo sie nicht vom literarischen Zusammenhang eindeutig nahegelegt werden (Anm. d. Übers.).

»eine schlichte Kunst, die nichts anderes ist als die Systematisierung des gesunden Menschenverstandes« (BLAN). Dabei handelt es sich keineswegs um eine simple oder mechanische Betrachtungsweise seiner Methode, denn er bemerkt an anderer
Stelle: »Eine Mischung aus Phantasie und Realität ... ist die
Grundlage meiner Wissenschaft« (THOR). Zwar betont Holmes den reinen Empirismus in einem Ausmaß, das an den
Ahnherren des Induktionsverfahrens, Francis Bacon, gemahnt,
doch vernachlässigt er deshalb nicht die Bedeutung der kreativen
Phantasie. »Ich gebe zu, es handelt sich um reine Phantasie«, läßt
sich Holmes vernehmen, »doch wie oft ist nicht die Phantasie die
Mutter der Wahrheit?« (VALL). »Man muß in seinen Vorstellungen so großzügig sein wie die Natur, wenn sie die Natur
interpretieren sollen« (STUD), und »eine großzügige Sichtweise
... ist eine wesentliche Voraussetzung in unserem Beruf. Das
Zusammenspiel von Ideen und indirekten Anwendungsformen
des Wissens ist oft von außerordentlichem Interesse« (VALL).

Wenn auch Sir Arthur Conan Doyle später ein eifriger Ver-
fechter des Spiritualismus werden sollte, so weigert sich Holmes
doch in wahrhaft Comtescher Manier, ganz im Sinne des Positivismus und wissenschaftlichen Skeptizismus, die Hypothese
eines übernatürlichen Kausalprinzips überhaupt in Erwägung zu
ziehen. Er erkennt, daß »die Beauftragten des Teufels aus Fleisch
und Blut« sein können, erwägt die Möglichkeit, daß »wir es mit
Mächten außerhalb der gewöhnlichen Naturgesetze zu tun haben«, kommt aber zu dem Schluß: »Wir sind dazu verpflichtet,
erst alle anderen Hypothesen zu erschöpfen, bevor wir uns auf
diese verlegen« (HOUN). Über sich selbst sagt Holmes: »Diese
Agentur steht mit beiden Füssen auf dem Boden, und dort soll
sie auch bleiben. Die Welt ist groß genug für uns. Geister
brauchen sich erst gar nicht zu bewerben« (SUSS).

Holmes' allgemeine philosophische Annahmen über das Universum sind nicht sehr klar. Obwohl er an ein sinnvolles Universum glaubte[15] und auf die Güte der Vorsehung vertraute[16], gab er
doch gleichzeitig einer zynischen Sicht Ausdruck, wenn er etwa
Watson fragte: »Aber ist denn nicht alles Leben armselig und
vergeblich? ... Wir strecken die Hand aus. Wir fassen zu. Und
[59] was halten wir am Ende in den / Händen? Einen Schatten. Oder
schlimmer als einen Schatten – Elend« (RETI). Diese Auffassung

alles Wissens als »Schatten« steht, wenn wir von dem bedrük-
kenden Kontext hier einmal absehen, im Einklang mit der
modernen wissenschaftlichen und im wesentlichen pragmatischen Sichtweise, die den Menschen als den Schöpfer »kognitiver Schaubilder« und theoretischer »Realitäten« oder »Konjekturen« betrachtet und nicht als Entdecker objektiver Wahrheiten
und Gesetze.

Holmes verkörpert außerdem die grundsätzlich deterministi-
sche Ausrichtung eines Großteils der modernen Sozialwissenschaften. Er erklärt:

> »Der ideale Denker ... erschlösse aus der Anschauung eines einzigen
> Faktums und all seiner Begleitumstände nicht nur die vollständige
> Kette von Ereignissen, die zu diesem Faktum führten, sondern auch
> alle Ergebnisse, die es noch zeitigen wird. So wie Cuvier das ganze
> Tier aufgrund der Betrachtung eines einzigen Knochens beschreiben
> konnte, sollte der Beobachter, der ein Glied in einer Reihe von
> Ereignissen gründlich begriffen hat, in der Lage sein, alle anderen
> Glieder vor und nach jenem zu nennen« (FIVE).

Oder wie Holmes es in seinem grundlegenden Artikel »Das
Buch des Lebens« ausdrückte (den Namen der Zeitschrift, in
dem er veröffentlicht wurde, hat Dr. Watson uns leider zu
nennen versäumt):

> »Aus einem Wassertropfen könnte der Logiker die mögliche Exi-
> stenz eines Atlantiks oder eines Niagarafalles schließen, ohne den
> einen oder den anderen jemals gesehen oder von ihm gehört zu
> haben. So bildet das Leben eine lange Kette, deren Wesen sich uns zu
> erkennen gibt, sobald uns ein einziges ihrer Glieder gezeigt wird.
> Wie alle anderen Geisteswissenschaften kann auch die der Deduk-
> tion und der Analyse nur in langem geduldigem Studium erworben
> werden; auch ist das Leben nicht lang genug, um einem Sterblichen
> die höchstmögliche Perfektionierung darin zu gestatten« (STUD).

Dieser Determinismus betraf alle Lebensbereiche, wenn auch
Holmes sich ganz deutlich auf die Seite der Soziologie und damit
gegen viele Psychologen stellt, wenn er sagt:

> »Während der Einzelne ein unauflösliches Rätsel darstellt, wird er in
> der Masse zu einer sicheren mathematischen Größe. So läßt sich
> beispielsweise nie voraussagen, was ein bestimmter Mann im Schilde
> führt, doch können wir mit Genauigkeit bestimmen, was ein Durch-

schnittsmitglied tun wird. Die Einzelnen ändern sich, die Prozentsätze bleiben sich gleich« (SIGN)[17].

Wie bei allen nomothetischen Wissenschaften wird besonderes Gewicht auf die Suche nach Gesetzmäßigkeiten und Ereigniswiederholungen gelegt. Holmes zeigt sich von Gleichmäßigkeit und Wiederholung in der Geschichte immer tief beeindruckt, und in Anlehnung an das *Buch Salomo* äußert er seinem Freund Inspektor Gregson gegenüber:»Es gibt nichts Neues unter der Sonne. Alles ist schon einmal dagewesen« (STUD). Und bei [60] einer anderen Gelegenheit sagt er von seinem Erzfeind:»Alles / bewegt sich in Kreisen, selbst Professor Moriarty« (VALL). Auf seiner Suche nach Verallgemeinerungen gibt sich Holmes letztendlich nur mit allgemeingültigen Sätzen zufrieden oder, wie er sich ausdrückt:»Ich mache nie eine Ausnahme. Ausnahmen entkräften die Regel« (SIGN).

Im Mittelpunkt von Holmes' grundsätzlicher Methode steht jedoch das Beharren auf einer empirischen Verifikation seiner Konjekturen. Seine Betonung liegt auf der Induktion, wobei, wie wir noch sehen werden, davon in stärkerem Maße seine Worte als seine Handlungen betroffen sind. Diese Induktion gründet sich wiederum auf die ausgeprägte Furcht vor einer begrifflichen Loslösung von der»realen« Welt wahrnehmbarer Phänomene.»Die Versuchung, übereilte Theorien aufgrund unzureichender Daten zu formulieren, ist das Verderben unseres Berufsstandes«, warnt er Inspektor MacDonald (VALL). Und er mahnt wiederholt:

>»Es ist ein kapitaler Fehler, Theorien aufzustellen, bevor man über Daten verfügt. Unmerklich fängt man an, die Fakten so zu verdrehen, daß sie sich den Theorien anpassen, anstatt die Theorien an den Fakten auszurichten (SCAN).
>
> Es ist ein kapitaler Fehler, vor den Fakten herzutheoretisieren (SECO).
>
> Es ist ein kapitaler Fehler, eine Theorie aufzustellen, bevor man die Beweise hat (STUD).
>
> ... es ist ein Irrtum, angesichts bloßer Daten Behauptungen aufzustellen. Unmerklich fängt man an, sie seinen Theorien anzupassen (WIST).
>
> ... wie gefährlich es immer wieder ist, aus unzureichenden Daten Schlüsse zu ziehen« (SPEC).

Holmes beharrt auf der absoluten Notwendigkeit überschaubarer Fakten. »Daten! Daten! Daten!«, rief er ungeduldig aus. »Ich kann doch keine Ziegelsteine ohne Ton herstellen!« (COPP). Doch beansprucht er sogar mehr als das, denn die atheoretische Haltung, die er anstrebt, erinnert in ihrem induktiven Charakter auf bemerkenswerte Weise an die Haltung, die heutzutage einige behavioristische Anhänger B. F. Skinners an den Tag legen. Gleich ihnen sieht Holmes sich jedoch gezwungen, wenigstens provisorische Hypothesen (oder »Verdachtsmomente«) über die Welt aufzustellen. Holmes mag zwar ausrufen: »Aber nein, ich rate nie! Das ist eine entsetzliche Angewohnheit – sie zerstört das logische Denkvermögen« (SIGN), muß aber andererseits anerkennen, daß »man provisorische Theorien aufstellt und auf den Zeitpunkt umfassenderer Erkenntnis wartet, bis man sie über den Haufen werfen kann. Eine schlechte Angewohnheit, gewiß ..., doch die menschliche Natur ist schwach« (SUSS). Im Grunde steckt Holmes sein ganzes Vertrauen in die empirische Welt, die er als festen und endgültigen Schiedsrichter ansieht. »Ich kann zwar Tatsachen entdecken, Watson, ich kann sie aber nicht ändern« (THOR). Und diese Tatsachen müssen immer einer genauen Untersuchung unterzogen werden, denn »man sollte besser alles prüfen« (REIG).

HOLMES' METHODE

Holmes unterschrieb eindeutig die innerhalb der Wissenschaftsgemeinschaft weithin anerkannte Regel, daß wissenschaftliche Erkenntnis, da sie *per definitionem* nun einmal *Gemein*wissen ist (insofern als sie intersubjektiv kommunizierbar sein muß), idealerweise der öffentlichen Prüfung zugänglich sein sollte. Holmes macht auch für gewöhnlich kein / Hehl aus seiner [61] Methode. »Es ist von jeher meine Gewohnheit gewesen, keine meiner Methoden vor meinem Freund Watson oder irgendjemandem, der ein vernünftiges Interesse an ihnen zeigt, zu verbergen« (REIG). Zwar versäumt er manchmal, besonders im Anfangsstadium eines Falles, seine verblüfften Klienten von seinen Methoden in Kenntnis zu setzen, denn »es hat sich gezeigt, daß es klug ist, Klienten mit einem Eindruck von Macht zu überraschen« (BLAN), doch weiht er uns Leser meistens in seine Gedankengänge ein und betont dabei, daß seine Methode im Grunde keineswegs mysteriös zu nennen sei.

»Es ist eigentlich nicht schwierig, eine Reihe von Schlüssen zu konstruieren, von denen jeder von seinem Vorgänger abhängig und doch als einzelner völlig simpel ist. Wenn man dann einfach alle Mittelglieder hinauswirft und seinem Zuschauer nur Ausgangspunkt und Konklusion präsentiert, kann man damit einen verblüffenden, wenn auch möglicherweise betrügerischen Effekt erzielen« (DANC)[18].

Holmes war sehr auf die unzweideutige Darstellung seiner Methoden bedacht, so sehr sogar, daß er klagte, Watson romantisiere seine Abenteuer: »Ihre fatale Angewohnheit, alles vom Standpunkt einer Geschichte anstatt einer wissenschaftlichen Übung aus anzugehen, hat eine möglicherweise lehrreiche, ja klassische Reihe von Beweisen vereitelt« (ABBE)[19]. Er kündigte sogar seinen Plan an, sich der Sache selbst und richtig anzunehmen: »Ich plane, meinem Lebensabend der Erstellung eines Lehrbuches zu widmen, das die gesamte Wissenschaft der Verbrechensermittlung in einem Band konzentriert zusammenfassen soll« (COPP).

Als »Qualitäten, über die der ideale Detektiv verfügen sollte« nennt Holmes: 1.) Kenntnisse, 2.) Beobachtungsgabe und 3.) die Fähigkeit der Deduktion (SIGN). Wir wollen uns diese drei Qualitäten einmal der Reihe nach ansehen.

Die Notwendigkeit des Kenntniserwerbs für den Detektiv

Wie wir gesehen haben, betonte Holmes in seiner deterministischen Anschauungsweise die wechselseitige Verbindung aller Elemente des Universums. Außerdem erkennt er die komplexen und zuweilen überraschenden Verbindungen, auf die man mitunter stößt und zu denen er bemerkt: »Wenn es uns um seltsame Effekte und außergewöhnliche Kombinationen zu tun ist, sollten wir uns an das Leben selbst wenden, das immer weitaus kühner ist, als es unseren Vorstellungen je zu sein gelingt« (REDH). Deshalb sollte der erfolgreiche Detektiv gründlich über ein weites Spektrum potentiell relevanter Einzelheiten Bescheid wissen. Holmes' eigener Kenntnisschatz war verblüffend. Wie schon gesehen, legte er großen Wert auf ein breitangelegtes Wissen (VALL). Watson bezeugt, daß Holmes' Sachkenntnis auf den für seinen Beruf relevanten Gebieten (wie der Chemie, dem britischen Recht, der Anatomie, Botanik, Geologie und besonders der Sensationspresse) bemerkenswert war (STUD). Andererseits sagt Watson auch, daß Holmes' »Unkenntnisse ebenso bemerkenswert wie seine Kenntnisse waren« (STUD), denn Holmes schien so gut wie nichts von Literatur, / [62] Philosophie, Astronomie oder Politik zu verstehen (STUD)[20]. Sein mangelndes Interesse auf diesen Gebieten erklärt Holmes selbst wie folgt:

> »... meiner Meinung nach ist das menschliche Gehirn zu Beginn wie ein kleines leeres Dachbodenstübchen, in dem es das Mobiliar mit Bedacht aufzustellen gilt. Nur ein Narr wird jegliches Gerümpel, auf das er stößt, aufnehmen, so daß am Ende das Wissen, das von Nutzen wäre, wegen Platzmangels hinausgeworfen oder im besten Falle unter einem Haufen von Trödel begraben wird, wo er es kaum erreichen kann. Ein kundiger Arbeiter wird dagegen mit äußerster Vorsicht auswählen, was er in sein Gehirnstübchen aufnimmt. Er beschränkt sich auf die Werkzeuge, die ihm bei seiner Arbeit dienlich sind; von diesen jedoch hat er eine erkleckliche Zahl und hält sie in vortrefflichster Ordnung. Es ist ein Irrtum, anzunehmen, dieses kleine Stübchen habe dehnbare Wände und weite sich nach Belieben. Verlaß dich drauf, es kommt eine Zeit, da du für jedes dazuerworbene Wissen etwas vorher Gewußtes vergißt. Es ist deshalb von äußerster Wichtigkeit, daß keine nutzlosen Fakten die nützlichen hinausdrängen können« (STUD).

Trotz dieser bewußten Vermeidung von Irrelevantem (die auf einem Gedächtnisbegriff basierte, der der heute allgemein vertretenen Auffassung sicher widerspricht), sammelte Holmes doch eine ungeheure Menge von Informationen in seinem Gedächtnis, die sicher nicht von unmittelbarem Wert waren; denn, wie er bei anderer Gelegenheit bemerkte: »Mein Kopf ist wie eine überfüllte Packstube, in der sich Pakete aller Art drängen – so viele, daß ich wohl nur einen vagen Begriff von dem genauen Bestand habe« (LION). Im Grunde verfocht Holmes die Ansicht, eine Spezialisierung beim Erwerb von Kenntnissen sei notwendig, um sich ein Maximum an Hilfsquellen zur Befriedigung von analytischen Bedürfnissen zu sichern. Er setzte sich dabei weniger für eine Vermeidung bestimmter Wissensgebiete als vielmehr für die Nutzbarmachung der begrenzten Fähigkeiten eines Menschen im Sinne größtmöglicher Effizienz ein. In einem etwas anderen Kontext rät Holmes: »Einige Fakten sollten unterdrückt werden; zumindest sollte man bei ihrer Behandlung auf ein vernünftiges Verhältnis achten« (SIGN). So erweist sich nicht alles Wissen als gleich nützlich, ein Standpunkt, der sicher heute als Bildungsleitsatz gelten kann (nicht nur im Studium der Sozialpsychologie, sondern auf den meisten Gebieten).

DIE NOTWENDIGKEIT DER BEOBACHTUNGSGABE FÜR DEN DETEKTIV

Holmes legte besondere Betonung auf die Wichtigkeit scharfer Beobachtung, denn in der detektivischen Arbeit »zeigt sich das Genie darin, daß es keine Mühe scheut« (STUD)[21]. Eine offene und empfängliche Einstellung gegenüber Daten ist überaus wichtig. »Es ist mein Prinzip, nie voreingenommen zu sein und fügsam den Fakten zu folgen, wohin sie mich auch führen« (REIG). Selbst in dem Verhältnis gegenüber seinen Klienten war Holmes sich der Notwendigkeit, eine subjektive Färbung zu vermeiden, bewußt. »Es ist von allererster Wichtigkeit ..., sich sein Urteil nie von persönlichen Eigenschaften beeinflussen zu lassen. Ein Klient stellt für mich nur eine Einheit, einen Faktor [63] innerhalb / eines Problems dar. Emotionale Qualitäten sind die Feinde klarer und vernünftiger Überlegung« (SIGN).

Das Hauptgewicht lag für ihn jedoch auf der »Beobachtung« dessen, was andere lediglich »sahen«. So waren zwar sowohl Holmes als auch Watson Hunderte von Malen die Treppe zu ihrem Büro hinaufgestiegen, doch hatte Holmes »wahrgenommen«, daß sie siebzehn Stufen hatte, während Watson die Treppe nurmehr »gesehen« hatte (SCAN). Wie Holmes sich ausdrückt:

> »Die Welt steckt voller eindeutiger Sachverhalte, die von niemanden jemals überhaupt beobachtet werden (HOUN).

Nichts ist trügerischer als eine offensichtliche Tatsache (BOSC).

Ich habe mir anerzogen, das, was ich sehe, auch wahrzunehmen« (BLAN).

Holmes Beobachtungsgabe umfaßt nicht nur die Beobachtung von Fakten und Ereignissen, sondern auch die ihrer Abwesenheit. Dabei wird dem negativen Beweis oft höchste Bedeutung beigemessen. Als Inspektor MacDonald Holmes fragt, ob er bei seiner Durchsuchung von Professor Moriartys Papieren auf kompromittierendes Material gestoßen sei, gibt Holmes zur Antwort: »Nicht auf das geringste. Eben das hat mich so gewundert« (VALL). Oder als nach dem Verschwinden wichtiger Regierungsakten jegliche internationale Aktivität ausbleibt: »Nur eine Sache von Wichtigkeit hat sich in den vergangenen drei Tagen ereignet, nämlich daß sich nichts ereignet hat« (SECO). Ein klassisches Beispiel ist jedoch der oft zitierte Augenblick bei Holmes' Suche nach einem verschwundenen Rennpferd, als Inspektor Gregory Holmes fragt:

»Gibt es noch andere Punkte, auf die Sie meine Aufmerksamkeit lenken möchten?«

»Ja, auf den seltsamen Vorfall mit dem Hund nachts.«

»Aber der Hund hat sich doch nicht gerührt.«

»Eben das ist ja das Seltsame«, entgegnete Sherlock Holmes (SILV).

Im gesamten Kanon betont Holmes die Bedeutung von Dingen, die weniger geschulten Augen als Bagatellen erscheinen. Doch für Holmes ist »nichts so wesentlich wie Bagatellen« (TWIS), und »einem großen Geiste ... erscheint nichts klein (STUD).

»Es ist schon lange eines meiner Axiome gewesen, daß die kleinen Dinge am unendlich wesentlichsten sind (IDEN).

Sie kennen ja meine Methode. Sie gründet sich auf die Beobachtung von Belanglosigkeiten (BOSC).

Vertrauen Sie nie einem allgemeinen Eindruck ... sondern konzentrieren Sie sich auf die Details« (IDEN).

Die Beobachtung der geringsten Umstände ist wesentlich, »denn solange der Verbrecher auf den Beinen verbleibt, muß es irgendeinen Aufschluß, eine Abschürfung / vielleicht oder eine kaum [64] merkliche Verrückung geben, die der wissenschaftliche Nachforscher aufspüren kann« (BLAC).

DIE NOTWENDIGKEIT DER DEDUKTIONSFÄHIGKEIT FÜR DEN DETEKTIV

Holmes verfügt bei der Rekonstruktion menschlicher Begebenheiten über ein beinahe unbegrenztes Vertrauen in die Macht wissenschaftlicher Analyse, denn »was der eine Mensch erfindet, kann ein anderer entdecken« (DANC). Für Holmes liegt der »entscheidende Punkt darin, rückwärts folgern zu können« (STUD). Den Denkprozeß, der über eine Reihe von Ereignissen zu ihren Folgen führt, nennt Holmes »synthetisches« Denken, während er das »Rückwärtsfolgern« von den Ereignissen zu ihren Ursachen als »analytisches« Denken bezeichnet.

»Auf fünfzig, die synthetisch denken können, kommt einer, der zu analytischem Denken fähig ist ... Es gibt ... nur wenige Menschen, die, teilte man ihnen das Ergebnis mit, in der Lage wären, aus ihrem eigenen Gedankenantrieb heraus die Schritte zu entwickeln, die zu diesem Ergebnis geführt haben« (STUD).

Holmes schlägt als ersten Schritt eine elementare Untersuchung und eine abwägende Trennung der eindeutigen von den weniger eindeutigen Informationsteilen vor.

»Die Schwierigkeit besteht darin, das Tatsachengerüst, das absolut und unleugbar ist, von den Verkleidungen der Theoretiker und Reporter zu befreien. Wenn wir uns eine derart verläßliche Grundlage geschaffen haben, ist es unsere Pflicht, über die Schlußfolgerungen und über die besonderen Angelpunkte, um die sich das ganze Geheimnis dreht, nachzusinnen (SILV).

Es ist in der detektivischen Wissenschaft von außerordentlicher Wichtigkeit, unter einer Anzahl von Fakten die zufälligen von den entscheidenden trennen zu können« (REIG).

Wenn die Fakten dann nach dem Grad ihrer Verlässlichkeit geordnet sind, schlägt Holmes eine besondere Untersuchung der einmaligen und ungewöhnlichen Details der Situation vor.

»Je outrierter und grotesker ein Ereignis, desto sorgfältiger verdient es, untersucht zu werden; und eben der Punkt, der den Fall zu komplizieren scheint, ist oft derselbe, der, wenn er in der rechten Art und Weise betrachtet und wissenschaftlich behandelt wird, gerade am ehesten geeignet ist, die Sache zu erhellen (HOUN).

Einzigartigkeit ist beinahe unweigerlich ein Indiz. Je abgedroschener und alltäglicher ein Verbrechen ist, desto schwieriger gestaltet sich seine Aufdeckung (BOSC). Das Ungewöhnliche entpuppt sich meist eher als Hilfe denn als Hindernis. (STUD). Nur der farb- und ereignislose Fall ist hoffnungslos« (SHOS).

Andererseits bemerkt Holmes, daß extreme Ereignislosigkeit wiederum eine Einzigartigkeit an sich darstelle, die zur Lösung eines Rätsels führen könne: »Verlaß dich drauf, nichts ist so unnatürlich wie das Alltäglichste« (IDEN). /   [65]

Bei der Auswertung von Indizien, die mit Begleitumständen zusammenhängen, läßt Holmes äußerste Sorgfalt walten. Sie sollten nicht übersehen werden, denn »der Indizienbeweis ist gelegentlich sehr überzeugend, beispielsweise, wenn man eine Forelle in der Milch findet« (NOBL). Doch sollte der Detektiv mit Bedacht vorgehen, denn »der Indizienbeweis ist etwas sehr Kompliziertes ...; er mag zwar geradeswegs auf etwas verweisen, wenn man jedoch seinen eigenen Standpunkt ein wenig verändert, verweist er womöglich ebenso unerbittlich auf etwas völlig anderes« (BOSC).

Zwar geht es Holmes in erster Linie um das objektive Sammeln von Fakten, doch erkennt er gleichzeitig den heuristischen Wert jener gedanklichen Rekonstruktion, die in einem Rollenspiel des Detektivs steckt.

»Ergebnisse erzielt man ..., indem man sich immer in die Lage des anderen versetzt und überlegt, was man selbst an seiner Stelle täte. Das kostet zwar einige Phantasie, aber es lohnt sich« (RETI).

»Sie kennen ja meine Methode in solchen Fällen ...: Ich versetze mich in die Lage des Mannes, und nachdem ich vorher seine Intelligenz abgeschätzt habe, versuche ich mir vorzustellen, wie ich selbst unter denselben Umständen vorgegangen wäre« (MUSG)[22].

Holmes legt zugleich großen Wert darauf, mehrere mögliche Erklärungen zu verfolgen, von denen jede einzelne mit den Tatsachen übereinstimmt. Andere Hypothesen sollten immer mit aufrechterhalten werden, und man sollte bei der Erwägung einer Erklärung »nie die Alternative aus den Augen verlieren« (BLAC).

»Es empfiehlt sich, ständig nach einer möglichen Alternative Ausschau zu halten und sie gleichzeitig zu widerlegen versuchen. Das ist
die erste Regel detektivischer Arbeit (BLAC).

... bei der Verfolgung zweier getrennter Gedankengänge ... ergibt
sich meist ein Schnittpunkt, der der Wahrheit nahekommt«
(LADY).

Von der Konstruktion dieser alternativen Erklärungen, die den
Tatsachen gerecht werden, führt der Weg zu einer gedanklichen
Stufe, die auf den ersten Blick wie Raterei erscheinen mag,
jedoch eigentlich »das Gebiet« ist, »auf dem wir Wahrscheinlichkeiten abwägen und die sicherste wählen. Es handelt sich
hierbei um den wissenschaftlichen Gebrauch der Phantasie,
doch haben wir für sie immer eine materiale Basis, von der
unsere Spekulationen ausgehen« (HOUN).
Für Holmes vollzieht sich die Wahrheitsfindung auf der
Grundlage der miteinander im Wettstreit liegenden Hypothesen. Das Abwägen der Alternativen beschränkt sich nicht auf
eine Untersuchung ihrer *Wahrscheinlichkeit.* Erklärungen müssen dazu immer auf ihre *Möglichkeit* hin geprüft werden. Dabei
wird das Mögliche jedoch nicht nur an der Plausibilität der
angenommenen Ereignisse gemessen. Es bildet zugleich auch
das nach der Eliminierung der als unmöglich erkannten Hypothesen verbleibende Ergebnis. Holmes beschwört wiederholt
»das alte Axiom, daß, wenn alle anderen Möglichkeiten scheitern, die übrigbleibende, auch wenn sie noch so unwahrscheinlich wirkt, die Wahrheit sein muß« (BRUC)[23].
[66] Obwohl der oben beschriebene analytische Prozeß in erster
Linie eine logische Übung / ohne direkten Rückgriff auf die
empirische Welt darstellt, verlangte Holmes als nächsten Schritt
die empirische Bestätigung der verbleibenden Hypothese in
Worten, die eine frappierende Ähnlichkeit mit der Methode
aufweist, die heute als *hypothetisch-deduktiv* bezeichnet wird[24].

»Ich werde den Ablauf meiner Gedanken beschreiben ... Dieser
Ablauf ... beginnt bei der Annahme, daß nach der Eliminierung alles
Unmöglichen alles Verbleibende, so unwahrscheinlich es auch wirken mag, die Wahrheit sein muß. Dabei können sehr wohl mehrere
Erklärungen übrigbleiben; in dem Fall stellt man eine Probe nach der
anderen an, bis man die eine oder die andere Erklärung überzeugend
belegen kann« (BLAN).

... im Augenblick, da die ursprüngliche gedankliche Deduktion Punkt für Punkt von einer ganzen Reihe unabhängiger Zufälle bestätigt wird, ist der Schritt vom Subjektiven zum Objektiven vollzogen, und wir können mit Gewißheit sagen, daß wir unser Ziel erreicht haben« (SUSS).

Das Vorgehen Holmes' ist von einer kontinuierlichen Wechselbeziehung zwischen logischen (zumeist deduktiven) und empirischen (zumeist induktiven) Erwägungen gekennzeichnet. Das Empirische hält die Theorie in Grenzen oder, wie Holmes in einem seiner Fälle bemerkt:»So wie ich es mir denke, *ist* es unmöglich, und deshalb muß ich es in einigen Punkten falsch gedacht haben« (PRIO).

Empirische Ereignisse verlangen jedoch andererseits, daß man sie im Lichte einer bereits etablierten theoretischen Erwägung interpretiert.»Wenn ein Faktum einer langen Kette von Schlüssen zu widersprechen scheint, so erweist es sich unweigerlich als anderen Deutungen zugänglich« (STUD). In einem sehr realen und praktischen Sinn war Holmes' Methode die Vorwegnahme des Nachdrucks, der heute von der Soziologie auf die Verquikkung von Theorie und praktischer Forschung gelegt wird (Merton, 1957: 85–117).

DIE ANWENDUNG DER HOLMES'SCHEN METHODE

Bis jetzt haben wir Holmes' allgemeine Handhabung von Problemen des Alltagslebens aufgezeigt. Wenden wir uns nun einer Betrachtung der Grenzen zu, die dieser Handhabung nach Holmes' eigener Darstellung gesetzt sind.

HOLMES' GEBRAUCH DER BEOBACHTUNGSGABE

In allen seinen Abenteuern besteht Holmes darauf, daß der Detektiv sich intensiv mit seinem Fall vertraut machen soll, denn Vertrautheit bringt Klärung. Er mahnt, es sei »ein Fehler, die mangelnde Vertrautheit mit der Sache mit ›Geheimnis‹ zu verwechseln« (STUD)[25]. Die Vertrautheit gilt allgemein als hilfreich bei der Reduzierung problematischer Elemente eines Ereignisses. Holmes behauptet sogar:»In der Regel gilt ...: je seltsamer etwas erscheint, als desto weniger geheimnisvoll wird es sich erweisen« (REDH). Die Vertrautheit mit der Sache könne auch eine mögliche Furcht aufheben, da das Fremde unserer Phantasie Raum lasse,»wo aber die Phantasie fehlt, da gibt es auch keinen Schrecken« (STUD).

Holmes war immer bemüht, sich mit allen der Beobachtung
[67] zugänglichen / Details des Lebens, die möglicherweise in seinen Kriminalfällen eine Rolle spielen könnten, vertraut zu machen. Das erreicht er nicht lediglich durch passive Wahrnehmung, sondern durch die eifrige Suche nach neuen bedeutungsvollen Einzelheiten, die ihm in der Zukunft dienlich sein könnten. So erfahren wir zum Beispiel, daß Holmes einmal einer Leiche Schläge versetzte, um herauszufinden, wie sich nach dem Tode noch Quetschungen erzielen ließen (STUD).

Holmes behauptete ja, daß alle menschlichen Handlungen gewisse Spuren hinterlassen, aus denen der scharfsichtige Detektiv Informationen ableiten könne. In der Hervorhebung von indirekten, aus der Beobachtung physischer Spuren gewonnenen Informationen liegt ein Beispiel der frühen Einsicht in den möglichen Gebrauch einer Methode, die in jüngster Zeit als die der *unobtrusive measures* (scheinbar unbedeutenden Merkmale) bezeichnet worden ist (Webb *et al.*, 1965: 35).

Immer wieder geht es Holmes bei den in seine Fragen verwikkelten Personen um winzige Kleinigkeiten.

»Es gelingt mir nie, Sie von der Wichtigkeit von Ärmeln, der Aussagekraft von Daumen oder den entscheidenden Antworten zu überzeugen, die an den Schnürriemen eines Stiefels hängen können (IDEN).

Sehen Sie sich immer zuerst die Hände an, ... dann die Manschetten, die Hosenknie und die Stiefel (CREE).

Kein Körperteil erscheint in so vielen Varianten wie das menschliche Ohr. Jedes Ohr ist von charakteristischer Beschaffenheit und unterscheidet sich von allen anderen (CARD).

Es wäre sicher äußerst schwierig, einen Gegenstand zu nennen, der der Schlußfolgerung einen idealeren Boden bietet als eine Brille (GOLD).

Pfeifen sind gelegentlich von außerordentlichem Interesse ... Kein

Ding ist von ausgeprägterer Individualität, mit Ausnahme vielleicht von Uhren und Schnürriemen« (YELL). Dabei beschränkt er seine Wahrnehmung keineswegs auf Gesehenes oder Gehörtes. Der Detektiv sollte auch seinen Geruchssinn schärfen, denn »es gibt fünfundsiebzig Duftstoffe, und ein Kriminalexperte sollte in der Lage sein, sie voneinander zu unterscheiden, gerade von ihrer prompten Identifizierung hat allein in meiner Laufbahn die Lösung von Fällen abgehangen« (HOUN). Die am häufigsten von Holmes untersuchte und für ihn wichtigste Spur ist wohl der Fußabdruck. Er sagt von ihm: »Kein Zweig der Kriminalwissenschaft ist so entscheidend und dabei so vernachlässigt wie der der Spurendeutung« (STUD). Selbst an den Spuren von Fahrradreifen geht Holmes nicht achtlos vorbei; an einer Stelle rühmt er sich gar, an die zweiundvierzig »Reifenimpressionen« unterscheiden zu können (PRIO).

Obwohl das Heranziehen wahrnehmbarer Unterschiede, wie Holmes es beschreibt und seinen Lesern nahelegt, nicht selten phantastisch anmutet und im »wirklichen Leben« außerhalb der Seiten des Kanons kaum durchführbar ist, weist die Grundmethode, die diese fiktionalen Erzählungen durchzieht, erstaunliche Parallelen zu der / Welt der »echten« Kriminalisten und [68] Gerichtsmediziner auf (vgl. Stewart-Gordon, 1961). In dieser Welt übertreffen Fälle, in denen die Aufdeckung durch subtile Wahrnehmung und Schlußfolgerung gelang, in ihrem Sensationswert manchmal selbst Sir Arthur Conan Doyles Fiktion.

DAS WESEN DER HOLMES'SCHEN SCHLUSSFOLGERUNG

Obwohl die Sherlockianische Literatur überreich an Beispielen für Holmes bemerkenswerten Einsatz von Schlußfolgerungen ist, hat doch, wie bereits bei seiner Grundmethode zu beachten, eine Untersuchung der Logik ihrer Anwendung nurmehr in sehr geringem Umfang stattgefunden (zu den unbedeutenderen, zumeist unkritischen und lediglich bewundernden Studien gehören die von Hart, 1948; Schenk, 1953; Mackenzie, 1956; Ball, 1958; und besonders Hitchings, 1946).

Eine gründliche Untersuchung der sechzig Erzählungen, die zusammen den Kanon ausmachen, ergibt wenigstens 217 klar beschriebene und erkennbare Fälle von Schlußfolgerungen (anhand von *unobtrusive measures*), die Holmes anstellte. Viele sind in logischen Ketten aneinandergereiht, in denen Holmes zugleich eine große Zahl von Informationen zu einem Gegenstand oder Ereignis sammelt[26]. Dabei mag die eine Erzählung eine Vielzahl solcher Begebenheiten enthalten (STUD weist mindestens 30 auf), während andere mit weniger oder gar keinen (wie DYIN) auskommen.

Holmes spricht zwar selbst oft von seinen Deduktionen, doch finden sich in Wirklichkeit nur sehr wenige Beispiele im Kanon. Andererseits handelt es sich bei den am häufigsten vorkommenden Schlußfolgerungen auch nicht um *Induktionen*. C. S. Peirce hat die von Holmes konsequent verfolgte Methode *Abduktion* genannt[27]. Demnach unterscheiden wir zwischen Deduktion, Induktion und Abduktion wie folgt:

Deduktion

Fall: Alle ernsten Schnittwunden bluten.
Ergebnis: Hier handelte es sich um eine ernste Schnittwunde.
∴ *Gesetz:*   Die Wunde hat geblutet.

Induktion

Fall: Hier handelte es sich um eine ernste Schnittwunde.
Ergebnis: Die Wunde hat geblutet.
∴ *Gesetz:*   Alle ernsten Schnittwunden bluten.

Abduktion

Gesetz: Alle ernsten Schnittwunden bluten.
Ergebnis: Diese Wunde hat geblutet.
∴ *Fall:*   Hier handelt es sich hier um eine ernste Schnittwunde.

Abduktion wie Induktion sind nicht logisch in sich abgeschlossen, wie es die Deduktion ist, und bedürfen daher eines äußeren Beweises für ihre Stichhaltigkeit. Peirce nennt Abduktionen bisweilen *Hypothesen* (oder an anderer Stelle auch *presumptive inferences* [Wahrscheinlichkeitsfolgerungen]), und eben dies be-
[69] sagt auch das moderne Verständnis von / Abduktion: sie ist eine

Annahme über die Wirklichkeit, deren Gültigkeit durch den Versuch bestätigt werden muß.

Die Hauptschwäche Holmes' bei der Anwendung seiner logischen Folgerungen – zumindest in Watsons Darstellung – bestand darin, daß er die durch Abduktion gewonnenen Hypothesen niemals einem Versuch unterwarf. In den meisten Fällen behandelte er sie, als seien sie logisch bereits bewiesen. (Die meisten Holmes-Parodien nehmen übrigens genau diese Schwäche in den Erzählungen aufs Korn). Tatsache ist, daß die überwiegende Mehrzahl von Holmes' Folgerungen einer logischen Überprüfung einfach nicht standhalten. Daß seine Schlüsse zutreffen, ist lediglich ihrem schriftstellerischen Urheber zu verdanken[28]. Bisweilen werden die Abduktionen in einer langen Erzählfolge aneinandergehängt und Schritt für Schritt von dem beeindruckten Klienten (oder Watson) bestätigt, was in gewissem Sinne eine äußerliche Bekräftigung der Hypothesen darstellt (besonders, wenn sie, was oft der Fall ist, Sachverhalte betreffen, die dem Leser vorher bekannt geworden sind). Dennoch muß der grundlegende Gedankengang, den Watson uns beschreibt und der großen Eindruck auf die Hörer ausübt, in den meisten Fällen am Ende als logisch unzureichend, wenn nicht gar ungültig betrachtet werden.

Trotz der logischen Mängel von Holmes' Abduktionen sollte festgehalten werden, daß Holmes seine Hypothesen in wenigstens 28 Fällen einer äußerlichen Gültigkeitsprobe unterwirft (wenn auch nicht einmal alle diese Proben direkt auf die mindestens 217 Abduktionen im Kanon bezugnehmen). Einige Erzählungen weisen mehr als einen Hypothesenbeweis auf (in SILV und STUD finden sich jeweils gleich drei Beispiele), doch im allgemeinen unternimmt Holmes nicht den Versuch einer äußerlichen Bestätigung. Das beste Beispiel für eine solche Probe liefert wohl die Geschichte von Holmes' Suche nach dem Rennpferd Silver Blaze. Holmes ging davon aus, ein Unerfahrener habe vor, das Bein des Pferdes so zu operieren, daß es nachher hinken müsse, und er überlegte sich weiter, daß der Schuldige diese Operation wohl zuvor üben würde, um seinen Erfolg durch größere Geschicklichkeit zu sichern. Da es in der Nähe Schafe gab, folgerte Holmes, daß der Schuldige diese Übung an ihnen vorgenommen haben müsse. Bei seinen Nachforschungen erfuhr er, daß tatsächlich eine ganze Reihe dieser Schafe in der vorangegangenen Zeit auf unerklärliche Weise lahm geworden waren. Das vorausgesagte Hinken der Schafe diente so als Bestätigung von Holmes Annahmen (SILV). Die Rekonstruktion von Holmes' Methoden sowie die Extrahierung der grundlegenden Gedankengänge bleibt notwendigerweise unvollständig. Holmes vermittelt uns durch die Erzählungen von Dr. Watson nurmehr Bruchstücke, und selbst diese sind spärlich gesät. Watson bemerkt über Holmes:»Er trieb das Axiom, daß nur *der* sichere Ränke schmieden könne, der es in aller Abgeschiedenheit tut, bis an die Grenzen« (ILLU). Und [70] Holmes selbst meinte dazu: /

»Ich verschwende keine Worte noch verrate ich meine Gedanken, solange der Fall in der Schwebe ist (BLAN).

Ich beanspruche das Recht, auf meine eigene Art und Weise vorzugehen und meine Ergebnisse, wann es mir genehm ist, preiszugeben – und zwar lieber vollständig als in Etappen« (VALL).

Trotz dieser Verschwiegenheit ist, wie wir gesehen haben, durchaus eine allgemeine Rekonstruktion möglich, in der eine systematische und konsequente Orientierungsweise erkennbar ist.

Holmes und die Sozialpsychologie

Wie im Falle der Grundmethode findet man bei Untersuchung des Kanons eine große Anzahl von Bemerkungen und Einsichten, von denen viele in beinahe lehrsatzähnlicher und prüfbarer Form einzelne Aspekte der sozialen und psychologischen Realität behandeln. Betrachten wir einige dieser Beobachtungen.

Holmes über Charakter und Persönlichkeit

Holmes bringt denselben Skeptizismus, der ihm bei der Aufdekkung von Kriminalfällen gute Dienste leistet, auch in seine allgemeine Betrachtung der Gesellschaft ein. Wie die meisten Sozialpsychologen, die sich als symbolische Interaktionisten (vgl. Stone und Farberman, 1970) verstehen, erkannte Holmes deutlich, daß das eigene Situationsverständnis der Einzelnen, die phänomenologische Erfassung ihrer Umwelt, ihre Handlungen weit stärker zu bestimmen vermochten als die physische Realität. »Was man auf dieser Welt tut, ist von geringer Konsequenz ... Wichtig ist, was man die anderen glauben machen kann, getan zu haben« (STUD). Holmes' skeptische Einstellung gegenüber dem äußeren Erscheinungsbild grenzte an Paranoia, wo es sich um Frauen handelte. Sein Verhältnis zu ihnen war von besonderer Vorsicht gekennzeichnet, wodurch es ihm beinahe unmöglich wurde, ihre Motive korrekt einzuschätzen.

»Frauen sollte man nie völlig trauen – auch den besten nicht (SIGN).

Die Motive einer Frau sind so unergründlich ... Ihre trivialste Handlung kann Bände sprechen, während das ungewöhnlichste Verhalten von einer Haarnadel oder dem Lockenstab herrühren kann« (SECO).

Besondere Sorge bereitete ihm die gesellschaftlich isolierte Frau:

»Eine der gefährlichsten Existenzen der Welt ... stellt die ungebundene, alleinstehende Frau dar. Sie ist der harmloseste und oft nützlichste Mensch, doch spornt sie unweigerlich andere zum Verbrechen an. Sie ist so hilflos. Sie führt ein Wanderleben. Sie verfügt über genügend Mittel, um von Land zu Land, von Hotel zu Hotel zu ziehen. Nicht selten hat sie sich in einem Labyrinth von obskuren ›Pensionen‹ und Fremdenheimen verfangen. Sie gleicht einem verirrten Huhn in einer Welt von Füchsen. Wird sie gerissen, so gibt es kaum jemand, der sie vermißte« (LADY). /   [71]

Dennoch war Holmes mitnichten ein Frauenfeind (was deutlich in seiner Bewunderung für Irene Adler zum Ausdruck kommt, die ihm in SCAN den Rang ablief), und er maß der weiblichen Intuition großen Wert bei: »Ich habe schon zu viel erlebt, um nicht zu wissen, daß der Eindruck einer Frau wertvoller sein kann als die Schlußfolgerung eines analytischen Denkers« (TWIS).

Holmes erwähnt mehrere allgemeine Urteile über Frauen, die ihm bei der erfolgreichen Analyse seiner Fälle von Nutzen waren, doch sind diese wohl zu situationsgebunden, als daß sie einer strengen Untersuchung außerhalb ihres ursprünglichen Kontexts standhielten[29].

111

Bei dem Versuch, Charakter und Motive einer Person zu erforschen, bediente sich Holmes einer Vielzahl der subtilsten Anzeichen. So notierte er sorgfältig Augen- und Körperbewegungen (ein solches Studium der »Körpersprache« kennen wir heute unter dem Namen *Kinetik*): »Ich kann aus den Augen eines Mannes ablesen, wann er sich in seiner Haut bedroht fühlt« (RESI). Und er bemerkt beim Anblick einer jungen Klientin, die sich auf der Straße seiner Wohnung nähert: »Oszillierende Bewegungen auf dem Gehsteig bedeuten immer, daß eine *affaire de cœur* im Spiel ist« (IDEN).

Die peinlich genaue Untersuchung beschränkte sich dabei nicht allein auf den unmittelbaren Gegenstand der Nachforschungen, sondern sie schloß auch Personen aus der Umgebung und nicht zuletzt Kinder und Tiere mit ein.

> »Ich habe oft meinen ersten richtigen Einblick in den Charakter der Eltern durch das Studium ihrer Kinder gewonnen (COPP).
>
> Ich hege ernsthaft die Absicht, eine kleine Monographie über die Verwendung von Hunden bei der kriminalistischen Arbeit zu verfassen ... Ein Hund spiegelt das Familienleben wider. Wer hat schon einmal einen munteren Hund in einer schwermütigen und einen betrübten in einer fröhlichen Familie gesehen? Bissige Leute haben bissige, gefährliche Leute haben gefährliche Hunde. Und ihre Launen spiegeln nicht selten die Launen ihrer Herren wider« (CREE)[30].

Holmes entwarf eine ganze Reihe von interessanten Theorien über die Persönlichkeit eines Menschen. So pflichtete er beispielsweise der Annahme bei, daß die Partnerwahl nach dem Gesichtspunkt der gegenseitigen Ergänzung stattfände: »Es ist Ihnen vielleicht schon aufgefallen, wie sich Extreme gegenseitig anziehen, der Vergeistigte und das Tier, der Höhlenmensch und der Engel« (ILLU)[31]. Er behauptete, daß vorzügliche Fähigkeiten im Schachspiel »ein Kennzeichen für eine intrigante Gesinnung« (RETI) seien. Alle Geizhälse waren in seinen Augen »eifersüchtige Menschen« *(ibid.)*, und die Eifersucht verändere den Charakter »wie nichts anderes« (NOBL). Er erkannte die Bedeutung menschlicher Minderwertigkeiten und bemerkte, »die Schwäche in einem Körperteil [werde] oft durch eine außergewöhnliche Kraft in anderen ausgeglichen« (TWIS). Im Hinblick auf die Beobachtung, die ein Kenner auch der kleinsten Einzelheit zuteil werden lasse, äußerte er: »Für den Mann, der die Kunst um ihrer selbst willen verehrt, ... sind es oft ihre unbedeutendsten und geringsten Äußerungen, die ihm das lebhafteste Vergnügen bereiten« (COPP). Und die sture psychologische Trägheit eines Mannes beantwortete er mit der Verallgemeinerung: »Einem Mann fällt die Einsicht immer schwer, daß er / die Liebe einer Frau endgültig verloren hat, und sei es auch, [72] weil er sie zuvor wer weiß wie schlecht behandelte« (MUSG). Zwar müssen alle diese Verallgemeinerungen zumindest bis zu ihrer empirischen Verifikation fragwürdig bleiben, doch weisen Holmes' Maximen interessante und potentiell ertragreiche Wege der zukünftigen Forschung.

HOLMES ALS KRIMINOLOGE

Bis hierher haben wir uns in der Hauptsache mit Holmes' allgemeiner Haltung gegenüber der Erforschung und Einschätzung von gesellschaftlichen Realitäten befaßt. Als beratender Kriminologe war er jedoch in erster Linie mit Verstößen gegen Gesetz und Moral beschäftigt. Untersuchen wir also seine Einblicke und Beobachtungen auf diesem Gebiet.

Holmes über Recht und Täuschung. – Holmes betrachtete persönliches Ungemach immer als »Belanglosigkeit«, die »die Untersuchung eines Falles nie behindern« dürfe (HOUN). Dennoch war er von der stereotypen Vorstellung, die die meisten von einem wagemutigen Helden hegen, weit entfernt. Obwohl er tapfer war, ignorierte Holmes die Gefahr nie, denn in seinen Augen war »es eher ein Zeichen von Dummheit als von Mut, wenn man sich weigert, die nahe Gefahr zu erkennen« (FINA). In viel größerem Widerspruch zu dem reinen, unverfälschten Bild des Helden stand jedoch die Tatsache, daß Holmes nicht selten dem Recht zuwider handelte. Als inoffizieller Kriminalbeamter war er nicht an polizeiliche Konventionen gebunden, während er von den Fähigkeiten der Beamten von Scotland Yard ohnehin nur wenig hielt und sie im allgemeinen als »nutzlose Bande« abtat (wenn er auch dem Können von Tobias Gregson*, seines

---

* (Gemeint ist wahrscheinlich Inspektor Gregory; vgl. z. B. SILV und Kap. 6; Anm. d. Übers.).

Zeichens Inspektor von Scotland Yard, einigen Respekt entge-
genbrachte). In seiner Geringschätzung für die übrige Polizei
ging er sogar noch weiter, als er bemerkte:»Die Polizei am Ort
ist entweder nutzlos oder voreingenommen« (BOSC). Holmes
erkannte die unzureichende Gesetzesvollstreckung ganz deutlich und konstatierte: Es sind schon viele fälschlicherweise ge-
hängt worden« (ibid.).

Jedoch schien er über ein gewisses Maß an Vertrauen in den
letztlichen Sieg der Gerechtigkeit zu verfügen, denn er bemerkte:»In Wirklichkeit fällt die Gewalt auf den Gewalttätigen
zurück, so wie derjenige zum Schluß in die Grube fällt, der sie
einem anderen gegraben hat« (SPEC). Immerhin hält es Holmes
manchmal für notwendig, sich außerhalb des Gesetzes zu stellen, um die Gerechtigkeit zu sichern. So kommt es zu gelegentlichen Übertretungen, dem einen oder anderen Einbruch oder
einer gesetzeswidrigen Festnahme. Das ernsteste Vergehen dieser drei, den Einbruch, verteidigt Holmes mit den Worten:»Er
läßt sich moralisch rechtfertigen, solange unser Ziel darin liegt,
nur solche Gegenstände zu entwenden, die einem gesetzwidri-
gen Zwecke dienen« (CHAS). Er nimmt sich dieser im Prinzip
gesetzeshüterischen Aufgabe an, weil er glaubt,»daß es gewisse
Verbrechen gibt, an die die Polizei nicht heranreicht und die
deshalb in gewisser Hinsicht die private Ahndung rechtfertigen«
(ibid.).

Holmes erkannte außerdem, daß das Gefängnis nicht immer
die wirksamste Bestrafung darstellte und sogar einer Besserung
[73] hinderlich sein konnte. So ließ er in mindestens 14 Fällen /
überführte Schwerverbrecher straffrei ausgehen (Leavitt, 1940:
27), denn wie er bei einem solcherart Entlassenen bemerkte:
»Wenn man ihn jetzt ins Gefängnis schickt, macht man ihn zu
einem Lebenslänglichen« (BLUE).

Holmes war sich auch für Täuschungen nicht zu schade, wo er
glaubte, damit der Sache der Gerechtigkeit zu dienen. So scheute
er keine Mühe, als es darum ging,»dem übelsten Mann Londons« eine Falle zu stellen, indem er sich als Klempner ausgab
und sich mit dem Hausmädchen des Bösewichts verlobte, um so
an Informationen heranzukommen (CHAS)[32]. Holmes erkannte
also auch die Notwendigkeit, das volle Vertrauen seiner Infor-
manten zu gewinnen, was er manchmal auch dadurch erreichte,

daß er sich als einer von ihnen ausgab. Als er einmal um gewisse Auskünfte verlegen war, verkleidete er sich als Stallknecht und erklärte Watson, es herrsche »eine wundervolle Harmonie und ein instinktives Zusammengehörigkeitsgefühl unter Pferdenarren. Wenn du einer von ihnen bist, weißt du sofort alles, was von Interesse ist« (SIXN).

Bei anderen Gelegenheiten täuschte Holmes Krankheiten, Unfälle und sogar seinen eigenen Tod vor. Oft benutzte er die Zeitung zu Manipulationszwecken[33] und bemerkte dazu: »Die Presse ... ist eine äußerst wertvolle Institution, vorausgesetzt man weiß sie zu nutzen« (SIXN).

Holmes zum Verbrechen. – Sherlock Holmes war sich der Tatsache wohl bewußt, daß die Verbrechensraten im allgemeinen nur die *gemeldeten* Fälle von Gesetzesverletzungen widerspiegelten. Bei der Betrachtung der schönen Landschaft, die er und Watson im Zug durchfuhren, stellte Holmes deshalb die folgende Überlegung an:

>»Sie sehen diese verstreuten Häuser und sind von ihrer Schönheit beeindruckt. Ich schaue sie mir an, und das Einzige, was mich beherrscht, ist die Empfindung ihrer Abgeschiedenheit und der Gedanke an die Ungestraftheit, mit der hier ein Verbrechen begangen werden kann ... Sie erfüllen mich jedesmal mit einem gewissen Entsetzen. Es ist mein fester Glaube ..., der sich auf meine Erfahrung stützt, daß die gewöhnlichste und schändlichste Gasse in London kein abscheulicheres Verbrechensregister aufzuweisen hat als das heitere und schöne Land ...
>
>Der Grund dafür ist äußerst einleuchtend. Der Druck der öffentlichen Meinung hat in der Stadt eben jene Wirkung, die das Gesetz verfehlt. Keine Gasse ist so tief dem Bösen verfallen, daß nicht das Schreien eines mißhandelten Kindes oder die Schläge eines Betrunkenen Mitleid und Verärgerung unter den Nachbarn hervorriefen, daß nicht ein Wort der Beschwerde solches auslösen könnte, und vom Verbrechen zur Anklagebank ist es nur ein Schritt. Aber sehen Sie sich diese einsamen Häuser an, wie sie da jedes für sich in ihren Feldern stehen und in der Hauptsache mit armem, unwissendem Volk gefüllt sind, das vom Gesetz nur wenig versteht. Denken Sie an all die Taten höllischer Grausamkeit, an all die verborgene Schlechtigkeit, die dort jahrein, jahraus stattfinden kann, ohne daß jemand darum weiß« (COPP).

Wie im Falle seiner Ansichten zur Persönlichkeit bietet uns Holmes auch zahlreiche Sentenzen zum Verbrechen und zur Kriminalforschung an. Der heutige Kriminologe täte sicher nicht schlecht daran, sich einmal mit ihnen auseinanderzusetzen. Holmes behauptete etwa, es bestünde eine potentielle Beziehung [74] zwischen dem Ungewöhnlichen und dem Verbrechen, und er / wies darauf hin, es sei »oft nur ein Schritt vom Grotesken zum Abscheulichen«: »Oft schon hat sich das Groteske ins Verbrecherische gesteigert« (WIST). Gleichzeitig warnte er jedoch davor, solch eine Verbindung automatisch vorauszusetzen, denn »die seltsamsten und einmaligsten Dinge sind sehr oft nicht mit den größeren, sondern mit den kleineren Verbrechen verbunden, und gelegentlich« sollten wir sogar bedenken, »wenn sich Anlaß zu Zweifeln bietet, ob es sich auch tatsächlich um ein Verbrechen handelt« (REDH). Zwei Arten von Verbrechen sah Holmes als besonders schwer lösbar an. Das »sinnlose«, unmotivierte betrachtete er dabei als die größte Herausforderung für den Kriminologen: »Das ziel- und zwecklose Verbrechen aufzudecken, ist wohl die schwierigste Aufgabe« (NAVA). Doch selbst wenn sich ein Motiv erkennen läßt, sieht sich der Detektiv bei der Lösung eines überlegt ausgeführten Verbrechens großen Schwierigkeiten gegenüber: »Wenn die Tat vorsätzlich begangen worden ist, dann werden die Spuren mit dem gleichen kalten Vorbedacht verwischt« (THOR). Die Erkenntnis der in einem geplanten Verbrechen potentiell verborgenen Verwicklungen ließ Holmes in solchen Fällen ungemein mißtrauisch vorgehen, besonders, wenn ein Verdächtiger ein scheinbar anfechtbares Alibi vorzuweisen hatte, denn, wie Holmes bemerkt: »Nur ein Mann mit einem verbrecherischen Vorhaben bemüht sich überhaupt um ein Alibi« (WIST). Schließlich nannte Holmes neben diesen Verbrechenstypen noch einen dritten, der ihm als äußerst unzugänglich galt, jenes Verbrechen nämlich, in das ein Arzt verwickelt ist: »Wenn ein Arzt einen Fehltritt begeht, so ist er ein erstklassiger Verbrecher, denn er verfügt über Nerven und über Wissen« (SPEC).

Kanonische Irrtümer und Vorwegnahmen. – Wie sich denken läßt, trägt Holmes in seinen Abenteuern von Zeit zu Zeit wissenschaftlich inkorrekte Ansichten vor. Diese spiegeln in den meisten Fällen die allgemein verbreiteten Vorstellungen seiner Zeit. So legte Holmes beispielsweise viel zu großen Nachdruck auf die Vererbung als ursächlichen Faktor bei der Entwicklung von Verbrechern. Auch im Falle des Erzschurken Professor Moriarty (FINA) glaubte er an eine kriminelle Erbanlage und gab seiner Ansicht unmißverständlich Ausdruck:

>»Es gibt Bäume ..., die eine bestimmte Höhe erreichen und dann plötzlich irgendeinen häßlichen Auswuchs entwickeln. Dasselbe findet sich auch oft bei Menschen. Ich habe die Theorie, daß der Einzelne in seiner Entwicklung die ganze Reihe seiner Vorfahren darstellt und daß solch ein plötzliches Ausschlagen zum Guten oder Bösen irgendeinem seltsamen Einfluß zu verdanken ist, der auf seine Ahnenreihe eingewirkt hat. Der Mensch wird sozusagen zum Abriß seiner Familiengeschichte« (EMPT).

Holmes schien auch einige der stereotypen Vorstellungen und Vorurteile seiner viktorianischen Umwelt in bezug auf Minderheitsgruppen zu teilen. So zeigte er sich zuweilen Schwarzen und Juden gegenüber voreingenommen[34].

Daneben besaß er einige ungewöhnliche und teilweise falsche Vorstellungen über gedankliche Abläufe. Seiner Vorstellung vom Gedächtnis als einer von Überfüllung bedrohten Dachstube / sind wir bereits begegnet (STUD). Auch die folgenden Sätze [75] lassen ein falsches Verständnis kognitiver Prozesse erkennen:

>»Das Gehirn ohne das notwendige Material arbeiten zu lassen ist wie das Durchdrehen eines Motors. Er läuft sich zu Tode (DEVI).

>Die natürlichen Geistesanlagen bilden sich unerhört heraus, wenn man sie Not leiden läßt (MAZA).

>Intensive geistige Konzentration hat die seltsame Wirkung, das inzwischen Geschehene auszulöschen« (HOUN).

Solchem gelegentlichem Abgleiten in die Irrtümer seiner Zeit stehen andererseits viele Neuerungen in der wissenschaftlichen Verbrechensermittlung gegenüber, die Holmes wegbereitend vorwegnahm. Da man vor ihm im Polizeiwesen keine Kenntnis der Ballistik besaß (vgl. Baring-Gould, 1967, II: 349, Fn. 51), scheint Holmes' Bemerkung über einen Mörder – sie findet sich in einer im Jahre 1903 zuerst veröffentlichten Erzählung und lautet:»Die Kugeln allein reichen aus, seinen Kopf in eine Schlinge zu stecken« – ihn als echten Pionier auf diesem Gebiet zu bestätigen. Holmes war überdies schon früh ein Befürworter der Daktyloskopie (NORW) sowie des Bertillonschen Meßsystems (NAVA).

Zu den interessantesten Vorwegnahmen aber gehört die Einsicht Holmes', es sei möglich, verschiedene Kommunikationstypen zu identifizieren und zu unterscheiden. So konnte er Unterscheidungsmerkmale bei einer Vielzahl von Drucktypen in Zeitungen und Zeitschriften identifizieren und nannte »die Aufdeckung von Typen« einen der grundlegenden »Wissenszweige des Verbrechensexperten « (HOUN). Und er machte eine noch gravierendere Feststellung, als er schon früh erkannte, daß sich das Schriftbild von Schreibmaschinen unterscheiden ließ: »Es ist eine seltsame Sache ..., daß eine Schreibmaschine wirklich soviel Individualität besitzt wie die Handschrift. Wenn sie nicht gerade nagelneu sind, schreiben keine zwei genau gleich. Einige Buchstaben nutzen sich mehr ab als andere, wieder andere weisen die Abnutzung nur einseitig auf« (IDEN). Vor allem aber glaubte Holmes fest an die unschätzbaren Erkenntnisse, die sich anhand der sorgfältigen Untersuchung einer Handschrift gewinnen ließen (vgl. Christie, 1955; und Swanson, 1962). Holmes war auf diesem Gebiet nicht nur ein Vorkämpfer, sondern er ging in seinen Aussagen auch weit über die Ansprüche, die von Graphologen selbst heute an ihre Studien gestellt werden, hinaus, wenn er sagt: »In der Altersbestimmung eines Menschen anhand seiner Handschrift haben Experten es zu einer beträchtlichen Genauigkeit gebracht« (REIG), und: »Die Verschrobenheiten einer Familie lassen sich anhand ... zweier Handschriftenproben aufdecken *(ibid.).*

Schließlich sollte noch erwähnt werden, daß Holmes möglicherweise einige der später von der Psychoanalyse angewandten Mittel vorweggenommen hat. So scheint er die Grundlagen der freien Assoziation stets gekannt zu haben, denn er stellte bei der Analyse einer verschlüsselten Botschaft, die scheinbar inhaltsfremde und sinnlose Wörter enthielt, über ihren Verfasser fest: [76] »Natürlich hat er die ersten Worte gebraucht, die ihm / in den Sinn kamen; wenn die meisten davon sich auf die Jagd bezögen, könnte man mit ziemlicher Gewißheit annehmen, daß er entweder ein leidenschaftlicher Schütze oder aber an der Zucht interessiert ist« (GLOR). Holmes erkennt auch deutlich den Verteidi-

gungsmechanismus der Projektion, wenn er von einem Verdächtigen sagt: »Es ist vielleicht nur sein Gewissen. Da er von sich
selbst weiß, daß er ein Verräter ist, glaubt er die Verdächtigung
in den Augen seines Gegenübers zu lesen« (VALL). Und an
anderer Stelle, als er von der subtilen Wirkung der Musik
spricht, scheint er eine enge Parallele zu der Idee der Archetypen
im kollektiven Unbewußten zu entwerfen, wie sie später von
C. G. Jung entwickelt wurde: »In unserer Seele schweben vage
Erinnerungen an die vom Nebel umhüllten Jahrhunderte, als die
Welt noch in den Anfängen steckte« (STUD).

Holmes teilte also viele der Irrtümer seiner Zeitgenossen,
doch hoffen wir, im vorliegenden Aufsatz deutlich gemacht zu
haben, daß er andererseits unsere Sicht des Menschen erweiterte.
Angesichts der außerordentlichen Popularität, die die Erzählungen seiner Abenteuer genossen und weiterhin genießen – und die
wir dem Genie eines Sir Arthur Conan Doyle zu verdanken
haben –, mutet es viele Kriminologen, die die Verdienste seiner
detektivischen Methode erkannt haben, unwahrscheinlich an,
daß Sherlock Holmes einen größeren Einfluß auf die Wissenschaft hätte haben können, wenn er tatsächlich gelebt hätte.

Anmerkungen

1 Dieser Artikel wurde speziell für Truzzi (1973: 93–126) verfaßt.
Copyright 1971 by Marcello Truzzi.
2 Zu Doyles wichtigsten Werken zählen neben den Sherlock-Holmes-Erzählungen *The Captain of the ›Polestar‹* (1887); *The Mystery
of the Cloomber* (1888); *Micah Clark* (1889); *The White Company*
(1891); *Rodney Stone* (1896); *Sir Nigel* (1906); *The Lost World*
(1912); *The British Campaign in Europe* (1928); *The Great Boer
War* (1900); sowie *History of Spiritualism* (1926). Zu Doyles Spiritualismus findet sich eine anschließende Darstellung bei Yellen (1965).
3 Zu einer Betrachtung von Holmes' allgemeiner Sicht der wissenschaftlichen Methodik vgl. Kejci-Graf (1967).
4 Die vollständig akzeptierte Holmes-Saga umfaßt vier Romane und
sechsundfünfzig Kurzgeschichten. Zwar gibt es eine große Anzahl
von Ausgaben, doch ist die neueste wohl die von Baring-Gould
vorbildlich edierte und mit einem Vorwort versehene Ausgabe in
zwei Bänden *The Annotated Sherlock Holmes* (1967).

MARCELLO TRUZZI

Außer in den obengenannten Werken (die die Sherlockianer als
»Kanon« oder »heilige Schriften« [*sacred writings*] bezeichnen),
wird angenommen, daß Holmes außerdem in zwei weiteren Erzählungen von Arthur Conan Doyle auftritt (*The Man with the Wat-
ches* und *The Lost Special*), die zusammen unter dem Titel *The
Sherlockian Doyle* (1968) erschienen sind. Darüber hinaus kam es zu
der Veröffentlichung eines postum entdeckten Manuskriptes, das
man anfänglich Sir Arthur Conan Doyle zuschrieb, nämlich *»The
Case of the Man Who was wanted«* (1948). Die Authentizität dieses
Manuskriptes ist jedoch seitdem in Frage gestellt worden, / was
allgemein zu der übereinstimmenden Meinung geführt hat, daß die
Geschichte in Wirklichkeit von einem gewissen Arthur Whittaker
verfaßt wurde, der sie im Jahre 1913 an Conan Doyle verkaufte.
Ausführliche Einzelheiten zu dieser Episode vgl. bei Brown (1969).

[77]

Innerhalb der sechzig Erzählungen, die der Kanon umfaßt, werden mindestens fünfundfünfzig weitere Fälle erwähnt (vgl. die
Aufzählung von Starrett, 1971: 90–92). Eine kleine Gruppe von
Sherlockianern ist deshalb geneigt, noch zwölf weitere Geschichten
in die »heiligen Schriften« einzureihen, die Sir Arthurs Sohn und
Verfasser seiner offiziellen Biographie, Adrian Conan Doyle, zusammen mit John Dickson Carr (1954) schrieb.

Über den Kanon und die apokryphen Schriften sowie einige
Sekundärverweise hinaus, die Doyle in bezug auf Holmes macht
(besonders in einer ganzen Reihe seiner Theaterstücke, die auf den
Erzählungen basierten), gibt es eine umfangreiche Literatur, die
direkt auf den Kanon bezugnimmt, darunter über einundzwanzig
Stücke, ein Broadway-Musical, hunderte von Radio- und Fernseh-
produktionen und mindestens 123 Kinofilme. Dabei sind hunderte
von Büchern und Artikeln um Sherlock Holmes noch nicht mitge-
zählt, ebensowenig die Vielzahl der Nachahmungen und Parodien
auf den Kanon, deren beste Ellery Queen in ihre Anthologie
aufgenommen hat (1944).

5 Will man den Sherlockianern glauben, so war Doyle natürlich
mitnichten der Verfasser der Geschichten, sondern lediglich ein
Bekannter von Holmes' Partner, Dr. John Watson, der sechsundfünfzig der sechzig Abenteuer des Kanons schrieb (bzw. erzählte).
BLAN und LION gehen angeblich auf Holmes selbst zurück,
während MAZA und LAST von einem oder mehreren Unbekannten geschrieben wurden. Bei der Spekulation um die Verfasserschaft
dieser beiden Erzählungen haben die Sherlockianer kaum jemanden
ausgelassen; sie reichen von Mary Watson über Inspektor Lestrade,
über einen entfernten Verwandten von Holmes – namens Dr. Ver-
ner – bis zu Dr. Watson selbst, der lediglich vorgab, in der dritten

Person zu schreiben. Es ist selbst die reichlich gewagte Behauptung aufgestellt worden, und zwar zuerst von dem bedeutenden sherlokkianischen Gelehrten Edgar W. Smith, daß diese beiden Geschichten auf Watsons Freund, Sir Arthur Conan Doyle, zurückgingen. Zu ausführlichen Einzelheiten dieser Kontroverse vgl. Baring-Gould (1967, II: 748–750).

Biographien von Sir Arthur Conan Doyle: Carr, 1949; Nordon, 1967; Pearson, 1943; Lamond, 1931; und M. u. M. Hardwick, 1964. Vgl. auch Doyles Autobiographie (1924). Zu Doyles Werken vgl. H. Locke, 1928; Nordon, 1967: 347–351; sowie Carr, 1949: 285–295).

6 Die Abenteuer selbst sind von Sherlockianern in viele verschiedene chronologische Reihenfolgen eingeordnet worden; Baring-Gould (1967) siedelt sie zwischen 1874 und 1914 an. Weit umstrittener jedoch ist seine Festlegung von Holmes' Geburtsjahr auf 1854 und die seines Todesjahres auf 1957, wie in seiner Holmes-Biographie (1962) geschehen. Zu anderen Chronologien vgl. Bell, 1932; Blakkeney, 1932; Christ, 1947; Brend, 1951; Zeisler, 1953; Baring-Gould, 1955; und Folsom, 1964.

7 Z. B. Baring-Gould (1967) und Brend (1951). Vgl. die biographische Studie über Dr. John Watson von Roberts (1931).

8 Vgl. Park (1962) und M. und M. Hardwick (1962). Dazu gibt es noch viele andere Nachschlagewerke zum Kanon, z. B. Harrison, 1958; Christ, 1947; Bigelow, 1959; Petersen, 1956; Smith, 1940; und Wolf, 1952 und 1955.

9 Besondere Erwähnung unter den vielen ausgezeichneten Büchern und Sammlungen von Sherlockiana verdienen Bell, 1934; Starrett, 1940 und 1971; Smith, 1944; und Holroyd, 1967. Eine Vielzahl solcher Studien sind in den zahlreichen Sherlock-Holmes-Journalen erschienen. Neben dem bekanntesten, dem *Baker Street Journal,* das in New York erscheint, sowie dem in London herausgegebenen *Sherlock Holmes Journal* gibt es viele Rundbrief- und andere private Veröffentlichungen, die von Sherlockianischen Vereinen in ganz Amerika herausgegeben werden: *The Vermissa Herald,* der *Devon / County Chronicle, Shades of Sherlock* und das einmal [78] jährlich erscheinende *Pontine Dossier.* In einer ausführlichen kritischen Bibliographie vgl. Baring-Gould, 1967, II: 807–824.

10 Die bekannteste amerikanische Organisation sind die *»Baker Street Irregulars«,* die 1933 in der *»Bowling Green«*-Kolumne ihren Anfang nahm, die Christopher Morley im *Saturday Review of Literature* unterhielt. Zu einem Abriß der Geschichte der *»Baker Street Irregulars«* vgl. Starrett, 1960: 128–136. Die *»Baker Street Irregulars«* haben zahllose Vertretungen in der ganzen Welt, einschließ-

lich Asiens. Zu den Sherlockianischen Organisationen vgl. Baring-Gould, 1969, I: 37–42; und Starrett, 1971: 128–136.

11 Zwar sind die Bestrebungen bisher erfolglos geblieben, doch sind in der Zwischenzeit andere Gedenkzeichen für Holmes errichtet worden, wie Tafeln in Piccadilly, am St. Bartholomew-Krankenhaus, an der Gaststätte Rosslei im schweizerischen Meiringen und selbst bei den Reichenbacher Wasserfällen. Eine vollständige Aufzählung findet sich auch bei Baring-Gould, 1967, I: 43–46.

12 Eine etwas kritischere Betrachtung von Holmes' kriminologischen Fähigkeiten versucht Anderson (1903).

13 Nordon (1967: 214) fand Doyles Beschreibung von Bell »Holmes zu ähnlich, um wahr zu sein«; er behauptete ferner, Doyle habe Holmes *a posteriori* »erfunden«, um mit ihm dem Bild eines Wissenschaftlers gerecht zu werden. Pearson (1943) schlägt vor, Holmes sei hauptsächlich einem gewissen Dr. George Budd nachgezeichnet, Doyles exzentrischem ärztlichem Mitarbeiter, mit dem er sich vorübergehend eine Praxis in Plymouth teilte. In jüngerer Zeit ist das überzeugende Argument vorgebracht worden, Holmes gehe in den Grundzügen auf den beratenden Privatdetektiv Wendel Shere zurück (Harrison, 1971).

14 Der *Spectator* schrieb über ihn: »Die Kämpfe, die er für die Opfer von Justizirrtümern ausstand, werden Seite an Seite stehen mit Voltaires Verteidigung von Jean Calas und Emile Zolas langen Kämpfen für Dreyfuß« (zitiert bei Anonymus, 1959: 67).

15 »›Was hat das alles zu bedeuten, Watson‹ fragte Holmes ernst, indem er die Zeitung sinken ließ. ›Welches Ziel wird mit diesem Teufelskreis von Elend und Gewalt und Furcht verfolgt? Es muß auf einem Zweck beruhen, denn sonst wäre unser Universum vom Zufall regiert, was undenkbar ist. Doch was für ein Zweck? Das ist die große immerwährende Frage, von deren Antwort der menschliche Verstand heute so weit entfernt ist wie eh und je‹« (CARD).

16 »Unsere höchste Gewißheit von der Güte der Vorsehung scheint mir in den Blumen zu liegen. Alle anderen Dinge, unsere Fähigkeiten, unsere Wünsche, unsere Nahrung sind wahrhaft dringlich notwendig für unsere Existenz. Diese Rose hier ist jedoch eine Zugabe. Ihr Duft und ihre Farbe sind eine Verschönerung des Lebens, nicht eine Voraussetzung. Nur die Güte gibt Zugaben, und damit befinde ich mich wieder an meinem Ausgangspunkt, daß nämlich die Blumen uns guten Grund zur Hoffnung liefern« (NAVA).

17 An dieser Stelle deutet Holmes seine Übereinstimmung mit Winwood Reades *The Martyrdom of Man* an, aus dem Holmes übrigens falsch zitiert. Vgl. Crocker (1964).

18 In Anlehnung daran sagt Holmes auch, daß »jedes Problem einem als Kinderspiel« erscheine, »sobald man es erklärt bekommt« (DANC), und: »Ergebnisse ohne Ursachen sind weitaus beeindruckender« (STOC).

19 Holmes gab der Sache noch viel schärferen Ausdruck, als er Watson gegenüber äußerte: »Das Verbrechen ist weitverbreitet. Logik ist rar. Deshalb sollten Sie Ihre Überlegungen der Logik anstatt dem Verbrechen zuwenden. Das, was ursprünglich als eine Vorlesungsreihe geplant war, haben Sie nun zu einer Geschichtensammlung herabgewürdigt« (COPP).

20 Holmes' in anderen Erzählungen zahlreich zu findende Bemerkungen zu eben diesen Gebieten widersprechen Watsons ersten Eindrücken von seiner diesbezüglichen überraschenden Unkenntnis ganz offenkundig; und Holmes' Behauptung Watson gegenüber, ihm sei die Grundlage der kopernikanischen Theorie über das Sonnensystem kein Begriff, wird daher von den meisten / Sherlock-   [79] ianern als ein Spaß von Holmes aufgefaßt, den Watson nicht als solchen erkannte. Vgl. Baring-Gould, 1967, I: 154–157, Anm. 30–44.

21 Eine ausgezeichnete Untersuchung von Holmes' Einsatz der Beobachtung und deren Implikationen für die moderne kriminologische Ermittlung findet sich bei Hogan und Schwarts (1964).

22 Holmes glaubte, daß er diesen Prozeß erleichtern könne, indem er sich in die gleiche Umgebung versetzte, denn er bemerkte: »Ich werde mich in das Zimmer dort setzen und mich von seiner Atmosphäre inspirieren lassen. Ich glaube fest an den *genius loci*« (VALL).

23 Vgl. auch (SIGN) und (BERY).

24 Die hypothetisch-deduktive Methode ist keineswegs neu, denn sie läßt sich schon im Altertum in den Werken des griechischen Philosophen Parmenides erkennen. Eine ausgezeichnete moderne Ausführung dieses Vorgehens bietet Popper, 1963: 155–190.

25 An anderer Stelle zitiert Holmes Tacitus' lateinische Maxime, daß »alles Unbekannte ... leicht als etwas Herrliches« gelte (REDH).

26 Laut Ball (1958) wird diese Fähigkeit in dem zusammengefaßt, was nach Ball Holmes' dreiundzwanzig Deduktionen aus einem einzigen Stück Papier in REIG sind.

27 Zu einer vollständigen Klärung des Peirceschen Abduktionsverständnisses wende sich der Leser am besten an Cohen, 1949: 131–153; Feibleman, 1946: 116–132; Goudge, 1950: 195–199; sowie Buchler, 1955: 150–156. Zu einer ausgezeichneten kurzen Übersicht über die grundsätzlichen Probleme der Induktion vgl. Black (1967).

28 Angesichts der logischen Diskrepanzen in Holmes' Beweisführung
   kommentierte ein Sherlockianer, die erfolgreichen Schlüsse von
   Holmes ließen sich möglicherweise auf hellseherische Fähigkeiten
   und außersinnliche Wahrnehmung zurückführen (Reed, 1970).
   Holmes' bemerkenswerte Fähigkeiten beim Lesen von Watsons
   Gedanken in CARD sind davon eigentlich auch nicht weit entfernt.

29 Dazu gehören: »Kaum eine Frau, die nur ein wenig Achtung für
   ihren Mann hat, würde das gesprochene Wort eines anderen zwischen sich und die Leiche ihres Gatten treten lassen« (VALL).
   »Keine Frau würde jemals ein Telegramm mit bezahlter Rückant-
   wort schicken. Sie wäre selbst gekommen« (WIST). »Wenn eine
   Frau glaubt, ihr Haus stehe in Flammen, so befiehlt ihr Instinkt ihr,
   unverzüglich zu dem zu eilen, was ihr am meisten am Herzen
   liegt ... Eine verheiratete Frau reißt ihr Kind an sich, die unverhei-
   ratete greift nach dem Schmuckkästchen« (SCAN).

30 In den letzten Jahren ist in der Psychoanalyse Interesse an einem
   ähnlichen Zugang erkennbar; vgl. z. B. Levinson (1966).

31 Eine moderne Version dieser Idee liefert Winch (1955).

32 Holmes gelangt oft über die Dienerschaft an Auskünfte, besonders
   über ehemalige Angestellte der Person, auf die sich seine Nachforschungen richten, denn, wie Holmes bemerkt: »Es gibt keine
   besseren Werkzeuge als entlassenes Dienstpersonal, das einen Groll
   hegt« (WIST).

33 In BRUC setzt Holmes z. B. eine falsche Anzeige in die »Seufzer-
   spalte«, um den Verbrecher dazu zu bewegen, sich zu erkennen zu
   geben.

34 Holmes schien das allgemein unter Kaukasiern verbreitete Klischee
   von dem übermäßigen Körpergeruch Schwarzer akzeptiert zu haben, denn bei einer Gelegenheit läßt er den schwarzen Boxer Steve
   Dixie wissen: »Ich kann Sie nicht riechen«, und ein anderes Mal
   erwähnt er boshaft sein Riechfläschchen (3 GAB). Holmes scheint
   überdies ein antisemitisches Vorurteil akzeptiert zu haben, denn er
   bezieht sich auf einen verschuldeten Klienten mit den Worten: »Er
   [80] ist in den Händen der Juden« (SHOS). /

KAPITEL VIER

Carlo Ginzburg

Indizien: Morelli, Freud und Sherlock Holmes[1]

»Gott steckt im Detail.«
G. FLAUBERT und A. WARTBURG

Im Folgenden möchte ich darzustellen versuchen, wie im Verlauf des späten neunzehnten Jahrhunderts fast unbemerkt ein epistemologisches Modell (oder, wenn man will, Paradigma)[2] im Bereich der Sozialwissenschaften auftauchte. Die Untersuchung dieses Paradigmas, dem die gebührende Beachtung bisher versagt geblieben ist und das Anwendung fand, ohne jemals als Theorie formuliert worden zu sein, wird uns vielleicht zu einer Überwindung der sterilen Trennung von »rational« und »irrational« verhelfen.

I

1. Zwischen 1874 und 1876 erschien in der deutschen kunsthistorischen *Zeitschrift für bildende Kunst* eine Reihe von Artikeln über italienische Malerei. Ihr Verfasser, ein unbekannter russischer Gelehrter, zeichnete als Ivan Lermolieff. Sein Übersetzer war ein ebenso Unbekannter, ein gewisser Johannes Schwarze. Die Artikel entwarfen eine neue Methode der korrekten Zuschreibung alter Meister und lösten in Kunsthistorikerkreisen lebhafte Diskussionen und Kontroversen aus. Mehrere Jahre später bekannte Giovanni Morelli, ein Italiener, seine Verfasserschaft (beide Pseudonyme waren von seinem Namen abgeleitet*). Kunsthistoriker beziehen sich noch heute auf die »Morellische Methode«[3].

Wir wollen uns diese Methode einmal genauer ansehen. Die Museen seien voll von falsch zugeschriebenen alten Meistern,

---

* Morello = ital.: Rappe , Lermolieff = ungenaue anagrammatische Bildung für Morelli (Anm. d. Übers.).

behauptete Morelli, ihre korrekte Bestimmung sei nicht selten
Hindernissen ausgesetzt, da sie oft unsigniert, übermalt oder in
schlechtem Erhaltungszustand seien. Die Unterscheidung zwischen Original und Kopie bilde ein entsprechend schwieriges
(wenn auch notwendiges) Unterfangen. Man solle dazu, schlug
Morelli vor, alle Aufmerksamkeit von den allzu offensichtlichen
Charakteristika der Gemälde abwenden, denn hier böte sich eine
gelungene Imitation am ehesten an – wie bei Peruginos die
Augen gen Himmel hebenden Figuren und dem Lächeln von
[81] Leonardos / Frauen, um nur zwei Beispiele zu nennen. Stattdessen, so empfahl er, solle man sich auf sekundäre Details konzentrieren, insbesondere auf solche, die für die Malweise jener
Schule, der man den betreffenden Meister zuordne, am wenigsten typisch seien, wie Ohrläppchen, Fingernägel, Finger- und
Zehenbildung. So identifizierte Morelli beispielsweise das Ohr
(oder ein anderes Merkmal) als besondere Eigenart eines Botticelli oder eines Cosimo Tura, die nur dem Original, nicht aber
einer Kopie eigen sei. Mit dieser Methode gelangen ihm in
einigen der bedeutendsten europäischen Galerien Dutzende von
Neuzuschreibungen, von denen nicht wenige eine Sensation
hervorriefen: Die Dresdener Galerie besaß das Bild einer ruhen-
den Venus, das man für eine von Sassoferrato ausgeführte Kopie
eines verlorengegangenen Tizians hielt. Morelli identifizierte es
als eines der sehr wenigen Werke, die eindeutig Giorgione
zugeschrieben werden können.

Trotz dieser Errungenschaften – und vielleicht auch, weil er
sie mit beinahe unverschämter Selbstsicherheit präsentierte –
war Morellis Methode allgemeiner Kritik ausgesetzt. Man nannte sein Verfahren rein mechanisch und primitiv positivistisch
und wandte sich schließlich von ihm ab[4]. (Trotzdem bleibt
anzunehmen, daß sich viele von denen, die sich in der Öffentlichkeit abfällig äußerten, stillschweigend eben jener Methode
für ihre eigenen Zuschreibungen bedienten.) Das in jüngster Zeit
neu aufgelebte Interesse an der Arbeitsweise Morellis verdanken
wir dem Kunsthistoriker Edgar Wind, der in der Betonung des
Details anstelle einer ganzheitlichen Würdigung einen zeitgemä-
ßeren Zugang zur Kunst erkannt hat. Wind (1963: 42–44) sieht
einen Zusammenhang zwischen dieser Art der Annäherung und
dem romantischen Geniekult[5]. Das scheint jedoch nicht sehr

überzeugend. Morelli versuchte seine Fragen nicht auf ästhetischer Ebene zu lösen (wie ihm tatsächlich vorgeworfen wurde), sondern er bewegte sich auf einer grundlegenderen, der Philologie näheren Ebene[6]. Die Implikationen seiner Methode lagen anderswo und waren von größerer Vielfalt, wenn auch Wind sie, wie wir noch sehen werden, wenigstens annähernd erkannt hat.

> 2. »Die Bücher Morellis unterscheiden sich schon im Aussehen von anderen kunstkritischen Werken. Sie sind gespickt mit Abbildungen von Fingern und Ohren, sorgfältigen Beschreibungen der charakteristischen Nebensächlichkeiten, durch die sich ein Künstler verrät, so wie ein Verbrecher an seinen Fingerabdrücken erkannt werden kann ... jede Gemäldegalerie, die Morelli unter die Lupe nimmt, ähnelt gleich einem Verbrecheralbum ...« (Wind, 1963: 40–41).

Diesen Vergleich hat in brillanter Weise der italienische Kunsthistoriker Enrico Castelnuovo (1968: 782) herausgearbeitet, der eine Parallele zwischen Morellis Klassifizierungsmethode und dem Vorgehen der von Arthur Conan Doyle nur wenige Jahre später geschaffenen Romanfigur zog, Sherlock Holmes[7]. Es hat durchaus Berechtigung, den Kunstkenner und den Detektiv miteinander zu vergleichen, liest doch jeder von ihnen aus Indizien, die von anderen unbeachtet bleiben, den Urheber eines Verbrechens beziehungsweise eines Gemäldes heraus. Die Beispiele von Sherlock Holmes' Geschick bei der Deutung von Fußabdrücken, Zigarettenasche und anderen Details sind zahllos und bekannt. In der Erzählung *The Cardboard Box* (Ein unheimliches Paket, 1892) finden wir eine Illustration zu Castelnuovos Behauptung: Hier geht Holmes vor, als bediene er sich der Morellischen Methode. /   [82]

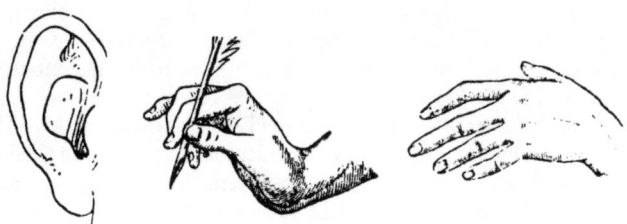

Ohr und Hände bei Botticelli, nach Morelli-Lermolieffs *Kunsthistorischen Studien über Italienische Malerei* (1890, I: 105).

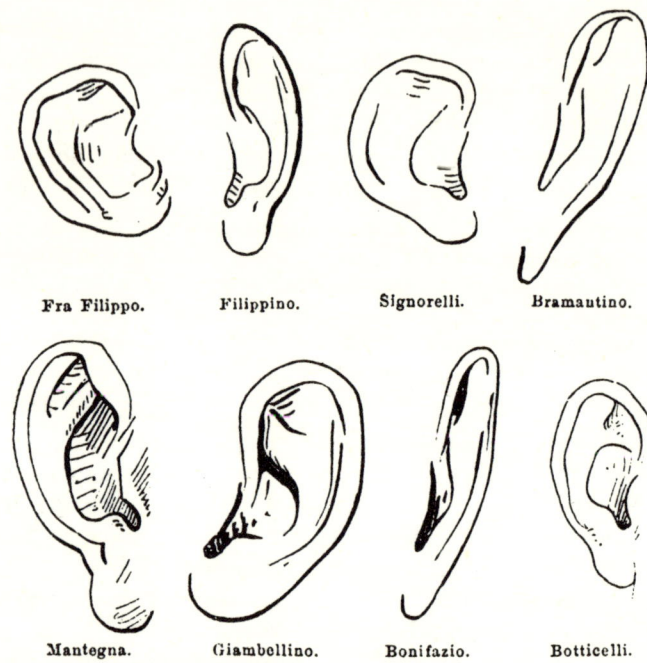

Typische Ohren, nach Morelli-Lermolieffs *Kunstkritischen Studien über Italienische Malerei* (1890, I: 99).

Der Fall beginnt mit zwei abgeschnittenen Ohren, die in einem Paket bei einer arglosen alten Dame eintreffen. Hier ist der Experte an der Arbeit:

> »Holmes starrte mit ungewöhnlicher Aufmerksamkeit auf das Profil der Dame. Einen Moment lang mischten sich Überraschung und Befriedigung auf seinem eifrigen Gesicht; doch als sie einen schrägen Blick aussandte, um die Ursache seines Schweigens zu erforschen, war er wieder so gesetzt wie stets. Ich [Watson] starrte nun meinerseits auf ihr glattanliegendes graues Haar, ihren schmucken Kopfputz, ihre kleinen goldfarbenen Ohrringe und ihre sanften Gesichtszüge, doch konnte ich nichts entdecken, was die offensichtliche Erregung meines Gefährten erklärt hätte« (CARD).

Später erklärt Holmes Watson (und damit dem Leser) seinen [83] blitzartigen Gedankenablauf: /

128

»Als Mediziner wissen Sie, Watson, daß kein Teil des menschlichen Körpers in so vielen Varianten erscheint wie das menschliche Ohr. Jedes Ohr ist in der Regel ausgesprochen charakteristisch und unterscheidet sich von allen anderen. Im letztjährigen *Anthropological Journal* können Sie zwei kurze Monographien zu diesem Thema nachlesen, die aus meiner Feder stammen. Ich hatte also das Ohr in der Schachtel mit dem Blick eines Experten in Augenschein genommen und mir sorgfältig seine anatomischen Besonderheiten notiert. Stellen Sie sich daher mein Erstaunen vor, als ich feststellte, daß Miß Cushings Ohr bis ins kleinste mit dem gerade von mir untersuchten weiblichen Ohr übereinstimmte. Die Sache war vollständig jenseits allen Zufalls. Hier hatte ich dieselbe Verkürzung der Ohrmuschel, dieselbe breite Kurve des oberen Ohrläppchens und dieselbe Windung des Innenknorpels. In allen wesentlichen Merkmalen waren die beiden Ohren sich gleich.

Natürlich ging mir die ungeheure Bedeutung dieser Beobachtung sofort auf. Es war offensichtlich, daß das Opfer eine Blutsverwandte war und möglicherweise eine sehr enge dazu ...« (CARD)[8].

3. Die Implikationen dieser Parallele werden wir gleich erkennen[9]. Zunächst aber eine weitere nützliche Beobachtung, die Wind gemacht hat:

»Einige der Kritiker Morellis haben sich daran gestoßen, ›daß sich die Persönlichkeit dort entdecken läßt, wo der persönliche Einsatz am wenigsten ausgeprägt ist‹. Doch würde die moderne Psychologie Morelli in diesem Punkt sicher beipflichten: Unsere unbeabsichtigten kleinen Gesten vermitteln sicher einen viel authentischeren Einblick in unseren Charakter als jede formale Pose, die wir sorgfältig einstudiert haben« (1963: 40).

Der allgemeine Begriff »moderne Psychologie« läßt sich hier ohne weiteres durch den Namen Sigmund Freuds ersetzen. Winds Morellikommentare haben in der Tat einige Forscher (Hauser, 1959; siehe auch Spector, 1969; Damisch, 1970 und 1977; und Wollheim, 1973) auf eine bis dahin kaum beachtete Passage in Freuds berühmten Essay »Der Moses des Michelangelo« (1914) aufmerksam gemacht. Zu Beginn des zweiten Teils schreibt Freud:

»Lange bevor ich etwas von der Psychoanalyse hören konnte, erfuhr ich, daß ein russischer Kunstkenner, Ivan Lermolieff, dessen erste Aufsätze 1874 bis 1876 in deutscher Sprache veröffentlicht wurden, eine Umwälzung in den Galerien Europas hervorgerufen hatte, indem er die Zuteilung vieler Bilder an die einzelnen Maler revidierte, Kopien von Originalen mit Sicherheit unterscheiden lehrte und aus den von ihren früheren Bezeichnungen frei gewordenen Werken neue Künstlerindividualitäten konstruierte. Er brachte dies zustande, indem er vom Gesamteindruck und von den großen Zügen eines Gemäldes absehen hieß und die charakteristische Bedeutung von untergeordneten Details hervorhob, von solchen Kleinigkeiten wie die Bildung der Fingernägel, der Ohrläppchen, des Heiligenscheins und anderer unbeachteter Dinge, die der Kopist nachzuahmen vernachlässigt, und die doch jeder Künstler in einer ihn kennzeichnenden Weise ausführt. Es hat mich dann sehr interessiert zu erfahren, [84] daß sich hinter dem russischen Pseudonym ein / italienischer Arzt, namens Morelli, verborgen hatte. Er ist 1891 als Senator des Königsreiches Italien gestorben. Ich glaube, sein Verfahren ist mit der Technik ärztlicher Psychoanalyse nahe verwandt. *Auch diese ist gewöhnt, aus gering geschätzten oder nicht beachteten Zügen, aus dem Abhub – dem ›refuse‹ – der Beobachtung, Geheimes und Verborgenes zu erraten«* (G. W. X : 185; Hervorhebung von C. Ginzburg).

Der »Moses des Michelangelo« erschien zunächst anonym; erst mit der Aufnahme in die Gesamtausgabe seiner Werke bekannte sich Freud zu seinem Essay. Man hat daraus abgeleitet, Morellis Vorliebe für die Geheimhaltung seiner Urheberschaft und das Verstecken hinter Pseudonymen sei nicht ohne Einfluß auf Freud geblieben; und es gibt eine ganze Reihe von mehr oder weniger plausiblen Erklärungsversuchen für diese Koinzidenz (siehe Kofman, 1975: 19, 27; Damisch, 1917: 70 ff.; Wollheim, 1973: 210). Wie dem auch sei, es besteht kein Zweifel darüber, daß Freud sich unter dem Deckmantel der Anonymität explizit – aber gleichzeitig in gewissem Sinne auch versteckt – zu dem beträchtlichen Einfluß bekennt, den Morelli lange vor der Begründung der Psychoanalyse auf ihn ausgeübt hat (»lange bevor ich etwas von der Psychoanalyse hören konnte ...«). Diesen Einfluß auf den Essay »Der Moses des Michelangelo« zu beschränken, wie in der Forschung verschiedentlich geschehen, oder auch nur auf alle Essays kunsthistorischen Inhalts[10], hieße aber die Bedeutung von Freuds eigener Bemerkung – »Ich glaube, sein Verfahren ist mit der Technik ärztlicher Psychoanalyse nahe verwandt« – auf unzulässige Weise reduzieren. Die oben zitierte Passage ist im Gegenteil dazu angetan, Giovanni Morelli einen besonderen Platz in der Geschichte der Psychoanalyse zu sichern. Hier handelt es sich um einen historisch dokumentierten Zusammenhang und nicht lediglich um einen jener konjizierten, die so häufig in Verbindung mit behaupteten »Antezendentien« und »Vorläufern« Freuds auftreten; überdies entdeckte Freud Morellis Schriften, wie schon erwähnt, vor der Aufnahme seiner psychoanalytischen Arbeit. Wir haben es hier also mit einem direkten Beitrag zur Kristallisation der Psychoanalyse zu tun, nicht (wie bei der J. Popper-»Lynkeus'«-Traumpassage, die spätere Ausgaben von Freuds *Traumdeutung*[11] enthalten) mit einer bloß zufälligen Übereinstimmung, die hergestellt wurde, nachdem Freud seine Entdeckungen bereits gemacht hatte.

4. Bevor wir zu ergründen versuchen, was genau Freud aus seiner Lektüre der Schriften Morellis gezogen hat, ist vielleicht eine Klärung des exakten Zeitpunktes der ersten Begegnung oder, nach Freud, der ersten beiden Begegnungen angebracht: »Lange bevor ich etwas von der Psychoanalyse hören konnte, erfuhr ich, daß ein russischer Kunstkenner, Ivan Lermolieff...«; »Es hat mich dann sehr interessiert zu erfahren, daß sich hinter dem russischen Pseudonym ein italienischer Arzt, namens Morelli, verborgen hatte.«

Die erste Begegnung kann nur sehr vage datiert werden. Sie muß vor 1895 stattgefunden haben (in diesem Jahr veröffentlichten Freud und Breuer ihre *Studien über Hysterie*) /; oder 1896 (in [85] diesem Jahr verwendet Freud zum erstenmal den Begriff Psychoanalyse; vgl. Robert, 1966); auf jeden Fall aber nach 1883 – im Dezember dieses Jahres schreibt er seiner Verlobten nämlich einen langen Brief über seine »Entdeckung der Kunst« während eines Besuches der Dresdner Gemäldegalerie. Er, der bis dahin nicht im geringsten an der Malerei interessiert gewesen war, bekannte nun: »Hier streifte ich meine Barbarei ab und begann selbst zu bewundern« (*Briefe*, 1968: 88)[12]. Es läßt sich schwer vorstellen, daß Freud vor diesem Zeitpunkt von den Schriften eines unbekannten Kunsthistorikers zu beeindrucken war, jedoch ist seine Beschäftigung mit ihnen nach diesem Datum vollkommen plausibel – vor allem deshalb, weil die erste Gesamtausgabe von Morellis Essays (Lermolieff, 1880) auch solche enthielt, die sich mit den alten italienischen Meistern in den Galerien von München, Dresden und Berlin beschäftigten.

Freuds zweite Begegnung mit Morellis Schriften läßt sich mit größerer Zuverlässigkcit, wenn auch weiterhin nur spekulativ datieren. Ivan Lermolieffs Name wurde zum erstenmal auf der Titelseite der englischen Übersetzung erwähnt, die 1883 erschien; spätere Ausgaben und Übersetzungen, die nach Morellis Tod im Jahre 1891 erschienen, trugen sowohl seinen richtigen Namen als auch das Pseudonym (Morelli, 1883). Freud könnte eine Ausgabe dieser Bände bereits unmittelbar vor oder nach diesem Zeitpunkt eingesehen haben, jedoch geschah es wahrscheinlich erst im September 1898, als er in einer Mailänder Buchhandlung auf Lermolieffs wirkliche Identität stieß. In Freuds Bibliothek, die in London aufbewahrt wird, befindet sich eine Ausgabe von Giovanni Morellis (Ivan Lermolieffs) Buch *Della pittura italiana. Studii storico critici – Le gallerie Borghese e Doria Panfili in Roma* (Kunstkritische Studien über Italienische Malerei: Die Galerien Borghese und Doria Panfili in Rom), das 1897 in Mailand erschien. An den Kauf dieses Buches erinnert eine Notiz auf der ersten Seite: »Mailand, 14. September« (Trosman und Simmons, 1973). Freuds einziger Mailandbesuch fiel in die Herbstmonate des Jahres 1898 (Jones, 1953). Zu jenem Zeitpunkt muß Morellis Buch für Freud von ganz besonderem Interesse gewesen sein. Er arbeitete nämlich seit einigen Monaten an einer Studie über Gedächtnislücken, nachdem er nur kurze Zeit vorher in Dalmatien vergeblich versucht hatte, sich an den Maler der Fresken von Orvieto zu erinnern (ein Erlebnis, das er später in der *Psychopathologie des Alltagslebens* analysierte). Neben jenem Maler – Signorelli – erwähnt Morelli noch Botticelli und Boltraffio, Namen, die einander in Freuds Gedächtnis den Platz streitig machen (Robert, 1966; Morelli, 1897: 88–89, 159).

Welche Bedeutung aber konnten Morellis Essays für Freud haben, der damals noch jung und noch weit von der Psychoanalyse entfernt war? Freud selbst gibt darüber Auskunft: Sie boten eine Interpretationsmethode an, die aus nebensächlichen und unerheblichen Details aufschlußreiche Indizien gewann. Einzelheiten, die allgemein als trivial und unwesentlich gelten, als »nicht beachtenswert«, liefern den Schlüssel zu den höchsten

Errungenschaften des menschlichen Geistes. Die Ironie in dem folgenden Auszug aus Morellis Essay muß Freud entzückt haben: /   [86]

»Meine Gegner finden Gefallen daran, mich jemanden zu nennen, dessen Verständnis von dem geistigen Inhalt eines Kunstwerkes überstiegen werde und der deshalb äußeren Details, wie der Ausbildung der Hände, der Ohren und selbst, *horribile dictu* [oh Graus!], solch unanständiger Dinge wie Fingernägeln besondere Aufmerksamkeit widme« (Morelli, 1897: 4).

Auch bei Morelli hätte der Vergilsche Vers, den Freud so verehrte und den er als Motto über seine *Traumdeutung* stellte, einen guten Platz gehabt: *Flectere si nequeo Superos, Acheronta movebo* (Kann ich die höheren Mächte nicht beugen, will ich doch die Unterwelt bewegen)[13]. Morelli hielt diese Nebensächlichkeiten auch deshalb für aussagekräftig, weil sich der Künstler dabei von kulturellen Traditionen löste und sich einer rein individuellen Anwandlung hingab, wobei diese Details »durch die Macht der Gewohnheit und beinahe unbewußt« wiederholt wurden (Morelli, 1897: 71). Was hier mehr noch als die Erwähnung des Unbewußten – zu jener Zeit nichts Außergewöhnliches[14] – auffällt, ist die Art und Weise, wie der innerste Persönlichkeitskern des Künstlers mit Faktoren verknüpft wird, die außerhalb der Bewußtseinskontrolle liegen.

5. Wir haben somit die Analogie zwischen den Methoden von Morelli, Holmes und Freud dargestellt und dabei die Verbindung zwischen Morelli und Holmes sowie zwischen Morelli und Freud aufgezeigt. Steven Marcus (1976: x–xi) hat sich eingehend mit den besonderen Ähnlichkeiten zwischen Holmes und Freuds Vorgehen befaßt[15]. Freud selbst bemerkte in einem Gespräch mit einem Patienten (dem »Wolfsmann«), er interessiere sich sehr für Sherlock Holmes' Erzählungen. Als im Frühjahr 1913 einer seiner Kollegen (T. Reik) eine Parallele zwischen der psychoanalytischen und der von Holmes praktizierten Methode ansprach, gab Freud anstelle einer Antwort seiner Bewunderung für Morellis Technik Ausdruck. In allen drei Fällen liefern winzige Details den Zugang zu einer tieferen Realität, die anderen Methoden verschlossen bleibt. Bei diesen Details kann es sich um Symptome handeln wie bei Freud, um Indizien wie bei

CARLO GINZBURG

Holmes oder Merkmale der Maltechnik wie bei Morelli (Gardiner, 1971: 146; Reik, 1928: 22)[16].

Wie läßt sich diese dreifache Analogie erklären? Eine Antwort scheint sich von selbst anzubieten: Freud war Arzt, Morelli hatte ein Medizinstudium absolviert und Conan Doyle schließlich hatte als Arzt praktiziert, bevor er sich auf das Schreiben verlegte. In allen drei Fällen läßt sich das Modell der medizinischen Semiotik oder Symptomatologie klar erkennen – jener Disziplin, die eine Diagnose ohne direkte Beobachtung der Krankheit allein aufgrund der oberflächlichen Symptome und Anzeichen erlaubt, die oft dem Auge des Laien oder selbst dem eines Dr. Watson irrelevant erscheinen mögen. (Übrigens entstand das Paar Holmes-Watson, der scharfäugige Detektiv und der etwas beschränkte Doktor, aus der Aufspaltung einer Person, nämlich eines der Professoren des jungen Conan Doyle, der für seine diagnostischen Fähigkeiten berühmt war.[17]) Doch haben wir es hier mit mehr als nur biographischen Zufällen zu tun.

[87] Gegen Ende des / neunzehnten Jahrhunderts (oder genauer: in den Jahren zwischen 1870 und 1880) hatte dieser »semiotische« Ansatz, ein Paradigma oder Modell, das sich auf die Interpretation von Indizien stützte, im Bereich der Humanwissenschaften zwar zunehmend an Bedeutung gewonnen. Seine Wurzeln waren jedoch weitaus älter.

II

1. Jahrtausendelang lebten die Menschen von der Jagd. Im Laufe ihrer endlosen Pirschzüge lernten die Jäger, Aussehen und Bewegung des Wildes, ohne es direkt wahrzunehmen, aus seiner Fährte zu rekonstruieren – aus Abdrücken im weichen Erdboden, gebrochenen Zweigen, Exkrementen, ausgerissenen Haaren oder Federn, aus Gerüchen, Pfützen, Speichelfäden. Sie lernten Geruchssinn und Beobachtungsgabe so einzusetzen, daß sie mit ihrer Hilfe auch der belanglosesten Spur Bedeutung und Kontext zuordnen konnten. Im Schatten eines Waldes oder auf einer trügerischen Lichtung lernten sie, blitzschnell komplexe Berechnungen anzustellen.

Die folgenden Jägergenerationen fügten diesem Erfahrungserbe neue Erkenntnisse hinzu und gaben es weiter. Wir besitzen

134

neben ihren Höhlenmalereien und Werkzeugen keine verbalen Zeugnisse von ihnen, können uns vielleicht jedoch auf eine der alten Volkssagen stützen, in denen manchmal noch ein wenn auch schwaches und verzerrtes Echo dessen nachhallt, was jene längst ausgestorbenen Jäger an Kenntnissen besaßen. Drei Brüder begegnen einem Mann, der ein Kamel verloren hat (in manchen Versionen dieser Erzählung, die man bei Kirgisen, Tartaren, Juden, Türken und anderen Völkern kennt, ist es ein Pferd; Wesselofsky, 1886: 308–309). Die drei Brüder können das Tier, ohne zu zögern, beschreiben: es ist weiß, auf dem einen Auge blind/ und trägt zwei Schläuche unter dem Sattel, von [88] denen der eine mit Öl, der andere mit Wein gefüllt ist. Dann haben sie es wohl gesehen? Nein, gesehen haben sie es nicht. Die

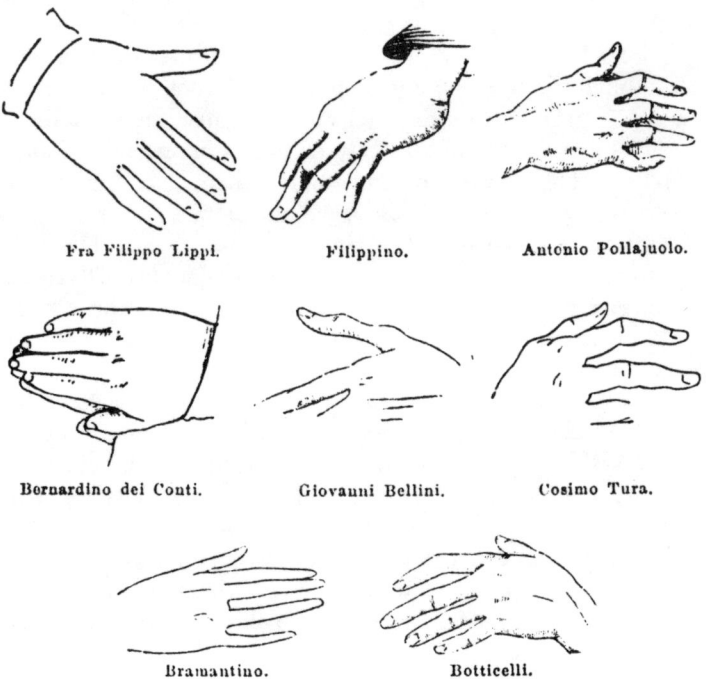

Typische Hände, nach Morelli-Lermolieffs *Kunstkritischen Studien über Italienische Malerei* (1890, I: 98).

135

Brüder werden des Diebstahls bezichtigt und vor den Richter gebracht. Dort folgt ihr Triumph: sie führen vor, wie sie aus den (unscheinbarsten) Spuren das Aussehen eines Tieres rekonstruieren konnten, das sie nie mit eigenen Augen gesehen hatten.

Zwar werden die drei Brüder nicht ausdrücklich als Jäger bezeichnet, doch vollziehen sie eindeutig den Erkenntnisprozeß des Jägers nach, der sich dadurch auszeichnet, daß er den Sprung von scheinbar unerheblichen Fakten, die der Beobachtung zugänglich sind, zu einer komplexen Realität ermöglicht, die ihrerseits – zumindest direkt – nicht sichtbar ist. Diese Fakten hatte der Beobachter so zu ordnen, daß sie eine Erzählfolge bildeten – in der einfachsten Form ein: »Hier ist jemand gewesen.« Möglicherweise hat die Idee der »Erzählung«, in der Abgrenzung zu »Zauberspruch«, »Exorzismus« oder »Invokation« (Seppilli, 1962), ihren Ursprung sogar in der Jagdkultur und der Kenntnis der Spurendeutung. Das ist natürlich reine Spekulation; sie ließe sich jedoch mit dem Hinweis darauf untermauern, daß auch heute noch die Sprache der Spurenentzifferung auf Redewendungen gegründet ist – der Teil für das Ganze, die Ursache für die Wirkung –, die sich des Darstellungsprinzips der Metonymie (in der Definition von Jakobson in seinem bekannten Essay; Jakobson und Halle, 1956: 55–87) bedienen und dabei die Metapher als alternatives Prinzip strikt ausschließen. Der Jäger war somit vielleicht der erste, der »eine Geschichte erzählte«, da es nur ihm gegeben war, aus den stummen (kaum wahrnehmbaren) Zeichen, die seine Beute hinterließ, eine kohärente Ereignisfolge herauszulesen.

Dieses »Entziffern« und »Lesen« von Tierspuren ist metaphorisch zu sehen. Dennoch lohnt es sich, es einmal wörtlich aufzufassen, nämlich als die verbale Quintessenz eines geschichtlichen Prozesses, der über eine sehr lange Zeitspanne zur Erfindung des Schreibens führte. Eben diese Verbindung ist auch in einer chinesischen Überlieferung über den Ursprung des Schreibens angedeutet, derzufolge es auf einen hohen Beamten zurückgeht, dem die Spuren eines Vogels im sandigen Flußufer als Vorbild dienten (Cazade und Thomas, 1977)[18]. Auch wenn wir das Reich des Mythischen und Hypothetischen verlassen und uns der dokumentierten Geschichte zuwenden, ergeben sich bemerkenswerte Analogien zwischen dem oben entwickel-

ten Modell des Jägers und dem in der mesopotamischen Divination erkennbaren, die mindestens auf das Jahr 3000 vor Christus
zurückgeht (Bottéro, 1974). Beide bedürfen einer minutiösen
Untersuchung der noch so trivialen Realität, um die Spuren von
Ereignissen aufzudecken, an denen der Beobachter nicht unmittelbar teilnehmen kann. Dabei handelt es sich in dem einen Fall
um Exkremente, Fußabdrücke, Haare, Federn, im anderen um
Tierinnereien, Öltropfen auf dem Wasser, die Sterne und un-
willkürliche Bewegungen. Zwar ließe sich die zweite Gruppe,
anders als die erstgenannte, noch beliebig erweitern, denn den
mesopotamischen Wahrsagern war beinahe alles zur Zukunfts-
deutung recht, doch ist für unsere Zwecke ein anderer Unterschied von grundlegenderer Bedeutung: Die Divination verwies
auf die Zukunft, während die Entzifferung des Jägers auf die
wenn auch nur Augenblicke zurückliegende Vergangenheit verwies. / Vom Erkenntnisprozeß her war der Zugang in beiden [89]
Fällen jedoch sehr ähnlich, der Denkprozeß – Analyse, Vergleich, Klassifizierung – zumindest in der Theorie identisch.
Natürlich nur in der Theorie, denn der soziale Kontext war ein
völlig anderer. Vor allem hat man festgestellt, daß die Erfindung
der Schrift erhebliche Wirkung auf die mesopotamische Divination gehabt haben muß. Die mesopotamischen Götter hatten
nämlich, neben anderen Hoheitsrechten, die Macht, auf dem
Wege über geschriebene Botschaften – in Sternen, auf menschlichen Körpern, überall – mit ihren Untertanen zu kommunizieren, und es war Aufgabe der Wahrsager, diese Botschaften zu
entziffern. (Diese Idee ging im Verlauf von Jahrtausenden in das
Bild vom »Buch der Natur« ein.) Die Gleichsetzung von Divination und Entzifferung von Zeichen göttlichen Ursprungs erfuhr
noch eine konkrete Verstärkung durch den piktographischen
Charakter der ersten Schrift, der Keilschrift; auch sie vermittelte
eine Sache durch eine andere (Bottéro, 1974: 157)[19].

Auch die Fußspur repräsentiert ein reales Tier, das an dieser
Stelle vorbeigekommen ist. Gegenüber der Konkretion der Fußspur stellt das Piktogramm schon einen ungeheuren Schritt in
Richtung auf gedankliche Abstraktion dar. Die Fähigkeit abstrakten Denkens, die die Einführung des Piktogramms erforderlich machte, ist wiederum relativ gering, verglichen mit der
für den Übergang zur phonetischen Schrift benötigten. In der

CARLO GINZBURG

Tat blieben piktographische und phonetische Elemente in der
Keilschrift erhalten; ebenso wie in den Schriften der mesopotamischen Wahrsager die allgemein wachsende Tendenz, von den
grundlegenden Tatsachen auf Allgemeingültiges zu schließen,
mitnichten die Tendenz ausschaltete, die Ursache aus der Wirkung zu erschließen[20]. Dies liefert auch eine Erklärung dafür,
warum Fachausdrücke aus den Gesetzbüchern allmählich in die
Sprache der mesopotamischen Divination Eingang fanden und
in den Texten der Wahrsager Fragmente aus der Lehre von der
Physiognomik oder der medizinischen Semiotik auftauchten
(Bottéro, 197: 191–192).

Damit wären wir auf einem weiten Umweg wieder bei der
medizinischen Semiotik angelangt. Diese tritt in einer weitgefä-
cherten Konstellation von Disziplinen (und natürlich in ana-
chronistischen Termini) von gleichem Wesensgehalt in Erscheinung. Die Versuchung ist sicher groß, eine Unterscheidung von
»Pseudowissenschaften« wie der Divination und der Physiognomik auf der einen und »Wissenschaften« wie dem Recht und der
Medizin auf der anderen Seite zu treffen und diese Wesensverwandtschaft aus der räumlichen und zeitlichen Distanz zu erklären, die uns von der oben erörterten Gesellschaft trennt. Doch
böte uns das nur eine oberflächliche Erklärung. Alle diese For-
schungsgebiete hattten in Mesopotamien eine gemeinsame reale
Basis (wenn wir dabei einmal jene Divination mit Hilfe der
Inspiration außer acht lassen, die auf ekstatischer Besessenheit
beruhte; Bottéro, 1974: 89), nämlich eine Methode, die sich auf
die Analyse von Einzelfällen gründete, die lediglich aus Spuren,
Symptomen und Hinweisen rekonstruiert wurden. Auch mesopotamische Rechtstexte bestehen nicht aus Listen von Gesetzen
und Verordnungen, sie bilden vielmehr die Erörterung einer
Sammlung von realen Fällen (Bottéro, 1974: 172). Kurz, wir
können von einem symptomatischen oder divinatorischen Para-
[90] digma sprechen, / das, je nach der Art der Kenntnis, die gesucht
wird, an Vergangenheit, Gegenwart oder Zukunft ausgerichtet
ist: an der Zukunft – das war die eigentliche Divination; an der
Vergangenheit, Gegenwart und Zukunft – das war die medizinische Wissenschaft der Symptome mit ihrem Doppelcharakter,
der Erklärung von Vergangenheit und Gegenwart in der Diagnose und dem Entwurf einer wahrscheinlichen Zukunft in der

138

Prognose; schließlich an der Vergangenheit – das war die Jurisprudenz, die Rechtswissenschaft. Schemenhaft zeichnet sich hinter diesem Symptom- oder Divinationsmodell jedoch jener Gestus ab, der vielleicht als der älteste in der Geistesgeschichte der Menschheit gelten kann: am Boden kauernd liest der Jäger in der Fährte des Wildes.

2. Das oben Gesagte erklärt also, warum sich in einem mesopotamischen Divinationstext eine Abhandlung darüber findet, wie man die Diagnose einer früheren Kopfverletzung aus der Beobachtung eines zweiseitigen Schielens ableiten kann (Bottéro, 1974: 192); oder, allgemeiner gesagt, wie im Laufe der Geschichte eine Gruppe von Disziplinen entstand, die sich alle auf die Entzifferung von verschiedenen Arten von Zeichen gründeten, von den Symptomen bis zu den Schriftzeichen. Bei einer Untersuchung der Kultur des Alten Griechenlands zeigt sich eine andere Gruppe von Disziplinen. Neue Forschungszweige, wie Geschichte und Philologie, sind entstanden, und ältere Disziplinen, wie die Medizin, haben sowohl im gesellschaftlichen Kontext als auch in der theoretischen Betrachtungsweise an Unabhängigkeit gewonnen. Der menschliche Körper, Sprache und Geschichte wurden zum erstenmal einer sachlichen Untersuchung unterzogen, die von Anfang an die Möglichkeit göttlicher Intervention ausschloß. Diese entscheidende Veränderung war ein Merkmal der griechischen Stadtstaaten, deren Erben wir natürlich sind. Weniger augenfällig ist, daß ein wichtiges Element dieses Wandels auf einem Modell beruhte, als dessen Basis Symptome oder Indizien gelten können[21]. Am deutlichsten wird das am Beispiel der hippokratischen Medizin, die ihre Methoden durch die Analyse des zentralen Begriffs des Symptoms (σύμπτωμα) ergänzte. Die Anhänger des Hippokrates behaupteten, durch genaue Beobachtung und Registrierung aller Symptome eine genaue Krankheits-»Geschichte« erstellen zu können, auch wenn die Krankheit selbst als Gesamtheit unerreichbar blieb. Dieses Beharren auf der Relevanz von Begleitumständen stammt mit großer Wahrscheinlichkeit aus der (von dem pythagoräischen Arzt Alkmäon von Kroton entwickelten) Unterscheidung zwischen der Unmittelbarkeit und Gewißheit göttlichen und der provisorischen und konjekturalen Natur menschlichen Wissens. Wenn die Realität nicht direkt erfahrbar

war, so ergab sich daraus die Legitimation des konjekturalen*
Paradigmas, das wir oben beschrieben haben. Auf diesem beruh-
ten, den Griechen zufolge, nämlich zahllose Tätigkeitsbereiche,
und Ärzte, Historiker, Politiker, Töpfer, Schreiner, Seeleute,
Jäger, Fischer und Frauen allgemein waren danach in dem weiten
Feld konjekturalen Wissens besonders versiert[22]. Dieses Gebiet
(es stand bezeichnenderweise unter der Herrschaft von Jupiters
erster Gemahlin Metis, die Sinnbild für die Divination mittels
Wasser war), trug die Markierungsworte: »Konjektur«, »Rich-
[91] ter nach Maßgabe der Zeichen« / *(tekmôr, tekmaîresthai)*. Dieses
semiotische Paradigma blieb in der Folge nurmehr implizit
erhalten und wurde vollkommen von Platons Erkenntnistheorie überschattet, die sich in einflußreicheren Kreisen durchge-
setzt hatte und somit größeres Ansehen genoß[23].

3. In Teilen seiner Schriften legt Hippokrates einen defensi-
ven Ton an den Tag, der zu der Annahme verleitet, daß die
Unfehlbarkeit der Ärzte auch schon im fünften Jahrhundert vor
Christus Angriffen ausgesetzt war (Vegetti, 1965: 143–144).
Daß dieser Kampf noch nicht ausgestanden ist, liegt vermutlich
daran, daß sich das Verhältnis zwischen Arzt und Patient (und
hier im besonderen die Unfähigkeit des letzteren, die Fähigkeiten des ersteren zu prüfen oder zu kontrollieren) in gewisser
Hinsicht seit Hippokrates kaum geändert hat. Was sich jedoch in
diesen zweieinhalbtausend Jahren sehr wohl geändert hat, das
sind die Regeln dieser Auseinandersetzung und damit Begriffe
wie »Rigorismus« und »Wissenschaftlichkeit«. Hier vollzog sich
die entscheidende Verlagerung in der Entwicklung eines neuen
wissenschaftlichen Paradigmas, das sich auf die galileische Physik zwar stützte, sie im Endeffekt aber überdauerte. Wenn die
moderne Physik sich auch schwertut, sich als galileisch zu
bezeichnen (ohne Galileis Erkenntnisse damit jedoch zu verwerfen), so mindert das die allgemeine Bedeutung Galileis für die
Wissenschaft doch weder unter epistemologischen noch unter

---

* Die Übersetzer haben es bei der Vieldeutigkeit des Begriffes vorgezo-
gen, statt einer Übersetzung mit »Vermutung« oder dergleichen das
Fremdwort, das ja auch im Deutschen verwendbar ist, stehenzu-
lassen.

symbolischen Gesichtspunkten (Feyerabend, 1981: 146 ff.; Rossi, 1977: 149–150).

Nun ist klar, daß keine der oben als konjektural beschriebenen Disziplinen – nicht einmal die Medizin – dem Kriterium wissenschaftlicher Schlußfolgerung gerecht wird, die das Kernstück galileischen Denkens bildet. Ihr Hauptanliegen waren Qualität, Einzelfall, Situation oder Dokument *in ihrer Individualität*, was notwendig zur Folge hatte, daß ihre Ergebnisse immer auch ein Zufallselement enthielten: Man braucht sich dabei nur einmal die Bedeutung der Konjektur (ein Wort, dessen lateinischer Ursprung mit der Divination[24] verknüpft ist) in der Medizin oder der Mathematik vor Augen zu führen, ganz zu schweigen von der Divination. Das galileische Wissenschaftsverständnis war von Grund auf anders; es begriff sich im Sinne des scholastischen Wortes *»individuum est ineffabile«* (Das Einzelne ist unbeschreibbar). Der Gebrauch der Mathematik und der experimentellen Methode verlangte Messungen und die Reproduktion von Phänomenen, wogegen diese in einem auf Individualisierung basierenden Verfahren gar nicht und jene nur teilweise gestattet sind. All das erklärt, warum es den Historikern nie gelungen ist, eine galileische Methode zu entwickeln. Im 17. Jahrhundert deuteten sich im Gegenteil in der neuen Entwicklung der geschichtswissenschaftlichen Altertumsforschung indirekt die langverborgenen Ursprünge der Geschichtsforschung im Konjekturmodell an. Dieser Indikator ihrer Quelle läßt sich nicht verheimlichen, so stark entwickelt die Verbindung mit den Sozialwissenschaften auch sein mag. Die Geschichtsforschung wird, unabänderlich dem Konkreten verhaftet, wie sie es nun einmal ist, immer ein Ausnahmefall unter den Wissenschaften bleiben. Historiker können ohne den Bezug auf vergleichbare Phänomene (ob explizit oder implizit) nicht auskommen; doch stützen sich ihre Forschungsstrategien wie ihre Ausdruckscodes letztlich auf Einzelfälle, gleichgültig, ob es sich dabei um Individuen, soziale Gruppen oder ganze Gesellschaften handelt. In dieser Hinsicht / gleicht die Geschichtsforschung der Medizin, [92] die mit Hilfe von Krankheitsklassifikationen das Leiden eines bestimmten Patienten analysiert. Auch die Erkenntnis des Geschichtsforschers ist, wie die des Arztes, auf indirekte Weise aus Zeichen und Anhaltspunkten gewonnen und damit konjiziert[25].

141

Doch habe ich mit dem angedeuteten Gegensatz eine zu große Vereinfachung vorgenommen. Unter den »konjekturalen« Disziplinen hat sich eine, nämlich die Philologie – und hier besonders die Textkritik, zumindest in gewisser Hinsicht atypisch entwickelt. Ihre Ziele wurden im Laufe einer drastischen Beschneidung alles dessen, was wichtig schien, definiert. Diese Veränderung innerhalb der Disziplin hatte zwei wichtige Ursprünge: zunächst die Erfindung der Schrift, dann die der Buchdruckerkunst. Wir wissen, daß die Textkritik *nach* der ersteren, und zwar zeitgleich mit der Niederschrift der homerischen Dichtung, entstand und sich nach der letzteren, im Verein mit den humanistisch verbesserten Editionen der hastig produzierten frühesten Klassikerausgaben, entwickelte[26]. Zunächst verwarf man alle mit Stimme und Gestik verknüpften Elemente als überflüssig; auf ähnliche Art und Weise verfuhr man später auch mit den Charakteristika der Handschrift. Das Ergebnis war die zunehmende Entmaterialisierung oder Vergeistigung von Texten, ein Prozeß, dessen Fortschreiten den Reiz des Originalen für unsere verschiedenen Sinne völlig in uns getilgt hat. Ein Text braucht die Verhaftung im Physischen, um zu überleben; doch ist seine Identität weder von seiner physischen Form noch von einer bestimmten Ausgabe abhängig[27]. Uns erscheint das heute als selbstverständlich und offensichtlich, und doch ist es das keineswegs. Wenn wir uns zum Beispiel die entscheidende Rolle der Stimme in der gesprochenen Literatur oder die der Kalligraphie in der chinesischen Töpferkunst vor Augen führen, wird uns klar, daß dieser Begriff von »Text« das Resultat einer innerhalb der betreffenden Kultur getroffenen Wahl darstellt, deren Bedeutung kaum abschätzbar ist. Am Beispiel von China sehen wir außerdem, daß es sich bei der Wahl nicht um eine unvermeidbare Konsequenz des Ersatzes der Handschrift durch die Druckkunst handelte, weil die Erfindung der Druckerpresse die Verbindung zwischen literarischem Text und Kalligraphie nicht völlig durchtrennte. (Wir werden bald sehen, daß die historische Behandlung pikturaler »Texte« ganz andere Probleme aufwirft.)

Dieser durch und durch abstrakte Textbegriff macht deutlich, warum die Textkritik, nicht ohne dabei in erster Linie divinatorisch zu bleiben, sich (besonders während des 19. Jahrhunderts) streng wissenschaftlich gebärden konnte[28]. Der radikale Entschluß, nur die reproduzierbaren (also die schreibbaren oder, nach Gutenbergs Erfindung, druckbaren) Elemente eines Textes beizubehalten, ermöglichte selbst bei der Behandlung von Einzelbeispielen[29] eine Vermeidung des Qualitativen, jener Hauptgefahr, der die Geisteswissenschaften ausgesetzt sind. Es ist sicherlich nicht ohne Bedeutung, daß Galilei, während er mit einer ähnlich drastischen Begriffsreduzierung das Fundament für die modernen Naturwissenschaften legte, sich selbst der Philologie zuwandte. Der traditionelle mittelalterliche Vergleich von Welt und Buch setzte voraus, daß beide zum Lesen geöffnet dalägen. Galilei betonte jedoch, daß »wir nicht hoffen können, die Philosophie dieses großartigen, offen vor unseren Augen liegenden Buches zu verstehen (und damit meine ich das Universum), wenn wir nicht zuvor/seine Sprache und die dort ge- [93] schriebenen Zeichen verstehen lernen«, nämlich »Dreiecke, Kreise und andere geometrische Figuren« (Galilei, 1965: 38)[30]. Für den Naturphilosophen wie für den Philologen stellt der Text ein tiefgründiges und unsichtbares Etwas dar, das es mit Hilfe der vorhandenen Sinnesdaten und über diese hinaus zu rekonstruieren gilt: »Figuren, Zahlen und Bewegungen liegen, anders als Gerüche, Geschmacksempfindungen und Geräusche, außerhalb der Lebewesen und sind, wie ich glaube, bloße Worte« (Galilei, 1965: 264; siehe auch Martinez, 1974: 160; 169).

Damit hat Galilei den Naturwissenschaften ausdrücklich eine Richtung gewiesen, die sie bis heute beibehalten haben, und die weg vom Anthropozentrismus und Anthropomorphismus führte. Im Flechtwerk der Wissenschaften entstand dadurch ein Loch, das sich immer mehr ausweiten mußte. Denn es gab wohl kaum einen größeren Gegensatz als den zwischen dem Galileischen Physiker, dem von Berufs wegen das Hören von Tönen und das Schmecken und Riechen versagt waren, und dem Arzt der gleichen Zeit, der seine Diagnose nach Anhören der pfeifenden Atmung, dem Beriechen des Stuhlgangs oder dem Schmecken von Urin wagte.

4. Ein solcher Arzt war Giulio Mancini aus Siena, erster Leibarzt von Papst Urban VII. Es sieht nicht so aus, als habe er Galilei sehr gut gekannt, wenn es auch wohl zu der einen oder anderen Begegnung gekommen sein mag, da sich die beiden in

Rom vom päpstlichen Hof bis zur Lincei-Akademie in denselben Kreisen bewegten und außerdem gemeinsame Freunde wie Frederico Cesi, Giovanni Ciampoli und Giovanni Faber hatten[31]. Eine lebhafte Skizze über Mancini aus der Feder von Nicio Eritreo, *alias* Gian Vittorio Rossi, beschreibt seinen Atheismus, seine außerordentlichen diagnostischen Fähigkeiten (die mit Worten dargestellt werden, die direkt den divinatorischen Texten entstammen) und die skrupellose Art, mit der er seinen Patienten Gemälde (sein Kunstverstand war berüchtigt) abzuwerben pflegte (Eritreo, 1692, II: 79–82)[32]. Mancini schrieb ein Buch mit dem Titel *Alcune considerazioni appartenenti alla pittura come di diletto di un gentilhuomo nobile e come introduttione a quello si deve dire* (Einige Überlegungen, die Malerei als Unterhaltung des gebildeten Edelmannes betreffend, zugleich als notwendige und erschöpfende Einleitung gedacht), das im Manuskript weite Verbreitung fand (eine kritische Ausgabe des Gesamttextes ist vor ungefähr 25 Jahren zum erstenmal im Druck erschienen)[33]. Wie der Titel schon sagt, wandte sich das Buch weniger an professionelle Maler als vielmehr an die adeligen Dilettanten, wie sie in wachsender Zahl in die Ausstellung alter und neuer Gemälde im Pantheon strömten, die alljährlich am 19. März stattfand (Haskell, 1971: 126 und 94 ff.). Sicherlich hätte Mancini die *Conversazioni* und ihren wohl originellsten, der »Erkennung von Bildern« gewidmeten Teil, in dem er eine Methode zur Identifizierung von Fälschungen, zur Unterscheidung von Original und Kopie usw. entwirft, ohne diesen Kunstmarkt nie geschrieben (Mancini, 1956–57, I: 33 ff.). So wurde der erste Versuch einer Begründung der »Kennerschaft«, wie sie ein Jahrhundert später genannt werden sollte, von einem Arzt unternommen, der für seine brillianten Diagnosen berühmt war und bei einem Krankenbesuch mit einem raschen Blick den [94] Ausgang der Krankheit »divinierte« / (*divinabat;* Eritreo, 1692, II: 80–81)[34]. In einer solchen Doppelbegabung – in der Verbindung von ärztlicher und kunstkennerischer Beobachtungsgabe dürfen wir sicher mehr als nur eine zufällige Koinzidenz sehen.

Bevor wir jedoch Mancinis Ansichten einer genaueren Betrachtung unterziehen, sollten wir uns eine Voraussetzung ansehen, die Mancini machte und die ebenso von den adeligen Herren, für die er schrieb, wie von uns Heutigen geteilt wird.

Diese Voraussetzung findet sich nie konkret formuliert, weil sie (fälschlicherweise) als selbstverständlich gilt: daß nämlich zwischen einem Gemälde von Raffael und einer Kopie davon (gleichgültig, ob es sich dabei um ein Gemälde, einen Stich oder, in unseren Tagen, um eine Photographie handelt) ein unüberwindbarer Unterschied besteht. Die Marktimplikationen dieser Ansicht – daß ein Gemälde *per definitionem* einmalig und eine Wiederholung desselben Werkes unmöglich ist[35] – sind offensichtlich und stehen in engem Zusammenhang mit der Entstehung der Kennerschaft. Die Voraussetzung bildet jedoch die Konsequenz einer kulturellen Entscheidung, die als solche nicht für selbstverständlich genommen werden darf, zumal sie im Falle des geschriebenen Textes anders ausfiel. Die angeblich spezifischen Eigenarten der Malerei bzw. des Geschriebenen brauchen uns hier nicht zu interessieren. Wir haben oben schon gesehen, wie im Laufe der Geschichte der geschriebene Text all der Merkmale entkleidet wurde, die man als irrelevant ansah. In der Malerei hat diese Entblößung (zumindest bis dato) nicht stattgefunden. Und eben deshalb glauben wir zwar, eine handgeschriebene oder gedruckte Kopie des *Orlando Furioso* könne den Text so wiedergeben, wie ihn Ariosto gemeint hatte, lassen jedoch das gleiche bei der Kopie eines Raffael-Porträts nicht gelten[36].

Der unterschiedliche Stellenwert der Kopie in der Malerei und in der Literatur liefert uns auch die Erklärung dafür, daß Mancini bei der Entwicklung seiner Kennermethode nicht auf die Techniken der Textkritik zurückgreifen konnte, obwohl er im Grunde eine Analogie zwischen dem Akt des Malens und dem des Schreibens aufstellte (siehe die Bemerkung von Salerno bei Mancini, 1956–1957, II: xxiv, Fußn. 55). Weil er jedoch diese Analogie begründete, mußte er sich zu ihrer Absicherung anderen Disziplinen zuwenden, die zu jenem Zeitpunkt noch im Werden begriffen waren.

Mancinis erstes Problem bestand in der Datierung der Gemälde. Dazu gelte es, »eine gewisse Erfahrung im Erkennen von Gemälden aus einer bestimmten Zeit« zu erwerben, »wie sie Antiquare und Bibliothekare bei Schriften an den Tag legen, derart nämlich, daß sie bestimmen können, wann etwas geschrieben worden ist« (Mancini, 1956–1957, I: 134)[37]. Die Erwähnung der Textdatierung nimmt mit größter Wahrscheinlichkeit bezug auf die zur gleichen Zeit erarbeiteten Methoden von Leone Allacci, der als Bibliothekar im Vatikan für die Datierung von griechischen und lateinischen Manuskripten verantwortlich war und dessen Methoden ein halbes Jahrhundert später von Mabillon, dem Begründer der Paläographie, wiederaufgenommen und weiterentwickelt wurden[38]. »Neben den gemeinsamen Charakteristika der Zeit«, fährt Mancini fort, »gibt es jedoch Charakteristika, die ganz dem Individuum eigen sind«, so wie »wir bei den Handschriften sehen, daß sie ihre eigenen ausgeprägten Merkmale haben.« So wird die Analogie zuerst auf der allgemeinen Ebene (der Zeit) geschlossen, um dann am anderen Ende der Skala (dem Individuum) festgemacht zu werden. In diesem Umfang ließen sich die proto-paläographischen Methoden eines Allacci / nicht verwenden. Doch hat es zu jener Zeit [95] einen einsamen Versuch gegeben, die Analyse der individuellen Handschrift einem neuen Zweck zuzuführen. In seiner Eigenschaft als Arzt und mit Bezug auf Hippokrates sagt Mancini, es sei möglich, von »Taten« auf »Impressionen« der Seele zu schließen, die ihren Ursprung in den körperlichen »Merkmalen« des Individuums hätten. Aus dieser ursprünglichen Überlegung heraus seien einige der hervorragendsten Geister der Zeit zu der Behauptung gelangt, daß es möglich sei, Aussagen über Geist und Gemüt aufgrund von Schreibstil und Handschrift der betreffenden Person zu machen. Einer dieser »hervorragenden Geister« war aller Wahrscheinlichkeit nach Camillo Baldi, ein Arzt aus Bologna, dessen *Trattato come da una lettera missiva si conoscano la nattura e qualità dello scrittore* (Traktat über die Methoden, kraft derer man von der Schrift auf Natur und Wesen des Schreibers zu schließen vermag) ein Kapitel enthält, das man wohl als ersten graphologischen Text in Europa bezeichnen kann. »Welche Bedeutung«, so lautet der Beginn des Kapitels, »mag man wohl aus der Form eines Buchstabens lesen« *(nella figura del carattere).* Das hier für »Buchstabe« verwendete Wort ist »Charakter« und drückt die Form aus, die der Stift auf dem Papier produziert *(ibid.:* 107; Baldi, 1622: 17, 18ff.)[39].

Trotz seiner anerkennenden Worte war Mancini an den Behauptungen der aufstrebenden Graphologen, die die Persönlichkeit des Schreibenden rekonstruieren wollten, indem sie seinen

»Charakter« (im psychologischen Sinne) aus seinen »Charakteren« (seinen Buchstabenformen) herauslasen, wenig interessiert. (Auch hier läßt sich der Ursprung der Doppelbedeutung möglicherweise auf einen gemeinsamen disziplinären Kontext zurückverfolgen.) Was ihn jedoch beeindruckte, war die Grundvoraussetzung, von der diese neue Disziplin ausging, daß nämlich die Vielfalt der verschiedenen Handschriften eine Imitation unmöglich macht. Wenn er seinerseits nun all jene Merkmale eines Werkes identifizierte, deren Imitation ebenso unmöglich war, so mußte es ihm gelingen, Originale von Fälschungen, die Hand des Meisters von der des Fälschers oder des Schülers zu unterscheiden. Sein Rat lautete also, bei jedem Werk genau zu prüfen,

> »ob sich die entschiedene Hand des Meisters vor allem dort erkennen läßt, wo es große Mühe kosten würden, die Nachahmung aufrechtzuerhalten, wie bei den Haaren, Bärten oder Augen. Wenn die Locken und Wellen im Haar ganz exakt wiedergegeben sind, wirken sie zu mühsam; wenn sie dem Nachahmer jedoch nicht genau gelingen, so fehlt ihnen die Perfektion der meisterlichen Ausführung. Diese Teile des Bildes gleichen den Federzügen oder Schnörkeln bei der Handschrift, die der sicheren und entschiedenen Hand des Meisters bedürfen. Mit der gleichen Sorgfalt sollte man nach besonders kühnen oder brillanten Pinselstrichen Ausschau halten, die der Meister mit einer Sicherheit auf die Leinwand wirft, die nicht so schnell ihresgleichen findet: so zum Beispiel in den Falten und im Lichteinfall auf einem Gewand, die mehr mit der kühnen Phantasie des Meisters als mit dem eigentlichen Faltenwurf zu tun haben mögen« (Mancini, 1956–1957: 134).

Damit erhält die von Mancini schon in anderem Kontext angesprochene Parallele zwischen Malerei und Handschrift eine neue Wendung, / die zuvor bereits in einer Arbeit des Architekten [96] Filarete (*i. e.* Averlino; Abschnitt 6) angeklungen war, ohne daß Mancini sie jedoch gekannt haben muß (Averlino, 1972, I: 28)[40]. Die Analogie wird verstärkt durch den Gebrauch von Fachausdrücken, die man in zeitgenössischen Abhandlungen über die Schrift findet, etwa »Kühnheit«, »Federstrich«, »Schnörkel«[41]. Selbst das Eingehen auf die Geschwindigkeit hatte denselben Ursprung: Im Zuge der neuen bürokratischen Entwicklungen war neben einer eleganten Handschrift auch Schnelligkeit ge-

fragt, um auf dem Markt der Schreiber bestehen zu können[42].
Insgesamt gibt der Nachdruck, den Mancini auf die dekorativen
Merkmale legt, Aufschluß über die pedantische Orientierung an
den vorgegebenen Charakteristika von Handschriftvorlagen, die
gegen Ende des 16. und zu Anfang des 17. Jahrhunderts in
Italien üblich waren (Casamassima, 1966: 75–76). Die Untersuchung von Buchstabenformen verhalf ihm zu der Einsicht, daß
der Pinselstrich des Meisters immer in denjenigen Teilen des
Werkes mit größter Gewißheit identifiziert werden konnte, die
erstens rasch ausgeführt worden waren und zweitens leicht von
einer Abbildung der Realität abwichen (wie Einzelheiten bei
Frisuren, Gewandfalten, »die mehr mit der kühnen Phantasie
des Meisters als mit dem eigentlichen Faltenwurf zu tun haben
mögen«). Wir werden in der Folge noch auf die vielfältigen
Implikationen dieser beiden Punkte zu sprechen kommen, deren
Ausführung Mancini und seinen Zeitgenossen noch nicht möglich war.

5. »Charaktere« *(caratteri).* Dasselbe Wort taucht um 1620
einmal in wörtlicher und einmal in analogischer Bedeutung auf,
und zwar einmal in den Schriften des Begründers der modernen
Physik und zum anderen bei den Begründern der Paläographie,
Graphologie und der Kennerschaft. Natürlich ist die Verbindung zwischen den immateriellen »Charakteren«, die Galilei
mit den Augen des Geistes[43] im Buch der Natur sah, und denen,
die Allacci, Baldi oder Mancini konkret auf Papier, Pergament
oder Leinwand entzifferten, rein metaphorischer Natur. Der
Gebrauch identischer Begriffe läßt es indessen um so erstaunlicher erscheinen, daß die hier versammelten Disziplinen so unterschiedlich sind. Auch ihr wissenschaftlicher Wert (im Sinne
Galileis) unterscheidet sich, er nimmt von den Universalmerk-
malen« der Geometrie über die »gemeinsamen Zeitmerkmale« in
einem Text zu den »besonderen Einzelmerkmalen« einer Malweise oder gar einer Handschrift rapide ab.

Dieser abnehmende wissenschaftliche Gehalt unterstützt das
Argument, daß die eigentliche Schwierigkeit bei der Anwen-
dung des Galileischen Modells im Ausmaß der Individualbezo-
genheit einer Disziplin läge. Je mehr sich die Merkmale auf das
Individuelle konzentrierten, desto schwieriger machte das die
Formulierung eines Systems streng wissenschaftlicher Erkennt-

nisse. Natürlich bot allein der Entschluß, individuelle Merkmale zu ignorieren, noch keine Garantie dafür, daß die für das Galileische Modell unerläßlichen mathematischen und physikalischen Methoden auch wirklich angewandt wurden, doch schloß man sie auf diese Weise zumindest nicht von vornherein aus.

6. An dieser Stelle nun waren zwei Wege möglich: das Verständnis / des individuellen Elements zugunsten eines mehr oder [97] weniger rigorosen und mathematischen Grades von Verallgemeinerung zu opfern; oder den wenn auch nur ansatzweisen Versuch zu unternehmen, ein alternatives Modell zu erarbeiten, das das Verständnis des individuellen Elements zur Basis nahm und dabei gleichzeitig wissenschaftlich war (wobei das Wie dieser Wissenschaft noch zu bestimmen wäre). Den ersten Weg schlugen zunächst die Naturwissenschaften und erst sehr viel später die sogenannten Human- oder Sozialwissenschaften ein. Der Grund dafür ist offensichtlich. Die Wahrscheinlichkeit, mit der sich individuelle Elemente ausschalten lassen, steht in direktem Verhältnis zur emotionalen Distanz des Beobachters. An einer Stelle seines *Trattato di architettura* (Abhandlung über die Baukunst, 15. Jahrhundert) führt Filarete zunächst aus, daß es unmöglich sei, zwei vollkommen gleiche Gebäude zu errichten, da ungeachtet des ersten Eindrucks immer ein Unterschied in den Einzelheiten bestünde (so wie »Tartarenschnuten alle gleich aussehen oder alle äthiopischen schwarz sind, aber wenn man sie einmal näher untersucht, sind sie doch genauso verschieden wie ähnlich«), räumt aber sogleich ein, es gäbe »einige Lebewesen, die sich untereinander so sehr gleichen wie die Fliegen, Ameisen, Würmer, Frösche und viele Fische, und die sich folglich nicht voneinander unterscheiden lassen« (Averlino, 1972: 26–27). Für einen europäischen Architekten war also der unscheinbarste Unterschied zwischen zwei (europäischen) Gebäuden bedeutsam, der zwischen tartarischen oder äthiopischen Gesichtern war es nicht, während zwischen zwei Würmern oder zwei Ameisen erst gar keiner existierte. Ein tartarischer Architekt, ein äthiopischer Architekturliebhaber oder eine Ameise hätten die Dinge sicher anders eingestuft. Ein auf individualisierende Unterscheidungen gegründetes Wissen ist immer anthropozentrisch, ethnozentrisch oder anderen Vorurteilen verhaftet. Na-

CARLO GINZBURG

türlich lassen sich auch Tiere, Mineralien und Pflanzen auf ihre
individuellen Eigenschaften hin untersuchen, so zum Beispiel im
Kontext der Divination[44], und da besonders in Fällen, die Ab-
normalitäten aufweisen. (Wie allgemein bekannt, war die Tera-
tologie ein wichtiger Zweig der Divination.) In den ersten
Jahrzehnten des 17. Jahrhunderts aber sollte der Einfluß des
Galileischen Modells (wenn auch nicht in allen Fällen auf direk-
tem Wege) zu einer Verlagerung von der Untersuchung der
Ausnahme zu der des Typischen führen und damit von der
Divination fort zu einem allgemeinen Verständnis der Naturge-
setze. Im April des Jahres 1625 kam in der Nähe von Rom ein
Kalb mit zwei Köpfen zur Welt, ein Ereignis, an dem die
Naturforscher der Lincei-Akademie ihr Interesse bekundeten.
Es war das Thema einer Diskussion in den vatikanischen Belve-
dere-Gärten, an der unter anderen Giovanni Faber, der Akade-
miesekretär, und Giovanni Ciampoli (die beide, wie oben er-
wähnt, Freunde Galileis waren), Mancini, Kardinal Agostino
Vegio und Papst Urban VIII. teilnahmen. Ihre erste Fragestel-
lung lautete, ob das zweiköpfige Kalb als ein Tier oder als zwei
Tiere anzusehen sei. In den Augen der Ärzte war das Gehirn als
Unterscheidungsmerkmal des Individuums ausschlaggebend,
während die Anhänger von Aristoteles es im Herzen sahen
(Lynceo, 1651, I: 599ff.)[45]. Da Mancini der einzige anwesende
Arzt war, können wir annehmen, daß uns Faber in seiner
Beschreibung des ärztlichen Standpunktes den genauen Widerhall seines Beitrages geliefert hat. Trotz seiner astrologischen
[98] Interessen[46] ging es Mancini bei der Betrachtung / der Mißgeburt
nicht um eine Offenbarung der Zukunft, sondern darum, zu
einer exakteren Definition des normalen Individuums zu gelangen, das, sofern es einer bestimmten Gattung angehörte, mit
Recht als reproduzierbar gelten konnte. Mancini wird die Anatomie des doppelköpfigen Kalbes mit derselben intensiven Aufmerksamkeit untersucht haben, wie er sie sonst Gemälden zukommen zu lassen pflegte. Doch sollten wir hier der Analogie
mit der Kennerschaft ein Ende setzen. In gewisser Hinsicht
verkörpert eine Gestalt wie Mancini den Berührungspunkt zwischen der divinatorischen Methode (in seinen Aktivitäten als
Diagnostiker und Kenner) und dem Generalisierungsmodell (als
Anatom und Naturforscher). Gleichzeitig finden sich bei ihm

150

jedoch auch all ihre Unterschiede. Wenn der Anschein auch ein anderer ist, so war das Ziel der Sezierung des Kalbes, die Faber so minutiös unter Erwähnung der winzigen Einschnitte, die die inneren Organe des Tieres zeigen sollten, beschreibt (Lynceo, 1651, I: 600–627)[47], doch nicht darauf gerichtet, den »Charakter« dieses bestimmten Tieres festzustellen, sondern den »Gemeincharakter« (ein Schritt von der Geschichte zur Naturgeschichte) der gesamten Gattung. Es handelte sich dabei um eine Fortführung und Verfeinerung der von Aristoteles begründeten Naturgeschichtstradition. Der Gesichtssinn – symbolisch dargestellt in den scharfen Augen der Luchse, die den First von Federico Cesis Akademie von Lincei zierten – war das zentrale Organ innerhalb dieser Disziplinen, die sich das außerhalb der Sinneswahrnehmung liegende Auge der Mathematik nicht zunutze machen durften[48].

7. Es ist einleuchtend, daß zu diesen Disziplinen auch die Human- oder Sozialwissenschaften (so wie wir sie heute definieren würden) gehörten. Man braucht sich dazu nur ihren hartnäckigen Anthropozentrismus vor Augen zu führen, für den uns das Filarete-Zitat ein so anschauliches Beispiel geliefert hat. Doch hat es andererseits Bemühungen gegeben, die mathematische Methode selbst auf das Studium menschlicher Phänomene anzuwenden (siehe z. B. »Craig's Rules«, 1964). Es ist wenig erstaunlich, daß es sich bei den ersten und erfolgreichsten dieser Anstrengungen um politische Arithmetik handelte, die die – biologisch gesehen – am ehesten vorherbestimmbaren Elemente menschlicher Existenz wie Geburt, Fortpflanzung und Tod zum Thema hatte. Diese drastische Beschränkung erlaubte eine exakte Untersuchung und erfüllte gleichzeitig die militärischen oder fiskalischen Zwecke absolutistischer Staaten, deren Interesse, der Begrenztheit ihres Wirkungskreises gemäß, nicht über Zahlen hinausging. Daß die »Klientel« dieser neuen Wissenschaft, der Statistik, nicht an qualitativen im Unterschied zu quantitativen Faktoren interessiert war, hieß jedoch nicht, daß sie damit von dem Bereich, den wir bisher als den der konjekturalen Disziplinen bezeichnet haben, völlig abgeschnitten war. Durch Wahrscheinlichkeitsberechnungen (wie im Titel von Bernoullis klassischem Werk *Die Wahrscheinlichkeitsrechnung – Ars Conjectandi*, 1713, posthum) wurde nun versucht, exakte mathema-

tische Formeln auf Probleme anzuwenden, die in der Vergangenheit auf ganz andere Art und Weise von der Divination angegangen worden waren[49].

Dessen ungeachtet blieben die Humanwissenschaften unverrückbar der Bewertung der Qualität verhaftet, wenn das auch,
[99] besonders im Falle der / Medizin, nicht selten von Unbehagen begleitet war. Denn trotz des unleugbaren Fortschritts, der auf diesem Gebiet erzielt worden war, schienen die Methoden nach wie vor wenig verläßlich und die Ergebnisse nicht voraussagbar. Eine Schrift wie *Du degré de certitude en médicine*, deren Verfasser der französische Arzt und Schriftsteller Cabanis war und die Ende des 18. Jahrhunderts erschien (*cf.* Cabanis, 1823), gab diesen Mangel an Exaktheit zu, nicht ohne aber gleichzeitig zu betonen, daß die Medizin dessen ungeachtet auf ihre eigene Art wissenschaftlich sei. Für den Mangel an Verläßlichkeit scheint es zwei einfache Gründe zu geben. Zum ersten wurden die Beschreibungen bestimmter Krankheiten, die einer theoretischen Klassifizierung durchaus angemessen waren, nicht notwendigerweise auch der Praxis gerecht, da sich eine Krankheit bei verschiedenen Patienten verschieden äußern konnte. Zweitens blieb die Kenntnis einer Krankheit immer indirekt und konjiziert, denn die Geheimnisse eines lebendigen Körpers waren *per definitionem* unerreichbar. Einen toten Körper konnte man natürlich sezieren, doch wie gelang einem der Übergang von der Leiche, die der Tod unwiderruflich verändert hatte, zu den Eigenschaften eines Lebenden (Foucault, 1963; und 1976: 106–107)? Die Erkenntnis dieses doppelten Problems mußte unweigerlich zu dem Eingeständnis führen, daß nicht einmal die Wirksamkeit medizinischer Verfahren bewiesen werden konnte. Schließlich war es der Medizin unmöglich, die den Naturwissenschaften eigentümliche Exaktheit zu erreichen, weil sie (außer bei einigen reinen Hilfsfunktionen) zur Quantifizierung unfähig war; diese Unfähigkeit war Folge der Unmöglichkeit, das qualitative Element, das Individuelle, auszuschließen; die wiederum verdankte sich der Tatsache, daß das menschliche Auge angesichts noch so geringfügiger Unterschiede zwischen Menschen sensibler reagiert als auf Unterschiede zwischen Steinen oder Blättern. Diese Diskussionen über die »Ungewißheit« der Medizin bildeten die ersten Formulierungsversuche des sich später

entwickelnden zentralen epistemologischen Problems innerhalb der Humanwissenschaften.

8. Cabanis Buch läßt zwischen den Zeilen eine Ungeduld erkennen, die nicht schwer zu verstehen ist. Ungeachtet der mehr oder weniger gerechtfertigten Einwände, die man ihr gegenüber ins Feld führen konnte, genoß die Medizin ungeteilte gesellschaftliche Anerkennung. Nicht allen konjekturalen Disziplinen jedoch ging es zu jener Zeit so gut. Einige behaupteten eine zwiespältige Stellung in den Grenzgebieten der anerkannten Disziplinen: so etwa die relativ junge »Kennerschaft«. Andere, die stärker in das tägliche Leben eingebettet waren, blieben weit außerhalb. Die Fähigkeit, ein krankes Pferd am Zustand seiner Hufe, einen aufkommenden Sturm aus einer Änderung der Windrichtung oder unfreundliche Absichten aus der Finsternis eines Gesichtsausdrucks zu erkennen, stammte sicher nicht aus der Kenntnis einer Abhandlung über kranke Pferde, Wetterkunde oder Psychologie. In allen diesen Fällen waren die Kenntnisse reichhaltiger, als irgendeine schriftliche Quelle zu diesem Thema es hätte sein können; sie waren nicht durch Bücherlesen, sondern durch Lauschen, Beobachten und eigenes Versuchen erworben worden; ihre Feinheiten ließen sich kaum in einen formalen Rahmen pressen und waren möglicherweise nicht einmal auf Worte reduzierbar. Es handelte sich um das – teils gemeinsame, teils individuelle – Erbe / von Männern und Frauen [100] aller gesellschaftlichen Schichten und Gruppen.

Etwas war allen diesen Wissensarten gemeinsam: sie waren sämtlich aus der Erfahrung geboren, der Erfahrung des konkreten Einzelfalls. Diese konkrete Qualität war sowohl Stärke als auch Grenze dieser Art von Wissen; es konnte keinen Gebrauch machen von dem mächtigen und schrecklichen Werkzeug der Abstraktion (vgl. auch Ginzburg, 1980).

Ab und zu gab es Versuche, Teile dieses überlieferten Wissens schriftlich festzuhalten, das zwar in einem bestimmten Ort verwurzelt war, von dem jedoch keine Aufzeichnung über Ursprung oder Geschichte existierte[50], um es damit in die Zwangsjacke terminologischer Präzision zu stecken. Dies führte in den meisten Fällen zu einer Beschränkung und Verarmung. Man braucht sich dafür nur die Kluft zwischen den starren und schematischen Abhandlungen der Physiognomik und ihrer empfindsamen und flexiblen praktischen Anwendung der Liebenden, Pferdehändlern oder Kartenspielern vor Augen zu führen. Die Medizin war möglicherweise das einzige Gebiet, auf dem sich die systematische Aufzeichnung des überlieferten konjekturalen Wissens als echte Bereicherung erwies; doch ist die Geschichte des Verhältnisses zwischen offizieller und populärer Medizin noch ungeschrieben. Die Situation änderte sich im Laufe des 18. Jahrhunderts. In einer echten kulturellen Offensive eignete sich das Bürgertum allmählich das traditionell überlieferte Wissen der Handwerker und Bauern an, das zum Teil, jedoch nicht völlig konjektural war. Es wurde geordnet und aufgezeichnet und damit zugleich der massive Vorstoß einer kulturellen Invasion intensiviert, der schon während der Gegenreformation, wenn auch unter anderen Vorzeichen und in verschiedenem Kontext, begonnen hatte. Symbol für diese Offensive und ausschlaggebendes Instrument war natürlich die französische *Encyclopédie*. Doch sollten wir auch kleine, aber aufschlußreiche Ereignisse in unsere Überlegungen einbeziehen, etwa die Episode, in der ein vermutlich erstaunter Winckelmann von einem ungenannt gebliebenen römischen Steinmetz erfuhr, daß es sich bei dem mysteriösen, nicht identifizierbaren kleinen Stein, den man in der Hand einer Statue in Porto d'Anzio entdeckt hatte, um »den Verschluß oder Korken einer kleinen Flasche« handelte.

Die systematische Sammlung solcher »kleinen Erkenntnisse«, wie Winckelmann sie an anderer Stelle nannte[51], bildete die Grundlage für die Neuformulierung uralten Wissens, die während des 18. und 19. Jahrhunderts alle Gebiete von der Kochkunst über die Hydrologie bis hin zur Tiermedizin erfaßte. So eröffnete sich immer mehr Lesern auf dem Wege über die Seiten eines Buches der Zugang zu spezifischem Wissen. Der Roman verschaffte dem Bürgertum – wenn auch auf anderer Ebene – einen Ersatz für die alten Initiationsriten, also für den Zugang zu realer Erfahrung im allgemeinen[52]. Und in der Tat war es der Dichtung zu verdanken, daß das konjekturale Paradigma zu jener Zeit erneuten und unerwarteten Erfolg genoß.

9. Wir haben schon im Zusammenhang mit der Hypothese über den Ursprung des Konjekturalen in der frühzeitlichen Jagdkultur die Geschichte von den drei Brüdern gehört, die

aufgrund der Interpretation einer Reihe von Spuren das Aussehen eines Tieres rekonstruieren, das sie nie mit eigenen Augen
gesehen haben. Diese Geschichte hatte ihr europäisches Debüt
in einer Sammlung von Sercambi (Cerulli, 1975)[53]. In der Folge
erschien sie dann als Einführung zu einer weit umfangreicheren
Sammlung von Geschichten, / vorgestellt als Übersetzung aus [101]
dem Persischen von einem Armenier namens Christopher. Dieses
Buch erschien Mitte des 16. Jahrhunderts in Venedig unter dem
Titel *Peregrinaggio di tre giovani figliuoli del re di Serendippo*
(Die Reisen der drei jungen Prinzen von Serendippo). Es wurde
mehrmals aufgelegt und in verschiedene Sprachen übersetzt,
zunächst ins Deutsche, dann, im Zuge der im 18. Jahrhundert
vorherrschenden Vorliebe für alles Orientalische, in die meisten
europäischen Sprachen[54]. Der Erfolg dieser Geschichte von den
Prinzen von Serendippo ließ Horace Walpole im Jahre 1745 das
Wort *serendipity* prägen. Es bezeichnet die Gabe, durch »Zufall
und Scharfsinn« glückliche und unerwartete Entdeckungen zu
machen (Heckscher, 1974: 130–131)[55]. Wenige Jahre zuvor hatte
Voltaire den ersten Band der »Reisen«, den er in der französischen Übersetzung gelesen hatte, für das dritte Kapitel seines
Zadig umgearbeitet. In seiner Version werden aus dem Kamel
des Originals eine Hündin und ein Pferd, die Zadig durch die
Entzifferung ihrer Spuren bis in die kleinsten Einzelheiten beschreiben kann. Des Diebstahls angeklagt und vor Gericht
gestellt, beweist Zadig seine Unschuld, indem er den Denkprozeß wiedergibt, der ihn zu der Beschreibung zweier Tiere befä-
higte, die er noch nie gesehen hatte.

> »Im Sand entdeckte ich die Spuren eines Tieres und konnte leicht
> feststellen, daß sie von einem kleinen Hund herrührten. An den
> langgezogenen leichten Furchen auf den kleinen Sandbuckeln zwi-
> schen den Pfotenabdrücken erkannte ich, daß es sich um eine
> Hündin mit herabhängenden Zitzen handelte, das Tier also wenige
> Tage vorher geworfen haben mußte.«

Diese und auch die folgenden Zeilen bergen die Anfänge der
Detektivgeschichte. Sie übten direkten Einfluß auf Poe und
Gaboriau aus und mögen indirekt auch Conan Doyle beeinflußt
haben[56].

Der außerordentliche Erfolg der Kriminalgeschichte ist sattsam bekannt; wir wollen später noch genauer auf einige der

155

CARLO GINZBURG

Gründe eingehen. Für jetzt soll uns der Hinweis genügen, daß
sie auf einem Denkmodell basiert, das gleichzeitig sehr alt und
sehr neu ist. Seine Wurzeln in der Frühzeit sind bereits besprochen worden. Zu seinen modernen Elementen möchte ich Cu-
viers Lob auf die Methoden und Erfolge der neuen Wissenschaft
der Paläontologie aus dem Jahre 1843 anführen:

> »Wenn heute jemand auf den Abdruck eines Paarzehers stößt, so
> kann er daraus schließen, daß das Tier, das einen solchen Abdruck
> hinterlassen hat, ein Wiederkäuer war, und diese Schlußfolgerung ist
> dabei so gewiß wie jede, die in der Physik oder der Moralphilosophie
> gezogen werden kann. Diese einzige Spur gibt dem Beobachter also
> Auskunft über die Art des Gebisses, des Kiefers, der Lenden, der
> Schultern und des Beckens dieses vorübergegangenen Tieres; und
> damit hat er mehr untrügliche Evidenz erhalten, als ihm alle Spuren
> Zadigs liefern könnten« (Messac, 1929: 34–35).

Vielleicht untrüglicher, aber doch äußerst vergleichbar. Der
Name Zadigs wurde im Laufe der Zeit auf so vieles angewandt,
daß Thomas Huxley im Jahre 1880 während einer Vorlesungs-
[102] reihe, die die Entdeckungen Darwins verbreiten sollte, / jenes
in der Geschichte, Archäologie, Geologie, physikalischen
Astronomie und Paläontologie gebräuchliche Vorgehen als »Za-
digsche Methode« definierte: nämlich die Aufstellung retro-
spektiver Voraussagen. Diese Disziplinen, deren Ur-Interesse in
der historischen Entwicklung liegt, konnten ein Zurückfallen in
das konjekturale oder divinatorische Modell (Huxley bezog sich
tatsächlich explizit auf die rückwärtsgewandte Divination)[57] und
damit eine Abwendung vom galileischen Paradigma kaum vermeiden. Wenn sich Ursachen nicht wiederholen lassen, gibt es
keine andere Alternative, als sie aus ihrer Wirkung abzuleiten.

III

1. Die vorliegende Untersuchung läßt sich mit der Verfolgung
der Fäden in einem Webstück vergleichen. Wir sind nun an
einem Punkt angelangt, an dem diese Fäden zum erstenmal ein
einheitliches Ganzes bilden, ein homogenes, dicht gewebtes
Stück Stoff. Um den Zusammenhalt des Musters zu prüfen,
folgen wir mit den Augen den verschiedenen Linien. Vertikal
ergibt das die Folge Serendippo – Zadig – Poe – Gaboriau –

156

Conan Doyle, horizontal die Juxtaposition, die der Literaturkritiker Dubos zu Anfang des 18. Jahrhunderts aufstellte, nämlich – mit abnehmender Verläßlichkeit – von Medizin, Kennerschaft und Identifizierung durch Handschriftproben (Dubos, 1729, II: 362–365; teilweise zitiert bei Zerner, 1978: 215, Fußn.). Und schließlich bewegen wir uns in der Diagonale von einem historischen Kontext zum anderen, wobei wir Gaboriaus Detektivheld, Monsieur Lecoq, folgen, wie er ruhelos über ein »unbekanntes, schneebedecktes Feld« läuft, auf dem die Spuren der Verbrecher sich abzeichnen wie »eine riesige weiße Seite, auf der die Menschen, die wir suchen, nicht nur Fußabdrücke und Spuren von Bewegungen, sondern auch Spuren ihrer innersten Gedanken, Hoffnungen und Ängste, die sie antreiben, hinterlassen haben« (Gaboriau, 1877, I: 44)[58]. Nicht mit einweben lassen sich dabei die Verfasser von Abhandlungen über die Physiognomik, im Lesen von himmlischen und irdischen Botschaften versierte babylonische Seher sowie neolithische Jäger.

Das Stück Stoff versinnbildlicht das Paradigma, das wir aus verschiedenen Kontexten erschlossen haben – aus der Jagd, der Wahrsagerei, aus teils konjekturalen, teils semiotischen Zusammenhängen. Sicher handelt es sich hier nicht um Synonyme, sondern um alternative Beschreibungen, die dennoch auf ein gemeinsames epistemologisches Modell zurückgehen, das für eine Reihe von verschiedenen Disziplinen entwickelt wurde, die untereinander wiederum oft durch wechselseitig geborgte Methoden oder Schlüsselwörter verknüpft sind. Zwischen dem 18. und dem 19. Jahrhundert fand im Zuge der sich entwickelnden »Humanwissenschaften« eine tiefgreifende Umwälzung in der Konstellation der konjekturalen Disziplinen statt: Neue Sterne erschienen am Himmel, die (wie die Phrenologie)[59] bald fallen sollten, oder die (wie die Paläontologie) in großer Helligkeit erstrahlten, doch war es in erster Linie die Medizin, die ihren hohen Status innerhalb von Gesellschaft und Wissenschaft behaupten konnte. Sie wurde (explizit oder implizit) zur Bezugsgröße aller Humanwissenschaften. / Um welche Gebiete der [103] Medizin handelte es sich dabei? Um die Mitte des 18. Jahrhunderts ließen sich zwei alternative Modelle erkennen: das anatomische und das semiotische. Die Metapher der »Anatomie der bürgerlichen Gesellschaft«, die Marx in einem politisch-kriti-

schen Kontext verwandte[60], artikuliert das Streben nach einem
Wissenssystem zu einer Zeit, als das letzte große philosophische
System – der Hegelianismus – schon in Auflösung begriffen war.
Doch trotz des großen Erfolges des Marxismus akzeptierten die
Humanwissenschaften in wachsenden Maße (mit einer bedeu-
tenden Ausnahme, auf die wir noch zurückkommen werden) das
konjekturale Paradigma der Semiotik. Und damit kehren wir
zurück zu der Triade Morelli – Freud – Conan Doyle, die unser
Ausgangspunkt war.

2. Bisher haben wir den Begriff des konjekturalen Paradigmas
(und seiner Varianten) in einem umfassenden Sinne gebraucht.
Es ist nun an der Zeit, es in seine Einzelteile zu zerlegen, denn es
ist wohl *eine* Sache, Fußabdrücke, Sterne, Exkremente (menschlichen oder tierischen Ursprungs), Erkältungen, Hornhäute,
Pulse, schneebedeckte Felder oder heruntergefallene Zigarettenasche zu untersuchen, eine ganz *andere* jedoch, einen Text, ein
Gemälde oder eine Rede zu analysieren. Die Unterscheidung
zwischen (toter und lebendiger) Natur und Kultur ist eine
grundlegende und ohne Zweifel eine bedeutsamere als die weit
oberflächlicheren und wandelbareren Unterscheidungen der
Disziplinen untereinander. Morellis Idee bestand darin, innerhalb eines kulturell determinierten Zeichensystems diejenigen
Malkonventionen und Zeichen ausfindig zu machen, die, wie
Symptome (oder die meisten Indizien), unbeabsichtigt entstanden. Und mehr noch: in diesen unbeabsichtigten Zeichen, in
den »winzigen Details – ein Kalligraph würde sie Schnörkel
nennen« – und in den »Lieblingsworten und -redewendungen«,
die die meisten »beim Reden oder Schreiben verwenden, ohne es
zu beabsichtigen und ohne zu merken, daß sie es tun«, erkannte
Morelli die verläßlichsten Indizien für eine künstlerische Identität (Morelli, 1897: 71)[61]. So erbte Morelli (wenn auch wohl
indirekt)[62] die vom seinem Vorgänger Guilio Mancini lange vor
ihm formulierten methodologischen Prinzipien und entwickelte
sie weiter. Der Zeitpunkt, zu dem diese Prinzipien schließlich
Früchte tragen sollten, war vielleicht nicht völlig vom Zufall
bestimmt. Er fiel zusammen mit einer sich immer klarer heraus-
bildenden Tendenz auf seiten der staatlichen Mächte, der Gesellschaft ein engmaschiges Kontrollnetz überzustreifen. Die angewandte Methode nahm dabei erneut eine Identitätsbestimmung

mit Hilfe von trivialen und außerhalb der Bewußtseinskontrolle liegenden Charakteristika vor.

3. Jede Gemeinschaft bedarf einer klaren Unterscheidung ihrer Mitglieder, wobei die Art und Weise der Ausführung je nach Ort und Zeit verschieden ausfällt (Lévi-Strauss *et al.*, 1977). Da ist zunächst einmal der Name; je komplexer die Gemeinschaft jedoch ist, desto weniger befriedigend kann der Name die Identität des Einzelnen repräsentieren, ohne Verwirrung zu stiften. Während der griechisch-römischen Herrschaft in Ägypten mußte ein Mann, wenn er einen Notar aufsuchte, weil er sich verheiraten oder ein Geschäft tätigen wollte, neben seinem Namen auch noch einige Details bezüglich seiner Erscheinung angeben, etwa Narben oder andere Erkennungsmerkmale (Caldera, 1924). Doch blieb auch so das Risiko eines Irrtums / oder [104] der Identitätsschwindelei relativ hoch. Im Vergleich dazu war die Unterschrift unter einem Vertrag weitaus besser: gegen Ende des 18. Jahrhunderts stellte der Abt Lanzi an einer Stelle in seiner *Storia pittorica* (Geschichte der Malerei), die sich mit den Methoden des Kenners auseinandersetzte, die Behauptung auf, die Unmöglichkeit, eine Handschrift zu imitieren, sei von der Natur zur »Sicherung« der »bürgerlichen Gesellschaft« (Lanzi, 1968, I: 15) vorgesehen. Natürlich ließen sich auch Unterschriften fälschen; vor allem aber boten sie keine Kontrolle über die Analphabeten. Trotz dieser Mängel sah die europäische Gesellschaft über Jahrhunderte hinweg keine Veranlassung, eine verläßlichere oder praktischere Identifizierungsmethode zu ersinnen – selbst dann nicht, als die industrielle Revolution, die aus ihr resultierende soziale und geographische Mobilität und das rapide Wachstum riesiger Städtekonglomerate die Grundaspekte des Problems völlig verändert hatten. In dieser Art von Gesellschaft war es ein Kinderspiel, die eigenen Spuren zu verwischen und mit einer neuen Identität wiederaufzutauchen – und das nicht nur in London oder Paris. Erst in den letzten Jahrzehnten des 19. Jahrhunderts kamen Vorschläge für neue, miteinander rivalisierende Identifizierungssysteme auf. Das war die Folge des jene Zeit beherrschenden Klassenkampfes: der Gründung einer internationalen Arbeitervereinigung, der Unterdrückung des Arbeiterwiderstandes nach der Pariser Kommune und der sich verändernden Verbrechensstruktur. Die

Ausformung kapitalistischer Produktionsverhältnisse führte in England etwa nach 1720 (Thompson, 1975), im restlichen Europa (mit der Einführung des Code Napoléon) ein Jahrhundert später zu einer Umgestaltung des Rechtswesens, das nun unter Einführung einer größeren Zahl von strafbaren Vergehen und härterer Strafmaßnahmen den neuen bürgerlichen Besitzvorstellungen angepaßt wurde. Der Klassenkampf drang immer weiter in den Bereich der Kriminalität vor, und gleichzeitig wurde ein neues Gefängnissystem errichtet, das längere Haftstrafen vorsah (Foucault, 1975). Doch das Gefängnis bringt Verbrecher hervor. In Frankreich nahm die Zahl der Rückfalltäter nach 1870 stetig zu, bis sie gegen Ende des Jahrhunderts etwa die Hälfte aller vor Gericht verhandelten Fälle ausmachte (Perrot, 1975, bes. S. 68). Die Schwierigkeit, Zweit- oder Mehrfachtäter zu identifizieren, die sich in jenen Jahren zeigte, bildete den Brückenkopf zu einem mehr oder weniger bewußt verfolgten Projekt, das eine vollständige und übergreifende Kontrolle der ganzen Gesellschaft ermöglichen sollte.

Zur Identifizierung Vorbestrafter mußte man beweisen, daß (1.) die betreffende Person schon einmal verurteilt worden und sie (2.) mit der vorher verurteilten identisch war (Bertillon, 1883; Locard, 1909)[63]. Das erste Problem wurde durch das Anlegen polizeilicher Akten gelöst. Das zweite erwies sich als hartnäckiger. Die alten Strafmaßnahmen, die eine lebenslange Brandmarkung oder gar Verstümmelung der Verbrecher nach sich gezogen hatten, waren abgeschafft worden. In Dumas' *Drei Musketieren* half die auf Mildays Schulter eingebrannte Lilie dem D'Arta-
[105] gnan, sie als Giftmörderin zu entlarven, / die in der Vergangenheit schon einmal für ihre Missetaten bestraft worden war, während in seinem *Graf von Montechristo* oder in Hugos *Les Misérables* die entflohenen Sträflinge Edmond Dantes und Jean Valjean ihr gesellschaftliches Leben mit falscher Identität wiederaufnehmen konnten. Diese Beispiele verdeutlichen den Einfluß, den der Vorbestrafte auf die Vorstellungen des neunzehnten Jahrhunderts ausübte[64]. Das Bürgertum bedurfte eines Erkennungsmerkmales, das so unauslöschlich wie die unter dem Ancien Régime auferlegten, aber weniger blutdürstig und demütigend war.

Die Idee eines riesigen Photoarchivs wurde zunächst verworfen, da es zu große Klassifizierungsprobleme mit sich brachte: Wie ließen sich einzelne Elemente im Kontinuum der Bilder isolieren (siehe Bertillon, 1883: 10)? Der Weg der Quantifizierung schien weniger kompliziert und zudem exakter. Seit dem Jahre 1879 entwickelte der an der Präfektur von Paris angestellte Alphonse Bertillon eine anthropometrische Methode, die er in verschiedenen Schriften darlegte (zu Bertillon vgl. Lacassagne, 1914; Locard, 1914) und die eine sorgfältige Messung somatischer Details vorsah, die dann auf der Karteikarte dieser Person zusammengefaßt wurden. So konnte ein gerichtliches Fehlurteil (theoretisch) von ein paar falsch verzeichneten Millimetern abhängen, doch lag der Hauptfehler von Bertillons anthropometrischem System in der Tatsache, daß es einen rein negativen Ansatz darstellte. Es erlaubte die Eliminierung all jener Personen, deren Merkmale bei der Untersuchung nicht übereinstimmten, konnte jedoch nicht den Beweis erbringen, daß identische Details sich auf die gleiche Person bezogen (Bertillon, 1883: 11). Diese Unbestimmbarkeit des Individuellen ließ sich nicht ausmerzen: sobald sie von der Quantifizierung zur Tür hinausgejagt worden war, kam sie durch das Fenster wieder herein. Bertillon entwarf daher eine Kombination der anthropometrischen Methode mit einem »Wortporträt«, wie er es nannte, einer verbalen Analyse physiologischer Signalelemente (Nase, Augen, Ohren, usw.), die zusammen das Gesamtbild einer Person ergeben und so eine Identifizierung möglich machen sollten. Die Seiten voller Ohrenabbildungen, die Bertillon zusammenstellte[65], erinnern unwiderstehlich an die Illustrationen, die den Schriften seines Zeitgenossen Morelli beigegeben sind. Zwar mag kein direkter Zusammenhang bestanden haben; auffallend aber ist, daß Bertillon, der außerdem Handschriftenexperte war, als sichere Indizien für eine Fälschung gerade diejenigen idiosynkratischen Merkmale bezeichnete, die der Fälscher nicht reproduzieren konnte und manchmal durch seine eigene Version ersetzte (Locard, 1914: 27)[66].

Es liegt auf der Hand, daß das Bertillonsche System äußerst kompliziert war. Wir haben schon die Schwierigkeiten erwähnt, die die Messungen mit sich brachten. Nun fügte das Wortporträt diesen Schwierigkeiten noch eine neue Dimension hinzu. Worin lag der Unterschied zwischen einer hervorspringenden Hakennase und einer hakenförmigen Nase, die hervorsprang? Wie ließ sich der genaue Farbton blaugrüner Augen klassifizieren?

Eine neue Identifizierungsmethode, die sowohl das Sammeln als auch die Klassifizierung von Daten wesentlich vereinfachte, [106] wurde 1888 von Galton / in einer später revidierten und erweiterten Abhandlung entworfen (Galton, 1892, wo auch frühere Publikationen zu dem Thema verzeichnet sind). Hierbei handelt es sich natürlich um die Daktyloskopie. Wie Galton selbst ehrlicherweise zugibt, war er mit diesem Vorschlag nicht der erste.

Die wissenschaftliche Analyse von Fingerabdrücken nahm 1823 ihren Anfang mit einer Arbeit von Purkyně, dem Begründer der Histologie, die er *Commentatio de examine physiologico organi visus et systematis cutanei* (Kommentar zur physiologischen Erforschung des Gesichtssinnes und des Hautsystems; Purkyně, 1948: 29–56) nannte. Darin unterschied und beschrieb er neun verschiedene Grundtypen von Hautlinien, behauptete jedoch, daß keine zwei Menschen in ihren Fingerabdrücken jemals die gleiche Kombination aufwiesen. Zwar ignorierte er die praktischen Implikationen dieser Theorie, widmete aber den philosophischen Aspekten das Kapitel *De cognitione organismi individualis in genere* (Über das allgemeine Erkennen individueller Organismen; *ibid.*, 30–32). Die Kenntnis des Individuums bilde das Kernstück medizinischer Praxis, führte Purkyně aus, indem er bei der Diagnose ansetzte; Symptome nähmen bei verschiedenen Menschen verschiedene Formen an, die daher auch einer unterschiedlichen Behandlung zu ihrer Heilung bedürften. Einige moderne Autoren (deren Namen er jedoch nicht nennt) hätten die praktische Medizin *die Kunst des Individualisierens* genannt (*ibid.*: 31). Doch war es die Physiologie des Individuums die auf diesem Gebiet die Hauptrolle spielte. Hier klingen bei Purkyně, der in seiner Jugend in Prag Philosophie studiert hatte, die Zentralthemen Leibniz'schen Gedankengutes an: Der Einzelne, das »in jeder Hinsicht determinierte Wesen« *(ens omnimodo determinatum)* besitzt eine Identität, die in jeder kleinen Einzelheit, und sei sie noch so unauffällig, erkennbar ist. Weder Umstände noch äußere Einflüsse reichen zu ihrer Erklärung aus. Das führt zu der Annahme, daß eine innere Norm existiert, ein »Typus«, der den Fortbestand jeder Art innerhalb ihrer Grenzen sichert; die Erkenntnis dieser Norm (so Purkyněs weitblickende Behauptung) »würde das Verständnis der verborgenen Natur des Individuums eröffnen« (*ibid.:* 31– 32). Der Fehler der Physiognomik hatte darin gelegen, daß sie die individuellen Unterschiede vorgegebenen Annahmen und übereilten Schlußfolgerungen unterwarf, was die Ausarbeitung einer wissenschaftlichen, deskriptiven Erforschung von Gesichtern bis dahin vereitelt hatte. Indem er die Untersuchung der Handfläche der »nutzlosen Wissenschaft« der Chiromantie überließ, konzentrierte Purkyně seine eigene Aufmerksamkeit auf Merkmale, die weitaus weniger augenfällig waren: die Linien auf Daumen und Fingerkuppen, die ihm den bisher verborgenen Beweis der Individualität lieferten.

Verlassen wir Europa für einen Augenblick und wenden wir uns Asien zu. Unabhängig von ihren europäischen Kollegen, ja im Gegensatz zu ihnen, hatten die chinesischen und japanischen Wahrsager ein Interesse an den kaum sichtbaren Linien entwickkelt, die die Hautoberfläche der Hand durchziehen. In Bengalen und auch in China war es Brauch, unter Briefe und Dokumente den Abdruck einer Fingerkuppe zu setzen, die man zuvor in Tinte oder Teer getaucht hatte (Galton, 1892: 24 ff.): Hierbei handelte es sich wahrscheinlich um eine Folge / des durch divinatorische Praktiken erworbenen Wissens. Jeder, der es gewohnt war, geheimnisvolle Botschaften aus den Adern eines Steins oder eines Holzstückes, aus den Spuren eines Vogels oder dem Panzer einer Schildkröte zu lesen (Vandermeersch, 1974: 29 ff.; Gernet, 1974: 52 ff.), hatte keinerlei Schwierigkeiten, im Abdruck eines schmutzigen Fingers eine Art von Botschaft zu sehen. Im Jahre 1860 stieß Sir William Herschel, damaliger Bezirkskommissar von Hooghly in Bengalen, auf diesen unter den Eingeborenen üblichen Brauch, erkannte dessen Nutzen und beschloß, ihn sich zur Verbesserung des britischen Verwaltungsapparates zunutze zu machen. (Dabei waren die theoretischen Aspekte für ihn belanglos; von Purkyněs lateinischem Diskurs, der schon seit einem halben Jahrhundert ungelesen dalag, hatte er nie gehört.) Es bestand jedoch in der Tat, wie Galton später bemerken sollte, ein großer Bedarf an einem solchen Identifizierungsmittel; in Indien wie auch in den anderen britischen Kolonien waren die Eingeborenen ungebildet, streitsüchtig, verschlagen

[107]

163

CARLO GINZBURG

und betrügerisch und sahen, zumindest in den Augen der Europäer, alle gleich aus. 1880 verkündete Herschel in der Zeitschrift *Nature*, daß nach siebzehn Jahre dauernden Versuchen im Distrikt von Hooghly offiziell Fingerabdrücke eingeführt und seitdem drei Jahre lang mit den besten Ergebnissen verwendet worden seien (Galton, 1892: 27–28)[67]. Die Kolonialherrscher hatten sich das konjekturale Wissen der Bengalen angeeignet, um es gegen sie einzusetzen.

Herschels Artikel diente Galton als Ansatzpunkt für eine systematische Neuordnung aller auf diesem Gebiet von ihm gewonnenen Erkenntnisse. Seine Forschungen waren durch ein Zusammentreffen dreier voneinander getrennter Faktoren möglich geworden: durch die Entdeckungen eines reinen Wissenschaftlers, Purkyně; durch die konkrete Erfahrung, gewonnen aus der täglichen Praxis unter der bengalischen Bevölkerung; sowie durch den politischen und verwaltungstechnischen Scharfsinn des Sir William Herschel, eines getreuen Dieners Ihrer Britannischen Majestät. Den ersten und dritten dieser Faktoren erkannte Galton an. Er versuchte darüber hinaus, rassische Charakteristika aus den Fingerabdrücken zu entnehmen, was ihm jedoch nicht gelang. Dennoch ließ er in seiner Hoffnung nicht nach, Forschungen unter einigen indischen Stämmen zu betreiben und dabei auf »eher affenähnliche Muster« zu stoßen (*ibid.:* 17–18).

Galton leistete nicht nur einen wesentlichen Beitrag zur Analyse von Fingerabdrücken, er erkannte, wie wir gesehen haben, auch ihre praktischen Implikationen. Innerhalb kürzester Zeit wurde die Daktyloskopie in England eingeführt, von wo aus sie sich allmählich den Rest der Welt eroberte (wobei Frankreich sie als eines der letzten Länder akzeptierte). Auf diese Weise erhielt jeder Mensch – wie Galton prahlerisch bemerkte und damit das Lob für sich in Anspruch nahm, das ein Kollege im französischen Innenministerium seinem Rivalen Bertillon gezollt hatte – eine Identität und war damit ein für allemal und jenseits aller Zweifel als Individuum bestätigt (*ibid.:* 169; vgl. auch Foucault, 1976: 118).

Mit dieser Methode wurde, was den britischen Verwaltern als eine ununterscheidbare Masse von Bengalen-Gesichtern (oder »Schnuten«, um uns Filaretes verächtlicher Bezeichnung zu erinnern) erschienen war, nun in eine Reihe von Individuen aufgelöst, von denen jedes / durch eine biologische Besonderheit [108] gekennzeichnet war. Diese außerordentliche Begriffserweiterung der Individualität kam durch das Verhältnis zwischen Staat und Verwaltungs- und Polizeiapparat zustande. Der letzte Einwohner des erbärmlichsten Weilers in Europa oder Asien konnte auf diese Weise, dank der Daktyloskopie, identifiziert und kontrolliert werden.

4. In demselben konjekturalen Paradigma, das in diesem Fall zur Entwicklung einer differenzierteren Kontrolle des Individuums in der Gesellschaft genutzt wurde, steckt ein Schlüssel zum möglichen Verständnis der Gesellschaft selbst. In einer ständig komplexer werdenden sozialen Struktur wie der des fortgeschrittenen Kapitalismus, die zudem von ideologischem Nebel verhüllt ist, erscheint die Forderung nach systematisch geordnetem Wissen als unvernünftige Laune. Das einräumen heißt noch nicht die Idee der Totalität völlig aufgeben. Im Gegenteil, wir können die Existenz eines tieferen Zusammenhangs, die zur Erklärung oberflächlicher Phänomene dient, als bewiesen ansehen, wenn anerkannt wird, daß eine direkte Erkenntnis eines solchen Zusammenhangs nicht möglich ist. Die Realität selbst ist undurchsichtig, doch gibt es gewisse Punkte – Indizien, Symptome –, die es uns ermöglichen, sie zu erfassen.

Dieses Konzept, das das Kernstück des konjekturalen oder semiotischen Paradigmas bildet, hat sich einen Platz auf einer weitläufigen Skala von intellektuellen Kontexten erobert, wobei der Einfluß auf die Humanwissenschaften wohl der tiefgreifendste ist. So hat man die winzigsten zeichenhaften Charakteristika zur Rekonstruktion kultureller Verlagerungen und Umwandlungen herangezogen (ein Verfahren, das in direkter Linie auf Morelli zurückging, der damit eine Anleihe beglich, die Mancini ungefähr 300 Jahre vorher bei Allacci gemacht hatte). Die fließenden Gewänder auf florentinischen Gemälden des 15. Jahrhunderts, die sprachlichen Innovationen eines Rabelais, die Heilung der Skrofulose im Auftrag französischer und englischer Monarchen (um nur wenige von vielen möglichen Beispielen zu nennen) sind als kleine, aber signifikante Hinweise auf allgemeinere Phänomene herangezogen worden, auf die Lebensanschauung einer sozialen Klasse, eines einzelnen Dichters oder einer ganzen Gesellschaft[68]. Die psychoanalytische Disziplin fußt, wie wir gesehen haben, auf der Hypothese, daß scheinbar nebensächliche Details tiefe und wesentliche Phänomene aufdecken können. Von Nietzsche bis Adorno gewinnt die aphoristische Betrachtungsweise an Bedeutung – gleichzeitig mit dem Rückgang der systematischen. Sogar das Wort Aphorismus selbst ist aussagekräftig. (Es ist ein Hinweis, ein Symptom, ein Indiz: unser Paradigma läßt uns nicht los.) *Aphorismen* lautete der Titel eines berühmten Werkes von Hippokrates. Im 17. Jahrhundert erschienen die ersten Sammlungen von »Politischen Aphorismen«[69]. Die aphoristische Literatur definiert sich durch den Versuch, anhand von Symptomen und Indizien Ansichten über Mensch und Gesellschaft zu formulieren, über eine Gesellschaft, die krank ist und sich in der Krise befindet. Selbst »Krise« ist ein medizinischer Begriff, der auf Hippokrates zurückgeht[70]. Auch die Literatur ist reich an Beispielen; so ist der größte Roman unserer Zeit – Marcel Prousts *A la recherche du temps perdu* – ein Beispiel für die strenge Anwendung dieses konjekturalen Paradigmas[71].

5. Sind Strenge und Exaktheit überhaupt mit dem konjektura-[109] len Paradigma vereinbar? Die quantitative / und anti-anthropozentrische Richtung, die die Naturwissenschaften seit Galilei verfolgt haben, haben die Humanwissenschaften vor ein peinliches Dilemma gestellt. Sollten sie aus einer wissenschaftlich schwachen Position heraus bedeutsame Ergebnisse erzielen, oder sollten sie sich eine wissenschaftlich starke Position zu eigen machen, die aber magere Ergebnisse zeitigen würde? Nur der Linguistik ist es (im Laufe dieses Jahrhunderts) gelungen, diesem Dilemma zu entrinnen, und sie bietet sich damit anderen Disziplinen als Vorbild an, an dem diese sich in unterschiedlichem Maße orientiert haben.

Es schleicht sich jedoch der Zweifel ein, ob ein solches Ausmaß an Strenge und Exaktheit nicht vielleicht sowohl unerreichbar als auch unerwünscht sei, und zwar im Hinblick auf die Form, die das Wissen angenommen hat, das am engsten mit unseren alltäglichen Erfahrungen verknüpft ist – oder genauer, mit jedem Kontext, in dem die Einmaligkeit und Unersetzbarkeit der Komponenten für die Beteiligten von ausschlaggebender Bedeutung sind. Jemand hat einmal behauptet, Sich-Verlieben

166

hieße winzige Eigenarten überbewerten, in denen sich eine Frau oder ein Mann von anderen unterschieden. Diese Aussage ließe sich natürlich auch auf Kunstwerke oder Pferde ausdehnen[72]. In einem solchen Kontext ist die elastische Strenge (um einen paradoxen Begriff zu gebrauchen) des konjekturalen Paradigmas wohl nicht zu eliminieren. Wir haben es hier mit Wissensformen zu tun, die oft nicht verbal festgelegt sind, ja deren Regeln sich oft kaum formal ausdrücken oder nicht einmal laut aussprechen lassen. Das »Wie« der Kennerschaft oder der Diagnose läßt sich nicht einfach durch die Anwendung von Regeln erlernen. Bei dieser Art von Wissen sind Faktoren im Spiel, die sich der Meßbarkeit entziehen – ein Schnuppern, ein rascher Blick, eine Intuition. Bislang ist es uns gelungen, ohne das heikle Wort »Intuition« auszukommen. Wenn wir es aber doch als eine alternative Beschreibung für das blitzschnelle Durchlaufen des Gedankenprozesses verwenden wollen, dann darf das nicht ohne eine vorherige Unterscheidung zwischen *hoher* und *niederer* Intuition geschehen.

Die arabische Physiognomik des Altertums basierte auf *firasa*, einem komplexen Begriff, der, allgemein ausgedrückt, die Fähigkeit bezeichnete, durch Schlußfolgerung (auf der Grundlage von Indizien) den plötzlichen Sprung vom Bekannten zum Unbekannten zu vollziehen[73]. Der Ausdruck stammt aus der sufistischen Terminologie und wurde in der Folge sowohl für mystische Eingebung als auch für jene Art von durchdringenden Scharfsinn verwandt, die den Prinzen von Serendippo zugeschrieben wurde[74]. In diesem letzteren Sinne bezeichnet *firasa* nicht mehr und nicht weniger als das Organ konjekturaler Erkenntnis[75].

Diese »niedere« Intuition hat ihren Ursprung in den Sinnen (wenn sie auch darüber hinausgeht), und sie hat als solche nichts zu tun mit der außersinnlichen Intuition verschiedener Formen von Irrationalismus im 19. und 20. Jahrhundert. Sie kommt auf der ganzen Welt vor, kennt keine geographischen, historischen, ethnischen, geschlechtlichen oder sozialen Ausnahmen und unterscheidet sich damit fundamental von jeder Form »höheren«, auf eine Elite beschränkten Wissens. Es handelte sich bei ihr um das Erbe der Bengalen, wie Sir William Herschel es sich aneignete, das Erbe von Jägern, / Seefahrern und Frauen. In ihr manife- [110]

stiert sich die enge Verbindung zwischen den Menschen und ihren Artverwandten, den Tieren.

Anmerkungen

1 Der italienische Originaltext dieses Essays ist erschienen in A. Gargani (Hrsg.), *Crisi della ragione*, Turin: Einaudi, 1977: 59–106. Der Verfasser hofft, in nächster Zeit eine revidierte und erweiterte Fassung zu veröffentlichen.

2 Zur Bedeutung des Begriffs »Paradigma« vgl. Kuhn (1962). Die von demselben Verfasser in jüngster Zeit vorgeschlagenen Erläuterungen und Gliederungen (*Postscript 1969*, in Kuhn, 1974: 174 ff.) spielen in meiner vorliegenden Argumentation keine Rolle.

3 Zu Morelli vgl. vor allem Wind (1963: 32–51) sowie die bei ihm angeführten Quellen. Zu Morellis Leben vgl. auch Ginoulhiac (1940); zu einer Neuuntersuchung seiner Methode Wollheim (1973); Zerner (1978); Previtali (1978). Leider gibt es bisher keine übergreifende Morellistudie. Es wäre sicherlich nützlich, einmal neben seinen kunsthistorischen Schriften seine wissenschaftliche Ausbildung in jungen Jahren, sein Verhältnis zum deutschen Intellektuellenmilieu, seine Freundschaft mit dem bedeutenden italienischen Literaturkritiker Francesco De Sanctis sowie seine politischen Aktivitäten zu analysieren. (Morelli schlug De Sanctis für den Lehrstuhl für italienische Literatur in Zürich vor: vgl. De Sanctis, 1938). Flüchtige Hinweise auf Morellis Aktivitäten finden sich auch bei Spini (1956). Zu der Aufnahme, die sein Werk in Europa fand, siehe seinen Brief an Marco Minghetti, den er am 22. Juni 1882 aus Basel schrieb: »Der alte Jacob Burckhardt, den ich gestern Abend besuchte, war überaus freundlich zu mir und bestand darauf, den ganzen Abend mit mir zu verbringen. Er ist, sowohl was sein Verhalten als auch seine Denkweise betrifft, ein sehr origineller Mann und würde Euch, besonders Donna Laura, sicher gefallen. Er sprach von Lermolieffs Buch, als kenne er es auswendig, und stellte mir die ganze Zeit über Fragen – was mir ungemein schmeichelte. Heute morgen treffe ich ihn wieder ...« (*Biblioteca Communale di Bologna*, Archiginnasio, Carteggio Minghetti, XXIII: 54).

4 Longhi (1967: 234) hielt Morelli für »weniger groß« als Cavalcaselle, jedoch für »bedeutend«, wobei er bemerkt, seine »materialistischen Anklänge« machten »seine Methode vom ästhetischen Standpunkt her vordergründig und nutzlos« (zu den Implikationen derartiger Kritik siehe Contini, 1972: 117). Den zu Morellis Ungunsten

ausfallenden Vergleich mit Cavalcaselle hat z. B. auch M. Fagiolo (in Argan und Fagiolo, 1974: 97, 101) so angestellt.

5 Croce (1946: 15) kritisierte Morellis »sensualistische Überbewertung von aus ihrem Kontext herausgerissenen Details«.

6 Vgl. Longhi (1967: 321): »Entweder ging Morelli ein Gefühl für Qualität völlig ab, oder aber er pervertierte es unter dem Antrieb seiner Kennerschaft«; er beschrieb ihn sogar als »mittelmäßig und bedauernswert«.

7 Arnold Hauser (1958) stellt einen allgemeineren Vergleich zwischen den »detektivischen« Methoden Freuds und Morellis an.

8 CARD erschien zuerst in *The Strand Magazine,* V (Jan.–Juni 1893). Von Baring-Gould (1967: 208) erfahren wir, daß *The Strand* mehrere Monate danach einen anonymen Artikel über die verschiedenen Erscheinungsformen des menschlichen Ohrs veröffentlichte (»Ears: a chapter on«, *Strand Magazine,* VI, Juli–Dez. 1893). Baring-Gould hält es für wahrscheinlich, / daß es sich bei dem Verfasser um Conan Doyle handelte, der damit Holmes' anthropologische Abhandlung über Ohren veröffentlichte. Der Artikel »Ears« erschien jedoch andererseits im Anschluß an einen Artikel über »Hände«, als dessen Verfasser ein gewisser Beckles Wilson zeichnete (*The Strand Magazine,* V, Jan.–Juli 1893), der vermutlich auch für den Ohrenartikel verantwortlich war. Jedenfalls erinnert die Seite voller Illustrationen von möglichen Ohrformen unwiderstehlich an Morellis Werk, was zumindest die Annahme bestätigt, daß die Idee sich während jener Jahre einer allgemeinen Verbreitung erfreute. [111]

9 Es besteht die vage Möglichkeit, daß es sich bei der Koinzidenz um mehr als einen Zufall handelt. Ein Onkel Conan Doyles namens Henry Doyle, der Maler und Kunstkritiker war, erhielt 1869 den Posten des Direktors der Dubliner Kunstgalerie (vgl. Nordon, 1964). Im Jahre 1887 begegnete Morelli Henry Doyle und schrieb über ihn in einem Brief an Sir Henry Layard: »Was Sie mir über die Dubliner Galerie erzählten, interessiert mich sehr, umso mehr als ich das Glück hatte, in London dem vortrefflichen Mr. Doyle zu begegnen, der den allerbesten Eindruck auf mich machte ... Doch leider findet man für gewöhnlich alles andere als solche Doyles mit der Leitung der europäischen Galerien beauftragt! (*British Museum,* Add. Ms. 38 965, *Layard Papers,* Bd. XXXV, c. 120 v). Daß Doyle mit der Morellischen Methode vertraut war (was bei einem Kunsthistoriker wohl auch vorausgesetzt werden kann), ist im *Catalogue of the Works of Art in the National Gallery of Ireland* von 1890 belegt, dessen Herausgeber er war und in dem er sich auf das kunstgeschichtliche Handbuch von Kugler bezieht, das Layard im Jahre

1887 unter Morellis Anleitung völlig neu überarbeitet hatte. Die erste englische Morelli-Übersetzung erschien 1883 (siehe Richter, 1960); während die erste Sherlock-Holmes-Erzählung (STUD) 1887 veröffentlicht wurde. Das läßt die Möglichkeit zu, daß Conan Doyle durch seinen Onkel mit der Morellischen Methode vertraut war. Jedoch ist eine solche Annahme nicht einmal vonnöten, da die Schriften Morellis nicht die einzigen Träger solcher neuen Ideen waren.

10 Die einzige Ausnahme bildet Spectors ausgezeichneter Essay, wenn er auch nicht den geringsten Hinweis auf eine Verbindung zwischen Morellis und Freuds Methoden enthält (1969: 82–83).

11 Zwei späte Aufsätze Freuds über sein Verhältnis zu »Lynkeus« sind »Josef Popper-Lynkeus und die Theorie des Traumes« (1923*f*) und »Meine Berührung mit Josef Popper Lynkeus« (1932*c*).

12 Vgl. Gombrich (1966). Es ist merkwürdig, daß Gombrich an dieser Stelle nicht auf die Passage in Freuds Schrift verweist, die sich auf Morelli bezieht.

13 Freuds Wahl des Vergilschen Verses als Motto ist auf verschiedene Weise interpretiert worden: vgl. Schoenau (1968: 61–73). Die überzeugendste Interpretation bietet E. Simon an: Das Motto besagt, daß der unsichtbare, verborgene Teil der Realität nicht weniger bedeutend sei als der sichtbare. Zu möglichen politischen Implikationen des Vergilschen Verses, der sich schon bei Lassalle findet, vgl. Schorskes beachtenswerten Essay (1980: 181–207, bes. 200–203).

14 Richters Nachruf auf Morelli (Morelli 1897: xviii): »... jene kennzeichnenden [von Morelli entdeckten] Indizien ..., die einem Meister gewohnheitsmäßig und beinahe unbewußt entschlüpfen ...«

15 Vgl. auch den bibliographischen Teil zu N. Meyers *The Seven Percent Solution,* einem unverdient erfolgreichen Roman, in dem Holmes und Freud gemeinsam auftreten.

16 Zu einer Unterscheidung von Symptomen, Zeichen und Indizien vgl. Segre (1975: 33); Sebeok (1976).

17 Vgl. Baring-Gould (1967: 7): »Two doctors and a detective: Sir Arthur Conan Doyle, John A. Watson MD, and Sherlock Holmes of Baker Street«, und im Anschluß daran John Bell, der Arzt, der als Vorlage für die Holmes-Figur diente. Vgl. auch Doyle (1924: 25–26, 74–75).

18 Vgl. auch Étiemble (1973), der die überzeugende, wenn auch paradoxe Behauptung aufstellt, / der Mensch lerne zuerst das Lesen dann das Schreiben. Zu einer allgemeineren Behandlung dieses Themas vgl. Benjamin (1966), insbesondere das Kapitel über das mimetische Vermögen.

[112]

19 Zu der Verbindung zwischen Schreiben und Divination in China vgl. Gernet (1963, bes. 33–38).

20 Hier wird auf die Art von Schlußfolgerung bezuggenommen, die Peirce als »präsumptiv« oder »abduktiv« definierte und von der simplen Induktion absetzte. Bottéro betont andererseits (1974: 89) die deduktiven Elemente in der mesopotamischen Divination. Diese Definition stellt eine zu große Vereinfachung (und damit beinahe Verzerrung) des komplizierten Verlaufs dar, den Bottéro selbst so anschaulich rekonstruiert. Die Vereinfachung scheint ihren Ursprung in seiner engen Definition des Begriffs »Wissenschaft« zu haben, dem andererseits jedoch seine signifikante Analogie zwischen Divination und Medizin, einer Wissenschaft, die fast frei von deduktiven Elementen ist, widerspricht. Die hier angesprochene Parallele zwischen den beiden Tendenzen innerhalb der mesopotamischen Divination sowie die Mischform der Keilschrift geht auf einige von Bottéro gemachte Beobachtungen zurück.

21 Vgl. Diller (1932: 14–42, bes. 20ff.). Seine Gegenüberstellung von analogischem und semiotischem Vorgehen bedarf einer Korrektur in Richtung auf eine Interpretation des letzteren als eines »empirischen Gebrauchs« der Analogie: vgl. Melandri (1968: 25ff.). Vernant (1974: 19) zufolge »impliziert politischer, historischer, medizinischer, philosophischer und wissenschaftlicher Fortschritt einen Bruch mit der auf der Divination gegründeten Haltung«. An dieser Stelle scheint Vernant Divination und Divination – kraft – Inspiration gleichzusetzen: vgl. jedoch S. 11 zu der Schwierigkeit, selbst in Griechenland die Koexistenz von sowohl inspirativer als auch analytischer Divination zu erklären. Ein impliziter Wertverlust der hippokratischen Symptomatologie ist auf S. 24 angedeutet (vgl. jedoch Melandri, 1968: 251; und bes. Vernant und Détienne, 1978).

22 Vgl. Vegetti (1965: 22–23). Alkmäons Fragment erschien bei Timpanaro-Cardini (1958, I: 146ff.).

23 Zu diesem Gesamtkomplex vgl. die ergiebige Studie von Détienne und Vernant (1978). In der französischen Originalausgabe werden die divinatorischen Charakteristika der Göttin Metis diskutiert (S. 104ff.); vgl. auch S. 145–149 (Seefahrer) und S. 270ff. zu der Verbindung zwischen den verschiedenen hier aufgezählten Wissensgebieten und der Divination; zur Medizin vgl. Fußn. S. 297; zu dem Verhältnis zwischen den Anhängern des Hippokrates und denen des Thukydides vgl. Vegetti und Diller (1932: 22–23). Die Verbindung zwischen Medizin und Historiographie läßt sich auch von der anderen Seite her betrachten; vgl. dazu die Studien zur »Autopsie« bei Momigliano (1975: 45). Die Gegenwart von Frauen im Reich der Metis wird bei Détienne und Vernant (197) bespro-

chen, franz. Ausg.: 20 und 267, und soll in der endgültigen Version dieser Arbeit wiederaufgenommen werden.

24 Der *coniector* war ein priesterlicher Wahrsager. Hier und an anderen Stellen beziehe ich mich auf Timpanaro (1974), wobei ich an seiner Theorie sozusagen das Innerste nach außen kehre. Kurz gesagt hält Timparano die Psychoanalyse für zu eng mit der Magie verwandt, um akzeptabel zu sein; während ich argumentiere, daß nicht nur die Psychoanalyse, sondern die meisten Human- oder Sozialwissenschaften auf einem divinatorischen Verfahren der Wissenskonstruktion basiert sind (vgl. den letzten Teil dieses Aufsatzes). Die individualisierende Tendenz der Magie und der Individualisierungscharakter der Medizin sowie der Philologie wird von Timpanaro in *Il lapsus freudiano* behandelt.

25 Bei Bloch (1953) findet sich eine denkwürdige Passage über den Wahrscheinlichkeits- (d. h. Ungewißheits-) Charakter historischen Wissens. Dessen indirekte Natur, die sich auf Hinweise oder Indizien gründe, betont Pomian (1975: 935–952), der damit implizit Blochs Beharren auf der kritischen Methode aufnimmt, die die Benediktinergemeinschaft von St. Maure entwickelt hatte. Pomians [113] Essay, der über äußerst reichhaltige Einsichten verfügt, schließt / mit einer kurzen Erörterung der Unterschiede zwischen Geschichte und Naturwissenschaft: dazu gehört nicht die mehr oder weniger individualisierende Methode der Wissenserweiterung (1975: 951–952). Zu der Verbindung zwischen Medizin und geschichtlichem Wissen vgl. Foucault (1963); zu einem unterschiedlichen Standpunkt vgl. jedoch Granger (1967: 206ff.). Meinem Beharren auf dem individualisierenden Charakter historischen Wissens haftet ein zweifelnder Ton an, denn nur zu oft geht jenes Hand in Hand mit dem Versuch, historisches Wissen mit Einfühlungsvermögen, die Geschichtsforschung mit der Kunst usw. gleichzusetzen. Diese Seiten sind natürlich unter einem völlig anderen Vorzeichen geschrieben.

26 Zu den Auswirkungen der Erfindung des Schreibens vgl. Goody und Watt (1962–63; und 1977). Vgl. auch Havelock (1973). Zur Geschichte der Textkritik nach der Erfindung der Buchdruckerkunst vgl. Kennedy (1974).

27 Die von Croce vorgeschlagene Unterscheidung zwischen *espressione* und *estrinsecazione* fängt, wenn auch in verwirrenden Termini, den geschichtlichen Prozeß der Entmaterialisierung des Textbegriffs ein, den ich hier zu skizzieren versucht habe. Eine Ausweitung dieser Unterscheidung auf die Kunst in engerem Sinne (die von Croces Standpunkt her gesehen folgerichtig ist) scheint mir unhaltbar.

28 Vgl. Timpanaro (1963: 1), der darlegt, daß eine Disziplin, die vor dem neunzehnten Jahrhundert mehr eine »Kunst« denn eine »Wissenschaft« dargestellt habe, insofern sie sich auf die Konjektur *(emendatio)* gründete, durch die Entwicklung der *recensio* einen höheren Grad an Wissenschaftlichkeit erreichte.

29 Vgl. Bidez' Aphorismus, wie ihn Timpanaro (1974) zitiert.

30 Vgl. Garin (1961: 451–464), wo er die Interpretation dieser und anderer Auszüge aus Galileis Werk von einem Standpunkt aus erörtert, der mit dem meinen durchaus vergleichbar ist.

31 Zu Cesi und Ciampoli vgl. unten; zu Faber vgl. Galilei (1935, XIII: 207).

32 Wie Rossi nannte auch Naude Mancini einen *»grand et parfait Athée«* (Pintard, 1943, I: 261–262).

33 Mancini (1956–1957). Mancinis Bedeutung als »Kenner« betonte Mahon (1947: 279 ff.). Hess (1968) bietet viele nützliche Hinweise, doch sind seine Schlußfolgerungen zu eng.

34 Auf S. 82 berichtet er, wie vor gar nicht langer Zeit eine Diagnose Mancinis, die sich als zutreffend herausstellte (der Patient war Papst Urban VIII.), ihm den Vorwurf einbrachte, ein zweites Gesicht zu haben und Wahrsagerei zu betreiben *(seu vaticinatio seu praedictio)*.

35 Ein Strich wirft natürlich andere Probleme auf als ein Gemälde. Allgemein gesagt, entfernt sich heute eine bestimmte Tendenz vom einmaligen Kunstwerk. Die serielle Kunst ist ein offensichtliches Beispiel dafür, doch gibt es daneben noch andere Tendenzen, die die Bedeutung des Unwiederholbaren bestätigen (Allerdings nicht die eines Werkes, sondern einer Performance, wie bei *»body art«* und *»land art«*).

36 All dies bezieht sich natürlich auf Benjamin (1974), der seine Erörterung allerdings auf Werke der bildenden Kunst beschränkt. Ihre Einmaligkeit – mit besonderer Betonung des Gemäldes – steht der Reproduzierbarkeit von Texten gegenüber, so Gilson (1958: 93; und bes. 95–96). (Diesen Verweis verdanke ich Renato Turci.) Jedoch sieht Gilson diesen Gegensatz in den Gegenständen selbst begründet und nicht in einem historischen Umstand, wie ich es zu verstehen versuche. Der Fall eines De Chirico, der seine eigenen Werke »fälscht«, verdeutlicht, daß der Glaube an die absolute Einmaligkeit eines bestimmten Kunstwerkes heutzutage die Idee der biologischen Individualität des Künstlers selbst verdrängt.

37 Am Ende des Zitats habe ich *»pittura«* (gemalt) durch *»scrittura«* (geschrieben) ersetzt, wie im Kontext erforderlich.

38 Allacci schlage ich hier aus den folgenden Gründen vor: Noch an einer weiteren Stelle bezieht sich Mancini wie in der hier zitierten Passage auf »Bibliothekare, besonders solche im Vatikan«, / die alte [114]

Manuskripte datieren könnten (1956–57, I: 106). Keine dieser beiden Passagen findet sich in der als *Discorso sulla pittura* bekannten Kurzfassung, die Mancini vor dem 13. November 1619 beendete (*ibid.*: xxx, *Discorso*-Text 291 ff.; zum »Erkennen« von Gemälden S. 327–330). Allacci wurde um die Mitte des Jahres 1619 vom Vatikan zum *scriptor* ernannt (Odier, 1973: 129; neuere Allacci-Studien finden sich auf S. 128–131 verzeichnet). Zu jener Zeit gab es in Rom außer Alacci niemanden, der sich in griechischen und lateinischen Manuskripten derart auskannte, wie Mancini es beschreibt. Zur Bedeutung von Allaccis Ideen für die Paläographie vgl. Casamassima (1964: 532), wo auch die Allacci-Mabillon-Verbindung erwähnt ist, wenn auch unter Verweis auf eine Fortsetzung, die nie erschien. In der Sammlung von Allaccis Briefen in der Vatikanischen Bibliothek findet sich kein Hinweis auf eine Begegnung mit Mancini, obwohl beide Männer zweifelsohne in demselben intellektuellen Kreis verkehrten, wie ihre beiderseitige Freundschaft mit G. V. Rossi zeigt (vgl. Pintard, 1943). Zur Freundschaft zwischen Allacci und Maffeo Barberini, bevor dieser Papst wurde (Urban VIII., dessen Bibliothekar Allacci später wurde) vgl. Mercati (1952: 26, Anm. 1). Mancini war, wie schon erwähnt, Urbans erster Leibarzt.

39 Zu Baldi, der außerdem einige Abhandlungen über Physiognomik und Divination schreib, vgl. Tronti (1963), der am Schluß beipflichtend Moréris verächtliche Bemerkung zitiert: »*On peut bien le mettre dans le catalogue de ceux qui ont écrit sur des sujets de néant.*« In seinem vor dem 13. November 1619 (vgl. Anm. 38) verfaßten *Discorso sulla pittura* stellte Mancini fest: »Die individuellen Merkmale der Handschrift sind schon von einem edlen Geist erörtert worden. In einem kleinen und heute vielgelesenen Büchlein hat er versucht, die Ursachen dieser Merkmale aufzuzeigen und zu analysieren, wobei er die Schreibweise mit Charakter und Gewohnheiten des Schreibenden in Verbindung setzte: ein rares und feines Buch, wenn auch ein wenig zu kurz« (1956–57: 306–307). Ich habe »*astratta*« (abstrakt) durch »*astretta*« (kurz) ersetzt, wobei ich mich auf Ms. 1698 (60) der Universitätsbibliothek in Bologna, c. 34 r., bezogen habe. Die oben vorgeschlagene Identifizierung mit Baldi stößt auf zwei Schwierigkeiten: (1.) Die erste gedruckte Ausgabe von Baldis *Trattato* erschien 1622 bei Capri (und konnte deshalb gegen 1619 noch nicht »vielgelesen« sein); (2.) in seinem *Discorso* spricht Mancini von einem »edlen Geist«, in seinen *Considerazioni* von »scharfem Denker«. Beide Schwierigkeiten lösen sich jedoch auf, wenn wir die Warnung des Druckers in der ersten Ausgabe von Baldis *Trattato* lesen: »Der Verfasser wollte diese kleine Abhand-

MORELLI, FREUD UND SHERLOCK HOLMES

lung zunächst nicht veröffentlichen; nachdem jedoch ein Sekretär sie unter seinem eigenen Namen und unter Hinzunahme von vielen Briefen und Schriften verschiedener Autoren hatte drucken lassen, beschloß ich, daß es nur redlich sei, die Wahrheit aufzudecken und den Namen des wahren Verfassers zu seinem Recht kommen zu lassen.« Mancini sah daher das erste »kleine Büchlein«, das der »Sekretär« gedruckt hatte (es ist mir nicht gelungen, ihn zu identifizieren) und dann erst Baldis *Trattato,* der in jedem Fall in einer Manuskriptversion kursierte, die sich leicht von der gedruckten unterschied (vgl. *Biblioteca Classense,* Ravenna, Ms. 142, wo sich auch andere Schriften Baldis finden).

40 Vgl. allg. S. 25–28. Die Stelle wird als erste Andeutung der »Morellischen Methode« angeführt bei Schlosser (1926, II. 4).

41 Vgl. z. B. Scalzini (1585: 20): »Wer sich daran gewöhnt, auf diese Weise zu schreiben, verliert nach kurzer Zeit die Geschwindigkeit und die natürliche Kühnheit seiner Hand ...«; Cresci (1622: 84): »... man darf nicht glauben, daß jene Striche, die sie in ihren Arbeiten mit einem einzigen Federzug und vielen Schnörkeln zu zeichnen behaupten ...« und so fort.

42 Vgl. Scalzini (1585: 77–78): »Wenn jene Brüder, die so ruhig dahinschreiben mit ihrem Linienzug und Lack, für einen Prinzen oder einen Edelmann arbeiten sollten, der (wie es durchaus vorkommt) 40 oder 50 Briefe in vier Stunden benötigte, wie lange würden sie für / eine solche Aufgabe wohl brauchen?« (Zielscheibe [115] dieser polemischen Bemerkung waren einige ungenannten »ruhmredige Meister«, denen man vorwarf, eine langsame und mühselige *cancelleresca* zu lehren).

43 »... dieses große Buch, das die Natur allen offenhält, hat Augen in Stirn und Gehirn« (zitiert und besprochen in Raimondi, 1974: 23–24).

44 Vgl. Bottéro (1974: 101), wenn er auch die in der Divination weniger häufige Verwendung von Mineralien oder Gemüsen oder sogar, bis zu einem gewissen Grad, Tieren ihrer angeblichen »formalen Beschränktheit« zuschreibt, anstatt weitaus simpler einer anthropozentrischen Grundhaltung.

45 Diese Seiten gehören zu dem von Giovanni Faber verfaßten Teil, was aus der Titelseite nicht klar hervorgeht. Zu diesem Band gibt es eine ausgezeichnete Besprechung von Raimondi (1974: 25 ff.), in der er auch dessen Bedeutung betont.

46 Mancini (1956–1957, I: 107) bezieht sich auf einen Text von Francesso Giuntini über Dürers Horoskop. (Der Hrsg. der *Considerazioni,* II: 60, Anm. 483, identifiziert den Text nicht; vgl. jedoch Giuntini, 1573: 269 v.)

47 Papst Urban selbst bestand auf dem Druck eines illustrierten Berichtes, Lynceo (1651: 599). Zum Interesse dieser Gruppe an der Landschaftsmalerei vgl. Cavina (1976: 139–144).

48 Vgl. Raimondis interessanten Essay (1974), wenn er auch, Whitehead zufolge, dazu tendiert, den Gegensatz der Paradigmen – des abstrakt-mathematischen und des konkret-deskriptiven – zu unterschätzen. Zur Gegenüberstellung von Baconscher und klassischer Wissenschaft vgl. Kuhn (1975).

49 Zu diesem hier nur angedeuteten Thema vgl. das reichhaltige Buch von Hacking (1975). Ebenfalls recht nützlich ist Feriani (1978).

50 Hier nehme ich, wenn auch in weitgehend anderem Sinne, von Foucault angesprochene Punkte auf (1976: 38–42).

51 Vgl. Winckelmann (1954, II: 316; Brief vom 30. April 1763 an G. L. Bianconi in Rom) und Anm. auf S. 498. »Kleine Erkenntnisse« erwähnt Winckelmann (1952, I: 341).

52 Dies gilt nicht nur für *Bildungsromane*. Von diesem Standpunkt aus betrachtet, ist der Roman der eigentliche Nachfolger der Fabel. Vgl. Propp (1946).

53 Zu Sercambi vgl. S. 347ff. Cerullis Artikel über Ursprünge und Verbreitung von *Reisen* muß zusammen mit den östlichen Ursprüngen der Geschichte sowie ihrem späteren indirekten Auftauchen (mit Zadig) in der Detektivgeschichte betrachtet werden.

54 Cerulli erwähnt Übersetzungen ins Deutsche, Französische, Englische (aus dem Französischen) sowie ins Dänische (aus dem Deutschen). Diese Liste läßt sich prüfen und möglicherweise verlängern anhand eines Buches, zu dem ich leider keinen Zugang hatte (Renner, 1965) und das auf S. 184–190 Ausgaben und Übersetzungen verzeichnet. (Vgl. Heckscher, 1974: 131, Anm. 46.)

55 Dies ist eine Ausweitung von Heckscher (1967: 245, Anm. 2). Diese beiden Artikel von Heckscher sind eine Fundgrube für Ideen und Quellenangaben; sie untersuchen die Ursprünge von Aby Warburgs Methode von einem Standpunkt aus, der meinem in diesem Artikel eingenommenen durchaus vergleichbar ist. In einer neuen Version möchte ich die von Heckscher angedeutete Leibniz'sche Spur vertiefen.

56 Vgl. allg. Messac, 1929 (ausgezeichnet, wenn auch etwas überholt). Zur Verbindung zwischen *Reisen* und *Zadig* vgl. S. 17ff.; ebenfalls S. 211–212.

57 Vgl. Huxley (1881: 128–148). Es handelte sich um eine im Jahre zuvor gehaltene Vorlesung, auf die ich durch einen Verweis bei Messac (1929) aufmerksam wurde. Auf S. 132 erklärt Huxley:/ »Selbst bei der Divination im engeren Sinne ist es offensichtlich, daß der Wesenskern der prophetischen Operation nicht in seiner Vor-

[116]

wärts- oder Rückwärtsbeziehung auf den Zeitablauf liegt, sondern in der Tatsache, daß es sich bei ihm um das Erfassen von etwas handelt, das jenseits des unmittelbaren Erfahrungsbereiches liegt; die Sicht von etwas, das dem natürlichen Sinne des Sehenden unsichtbar ist.« Vgl. auch Gombrich (1969: 35 ff.).

58 Auf S. 25 wird die »junge Theorie« des jugendlichen Lecoq der »alten Praxis« des betagten Detektivs Gévrol, dem »Streiter der positivistischen Polizei« (S. 20) gegenübergestellt, der immer bei dem, was er sieht, haltmacht und deshalb riskiert, gar nichts zu sehen.

59 Zu der langlebigen Popularität der Phrenologie in England (bei gleichzeitiger Verachtung von seiten der offiziellen Wissenschaft) vgl. De Giustino (1975).

60 »Ich bin in meinen Forschungen zu dem Schluß gelangt, ... daß die Anatomie der bürgerlichen Gesellschaft in der politischen Ökonomie zu suchen ist« (Marx, Vorwort von 1859 zur *Kritik der politischen Oekonomie*).

61 Zerner (1978) argumentiert auf der Basis dieser Stelle, daß Morelli Unterscheidungen auf drei Ebenen vollzogen habe: (a) der der allgemeinen Charakteristika der Malschule, (b) der der charakteristischen Details des einzelnen Malers, die sich an Hand- und Ohrenbildung etc. verraten; sowie (c) der der unabsichtlich eingeführten Manierismen; (b) und (c) lassen sich ohne weiteres als ein Punkt betrachten, denken wir nur an Morellis Kommentar zu den »übertriebenen Daumen der Männerhände«, die durchgängig in Tizianbildern auftauchen; ein »Fehler«, den ein Kopierer wohl vermieden hätte (1897: 174).

62 Ein Widerhall der hier diskutierten Schriften von Mancini mag Morelli vielleicht über die italienischen Kunstgeschichtsführer von Baldinucci (1681: 7–8) und Lanzi (1968) erreicht haben. Soweit ich weiß, bezog sich Morelli an keiner Stelle auf Mancinis *Considerazioni*.

63 Im Jahre 1885 verfügte das Waldeck-Rousseausche Gesetz eine Gefängnisstrafe für Rückfalltäter mit einer langen Vorstrafenliste sowie Ausweisung für solche, die als unverbesserlich galten. Vgl. Perrot (1975: 68).

64 Das Brandmarken wurde 1832 in Frankreich abgeschafft. *Der Graf von Monte Christo* entstand 1844, wie auch *Die Drei Musketiere* (beide von Alexandre Dumas); Victor Hugo schrieb *Les Misérables* im Jahre 1869. Die Liste von Verbrechern in der Literatur jener Zeit ließe sich sich sowohl für Frankreich (Vautrin *et al.*) als auch für England, besonders mit Dickens' Romanen, verlängern.

65 Bertillon (1893 *b:* xlviii): »Wo sich das Ohr jedoch zu Identifika-

tionszwecken als eindeutig überlegen erweist, so ist das in Fällen, wo ein Gericht die Sicherheit benötigt, daß eine bestimmte alte Photographie ohne Zweifel die vor uns stehende Person repräsentiert ... es gibt keine zwei genau gleichen Ohren, und ... wenn das Ohr genau übereinstimmt, so liefert das den notwendigen und hinreichenden Beweis dafür, daß es sich bei der Identität genauso verhält, außer ›im Falle von Zwillingen‹.« Vgl. auch Bertillon, 1893*a* (das die andere Arbeit begleitete), Tafel 60 *b*. Zu Bertillons Bewunderung für Sherlock Holmes vgl. Lacassin (1974, I: 93), der außerdem die obenzitierte Stelle über die Ohren in Anm. 8 zitiert.

66 Seiner graphologischen Sachkenntnisse wegen zog man Bertillon im Fall Dreyfus hinzu, wo er ein Urteil über die Authenzität des berühmten Briefes fällen sollte. Da dieses Urteil eindeutig zu Dreyfus' Ungunsten ausfiel, litt seine Karriere infolgedessen (zumindest ist das die Ansicht der Biographen). Vgl. Lacassagne (1914: 4).

67 Vgl. den Hinweis auf S. 4. Auf S. 26–27 erwähnt er außerdem einen Vorläufer, der sich jedoch nie in der Praxis durchsetzte: Ein Photograph aus San Francisco hatte vorgeschlagen, die Identifizierung der chinesischen Bevölkerung der Stadt mit Hilfe von Fingerabdrücken zu vereinfachen.

68 Der Verweis gilt hier Traube (1965) – zu verdanken ist dieser Gesichtspunkt Campagna (1967: 1028). Warburg (1932) zur Re-
[117]   naissance des Heidentums / im Altertum (die ersten Essays stammen aus dem Jahre 1893) – Spitzer (1910); Bloch (1973; Erstausgabe 1924). Diese Beispiele ließen sich noch um ein Vielfaches erweitern: vgl. Agamben, 1975: 15 (Warburg und Spitzer finden als Zitat, Traube als Verweis auf S. 10 Erwähnung).

69 Neben Campanellas *Politischen Aphorismen*, die ursprünglich in lateinischer Sprache als ein Teil der *Realis philosophia (De politica in aphorismo digesta)* erschienen, siehe Canini, 1625 (vgl. Bozza, 1949: 141–43, 151–52); vgl. auch »*Aphorisme*« im *Dictionnaire Littré*.

70 Wenn es auch ursprünglich im Recht verwendet wurde; zu einem kurzen etymologischen Abriß des Begriffs vgl. Koselleck (1969).

71 Dieser Punkt soll in der endgültigen Version dieses Artikels weiter ausgeführt werden.

72 Vgl. Stendhals *Souvenirs d'égotisme* (1948: 51–52): »Viktor [Jacquemont] scheint mir ein außergewöhnlicher Mann zu sein: beachtlich als Connoisseur ... in einem vier Monate alten Fohlen, das noch unsicher auf seinen Beinen steht, erkennt er bereits das erlesene Reitpferd.« (Stendhal entschuldigt sich für die Verwendung des Begriffes *connoisseur* [Kenner] in dem Sinne, den er im Englischen angenommen hatte. Vgl. Zerners Bemerkung [1978: 215, Anm. 4]

zu dem auch heute noch akuten Fehlen einer französischen Entspre-
chung für das englische Wort *connoisseurship* [Kennerschaft]).

73 Vgl. Mourads reiches und eindringliches Buch (1939: 1–2).

74 Vgl. das außerordentliche, Al-Shafi'i (9. Jhdt. vor Christus) zuge-
schriebene Abenteuer bei Mourad (1939: 60–61), das wie eine
Erzählung von Borges anmutet. Die Verbindung zwischen *firasa*
und den Taten der Prinzen von Serendippo wird ganz richtig von
Messac (1929) aufgegriffen.

75 Mourad (1939: 29) klassifiziert die Gebiete der Physiognomik in
Anlehnung an eine Abhandlung von Tashkopru Zadeh (1560
v. Chr.) wie folgt: (1) die Lehre von Muttermalen und Leberflek-
ken, (2) Chiromantie – Handlesekunst, (3) Skapulomantie – Divination anhand des Schulterblattes, (4) Divination anhand von Spuren, (5) Abstammungsforschung und Untersuchung von Gliedern
und Haut, (6) die Kunst der Orientierung in der Wüste, (7) Divination mittels Wasser, (8) die Kunst der Metallförderung (unterir-
disch), (9) die Kunst der Regenvorhersage, (10) Wahrsagung anhand von vergangenen und zukünftigen Begebenheiten und (11)
Wahrsagung anhand von unwillkürlichen Körperbewegungen. Auf
S. 15 ff. bringt Mourad einen sehr interessanten Vergleich vor, der
später in Verbindung mit der arabischen Lehre der Physiognomik
und der Forschung zur Individualitätswahrnehmung von der Ge-
staltpsychologie wieder aufgenommen wird.

KAPITEL FÜNF

Massimo A. Bonfantini und Giampaolo Proni

Raten oder nicht Raten?

I. Die Struktur der Nachforschungen in »Eine Studie in Scharlachrot«

Eine Rekonstruktion von Sherlock Holmes' Nachforschungen in STUD erweist sich aus zweierlei Gründen als schwierig. Zunächst ist da die *Erzählstrategie:* Conan Doyle versorgt den Leser nicht mit denselben Informationen, über die der Detektiv verfügt. Diese werden erst am Ende aufgedeckt (denken wir nur an die Antwort auf das Telegramm, das Holmes abschickt, sobald er von dem Ort des Verbrechens erfährt), und zwar so, als handele es sich um Belanglosigkeiten, während sie in Wirklichkeit doch von entscheidender Bedeutung für die Lösung des Falles sind. Zum anderen verrät Holmes uns nie, an welchem Punkt seiner Untersuchungen er seine Schlüsse zieht oder welches der Zweck einer bestimmten Handlung oder deren Ergebnis ist.

Was uns im vorliegenden Falle jedoch interessiert, ist nicht eine Untersuchung der Erzählstruktur der Kriminalgeschichte, sondern vielmehr der *Methode,* deren Theorie darin aufgestellt wird. Wir haben deshalb ein Handlungsschema mit all den Komponenten, die wir im Verlauf der Erzählung erhalten, sowie mit allem rekonstruiert, was der Leser am Schluß erfährt. Nicht einmal diese Aufgabe erweist sich als frei von Schwierigkeiten, denn Holmes' Beobachtungen decken sich nicht in allen Fällen mit seinen Schlüssen. Darüber hinaus ist uns zwar die chronologische Reihenfolge der Beobachtungen und »Experimente«, nicht aber gleichzeitig auch immer der genaue Zeitpunkt der jeweiligen Schlußfolgerungen bekannt.

Beim vorliegenden Schema handelt es sich also um eine *Rekonstruktion.* Hier und dort ist es möglich gewesen, die einzelnen Etappen der Untersuchung genau festzulegen, an anderen

Stellen hat der Text eine solche Fixierung nicht zugelassen. Wir werden im entsprechenden Fall darauf hinweisen.

1. Holmes erhält einen Brief von Gregson (einem der beiden mit dem Fall betrauten Beamten von Scotland Yard), / der ihn [119] um seine Mithilfe im Mordfall Enoch J. Drebber bittet, den man in einem unbewohnten Haus in Lauriston Gardens tot aufgefunden hat.

2. Außer über unerschöpfliche (gründliche und detaillierte) Allgemeinkenntnisse verfügt Holmes über das *Wissen*, daß es am Abend zuvor nach sieben Tagen zum erstenmal geregnet hat. In der Straße angekommen, steigt Holmes aus der Droschke und legt das letzte Stück Wegs zu Fuß zurück. Auf diese Weise gelingt ihm die *Beobachtung* der Spuren, die eine andere Droschke in der Erde vor dem Haus, in dem das Verbrechen stattfand, hinterlassen hat. Die schmale Radspanne bestätigt, daß es sich um eine Mietkutsche gehandelt hat. Außerdem zeigen die Hufabdrücke, die das Pferd hinterlassen hat, daß das Tier unbeachtet zurückblieb.

Aus diesen Daten schließt Holmes, daß die Droschke vermutlich während der Nacht ankam und abgestellt wurde. Dabei hatte sich an diesem Punkt wahrscheinlich bereits eine vage Hypothese in seinem Kopf gebildet, und zwar dahingehend, daß der Droschkenkutscher auf irgendeine Weise in die Angelegenheit verwickelt war, vorausgesetzt, die Droschke gehörte nicht der Polizei. Der Text selbst verrät uns zu diesem Zeitpunkt noch nichts von alledem. Holmes hält nun nach weiteren Spuren Ausschau. Er *beobachtet* sorgfältig die Abdrücke auf dem Weg zum Haus und macht unter all den anderen Spuren die halb verdeckten und demnach älteren Spuren von zwei Männern aus, von denen der eine derbe, breitkappige, der andere elegante Stiefel trug. Die Spuren der breitkappigen Stiefel scheinen von einem jungen Mann zu stammen, da sie über eine Pfütze von einem Meter zwanzig Durchmesser hinwegsetzen, während die anderen Stiefelspuren sie umgehen. Daraus *schließt* Holmes weiter, daß die beiden Männer das Haus vor irgendjemand anderem (also vielleicht während der Nacht) betraten. Der eine ist jung und groß, der andere modisch gekleidet.

3. Holmes begegnet Lestrade, dem zweiten Mann von Scotland Yard, bei dem er sich erkundigt, ob an diesem Morgen

jemand in einer Droschke angekommen sei, was Lestrade verneint. Das *bestätigt* die Hypothese, daß die zwei Männer nachts in einer Droschke angekommen sind, und daß einer von ihnen, wahrscheinlich der Mann mit den breitkappigen Stiefeln, der Droschkenkutscher war, denn wohin sonst hätte er sich, nachdem er die Droschke für die Nacht abgestellt hatte, begeben können?

4. Holmes betritt das Haus und gewahrt die Szene des Verbrechens und den Ermordeten. Das liefert ihm unverzüglich eine weitere *Bestätigung:* Der gutbeschuhte Mann ist das Opfer. (Von hier ist es nur noch ein kleiner Schritt zu der Annahme, daß es sich bei dem Mörder um den Droschkenkutscher handeln muß, denn der Tote kann weder das eine noch das andere sein.)

5. Holmes *beobachtet* später dann mehrere Einzelheiten, von denen einige Anlaß zu einer Hypothese geben:

(a) Das Gesicht des Toten ist wie vor Haß oder Furcht verzerrt.

(b) Seinem Mund entströmt ein säuerlicher Geruch. Daraus läßt sich die Vermutung ableiten, daß er gezwungen wurde, Gift zu nehmen. Ähnliche Fälle verleihen dem durchaus eine gewisse Plausibilität.

[120] (c) An die Wand wurde mit Blut und in gotischer Schrift das Wort »RACHE« geschrieben. / Holmes *schließt* ohne Zögern, daß es sich hierbei um ein deutsches Wort handelt, das jedoch die Nachforschung in die Irre leiten soll, weil ein echter Deutscher Großbuchstaben in römischen Lettern schreiben würde.

(d) Bei dem Opfer wird ein Ring gefunden. *Daraus leitet er die Annahme ab,* daß der Gegenstand das Opfer an eine verstorbene oder weit entfernte Frau erinnert habe. (Überdies weiß Holmes sofort, ohne uns jedoch den Grund dafür zu verraten, daß der Ring von dem Mörder *vergessen* und nicht absichtlich zurückgelassen wurde.)

(e) Auf dem Fußboden lassen sich Spuren von Blut, nicht aber die eines Kampfes erkennen. Hieraus *schließt* Holmes, daß das Blut von dem Mörder stammen muß. Da er weiß, daß heißblütige Menschen oft unter dem Einfluß einer starken Emotion zu Blutungen neigen, mutmaßt er, daß es sich bei dem Mörder um einen kräftigen, rotbäckigen Mann handelt.

6. An dieser Stelle unterzieht Sherlock Holmes das ganze

Zimmer mit Hilfe von Vergrößerungsglas und Maßband einer genauen Untersuchung.

(a) Er *untersucht* die Abdrücke der breitkappigen Stiefel und mißt Abstand und Anzahl der Schritte. Daraus *folgert* er (anhand von ihm bekannten Berechnungen) die Größe des Mannes und *stellt fest,* daß er mehrere Male im Zimmer auf und ab gegangen sein muß und sich dabei in einem Zustand höchster Erregung befand, da seine Schritte zunehmend länger werden.

(b) Er *beobachtet* ein Häufchen Asche auf dem Boden und *stellt* aufgrund bestimmter Merkmale fest, daß es sich um Asche von einer Trichinopoly-Zigarre handelt.

(c) Er *beobachtet,* daß der Schriftzug an der Wand Kratzer aufweist und *schließt* daraus, daß der Mörder sehr lange Fingernägel hat.

7. An diesem Punkt angelangt, verschickt Holmes, nachdem er den Tatort verlassen hat, ein Telegramm. Dem Leser wird hier noch nicht gesagt, welchen Bestimmungsort und welchen Inhalt es hat, doch erfährt er später, daß Holmes darin in Cleveland-Drebbers Heimatstadt – um Informationen gebeten hat, die sich auf dessen Heirat beziehen. Damit soll die Hypothese *geprüft* werden, die sich aus dem Ring ergab, daß nämlich eine Liebesgeschichte im Spiel ist. In der Erzählung wird der Zeitpunkt der Antwort nicht erwähnt, doch liegt er mit Sicherheit vor Stadium Nr. 10, in dem Holmes unter den Droschkenkutschern Londons die Suche nach einem Jefferson Hope anordnet. Aus dem Antworttelegramm erfährt Holmes tatsächlich, daß Drebber schon einmal um polizeilichen Schutz vor seinem Rivalen Jefferson Hope nachgesucht habe.

8. Sherlock Holmes sucht John Rance auf, den Polizisten, der den Toten auf seinem Streifengang in der Nacht vorher entdeckt hatte, und *stellt* ihm *Fragen.* Hier liefert uns der Text den Beweis dafür, daß Holmes den Droschkenkutscher bereits im Verdacht hat: er fragt Rance nämlich, ob ihm auf der Straße jemand begegnet sei, als er aus dem Haus kam, in dem er das Opfer gefunden hatte, und als er erfährt, daß der Polizist einen Betrunkenen gesehen hat, will Holmes wissen, ob der zufällig eine Peitsche bei sich gehabt habe und ob ihm außerdem eine Mietkutsche aufgefallen sei. Rance verneint beide Fragen, beschreibt den Betrunkenen jedoch als groß und / unsicher auf den Beinen. [121]

Dies *bestätigt* erneut Holmes' Hypothese: Der Mörder kam zum Tatort zurück, fand jedoch den Polizisten dort vor und spielte den Betrunkenen.

9. Holmes setzt unter Watsons Namen eine Anzeige in die Zeitung, in der er angibt, in der Nähe von Lauriston Gardens einen goldenen Ring gefunden zu haben. Er hat vor, den Mörder *mit diesem Trick eine Falle zu stellen,* da dieser nicht annehmen wird, daß ein gewöhnlicher Fremder in der Lage wäre, das Verbrechen mit dem Ring, den er demnach auf der Straße verloren haben muß, in Verbindung zu bringen. Im Hinblick auf das Ergebnis kann man zusammenfassend sagen: Der *Trick mißlingt,* da nicht der große Mann, sondern eine alte Frau auftaucht, die den Ring an sich nimmt und Holmes bei der Verfolgung abschütteln kann.

10. Holmes verfolgt eine andere Spur: er setzt eine Straßenbande (die »*Baker Street Irregulars*«) auf einen Droschkenkutscher namens Jefferson Hope an, auf den die von ihm entworfene Beschreibung zutrifft. Er ist damit schon *zu dem Schluß gelangt,* daß J. H. der Mörder ist, dem seine augenblickliche Beschäftigung in London eine hervorragende Gelegenheit geboten hat, sein Opfer zu beseitigen. Er *nimmt* weiterhin *an,* daß J. H. das Kutschieren einige Tage nach dem Mord noch nicht aufgegeben hat, um keinen Verdacht zu erregen, und daß er auch seinen Namen beibehalten hat, da ihn in London niemand kennt.

11. Es folgt ein Szenenwechsel: Man findet ein neues Opfer, das einem tödlichen Stich ins Herz erlegen ist. Es handelt sich um Drebbers Sekretär, Stangerson, den man bis dahin vergeblich gesucht hatte. Auch hier zeichnete der Mörder mit »RACHE«. Im Kontext der Erzählung scheint die Entdeckung alle bisherigen Nachforschungen über den Haufen zu werfen. Bei genauerer Prüfung bestätigt der Szenenwechsel jedoch schlicht die Hypothesen von Holmes.

(a) Ein Hotelpage hat den Mörder entkommen sehen und *bestätigt,* daß es sich bei ihm um einen großen Mann von lebhafter Gesichtsfarbe handelt.

(b) Ein Telegramm, das man bei Stangerson findet, *bestätigt:* »J. H. ist in Europa.« (Zwar wissen wir zu diesem Zeitpunkt noch nicht, um wen es sich handelt, doch Holmes weiß es.)

(c) Ein Döschen mit zwei Pillen bestätigt den Einsatz (in diesem Fall den versuchten Einsatz) von Gift.

12. Nach dem zweiten Mord scheint die Polizei mit ihren Nachforschungen völlig im Dunkeln zu tappen, doch ist die Lösung des Dramas nicht weit: Kaum hat Lestrade seinen Bericht über den zweiten Mord beendet, als ein Droschkenkutscher, den Holmes gerufen hatte, kommt, um einiges Gepäck abzuholen: Es ist der Mörder. Der Leser, der bis hierher noch nichts von Jefferson Hope weiß, ist ebenso verblüfft wie die übrigen handelnden Personen. Sherlock Holmes ist seinem geheimnisvollen roten Faden gefolgt und so zu dem *endgültigen* Beweis gelangt, der *alle seine Hypothesen bestätigt*. J. H. gibt seine Tat ohne Umschweife zu.

Es ließe sich zu diesem Schema folgendes anmerken: Erstens bildet die Spannung eindeutig ein Mittel der innertextlichen Ausführung. Sobald der Leser alles weiß, was auch Holmes an Kenntnis zur Verfügung steht, ist es für ihn nicht mehr schwierig, seine Schlüsse nachzuvollziehen. / Wer den Text nicht kennt [122] oder sich nicht mehr genau erinnert, dem sollte hier gesagt sein, daß der Leser bis zum Ende weder von dem Inhalt des Telegramms aus Cleveland noch von der Tatsache in Kenntnis gesetzt wird, daß das Pferd unbeachtet blieb. Das erste Detail ist dabei von größerer Bedeutung als das zweite. Wenn wir erst einmal wissen, daß das Opfer von einem gewissen Jefferson Hope bedroht worden ist, dann ist es nicht mehr weiter schwierig, diesen Umstand mit dem Verbrechen in Verbindung zu bringen.

Zweitens wollten wir die (aus diesem Grunde kursiv gedruckten) gedanklichen Schritte, die Holmes' Untersuchungsstadien miteinander verbinden, herausheben. Er führt verschiedene Operationsformen aus: einerseits *beobachtet* er, auf der anderen Seite *schließt, folgert, mutmaßt* er. Kurz gesagt, er stellt Theorien auf, um dann *Sachverhalte* zu *finden* und zu *konstruieren*, die diese Theorien *bestätigen*.

Drittens läßt sich festhalten, daß Holmes noch auf zwei weiteren Ebenen operiert. Auf der einen *sammelt* er *Daten*, auf der anderen *bringt* er *Tricks zur Anwendung*, um dem Schuldigen eine Falle zu stellen.

185

MASSIMO A. BONFANTINI UND GIAMPAOLO PRONI

II. HOLMES UND PEIRCE – EIN VERGLEICH

Wir wollen bei einer Betrachtung der drei Punkte des obigen Schemas den letzten ausklammern, der sich auf die Verfahrensweisen bezieht, die dem endgültigen Stellen des Verbrechers, nicht aber mehr seiner eigentlichen Entdeckung und Identifizierung dienen. Wenden wir unsere Aufmerksamkeit lieber dem zweiten Punkt zu: der Struktur von Holmes Untersuchungsprozeß. Jeder, der mit Peirces Werk vertraut ist, wird ohne Schwierigkeit die vollkommene Strukturverwandtschaft zwischen der Holmes'schen Untersuchungslogik und der Logik des Erkenntnisprozesses im allgemeinen wie im wissenschaftlichen, bei Peirce formulierten Sinn erkennen.

Bei einem nochmaligen Lesen unserer zusammenfassenden Darstellung der von Holmes in STUD ausgeführten Untersuchungsoperationen wird für jeden Peirce-Kenner unschwer ersichtlich, wie die drei Stadien des Denkprozesses miteinander verwoben sind, aufeinander folgen und einander ergänzen; Peirce sieht in ihnen die drei Arten des Schlußverfahrens: Induktion, Abduktion (oder Hypothese) und Deduktion. Wir können also wie folgt zusammenfassen: Holmes beginnt mit der Beobachtung, Aufzeichnung und Kombination verschiedener Wahrnehmungsdaten (Induktion); bringt dann eine Hypothese vor, die die beobachteten Sachverhalte begründen oder interpretieren soll, um so *mögliche Ursachen für resultierende Ereignisse* zu identifizieren *(Abduktion);* fährt im Anschluß daran mit einer analytischen Darlegung der Konsequenzen fort, die den postulierten Hypothesen notwendigerweise zukommen müssen *(Deduktion);* und unterzieht schließlich diese Hypothesen sowie die aus ihnen deduzierten Konsequenzen einem Beobachtungstest oder einem »Experiment« im allgemeinen Sinne *(Induktion).* Auf diese Weise führen die Hypothesen, die sukzessiv erdacht und ausgewählt worden sind, zur Konstruktion eines Netzwerkes, das auf die Bestätigung der Grundhypothese hinausläuft: nämlich die der Identität des Mörders.

Die perfekte Übereinstimmung, die zwischen Holmes und [123] Peirce bezüglich des Erkenntnis*modus* / von komplexen logischen Strukturen des Denkprozesses besteht, schließt nicht unbedingt eine vollkommene Identität in der *Methode* ein.

186

Tatsächlich wäre Peirce diese Analogie völlig natürlich und beinahe selbstverständlich erschienen (oder hätte ihm zumindest so erscheinen müssen, wenn wir ihn richtig verstehen). Im zweiten der antikartesianischen Essays (1868) mit dem Titel *Some Consequences of Four Incapacities* unternimmt Peirce den Versuch aufzuzeigen, daß es einem Menschen unmöglich ist, sich geistig zu betätigen und erst recht so etwas wie einen – gültigen oder ungültigen – Denkprozeß zu vollbringen, *ohne die drei notwendigen und zwingenden Argumentationsarten zu Hilfe zu nehmen, nämlich Induktion, Deduktion und Abduktion.* Da also für Peirce die Verflechtung der drei Stadien logischen Schließens eine gemeinsame Konstante sowohl in der Bewältigung von praktischen Problemen des täglichen Lebens als auch in einer spezialisierten Untersuchung und nicht zuletzt in der eigentlichen wissenschaftlichen Forschung bildet, nimmt es nicht weiter wunder, daß eine sorgfältige *Ermittlung* die drei kanonischen Formen des Schlußverfahrens zu Tage fördert.

So könnte sich der Geist von Peirce, wenn wir ihn korrekt interpretieren, mit den folgenden Worten an den Geist von Holmes (oder Conan Doyle) wenden:

»Das, was wir wissen, durch die Kombination dreier grundlegender Formen des Schlußverfahrens entdecken heißt einen notwendigen, aber nicht völlig ausreichenden Schritt in Richtung auf die Entwicklung einer wissenschaftlichen Methode unternehmen. Die drei Argumentationsformen sind seit dem Altertum bekannt und erklärt worden. Ich habe sie schon in Aristoteles' *Organon* gefunden. Und spätestens seit Galileo ist die Erkenntnis allgemein verbreitet, daß die wissenschaftliche Methode sich auf die Abfolge Hypothese – Deduktion – Experiment gründet. Nun ist die wissenschaftliche Methode, wie ich sie in der Praxis von Naturwissenschaftlern erkenne und in meinen philosophischen Überlegungen empfehle, mit der Galilei'schen Tradition verknüpft, die sie genauer, weitreichender und innovativer gestaltete. Die Verfeinerungen und Ausweitungen der *Induktion* (mittels Techniken der Beobachtung und des Experiments) und der *Deduktion* (kraft der Formalisierung analytischer Logik und mathematischen Vorgehens) sind bekannt, akzeptiert und allgemein anerkannt.«

»Vor allem aber möchte ich die Bedeutung der Funktion der

187

Abduktion, der Hypothese, betonen. Indem wir, entgegen der kartesianischen Tradition, davon ausgehen, daß unsere gesamte Erkenntnis auf Hypothesen basiert, stellen wir auf der einen Seite die ihr innewohnende Fehlbarkeit heraus, verkünden jedoch andererseits mit Entschiedenheit die Notwendigkeit, die Abduktion dem Herrschaftsbereich des Erkenntnisprozesses im allgemeinen und des wissenschaftlichen Prozesses im besonderen zu überantworten, denn nur durch Hypothesen, durch neue und kühnere Abduktionen können wir neue Wahrheiten entdecken, wie approximativ und provisorisch sie auch sein mögen. Nur durch neue Hypothesen können wir unsere Sicht der Realität erweitern, neue Zugänge zur Erfahrung entdecken und [124] neues Material auf den Prüfstein des Experiments legen. / Und ich frage mich nun, mein lieber Holmes, ob bei einer genauen Prüfung Ihre Methode, so wie Sie sie in der Theorie darstellen und in der Praxis in Ihre Nachforschungen einbringen, in ihren Grundzügen mit der meinen übereinstimmt oder ob die möglichen Divergenzen so angelegt sind, daß wir beide aus einer gegenseitigen Korrektur unserer dogmatischen Einseitigkeit Nutzen ziehen könnten.«

III. Die Abduktion nach Holmes

Gehen wir an dieser Stelle einmal näher auf die Wesensmerkmale von Holmes' Nachforschungen ein. Zunächst einmal könnte Holmes ohne Zweifel eine effektive, äußerst bewußte, methodische und systematische Verwendung der drei Arten des Schlußverfahrens für sich beanspruchen. Und *aus diesem Grund* kann seine Methode mit Recht »wissenschaftlicher« als die seiner »offiziellen« Kollegen genannt werden. Holmes geht in der Beobachtungsphase mit Sicherheit präziser, akkurater und aufmerksamer vor. Er sieht und verzeichnet mehr und vernachlässigt dabei nicht (und dies ist ein Punkt, auf den er stets großen Wert legt, wenn er Watson seine Methode erklärt) die scheinbar unbedeutenden Einzelheiten am Tatort. Er analysiert und vergleicht alles *implizit* in den verschiedenen Beobachtungsergebnissen Enthaltene. Er kombiniert und verknüpft folgerichtig die verschiedenen Hypothesenreihen, die er nach und nach und bei

Abwägung immer zahlreicherer Aspekte des gesamten Problems bildet.

Auf diesen Punkt, nämlich auf das Verständnis der Funktion der Hypothese oder Abduktion in der Gesamtheit des Entdeckungsprozesses, muß sich der Vergleich zwischen Holmes und Peirce konzentrieren. Eine *Konvergenz* springt unmittelbar ins Auge: Sowohl für Holmes als auch für Peirce stellt die Abduktion, das Ersinnen von Hypothesen über die unbekannte Ursache resultierender Sachverhalte, das entscheidende Stadium in der Untersuchung dar.

Holmes äußert sich darüber ganz explizit. Im letzten Kapitel von STUD erklärt er Watson, das ganze Geheimnis bei der Lösung polizeilicher Ermittlungsprobleme liege im »Rückwärtsdenken«. Er fügt hinzu, daß diese Art des Folgerns eine von gewöhnlichen Menschen wenig praktizierte Fertigkeit sei, denn »in den alltäglichen Angelegenheiten des Lebens ist das Vorwärtsdenken zweckmäßiger, und so wird das andere vernachlässigt ... Die meisten Leute könnten Ihnen, wenn Sie ihnen eine Folge von Ereignissen beschreiben, sagen, wie das Ergebnis aussehen wird ... Es gibt aber nur wenige Menschen, die, wenn man ihnen das Ergebnis mitteilte, in der Lage wären, aus ihrem eigenen Gedankenantrieb heraus die Schritte zu entwickeln, die zu diesem Ergebnis geführt haben.« Und später, als er auf den allerersten Seiten von SIGN mit Watson die Hintergründe der Nachforschungen in STUD bespricht, betont Holmes kategorisch: »Das einzige, was in diesem Fall eine Erwähnung verdiente, war die interessante analytische Folgerung von den Wirkungen auf ihre Ursache, durch die es mir gelang, ihn zu entwirren.«

All dies ist ebenso zweifellos wie offenkundig. Daß die polizeiliche Ermittlung / zu den Ursachen, den Ursprüngen zurück- [125] gehen muß – und sich daher (um statt der Holmes'schen die gelehrten Begriffe von Peirce zu verwenden,) mehr als jeder andere Bereich auf *Retroduktion* und *Abduktion* gründet – ist sonnenklar. Es fragt sich nur, ob die in den polizeilichen Ermittlungen angestellten Abduktionen mit den in den theoretisch-wissenschaftlichen Untersuchungen verwendeten, um die es Peirce wohl in erster Linie geht, wesentlich identisch, vergleichbar oder völlig verschieden davon sind. Von einem gewissen

Unterschied zwischen den beiden Arten abduktiven Schließens können wir *a priori* ausgehen – schließlich handelt es sich um zwei verschiedene Arten der Untersuchung. Bei der polizeilichen Arbeit geht es darum, von einem *bestimmten* Ereignis zu dessen *bestimmter Ursache* zurückzufinden, während das Ziel wissenschaftlicher Arbeit darin liegt, einen allgemein anwendbaren theoretischen Grundsatz zu ermitteln oder (was häufiger der Fall ist) einen normwidrigen Sachverhalt durch die Neuordnung der »Vermittlungssätze« in die Anwendbarkeit eines Grundsatzes zu überführen.

Bei eingehender Betrachtung von Holmes' Vorgehen fällt auf, daß er weder auf universelle noch auf spezifisch kriminologische Gesetze zurückgreift. Er *beruft* sich stattdessen auf wohlerprobte *Erfahrungsgesetze*: oft bedient er sich der streng indexikalischen Codes, die zu den mehr auf Beobachtung gegründeten, stärker taxonomisch und »semiotisch« geprägten Wissenschaften gehören, jenen Wissenschaften, die weniger der theoretischen Elaboration als vielmehr dem gesunden Menschenverstand verhaftet sind (um die nützliche Unterscheidung zwischen verschiedenen Arten von Wissenschaften aufzugreifen, die Duhem in den zentralen Kapiteln seiner *Théorie physique* einführte). Darüber hinaus ist die Art und Weise, wie Holmes aus seinen Erfahrungen schöpft, äußerst verschieden von der, die den »sehr theoretischen Wissenschaften« eigen ist und als deren Paradebeispiel die Physik und da besonders die moderne Physik gelten kann. Bei ihm handelt es sich mehr um die *präzise Beobachtung* von spontan auftretenden Fakten als um die *experimentelle Rekonstruktion* von selektierten und »bereinigten«, künstlich aufbereiteten Fakten, denen gegenüber das Experiment theoretisch überladen und von vornherein eben genau so angelegt wird, daß es mit einer Ausgangshypothese übereinstimmt.

Die Holmes'schen Abduktionen tragen seiner »institutionellen« Funktion Rechnung und sind *daher* von anderer Art als zumindest *einige* Abduktionen, die (a) charakteristisch für die theoretische wissenschaftliche Forschung sind und deshalb (b) im Mittelpunkt der Peirce'schen Philosophie stehen. Damit gewinnt diese These schon ein gewisses Maß an Plausibilität; sie bedarf jedoch noch einer genaueren Formulierung.

Die individuellen Hypothesen Holmes', die individuellen

Schritte im Rahmen seines komplexen retroduktiven »Plans« lassen sich zusammengefaßt jeweils einer der folgenden vier Gruppen zuordnen:

(1) Sie stützen sich auf die ausgeprägt indexikalischen Codes bestimmter Erfahrungswissenschaften oder bestimmter wohlerprobter und institutionalisierter Bereiche innerhalb dieser Erfahrungswissenschaften, auf deren Gebiet, wie Watson uns im zweiten Kapitel von STUD mitteilt, eindeutig Holmes' Talente liegen (Botanik, Geologie, Chemie, Anatomie; und wir können dem noch Physiologie und medizinische Semiologie hinzufügen). /   [126]

(2) Sie stützen sich auf ausgeprägt indexikalische Codes, die zu bestimmten Wissensbereichen und Klassifizierungs- sowie Identifizierungstechniken gehören, mit denen Holmes sich beschäftigt hat (wie wir im ersten Kapitel von SIGN erfahren) und die er in Monographien über Themen wie die Unterscheidung zwischen der Asche verschiedener Tabaksorten, die Sicherung der Fußspuren und die Zuordnung der verschiedenen Handwerke und Gewerbe zu den entsprechenden charakteristischen Mißbildungen der Hände neu gestaltet hat.

(3) Sie stützen sich auf riesige, gut geführte Verzeichnisse deskriptiver Erfahrung in bezug auf alltägliche Gepflogenheiten.

(4) Sie stützen sich auf den ganz gewöhnlichen gesunden Menschenverstand oder die allgemeine Kenntnis der Handlungslogik.

Zur Erläuterung genügt es, einige Beispiele aus STUD zu zitieren. Die Hypothese, daß der Tote einer Vergiftung zum Opfer gefallen sei, gehört eindeutig in die erste Klasse. Die Hypothese über die Stiefel des Mörders wie auch die sprichwörtlich gewordene Feststellung »Der Mörder hat eine Trichinopoly-Zigarre geraucht« gehören eindeutig in Klasse 2. Die Identifizierung der Radspuren als die einer Mietkutsche fällt in Klasse 3. Die Verdächtigung Jefferson Hopes schließlich, die auf der Kenntnis beruht, daß das Opfer bereits in der Vergangenheit um Schutz vor jenem nachgesucht hatte und daß Jefferson Hope der Rivale im Kampf um eine Frau gewesen war, ist natürlich Klasse 4 zuzuordnen.

All diesen Abduktionen kommen zwei recht auffällige Charakteristika zu: *Schlichtheit* und *Solidität*. Sie sind sämtlich

191

äußerst wahrscheinlich oder zumindest höchst plausibel und durch und durch »vernünftig« – folgt man ganz einfach einer gewöhnlichen Beurteilung und einem »normalen Erkenntnisweg (in einer weiteren und sozial kompakteren Bedeutung des Adjektivs, als Kuhn [1962] darauf mit dem Begriff »normale Wissenschaft« anspielt).

Allen diesen Holmes'schen Abduktionen geht ganz offensichtlich jede *außergewöhnliche Originalität* ab. Sie lassen jegliches Risiko, jegliches kreative Wagnis und damit in gewisser Weise auch Genialität vermissen. Von der Analyse gilt dasselbe – Verkettung, Vergleich und Kombination der einzelnen hypothetischen Stufen, auf denen Holmes zur Lösung seiner Probleme gelangt, sind durchwegs simpel und linear. Holmes ist sich dessen völlig bewußt. Immer wieder betont er Watson gegenüber, wie *simpel* und *elementar* seine Schritte und damit sein gesamtes Vorgehen seien. Gegen Ende des dritten Kapitels von STUD faßt Holmes ohne Bescheidenheit, aber mit Präzision seine professionelle Denkweise in den Worten zusammen: »Man sagt, Genie bestehe aus der unermüdlichen Bereitschaft, keine Mühe zu scheuen. Das ist zwar eine sehr unzureichende Definition, jedoch trifft sie auf die detektivische Arbeit sicher zu.«

Der Detektiv löst Rätsel, er bemüht sich nicht um die Erklärung »undurchsichtiger« Fälle. Seine Art der Abduktion fällt demnach in den Bereich der Techniken, mit denen man ein *Puzzle zusammensetzt,* nicht in den der *Hermeneutik.* Das Puzzle-Legen setzt wie die Detektivarbeit scharfe Beobachtung und ein enzyklopädisches Wissen voraus, mit dessen Hilfe man stets *die begrenzte und vorherbestimmte Folge unmittelbarer* [127] *und indiziengerechter möglicher hypothetischer / Lösungen* zur Verfügung hat. Darüberhinaus benötigt er eine Schulung in logischer Berechnung und Unbeirrbarkeit sowie die *Geduld,* Hypothesen solange miteinander zu vergleichen und einzelne auszusondern, bis diejenige Interpretationsfolge gefunden ist, die die einzige *Lösung* liefert, *die zu allen Indizien paßt.*

Die Erzählung DANC ist nicht nur ein Tribut Conan Doyles an Poe als den Verfasser von *The Gold Bug,* sie will außerdem daraufhinweisen, daß die Kunst der Detektion (Ermittlung) der Zeichenentzifferung äußerst verwandt ist bzw. sie einschließt. Conan Doyles Denkweise ließe sich wie folgt beschreiben:

Indiziencodes sind beinahe so zwingend und regelmäßig in ihrem Ursache-Wirkung-Verhältnis wie die Codes einer Geheimschrift in ihrer Übersetzung von der »unverschlüsselten« in die »verschlüsselte« Form. In der detektivischen Arbeit kommt es darauf an, die bekannten bzw. verfügbaren Codes miteinander zu kombinieren, um an der Stelle, wo sie sich kreuzen, das verborgene Ereignis zu identifizieren: Während es bei der Entzifferung notwendig ist, die verschiedenen denkbaren Codes so lange zu prüfen, bis man auf denjenigen stößt, der einen befähigt, den Text zu lesen. Aus der Nähe betrachtet, ist die Detektion jedoch ein kombinatorisches Verfahren wie das Zusammensetzen eines Puzzles, ein Verfahren, das sich als Grundlage, als *Startbasis* der *Entschlüsselung von Daten* bedient, wobei die Zeichenentzifferung lediglich einen »stilisierten« Extremfall von exemplarischer Schwierigkeit darstellt.

Versuchen wir, einen Schluß zu ziehen: Der Stil der Holmes'-schen Abduktionen kann als rigoristischer Habitus bezeichnet werden, der (1) dem *Gebot* der Schlichtheit und Plausibilität im Sinne gesellschaftlich fest akzeptierter logischer und empirischer Kriterien gehorcht und sich (2) dem komplementären *Verbot* – »Rate nie!« – fügt (das Holmes beispielsweise gegen Ende des ersten Kapitels von SIGN ausspricht). Dieses Verbot beinhaltet nicht nur die Ablehnung ungerechtfertigter, sondern auch solcher Hypothesen, die einzig durch neu erdachte und nicht allgemein akzeptierte Erklärungsprinzipien gerechtfertigt werden.

Holmes leugnet, über eine kreative theoretische Originalität zu verfügen, weil seine festgelegte Aufgabe eine solche nicht zulasse: Die Schuld eines Individuums muß auf der Basis wohlerprobter Interpretationen nach allgemein akzeptierten Codes und sicheren Fakten bewiesen werden. Kühne neue theoretische Grundsätze sind nicht zulässig, da sie ein zu großes »Risiko« bergen. Eine kühne theoretische Hypothese mag zwar zu einem fruchtbaren Forschungsprogramm führen, ist aber zu dem Zeitpunkt, zu dem sie vorgebracht wird, *per definitionem* willkürlich, und es wäre demnach ebenso *willkürlich*, eine Person aufgrund dieser Hypothese zu verurteilen, also aufgrund einer Hypothese, die außerhalb des Bereiches öffentlich anerkannter und bewährter Legalität und Übereinstimmung liegt.

IV. Die Abduktion nach Peirce

Bisher scheinen die Gründe dafür, daß Holmes und Peirce *entgegengesetzte* Aspekte der Abduktion hervorheben, durchaus einleuchtend zu sein. Peirce schätzt die ihr eigene Originalität, Kreativität und das Innovationspotential der Abduktion, während es Holmes darum zu tun ist, daß seine Abduktionen [128] sich so eng wie möglich / an anerkannte Codes und Gesetze halten. Holmes betont, daß jegliches Risiko vermieden werden müsse und daß die Abduktion niemals das Ergebnis bloßer Raterei sein dürfe. Peirce dagegen bedenkt, daß – sowohl in den plötzlichen und unerwarteten Entscheidungssituationen des Alltagslebens als auch in der Eröffnung neuer Zugänge zu wissenschaftlichen Entdeckungen – kühne und riskante Abduktionen unentbehrlich seien: unmöglich, ohne Raten auszukommen! Tatsache ist, daß Holmes und Peirce von zwei verschiedenen Abduktionstypen wie auch von zwei verschiedenen Funktionen der Hypothese ausgehen. Hierbei handelt es sich um zwei Funktionen, die wir in einer ersten Annäherung der »normalen« auf der einen, der revolutionären Wissenschaft Kuhns (1962) auf der anderen Seite zuordnen können.

Eine bewußte und explizite theoretische Darlegung der verschiedenen Abduktionen läßt sich bei Peirce wohl nicht ausmachen. Auf der Grundlage seiner Hinweise ist es jedoch möglich, eine Typologie der Abduktionen aufzustellen, die einer terminologischen Klärung unserer Erörterung dienen könnte. Aus Peirces Texten geht nämlich hervor, daß, wenn abduktive Strukturen auch jeden Augenblick des psychischen Geschehens bestimmen, dennoch die Vermutung naheliegt, daß es im abduktiven Orientierungsverhalten unterschiedliche Grade von Freiheit und Kreativität gibt.

In der Wahrnehmung sei die Abduktion am wenigsten kreativ ausgeprägt, stellt Peirce in *Some Consequences of Four Incapacities* fest. Peirce weist die These zurück, daß die Wahrnehmung einen direkten beziehungsweise unmittelbaren »Sinneseindruck« darstelle, und zeigt, daß es sich dabei vielmehr um eine selektive und vereinheitlichende Interpretation mehrerer Eindrücke handelt, wobei jene durch einen auf Nerven oder Nervenzentren einwirkenden Stimulus ausgelöst wird. So betrachtet hat die Wahrnehmung dieselbe logische Form und erfüllt dieselbe Funktion eines simplen Prädikats, das man einem Gegenstand anstelle eines komplexen Prädikats beilegt, das heißt sie erfüllt die Funktion der Hypothese. Der einzige Unterschied besteht darin, daß die eigentliche, verstandesmäßige Hypothese sich auf rationale Argumente gründet, während die Wahrnehmungshypothese »oder das natürliche geistige Zeichen« vom Standpunkt rationalen Denkens aus gesehen »willkürlich« erscheint, weil es durch unsere »natürliche Konstitution« determiniert ist. »Daher ist die Klasse der hypothetischen Schlüsse, denen das Zustandekommen einer Wahrnehmung gleicht, die der Folgerung von der Definition auf das Definitum« (5.291).

Versuchen wir, diesen wichtigen Punkt des Peirce'schen Denkens durch ein Beispiel zu erläutern, in dem ein Schluß von der Definition auf das Definitum gebildet und in dem deutlich wird, daß die Wahrnehmung demselben Muster unterworfen ist. Den eigenwilligen, aber deshalb nicht minder strengen Konventionen der italienischen Sprache zufolge bedeutet der Begriff *scapolo* (Junggeselle) immer: »Mitglied des männlichen Geschlechts, das noch nie verheiratet war« und darf auch nur in dieser Bedeutung verwendet werden. Der in Anführungszeichen gesetzte Ausdruck ist somit die obligate Definition über den Begriff *scapolo*. Entsprechend ist offensichtlich, daß ich, wenn ich in einer gegebenen Situation jemanden mit einem Wort als »Mitglied des männlichen Geschlechts, das noch nie verheiratet war« bezeichnen möchte, gut daran tue, diese Bedeutung im Begriff *scapolo* zusammenzufassen, anstatt den Sachverhalt umständlich zu paraphrasieren. Vorausgesetzt also, ich entsinne mich der sprachlichen Regel, so kann ich / von der Komplexität der Definition [129] zum Definitum gelangen, wodurch der fragliche Sachverhalt mittels eines simplen anstelle eines komplexen Prädikats näher bestimmt wird. Das gedankliche Muster ergibt sich wie folgt:

Für alle Individuen bedeutet,
    daß ein gegebenes Individuum ein *scapolo* ist, notwendigerweise, daß dieses Individuum ein *Mitglied des männlichen Geschlechts ist, das noch nie verheiratet war;*
Tom aber ist *ein Mitglied des männlichen Geschlechts, das noch nie verheiratet war;* folglich ist Tom ein *scapolo*.

Im Falle der Wahrnehmung entsteht aufgrund unserer natürlichen Konstitution und der Struktur unseres Sinnesapparates und unseres Nervensystems eine gegebene Farbwahrnehmung, etwa die der Farbe rot, immer und notwendigerweise als Ergebnis einer Serie von Eindrücken eines gegebenen Typus auf das Auge. Daraus folgt, daß eine Wahrnehmung, die mit den Worten »Dies ist rot« ausgedrückt werden kann, immer und notwendigerweise das Ergebnis einer Reihe von Sinneseindrücken ist, die sich mit den Worten »Dies stimuliert den optischen Nerv in sukzessiven Momenten auf die-und-die Weise mit der-und-der Dauer und der-und-der Intensität« ausdrücken lassen. Wenn also Sinneswahrnehmungen dieser Art bei irgendeiner bestimmten Gelegenheit entstehen, so muß der Organismus den Weg von den komplexen Eindrücken zu den unmittelbaren Wahrnehmungen auf eine durch unsere natürliche Konstitution determinierte Weise zurückverfolgen. Beim Übergang von den Eindrücken zur unmittelbaren Wahrnehmung wechseln wir von etwas, das sich mit einem komplexen, zu etwas, das sich mit einem simplen Prädikat ausdrücken läßt. Das Muster des dabei angewendeten Schlußverfahrens hat somit die folgende Struktur:

Für alle tatsächlichen Einheiten schließt die Aussage,
> daß eine gegebene Einheit *rot* ist,
> > notwendigerweise ein,
> daß diese Einheit *den optischen Nerv in sukzessiven Momenten auf die-und-die Weise und mit der-und-der Dauer und der-und-der Intensität stimuliert;*
> wenn also diese Einheit *den optischen Nerv in sukzessiven Momenten auf die-und-die Weise und mit der-und-der Dauer und der-und-der Intensität stimuliert,* ist diese Einheit folglich *rot.*

Den Gegenpol zu dieser »niederen« Abduktionsart besetzt Peirce mit signifikanten wissenschaftlichen Abduktionen, wobei er wiederholt und mit besonderer Genugtuung Keplers Hypothese zitiert. Das Schlußverfahren, anhand dessen Kepler zu der hypothetischen Konklusion gelangt, der Orbit des Mars sei elliptisch, läßt sich schematisch wie folgt darstellen:

Für alle sich bewegenden Körper gilt:

die Tatsache, daß ein gegebener Körper in seiner Bewegung
einen elliptischen Orbit beschreibt, impliziert, / daß dieser   [130]
Körper sich durch gegebene Positionen bewegt, die geometrisch so-und-so determiniert sind;

wenn der Mars sich also durch gegebene Positionen bewegt,
die geometrisch so-und-so determiniert sind, beschreibt der
Mars in seiner Bewegung folglich einen elliptischen Orbit.

Dieses Muster spiegelt die typische Form der Abduktion als
einer Folgerung von der Konsequenz auf das Antezedens
wider. Diese Form ist allen Abduktionen gemeinsam. Wie wir
gesehen haben, greift der Folgerungsprozeß, der zur Entstehung
der Empfindung und zum Schluß von der Definition auf das
Definitum führt, zu eben dieser Form: Weder der Ausgangspunkt einer Wahrnehmung (in unserem Beispiel die Wahrnehmung *rot*) noch die Identifizierung des Definitums (in unserem
Beispiel der Begriff *scapolo*) tun sich durch besondere Originalität oder Innovationskraft hervor. Ganz im Gegensatz dazu sind
sie offensichtlich, repetitiv, ja obligatorisch. Demgegenüber sei
Keplers Schlußfolgerung, schreibt Peirce, »ein ewiges Vorbild«
(2.96). In welcher Hinsicht? Etwa nur, weil Kepler die kanonische Form der Abduktion zur Anwendung brachte? Wohl
kaum, kann doch diese – stets identische – Form auch zu äußerst
banalen Folgerungen führen. Und dennoch, schreibt Peirce, sei
»eine Abduktion ... die einzige Art von Argument, die eine
neue Idee ins Leben ruft« (2.96). Worin aber liegt der kreative
Zauber dieser Form des Schlußverfahrens? Und ist die Abduktion immer so kreativ?

Versuchen wir, diesen Fragen ein wenig auf den Grund zu
gehen.

1. In erster Linie ist die Abduktion ein Schlußverfahren; das
heißt der letzte Schritt besteht bei einem abduktiven Argument
in der Ableitung einer Konklusion aus zwei Prämissen. In dieser
Beziehung ist die Abduktion genauso formal und mechanisch
wie Deduktion und Induktion: die Art und Weise, wie die
Konklusion gebildet wird, ist durch ein strenges Gesetz bestimmt. Auch in dieser Beziehung ist die Abduktion um nichts
origineller oder erfindungsreicher als Deduktion oder Induk-

tion. Genausowenig scheint die Annahme berechtigt, daß das eine oder andere Schlußverfahren psychologisch gesehen mehr oder weniger anspruchsvoll sei als die anderen. Wenn ich mich zwei spezifisch geeigneten Prämissen gegenübersehe und wenn ich sie als solche erkenne und mich der besonderen Regel des Schlußverfahrens entsinnen kann, bin ich ohne weiteres in der Lage, meine Konklusion zu bilden – deduktiv, induktiv oder abduktiv. Mit anderen Worten und in Peircescher Terminologie: es ist genauso mechanisch oder automatisch, das *Gesetz* aus dem Fall und dem Ergebnis (Induktion) wie das *Ergebnis* aus dem Gesetz und dem Fall (Deduktion) oder aber den *Fall* aus dem Gesetz und dem Ergebnis (Abduktion) abzuleiten.

2. Dennoch erklärt die abduktive Konklusion, wenn sie auch ebenso automatisch von den Prämissen ausgeht wie die Deduktion, den semantischen Inhalt der Prämissen nicht nur, sondern erzeugt darüber hinaus eine Umbildung des semantischen Inhalts. Die Abduktion ist demnach »synthetisch« und innovativ und enthält als solche ein Element von Risiko, da der Wahrheits-[131] wert / der abduktiven Konklusion im Normalfall nicht von der Gültigkeit der Prämissen *determiniert* ist (so daß die Prämissen zwar wahr sein können, die Konklusion aus ihnen aber dennoch falsch sein kann). Die Abduktion besteht aus der Zuordnung der in der Protasis oder dem Antezendens der Hauptprämisse oder des Gesetzes ausgedrückten Charakteristika zum Gegenstand der Untersuchung, der seinerseits unter eben der Prämisse erkannt wird, in der sich das Ergebnis ausdrückt. So ist einsichtig, daß sowohl das Risikoelement – zusätzlich zu dem möglicherweise in den Prämissen enthaltenen – als auch der Novitätsgrad der abduktiven Konklusion auf dem Verhältnis der beiden Behauptungen (Antezendens und Konsequenz) beruhen, die die Hauptprämisse bilden.

Im Falle von Keplers Abduktion war die Konklusion deshalb riskant, weil mit der Figur der Ellipse zwar unzweifelhaft Positionen gegeben sind, die so-und-so geometrisch determiniert erscheinen, dieser Umstand jedoch nicht zu der Annahme berechtigt, daß sie ausschließlich und notwendigerweise der Ellipse zukommen. Natürlich verringerte sich das Risiko eines zusätzlichen Irrtums bei der Konklusion in dem Maße, wie Kepler die Zahl der verzeichneten Postionen erhöhte und wie diese eine

Ellipsenform bestätigten, da damit gleichzeitig die wechselseitige Implikation von Antezendens und Konsequenz in der Hauptprämisse zunahm. Ist die wechselseitige Implikation von Antezendens und Konsequenz *total*, läßt sich ihr Verhältnis also mit *wenn und nur dann wenn p, dann q* ausdrücken oder liegt ein isomorphes Verhältnis vor, das keine Ausnahmen in der Übereinstimmung von dem im Antezendens und dem in der Konsequenz Ausgedrückten zuläßt, oder ist das Antezendens nicht ohne die Konsequenz oder die Konsequenz nicht ohne das Antezendens gegeben – dann ist die Hypothese einleuchtend: sie enthält kein zusätzliches Risiko, und die Folgerung der Abduktion ließe sich genauso gut mit einer Umkehrung der beiden Sätze der Hauptprämisse, also auf deduktivem Wege bewerkstelligen. Abduktionen, die eine Wahrnehmung auslösen oder zu einem Definitum führen, kommen dieser degenerierten Art sehr nahe.

3. Wenn also der Novitätsgrad einer abduktiven Folgerung von dem Tenor der Hauptprämisse abhängt, dann liegen Einfallsreichtum, Entdeckungspotential oder Kreativität abduktiven Schließens nicht in der Konklusion, sondern in der *Interpretation* des Gegebenen oder des »Ergebnisses«, das als das bestimmte Eintreten der typischen Konsequenz eines Gesetzes oder allgemeinen Prinzips angesehen wird. Anders ausgedrückt, der heuristische Prozeß, der zur Abduktion führt, nimmt das Gegebene zum Ausgangspunkt. Um dieses Gegebene zu erklären, zu begründen oder zu rechtfertigen, muß ich es als Konsequenz eines allgemeinen Prinzips betrachten. Wenn ich dieses Prinzip erst einmal identifiziert habe, folgt die Konklusion als Bejahung des auf den Gegenstand der Untersuchung angewandten Antezendens automatisch. Was es also zu suchen und aufzuspüren gilt, ist das allgemeine Prinzip, die Hauptprämisse. Die Wahl der Hauptprämisse oder, genauer gesagt, deren Protasis oder Antezendens nimmt die gesamte kreative Phantasie des Forschers in Anspruch, so daß wir hier / die Wurzel der mehr [132] oder weniger ausgeprägten Neuartigkeit der abduktiven Konklusion vor uns haben. Auf eine Formel gebracht, läßt sich sagen: Je ungewöhnlicher die Paarung von Konsequenz und Antezendens sich darstellt oder je weiter ihre semantischen Felder voneinander entfernt sind, desto prägnanter erscheint die

Abduktion. Es ist einleuchtend, daß wir nicht sehr weit kommen, wenn wir die Beobachtung (und gleichzeitig die Hauptprämisse) »Alle Bohnen in diesem Sack sind weiß« zur Erklärung von ein paar im Schrank vorgefundenen weißen Bohnen hernehmen und den Schluß ziehen: Die weißen Bohnen stammen aus diesem Sack. Hier befinden wir uns nämlich in dem Bereich, in dem der Beobachtungsbefund dem Gegebenen am nächsten kommt.

Die Hauptprämisse, die Kepler einführt, weist dagegen eine gewisse Kühnheit auf: sie spricht für den Mut, unbekannte Pfade zu gehen, weil Kepler unter dem Eindruck seiner Beobachtungen mit der traditionellen Denkweise bricht, die auf einer kreisförmigen Planetenbewegung beharrt und stattdessen eine Figur sucht, die imstande ist, alle aufgezeichneten Punkte zu decken. Doch sollte die Originalität von Keplers Hypothese andererseits nicht überbewertet werden, denn das in seiner Hauptprämisse ausgedrückte Gesetz ist weniger eine kreative Erfindung als vielmehr die geschickte *Wiederaufbereitung* eines vollständig bekannten Prinzips zum richtigen Zeitpunkt. Keplers Originalität lag in der Wahl des passenden Prinzips (aus der Vielzahl der abstrakt möglichen und *bekannten*), mit dessen Hilfe sich eine – eben auch in der Suche nach dem »Ergebnis« ausgedrückte – Konsequenz erklären ließ. Das Prinzip lag in Wirklichkeit geradezu auf der Hand, insofern es keinen semantischen Sprung von der Konsequenz auf das Antezendens voraussetzte. Die Novität der Abduktion wird offensichtlicher, wenn die Hauptprämisse das Ereignis mit einer seiner möglichen, jedoch abwegigen und »unwahrscheinlichen« Ursachen in Verbindung bringt. Und noch schärfer ausgeprägt bietet sich die Novität der Abduktion dar, wenn das in der Hauptprämisse ausgedrückte Prinzip ein *neues* theoretisches Gesetz anstatt eines allgemein anerkannten wissenschaftlichen Gesetzes darstellt. In diesem Fall ist die abduktive Folgerung eine »neue Idee« im absoluten Sinne: Nicht nur die Anwendung des allgemeinen Prinzips auf den Gegenstand der Untersuchung ist neu, sondern auch das Prinzip selbst. Folglich war die Konklusion zuvor nicht einmal potentiell im vorhandenen Wissensschatz enthalten. Als Beispiel für die letztere Art der Abduktion, die in der wissenschaftlichen Forschung die fruchtbarste darstellt, ließe sich mit Gewinn jener logische

Prozeß heranziehen, anhand dessen Bohr das Rätsel der Lücke in den Spektrallinien des Wasserstoffs interpretierte (vgl. Bonfantini und Macciò, 1977: 88–102).

V. PEIRCE JENSEITS VON PEIRCE: ZWEI KONKLUSIONEN

1. Wenn wir diese Erörterung zusammenfassen und vereinfachen, können wir feststellen, daß es notwendig ist, zwischen drei Haupttypen von Abduktionen zu unterscheiden, die einen abnehmenden Grad an Originalität und Kreativität aufweisen:

ERSTER ABDUKTIONSTYP – Das Vermittlungsgesetz zur Ableitung des / Falles aus dem Ergebnis ist zwingend und automatisch [133] beziehungsweise quasi-automatisch vorgegeben;

ZWEITER ABDUKTIONSTYP – Das Vermittlungsgesetz zur Ableitung des Falles aus dem Ergebnis wird durch Auswahl aus den verfügbaren Enzyklopädien gefunden;

DRITTER ABDUKTIONSTYP – Das Vermittlungsgesetz zur Ableitung des Falles aus dem Ergebnis wird völlig neu entwickelt beziehungsweise *erfunden*. Bei diesem letzten Abduktionstyp kommt das Raten ins Spiel.

2. Worauf gründet sich das Raten? Und woran liegt es, daß das Raten so oft zum korrekten Ergebnis führt?

Peirce beantwortet diese Fragen mit seiner Theorie von der natürlichen Veranlagung des Menschen, die biologisch in ihm verwurzelt ist und sich im Laufe der Evolution bei ihm verstärkt hat: sie ist das *lumen naturale,* das zunehmend dem Einfluß der Naturgesetze unterworfen und so immer geeigneter wird, die Muster der Realität durch eine geheime Affinität spontan zu reflektieren. Diese Peircesche Theorie läßt sich wissenschaftlich kaum aufrechterhalten, insofern damit die biologische Vererbung von kulturell erworbenen Kulturmerkmalen impliziert ist, wo doch heute (zumindest dem jetzigen Stand der Erkenntnisse zufolge, wobei wir Lissenko nicht zu nahe treten wollen) nicht einmal die Vererbung von physisch erworbenen physischen Merkmalen wissenschaftlich akzeptierbar erscheint. Hier nähert Peirce sich im Grunde der »Influenztheorie« [gemeint ist die Linie des Lamarckismus; A. d. Ü.]. Wir halten es für notwendig, die Peircesche Theorie insoweit umzuwandeln, als wird den

MASSIMO A. BONFANTINI UND GIAMPAOLO PRONI

Ausdruck *lumen naturale* durch *lumen culturale* ersetzen, weil der erste Begriff sowohl metaphysisch negativ besetzt ist, als auch in seiner Allgemeinheit alles und nichts erklärt.

Wenn wir zum Raten gezwungen sind, so werden wir von einer systematischen und komplexen Sicht der Realität geleitet, von philosophischen Konzepten, deren wir uns mehr oder weniger bewußt sind, die jedoch unsere Geistesverfassung formend beeinflussen, sowie von unseren tiefverwurzelten Gewohnheiten, die die Ausrichtung des Urteils bestimmen. Diese Faktoren verschmelzen miteinander und ordnen mittels generalisierender, analogisierender und hierarchischer Prozesse die Erkenntnisse und kulturellen Errungenschaften, die im Laufe der Jahrhunderte aus weitverzweigten sozialen Tätigkeitsbereichen gewonnen und gespeichert wurden. So nimmt es kaum wunder, daß diese Lebensweisheiten (wenn auch in unterschiedlichen Ausmaßen) über ihr eigenes Wahrheitspotential verfügen, das die Fähigkeit miteinschließt, neue und gültige wissenschaftliche Hypothesen anzuregen.*

ANMERKUNG

* Zu den in diesem Artikel verwendeten Quellen gehören: Copi (1953), Eco (1976, 1980), Feibleman (1946), Hammett (1930, 1934), Haycraft (1941, 1946), Hoffman (1973), Millar (1969), Peirce (Mss. 475, 682, 689, 690, 1146, 1539), Poe (1966), Robin (1967), Scheglov (1975), Stout (1938), sowie Kapitel 2, 3 und 10 dieses Buches. /

[134]

KAPITEL SECHS

Gian Paolo Caprettini

Peirce, Holmes, Popper

I. Die Kriminalgeschichte als Indizienkosmos

Keine Erzählung kann ohne Symptome oder Zeichen bestehen. Aus mehreren Gründen existiert der Text als semantisch homogener Raum nicht; einmal aufgrund der Allmählichkeit, mit der die Bedeutung einer Fabel sich erschließt; sodann wegen der ständigen Neuformulierung dieser Bedeutung in der Abfolge der Handlungen und in der fortschreitenden Enthüllung der Charaktere; und schließlich wegen der Befangenheit und der Zurückhaltung des Erzählers. Neben den offen präsentierten und definierten Teilen bietet ein Text andere Elemente, die sich im Hintergrund verborgen halten, von wo sie kaum merkliche Vibrationen aussenden. Je nach der Art des Textes ändert sich auch das Verhältnis zwischen »starken« und »schwachen« Symptomen. So definiert das aristokratische Aussehen einer Figur in einer epischen Erzählung den sozialen Stand auf so zwingende Weise, daß an der Identität der Figur kaum noch Zweifel bestehen (wobei diese Identität später durch andere Details noch genauer präzisiert wird). Das träfe zum Beispiel auf eine harmonische Beschreibung zu, bei der sich alle Elemente (wenn auch mit unterschiedlichen Bedeutungsgraden) zur unzweideutigen Darstellung eines gegebenen Charakters vereinen.

Ganz anders jedoch liegen die Dinge bei den Beschreibungen in einer Kriminalgeschichte. Hier verdient die Verschiedenartigkeit der einzelnen Elemente eine selektive und kritische Untersuchung. Dazu bedarf es der Wahl eines Interpretationsansatzes, der bestimmte Merkmale der Realität zuungunsten anderer in den Vordergrund stellt; letztere sollen ausgeklammert und als ablenkend, täuschend oder schlicht als unbrauchbar betrachtet werden. Es ist dabei selbst für einen weniger kompetenten Leser recht einfach, die überflüssigen Details, solche also, die der bloßen Verschönerung der Erzählung dienen, auszusondern,

[135] beispielsweise die genaue / Beschreibung einer Gestalt, die nur potentiell als Opfer oder Sekundärfigur in die Handlung verwickelt ist. Die gleiche Funktion erfüllen auch einige Landschaftsbeschreibungen, indem sie eine Atmosphäre schaffen, die die Tragödie untermalt, die sich ereignet hat oder sich im nächsten Augenblick ereignen wird. Es ist ebenfalls relativ einfach, in einer vorliegenden Beschreibung zwischen einer ausschlaggebenden und einer nebensächlichen Äußerung zu unterscheiden. Analysieren wir einmal die folgende Stelle: »Mein Landhaus liegt an der südlichen Biegung der Küste, von wo aus es eine großartige Aussicht auf das Meer gewährt. An dieser Stelle besteht die Küstenlinie vollkommen aus Kreidefelsen, die man nur auf einem einzigen langen, verschlungenen Pfad hinunterklettern kann, der steil und schlüpfrig ist. Am unteren Ende dieses Pfades erstreckt sich ein hundert Meter langer Kiesstrand, der selbst bei Flut nicht im Wasser verschwindet. Hier und da gibt es jedoch Buchten und Mulden, die sich bei jeder Flut frisch füllen und zum vergnüglichen Baden einladen« (LION).

Ohne Zweifel wird die Aufmerksamkeit des Lesers vom Detail des *Pfades* gefesselt, der eine plötzliche räumliche Beschränkung darstellt und damit einen Gegensatz zu der Felsenkulisse bildet. Hier erkennen wir einen typischen Beschreibungsmechanismus, der auch auf Stilmittel zutrifft. Aus einem undefinierten Raum, auf dem das Auge des Erzählers in der »Totale« ruht, um es in der Sprache des Films auszudrücken, wird plötzlich eine »Nahaufnahme«, wobei die ursprünglich im Hintergrund verborgenen Elemente nun zu »Handlungsträgern« erklärt werden, denen Bedeutung und Relevanz zukommt. Dieses syntaktische oder morphologische Privileg bleibt jedoch aus semantischer Sicht weiterhin unmotiviert; zwar spüren wir die Wichtigkeit des »steilen und schlüpfrigen« Pfades, doch bleiben wir im Dunkeln, was seinen Zweck und seine Bestimmung anbelangt. Andere Einzelheiten der Beschreibung wiederum – etwa: »Hier und da gibt es jedoch Buchten und Mulden, die sich bei jeder Flut frisch füllen und zum vergnüglichen Baden einladen . . .« – haben offensichtlich lediglich ornamentale Funktion.

Auf diese Weise ist der Leser gezwungen, eine aktive Rolle zu spielen, deren Ausmaß er jedoch selbst bestimmen kann, indem er seine Lektüre unterbricht, um über die bereits erworbenen Daten zu reflektieren, oder sich stattdessen vom Strom der Ereignisse so weit als möglich mitreißen läßt. Im Lichte von U. Ecos richtungsweisender Theorie der textuellen Kooperation, wie er sie in *The Role of the Reader* (1979, dt. in Vorbereitung) definiert, erscheint der »passive« Leser als Grenzfall. Mehr noch: Die Mechanismen der Kriminalgeschichte werden in Verbindung mit bestimmten, mehr oder weniger spontanen und kritisch bewerteten Hypothesen wirksam, die dem Leser aufgrund ihrer Präsentation im Aufbau der Erzählung suggeriert werden. Wenn die Kriminalgeschichte als eine aus der *Produktion von Symptomen* bestehende Erzählung definiert werden kann, dann ist auch klar, daß der Leser, der zu ihrer Entzifferung eingeladen ist, sich diesem Druck nie völlig entziehen kann. Im Gegenteil, das Lesen impliziert eine kontinuierliche Entscheidungsnötigung, den Druck der Indizienfülle unter Kontrolle zu bringen. Wohl wissend, daß nicht alles in der (ohnehin schon gefilterten) Darstellung des Erzählers relevant ist, sieht sich der Leser mit dem Problem / konfrontiert, die enigmatische und [136] unterschwellige Präsentation der Symptome von der (nicht selten blendenden) offensichtlichen Darbietung zu trennen.

Eine erste Reihe von Beispielen ist uns bereits begegnet, bei denen eine derartige Entscheidung nicht allzu schwerzufallen scheint; eine zweite ließe sich aus den Spuren bilden, auf die der Detektiv am Schauplatz eines Verbrechens stößt. Idealerweise sollten diese ein eindeutiges *corpus* ergeben, das während der Nachforschung mit Hilfe der Spurensammlung ausgefüllt werden kann (ohne zu Konflikten unter den verschiedenen Detektiven zu führen). Selbst bei Abdrücken (also bei unmittelbar mit dem Verbrechen verbundenen Elementen) ergeben sich jedoch bereits Differenzen und oft auch Konflikte zwischen den Untersuchungsbeauftragten. Sherlock Holmes wirft Watson wiederholt vor, das direkt vor ihm Liegende nicht zu sehen. Diese Schwäche ist jedoch nicht ausschließlich von Sherlock Holmes' intellektueller Überlegenheit abhängig. Natürlich erwarten wir von Watson gar nicht, daß er imstande ist, es seinem Partner gleichzutun, wenn es darum geht, die Größe eines Mannes aus der Länge seiner Schritte oder die Herkunft eines Häufchens Asche zu bestimmen. Diese Art der Information ist aber, so unzugänglich sie auch für den Leser sein mag, dem Erzähler stets verfügbar, und doch weiß er keinen Nutzen daraus zu ziehen: »Sie haben es nicht wahrgenommen. Gesehen haben Sie es schon« (SCAN). An anderer Stelle erklärt ihm Holmes: »Sie wußten nicht, wohin Sie sehen mußten, und deshalb ist Ihnen alles Wichtige entgangen« (IDEN).

Wir werden uns später noch genauer mit Sherlock Holmes' Methode auseinandersetzen, ahnen aber bereits Watsons Schwierigkeiten – es sind eben die von Kriminalbeamten –, wenn es darum geht, sich auf Details, auf Nebensächlichkeiten zu konzentrieren und damit die symptomatischen Elemente aus einem Handlungsraum zu isolieren, der sie scheinbar absorbiert. Denken wir nur an die Hantel in VALL. Erst Sherlock Holmes faßt ihr Fehlen als Symptom auf und gewinnt aus dieser Entscheidung einen neuen Interpretationsansatz.

Der semiotische Stellenwert eines beobachteten Sachverhaltes wird demnach von Hypothesen bestimmt; der symptomatische Wert eines bestimmten Elementes der Realität, sein referentieller Wert, ergibt sich aus der – nur auf Vermutung basierenden – Entscheidung, es als relevant zu betrachten. Aus diesem Grund erleben wir eine unaufhörliche Neudefinition von Handlungsrahmen und -gerüst. Was zunächst als ein Schuldindiz angesehen wird (wie in LION), nämlich Professor Murdochs Zögern, seinen Besuch bei den Bellamys zu erklären, stellt sich als feinfühlige und humanitäre Tat heraus. Dabei handelte es sich nicht um ein falsches Verständnis des semiotischen Status, den man dem Professor zumißt (tatsächlich war der Besuch ein Symptom), sondern um einen voreilig gefaßten Schluß, den dieser Status auslöst. Auf der anderen Seite bestätigt ein Sachverhalt, der als Indiz scheinbar wertlos ist (wie der Sturm zu Beginn von LION) die spätere Hypothese, daß ungewöhnliche Tiere in den Gewässern von Sussex ausgesetzt worden sind.

Die traditionelle Unterscheidung zwischen *Zeichen* und *Sym-*
[137] *ptom,* / die Künstlichkeit, Willkür und Konvention mit dem ersten und Natürlichkeit, Unwillkürlichkeit und Motiviertheit mit dem zweiten verbindet, erweist sich bei den hier erörterten Texten als nicht völlig befriedigend, zumindest wenn wir diese Unterscheidung als unumstößlich ansehen. Die einem solchen Verständnis innewohnenden Schwierigkeiten sind besonders da

ausgeprägt, wo wir es mit einem Fall von Simulation, das heißt der mutwilligen Produktion von Symptomen, zu tun haben. Denken wir beispielsweise an eine Fußspur im Sand. Wenn sie auch einen offensichtlichen Fall von »natürlichem Zeichen« zu bieten scheint, so ist doch nicht ausgeschlossen, daß sie unter bestimmten Umständen vorsätzlich produziert worden sein könnte, um mögliche Nachforschungen in die Irre zu führen. Es kommt auf die Interpretationshypothese an, auf die (motivierte) Entscheidung des Detektivs, sie als Zeichen oder als Symptom anzusehen. So hat ein Mörder einen Fußabdruck auf dem Fensterbrett hinterlassen (VALL), um Anlaß zu dem Verdacht zu geben, er habe das Fenster als Fluchtweg benutzt. Natürlich beruht die Simulation als Schöpfung einer gefälschten, jedoch nicht völlig bodenlosen Realität auf der Kohärenz und der Wahrscheinlichkeit der produzierten Indizien. Im obenerwähnten Fall drohen die Ungereimtheiten sich gegen den ursprünglichen Schöpfer der falschen Indizien zu richten.

Holmes' Simulation dagegen, die er zur Entlarvung eines alten Feindes einsetzt, funktioniert reibungslos (DYIN). Es handelt sich da um eine äußerst eigenartige Geschichte, und zwar aus verschiedenen Gründen: Die Rolle des Simulierenden wird hier gerade von der Person übernommen, der für gewöhnlich die Interpretation zukommt (zwar verkleidet sich Holmes oft, doch ist dies der einzige Fall, in dem seine Verkleidung den Kern der Erzählung ausmacht); außerdem ist der Erzähler von der Simulation in viel stärkerem Maße mitbetroffen als in irgendeiner anderen Geschichte. Nicht nur weiß Watson von Holmes' Vorgehen nichts, sondern er liefert mit seiner Unwissenheit auch noch die notwendige Bedingung für das letztliche Gelingen der Unternehmung.

Hier fehlt ein typisches Merkmal der Kriminalgeschichten Conan Doyles, daß sich nämlich die Erzählung auf eine unterschiedliche Sichtweise von Einzelsituationen gründet: Der Unterschied von Holmes' und Watsons Wahrnehmung wird hier sowohl in qualitativer als auch in chronologischer Hinsicht extrem forciert. Die übliche Konfrontation ihrer unterschiedlichen Betrachtungsweisen wird bis zum *coup de théâtre* am Schluß hinausgezögert, als Watson sich bewußt wird, daß er derselben Täuschung anheimgefallen ist wie Culverton Smith,

Holmes' Opfer. Selbst die übliche Hierarchie der Charaktere (im Sinne des Ausmaßes ihrer Einsicht) scheint nicht mit der »typischen« Conan Doyle-Geschichte übereinzustimmen. In dieser Hierarchie schwebt Holmes stets über Watson, Watson ist jedoch nicht notwendigerweise dem Leser überlegen. Wenn der Leser sowohl über die Wahrnehmungsdaten des Erzählers als auch über die von Holmes verfügt, kann er zumindest ein Gefühl dafür entwickeln, in welche Richtung der Schlußprozeß gehen muß. Im Fall der obenerwähnten Geschichte kann die Identifizierung zwischen Watson und dem Leser jedoch in Frage gestellt werden. Wir haben nämlich den Verdacht – wir *sollen* ihn

[138] aufgrund von Holmes' leicht ungereimtem Verhalten haben –, / daß er die tödliche Krankheit lediglich simuliert. Wir können feststellen, daß, in anbetracht des *Rahmens* – »Kranker liegt im Bett und bedarf der Zuwendung« –, die Tatsache, daß Holmes seinen Freunden verbietet, sich dem Bett zu nähern, der schlau inszenierten Szene des Simulanten Abbruch tut.

Die Vermittlung von Wahrheit vollzieht sich in einer Kriminalgeschichte anhand von Details, scheinbar trivialen Fragmenten, von Einzelheiten, auf die wir unsere Aufmerksamkeit nur zögernd konzentrieren. Wir werden eher von anderen Details abgelenkt und besonders von den allgemeinen Aspekten der Geschichte. Die aufschlußreichsten Details sind solche, die den Rahmen sprengen und ihre Widersinnigkeit aufzeigen. Es sind ihre »fehlenden Akte«.

Wir können also unseren Rahmenbegriff um die *falsche Lösung* erweitern, die meist von einem Polizisten, von Watson oder Sherlock Holmes selbst in der Anfangsphase beigesteuert wird. In bestimmten Geschichten, in denen Holmes als Ich-Erzähler auftritt, wird die Funktion der Skizzierung einer falschen Lösung von ihm selbst erfüllt (vgl. Šklovskij, 1925, zum Schema der »Rätselgeschichte«).

Ein anschauliches Beispiel für das Problem der Kohärenz in einem zur Simulation erstellten Indiziensystem liefert das Märchen. Betrachten wir zu diesem Zweck einmal *Der Wolf und die sieben Geißlein* aus der Sammlung der Gebrüder Grimm. Zweimal versucht der Wolf, in das Haus einzudringen, in dem die Geißlein eingesperrt sind und auf die Rückkehr ihrer Mutter warten. Und zweimal scheitert er wegen eines unvollständigen oder inkohärenten Simulationsversuches. Beim ersten Mal verrät ihn seine rauhe Stimme; beim zweiten Mal (nachdem er seine Stimme durch das Schlucken von Kreide geschmeidig gemacht hat) ist es seine schwarze Pfote auf dem Fensterbrett. Beim dritten Versuch stellt er es vorsichtiger an: er stäubt seine Pfote mit Kreide ein und vermag so die Geißlein erfolgreich zu täuschen, die ihm nun die Tür öffnen. Nur einem von ihnen gelingt es, sich zu retten, indem es sich in der Standuhr versteckt, so als hätte es trotz der geschickten Täuschung des Wolfes bereits eine Falle vermutet. So berechtigt nicht einmal die *Kohärenz* einer Reihe von Indizien den Nachforschenden, vertrauensselig oder gar unaufmerksam zu sein. In diesem Märchen »verkörpern« die sechs Geißlein den geistesabwesenden Leser, der sich nur zu leicht vom Schein täuschen läßt. Leichtsinnig halten sie für ein *Zeichen*, was im Gegenteil auch ein mögliches *Symptom* einer anderen Realität sein kann. Wenn also gilt, daß der Prozeß der Lektüre einer Detektivgeschichte die Umwandlung von Symptomen in Zeichen impliziert, so ist folglich von Wichtigkeit, daß dieser Decodierungsprozeß für eine ausreichend große Anzahl von Fällen gültig ist, oder anders ausgedrückt: er muß einer ausreichend schwierigen Falsifikationsprüfung standhalten.

Wie wir bereits festgestellt haben, kann die Simulation nicht nur Ergebnis der Tarnung eines Verbrechers oder des Polizisten sein, der ihn entlarven will, sie kann ebensogut ganz einfach aus unseren Hypothesen resultieren. Es liegt an unserer Wahrnehmung der Dinge, ob wir ein Indiz als hinreichend gültig betrachten, / um seinen Status vom Symptom zum Zeichen zu verschieben. [139] Das siebente Geißlein ist das einzige, das sich mit der Kohärenz der Symptome nicht zufriedengibt, da es fürchtet, keine ausreichende Menge davon gesammelt zu haben, das heißt es fürchtet, sein Kübel sei noch zu klein. In dieser Rolle begegnet uns zumeist Sherlock Holmes. Der Kosmos der Kriminalgeschichte weist sowohl unverständliche *Diskontinuitäten* – eine zerrüttete, zusammenhanglose Realität, aus der rätselhafte Einzelelemente hervorleuchten – als auch fiktive *Kontinuitäten* auf – irreführende Beweise, falsche Verbindungen, imaginäre Hypothesen, verführerische Fiktionen und überzeugende Irrtümer. Auf der einen Seite weist dieser Kosmos Schwierigkeiten oder Lücken auf, die sich später als lächerlich erweisen; auf der

anderen Seite scheint er unsere Klassifizierungs- und Interpre-
tationsbemühungen zu unterstützen, jedoch mit nur scheinbar
eindeutigen Fakten. Aus diesen Gründen muß der Detektiv der
Neigung widerstehen, wichtige Daten, die er in der Uniformität
des Handlungsschauplatzes oder in dem üppigen Angebot un-
wesentlicher Elemente erkennt, zu verheimlichen; ebenso muß
er sich jedoch der zugleich ihn selbst und andere betreffenden
Neigung entschlagen, Antworten zu simulieren, die die Fragen
ignorieren oder verhüllen, wobei es sich nicht um offensichtliche, aber um entscheidende Fragen handelt, die zum Ziel der
Nachforschungen führen können.

II. Paradigma, Kübel und Scheinwerfer

In Holmes' Idealvorstellungen sollte die Verbrechensermittlung
eine Wissenschaft sein oder werden: Der positivistische Geist
träumt von der Ausweitung rationalen und überprüfbaren Vorgehens auf den Bereich der Spuren, Symptome und Indizien,
also auf den Kosmos der *individuellen* Fakten. Dieser Begriff
definiert all jene Einheiten (oder genauer: Mikroeinheiten),
deren Bedeutung nicht auf der Beziehung zu einem allgemeinen
Gesetz, sondern auf dem Zusammenhang mit einem bestimmten
Teil der Realität beruht. Die Aufgabe des Detektivs besteht
darin, eine Verbindungslinie zwischen zwei Punkten zu ziehen,
nämlich zwischen Indiz und schuldiger Partei, dabei jedoch nie
von einem Prinzip konstanter Regelmäßigkeiten und Bezüge
auszugehen. Die Kunst der Verbrechensermittlung gehörte
demnach zu den *Disziplinen der Indizien und Symptome*, die,
wie Carlo Ginzburg gesagt hat (Kap. 4), in der Kultur des
Westens in einem Maße Bestand haben (wobei sie selbst »niedere« Erkenntnisarten betreffen), daß sie sogar ein wirkliches
Paradigma konstituieren. Seine Ursprünge hängen mit der Jagd
und der Divination zusammen; interessanterweise hat dieser
Gesichtspunkt in jüngster Zeit eine – unabhängige – Neuformulierung durch René Thom (1972) erfahren, der als Grundmuster
für die Entstehung von Geschichten das *Raubverhalten* bezeichnet hat. (Vereinfacht ausgedrückt besagt seine Theorie, daß
ihnen anthropologische »Universalien« zugrundeliegen, die

selbst mit den höchstentwickelten Werkzeugen kaum erreichbar sind.)

Taucht hier eine Sonderform von Rationalität auf? Auf den ersten Blick scheint das Paradigma dem, was wir »Galileisches Paradigma« nennen könnten, also dem Prinzip der Verallgemeinerung, der Abstraktion und des qualifizierenden Denkens, eindeutig zu widersprechen. Während die seit Galileo entwik- [140] kelte wissenschaftliche Methode / (soweit die Neuzeit betroffen ist) dazu neigt, den Individualfaktor zu eliminieren und ihn als äußerliches Akzidenz, als überflüssiges, rein akzessorisches Beiwerk zu betrachten, betont die »Indizienmethode« die bescheidensten Details gerade aufgrund ihres individualisierenden Charakters. Ziel dieser beiden Erkenntnisarten ist im ersten Fall Universalität, im zweiten dagegen Singularität, wobei sich im ersten Fall ein Gesetz, im zweiten ein empirischer Sachverhalt ergibt.

Es haben sich jedoch einige Zweifel an der Legitimität einer absoluten Gegenüberstellung der beiden Paradigmen erhoben: So wies M. Vegetti (1978) auf den potentiellen Fortbestand eines gleichmäßig rationalistischen Stils im Rahmen scheinbar unterschiedlicher Methoden hin, und Ginzburg selbst erwähnt (wenn auch in einem anderen Sinn) die Notwendigkeit einer Zergliederung des Paradigmas im Zuge seines Entstehens.

In der Tat müssen – und damit wollen wir wieder auf Sherlock Holmes zurückkommen – eine Reihe von Anmerkungen gemacht werden, die über die Erklärung einiger keineswegs bloß terminologischer Mißverständnisse hinausgehen. Betrachten wir beispielsweise Holmes Ungenauigkeit im Ausdruck, wenn er sagt, daß die »Fähigkeiten der Deduktion und der logischen Synthese« sein »Spezialgebiet« seien (COPP). Das Wort »Deduktion« taucht noch einmal an einer anderen für die Definition des Epistemologiebegriffs bei Holmes entscheidenden Stelle auf: zu den wesentlichen Qualitäten eines idealen Detektivs rechnet er »Beobachtungsgabe«, »Fähigkeit zur Deduktion« und »Kenntniserwerb« (SIGN). Wie jedoch schon verschiedentlich angemerkt worden ist, kann die Form des Schlußverfahrens, das dem Detektiv zu seinen hypothetischen Rekonstruktionen verhilft, nicht als »Deduktion« bezeichnet werden. Régis Messac (1929) erinnert daran, daß eine Deduktion aus der Folgerung

211

bestimmter Konklusionen auf der Basis allgemeiner Prämissen besteht, während die Induktion den gegenteiligen Weg bezeichnet und Holmes gedanklicher Prozeß sich wiederum auf einen bestimmten Sachverhalt gründet und von ihm aus auf unterschiedlich langen Wegen zu einem anderen bestimmten Sachverhalt gelangt. M. Truzzi (Kap. 3) hat die Ähnlichkeit zwischen Conan Doyles »Deduktion« und der Peirceschen »Abduktion« aufgezeigt und darin teilweise eine These vorweggenommen, die eben von Thomas A. Sebeok und Jean Umiker-Sebeok in ihrem »Vergleich von Charles S. Peirce und Sherlock Holmes« (Kap. 2) aufgestellt worden ist.

Es läßt sich daher deutlich erkennen, daß der Kern von Holmes' Denken in einer Form des Schlußverfahrens besteht, die allgemein verbreitet ist, aber erst von Charles S. Peirce beim Namen genannt wurde. Dem amerikanischen Philosophen zufolge besteht eine der gefährlichsten Verwirrungen darin, »in der Zusammenlegung der Abduktion und der Induktion (und nicht selten auch noch der Deduktion) ein simples Argument zu sehen« (7.218). Wenn man davon ausgeht, daß der Detektiv seine Überlegungen immer auf Fakten stützt, so erscheint die Konfrontation von Abduktion und Induktion wohl als die bemerkenswertere (wobei der Begriff »Deduktion« offensichtlich irrig ist). Die Induktion basiert auf einem Vergleichsprozeß; hierbei handelt es sich um den Vergleich von homogenen Sachverhalten, von Elementen einer bestimmten Klasse, der zur Formulierung allgemeiner Eigenschaften führt. Die Abduktion [141] basiert im Gegensatz dazu / auf einem einzigen Sachverhalt, der sich manchmal als Rätsel, als etwas Unerklärliches präsentiert: An dieser Stelle postuliert der Beobachter eine Hypothese, das heißt er bringt eine Idee in die Realität ein, indem er die Frage stellt, ob sich diese Idee demonstrieren läßt. Angesichts von rätselhaften Fällen läßt sich die Abduktion so beschreiben: »x ist ungewöhnlich; wäre y jedoch wahr, so wäre x nicht mehr so ungewöhnlich; also ist x möglicherweise wahr.« Oder in Sherlock Holmes' Worten: »Es ist eine alte Maxime von mir, daß nach Ausschluß des Unmöglichen alles Verbleibende, und sei es noch so unwahrscheinlich, wahr sein muß« (BERY).

Peirce betont wiederholt den Mangel an Originalität, der die Deduktion in scharfen Gegensatz zum kreativen Charakter der aus der Abduktion gewonnenen Hypothesen stellt. Hier findet sich ein Anklang an das Holmes'sche Motiv der *Phantasie*, deren Fehlen er selbst bei talentierten Kriminalbeamten beklagte: »Inspektor Gregory, der mit dem Fall beauftragt worden ist, ist ein äußerst kompetenter Mann. Wäre er jedoch mit Phantasie begabt, könnte er in seinem Beruf zu großen Höhen aufsteigen« (SILV). Der heuristische Charakter dieser keineswegs vage ausgebildeten Fähigkeit findet sich in der folgenden Passage bestätigt: »›Nehmen Sie zum Beispiel den Wert der Phantasie‹, sagte Holmes, ›die einzige Qualität, die Gregory vermissen läßt. Wir haben uns vorgestellt, was vielleicht passiert sein könnte, haben aufgrund dieser Vermutung gehandelt und finden sie nun bestätigt. Lassen Sie uns so fortfahren‹« *(ibid.).*

Andererseits zwingt schon seine Tätigkeit den Detektiv oder Kriminalbeamten zur Formulierung von Hypothesen; und so erfahren wir, daß der Hauptfehler des Polizisten oft eher ein Übermaß als ein Mangel an Phantasie ist. Im folgenden Fall stellt Holmes die *Natürlichkeit* seines Schlußverfahrens dem *künstlichen* und *verzerrenden* Denken des Polizisten gegenüber: »›Der Fall ist bisher sehr interessant verlaufen‹, bemerkte Holmes, ›... denn er dient als deutliches Beispiel dafür, wie simpel die Erklärung eines Umstandes sein kann, der auf den ersten Blick beinahe unerklärbar erscheint. Nichts kann natürlicher erscheinen als die Folge von Ereignissen, wie sie diese Dame uns erzählt hat, und nichts seltsamer als das Ergebnis, wenn es mit den Augen von Mr. Lestrade von Scotland Yard gesehen wird‹« (NOBL).

Ein weiteres interessantes Beispiel findet sich in LION. Ein Mann wird auf entsetzliche und unerklärliche Weise getötet: »über seinen Rücken zogen sich dunkelrote Linien, so als habe ihn jemand mit einer dünnen Metallpeitsche fürchterlich geschlagen.« Die Art des Mordes bleibt zunächst ungeklärt, selbst nachdem Sherlock Holmes die Leiche mit einem Vergrößerungsglas untersucht hat. Die Hypothese des Kriminalbeamten – in diesem Fall Inspektor Bardle – stellt eine Art *simplen Schluß* dar, der zwar phantasiereich, aber unwahrscheinlich ist. Die unterschiedlich stark ausgeprägten Spuren veranlassen ihn zu der Überlegung: »Wenn man ihm einen rotglühenden Maschendraht auf den Rücken gelegt hätte, dann würden diese deutliche-

213

ren Stellen den Kreuzungspunkt der Drahtmaschen markieren«
(ibid.). Der Fehler einer solchen Überlegung ist klar zu erken-
[142] nen. Hier wird ein strikt funktionaler Schluß / zur Erklärung
eines einmaligen Details herangezogen, der seine Wahrscheinlichkeit einbüßt, sobald er mit dem Kontext in Verbindung
gebracht wird (er ist streng »lokal«). Dagegen bildet die Holmes'sche Abduktion den Versuch, eine sowohl natürliche als
auch kohärente Erklärung zu finden, die insofern »natürlich«
ist, als sie ohne Widerspruch, Auslassung oder Zwang alle
Einzelelemente, die zusammen den Indizienbeweis ausmachen,
befriedigend miteinbezieht. Die Abduktion kann sich nicht
erlauben, sich von einer bloßen Ähnlichkeit verführen zu lassen:
»*Wenn* [meine Hervorhebung; G. P. C.] man ihm einen rotglühenden Maschendraht auf den Rücken gelegt hätte, ...« Dieser
Hypothese fehlt es an Phantasie (sie steht dem Indizienbeweis
»sachlich zu nahe«), und sie ist dabei gleichzeitig viel zu phantastisch (sie unterwirft sich nicht den kontextgegebenen Beschränkungen).

Es zeigt sich also allmählich, daß ein korrekter Schluß untrennbar mit der richtigen Methode der Datensammlung und
-bewertung verbunden ist. Eine brauchbare Hypothese aufzustellen, heißt, einen fixierbaren Ausgangspunkt (oder noch besser »Stützpunkt«) zu wählen. Holmes rühmt sich Watson gegenüber wiederholt: »Ich rate nie« (SIGN). Sebeok weist dagegen
daraufhin, daß die brillianten Gedankenketten, mit denen Holmes seinen Freund (oder andere Gestalten seiner Abenteuer)
beeindruckt, nicht ganz frei sind von einer gewissen Portion
glücklicher Intuition. Grundsätzlich gelingt es diesen erfolgreichen Rekonstruktionen jedoch, ein willkürliches Element dank
zweier Verfahrensgrundsätze zu vermeiden: einmal der Wahl
eines soliden Ausgangspunktes, zum anderen der progressiven
Eliminierung der (immer noch recht zahlreichen) Hypothesen,
zu der die Wahl eines solchen Ausgangspunktes berechtigt.
Verifikation und Ausschluß solcher Hypothesen bringen oft
weitere Nachforschungen mit sich, die wiederum weitere Dar-
stellungsmöglichkeiten nach sich ziehen: »Ich habe sieben verschiedene Erklärungen entworfen, von denen jede die Tatsachen, so wie sie uns bisher bekannt sind, decken würde. Welche
von ihnen jedoch die korrekte ist, läßt sich nur durch neue

Informationen bestimmen, die ohne Zweifel schon darauf warten, von uns entdeckt zu werden« (COPP).

Bei einer Betrachtung des »Hypothese/Tatsache/Hypothese«-Kreises ließe sich die Frage aufwerfen, wo eigentlich der Ausgangspunkt zu suchen sei. Dieses Problem, das mitnichten unbedeutend ist, bildet eines der zentralen Themen von Karl Poppers (1962) Epistemologie in seiner Kritik des Neopositivismus des Wiener Kreises. Popper ist dafür bekannt, daß er die Methode der *Verifikation* durch die der *Falsifikation* als Maßstab für ein Urteil über die Wissenschaftlichkeit einer gegebenen Theorie ersetzt hat. Keine Theorie läßt sich unumstößlich verifizieren. Andererseits kann eine Theorie schon dann für unbefriedigend oder gar falsch erklärt werden, wenn eine einzige der auf ihre allgemeinen Prämissen gegründeten Aussagen kraft eines Experiments widerlegt wird. Diese radikale Umwälzung des Problems wissenschaftlicher Kontrolle zieht verschiedene epistemologische Konsequenzen nach sich, unter anderem eine neue Betrachtungsweise des Verhältnisses von *Tatsachen* und *Hypothesen*. Bei einer solchen Hervorhebung der Falsifikation, die die Wissenschaft mit der Notwendigkeit konfrontiert, immer bessere Theorien aufzustellen, / die zunehmend schwierigeren Kontrollen standhalten, ist die Idee der Existenz von Tatsachen, die eine eindeutige Sprache sprechen, einer merklichen Schwächung ausgesetzt. Wenn diese nämlich existierten, erschiene das Problem einer absoluten und vollständigen Verifikation einer Theorie nicht so unlösbar. »Tatsachen« stellen jedoch, wenn sie auch Widerstandskerne bilden, die sich einer willkürlich gefaßten Hypothese entgegenstellen können, mitnichten jene atomistischen und eindeutigen Einheiten dar, auf die die positivistische Tradition ihr Vertrauen gründet, wenn es um die unwiderrufliche Stützung ihrer wissenschaftlichen Erkenntnisse geht. In Poppers Interpretation wissenschaftlicher Arbeit vollzieht sich eine Betonung der Dinge *a parte subiecti*. Er schließt daher, daß die Hypothese (oder Erwartung oder Theorie, oder wie auch immer wir es nennen wollen) der Beobachtung vorausgeht, auch wenn eine Beobachtung, die eine bestimmte Hypothese falsifiziert, eine neue (und daher zeitweise frühere) Hypothese hervorbringen kann.

In einem in *Objektive Erkenntnis* (Popper, 1972) veröffent-

[143]

215

lichten Vortrag finden wir die Gegenüberstellung der Theorien vom Scheinwerfer und vom Kübel. Die letztere, die der von Popper kritisierten empiristischen Tradition entspricht, betrachtet den menschlichen Verstand als einen Kübel, in dem die Daten der Wahrnehmungserfahrung Aufnahme finden können. Die erstere dagegen basiert auf der Theorie, daß jeder Wahrnehmung ein Problem, eine Hypothese vorausgeht. Unsere Wahrnehmung ist demnach stets selektiv und setzt eine Art von Auswahlprozeß voraus. Holmes' Denken, wie ich bereits an anderer Stelle angedeutet habe und auch in der Folge betonen möchte, bewegt sich (in LION) im Komplementärbereich von *Dachstübchen* (Kübel) und *Vergrößerungsglas* (Scheinwerfer).

III. ZWISCHEN RÄTSEL UND GEHEIMNIS

Mitunter scheint sich Sherlock Holmes als Apologet der Fakten und damit als Gegner jeglicher Art von Vorausahnung und Priorität der Hypothese zu verstehen. In solchen Momenten empfiehlt er sich selbst eine strenge Kontrolle der eigenen Phantasie: »Die Versuchung, übereilte Theorien aufgrund unzureichender« Daten zu formulieren, ist das Verderben unseres Berufsstandes. In diesem Augenblick sehe ich nur zwei Dinge klar – einen großen Denker in London und einen toten Mann in Sussex« (VALL). An anderer Stelle scheint Holmes sich vollkommen in den Rahmen von Poppers Epistemologie einzufügen: »›Ich verstehe einfach nicht, wie ich es [ein Streichholz] übersehen konnte‹, sagte der Inspektor mit ärgerlicher Miene. ›Es war gar nicht zu sehen, denn es lag im Schlamm verborgen. Ich selbst sah es nur, weil ich nach ihm Ausschau hielt‹« (SILV). Es ließe sich keine explizitere Aussage über die Vorrangstellung der Hypothese oder, anders ausgedrückt, den Umstand denken, daß »... jeder Beobachtung Erwartungen oder Hypothesen vorausgehen« (Popper). Das nächste Problem besteht nun darin, zu bestätigen, daß es sich bei den oben beschriebenen Haltungen [144] um echte Gegensätze handelt. /

Letzten Endes ist Holmes' entschlossener Widerstand gegen die Neigung, eine Lösung vorauszuahnen, nicht gleichbedeutend mit der Behauptung, die Tatsachen selbst schrieben in ihrer

eindeutigen Sprache die einzig plausible Interpretationsmöglich-
keit vor. In einem Kosmos, in dem man überall mit dem Prinzip
der Simulation rechnen muß, existieren überhaupt keine eindeutigen Tatsachen und unumstößliche Beweise: »›Der Indizienbeweis ist etwas sehr Kompliziertes‹, gab Holmes nachdenklich
zur Antwort, ›er mag zwar geradenwegs auf etwas weisen, wenn
man jedoch seinen eigenen Standpunkt ein wenig verändert,
weist er womöglich ebenso unerbittlich auf etwas völlig anderes‹« (BOSC). Wir sollten uns immer der Tatsache bewußt sein,
daß im Bereich der Kriminalgeschichte *eine Gegebenheit als
»Tatsache« zu qualifizieren bedeutet, daß ein Symptom bereits
unwiderruflich zum Zeichen umgestaltet worden ist.* Dies wird
jedoch erst in den Endphasen der Nachforschung möglich, wenn
sich alle oder zumindest einige Indizien kohärent und erschöpfend zusammenfassen lassen. Zwei Beschränkungen hindern uns
daran, Symptome als Tatsachen anzusehen: die Kontextbin-
dung, die unterschiedliches Licht darauf wirft, und die Möglichkeit der Simulation, das heißt der absichtlichen Herstellung von
»Beweismaterial«. Aus diesem Grunde erweisen sich selbst offenbar verläßliche Daten als »etwas sehr Kompliziertes«.

Der Wert eines Ereignisses ist daher von dem Licht abhängig,
in dem der *Scheinwerfer* es beleuchtet; erst die Hypothese
erlaubt uns, ein *dissimuliertes* Element des Handlungsraumes
(wie im Beispiel das Streichholz) zu erkennen. Weil die Bedeutung der bereits sichtbaren Daten auf ihrem Verhältnis zu den
noch nicht sichtbaren beruht, die sich allein mittels der Hypothese aufdecken lassen, ist wohl der Schluß berechtigt, daß
Conan Doyles Epistemologie äußerst weit von der neopositivi-
stischen Denkweise entfernt ist.

Holmes' Anthropologieverständnis mutet dagegen zumindest
teilweise positivistisch an: es setzt die allgemeine Annahme der
Uniformität der Arten voraus. Diese Uniformität garantiert
Holmes' Treffsicherheit bei der Rekonstruktion, sie bietet die
Möglichkeit einer Erklärung dank des »Wissens um vorher
existierende Fälle« (NOBL). Eine solche Aussage neigt dazu, die
Holmes'sche Methode von der *lokalen*, von Variablen be-
herrschten, auf die *globale* Ebene zu rücken. Es muß hier
bedacht werden, daß der Vorrang des Lokalen, der einem auf
Indizienbeweise gegründeten Paradigma scheinbar eigen ist,

217

nicht den absoluten Ausschluß von Regelmäßigkeit impliziert. Im Gegenteil bilden Regelmäßigkeiten gerade das Medium des abduktiven Schlußverfahrens, indem sie eine Verbindung von zwei einzelnen Tatsachen erlauben. So hat Holmes es der Regelmäßigkeit zu verdanken – »Es kommt selten vor, daß bei einem Mann, der nicht gerade ungemein heißblütig ist, eine starke Gefühlsregung einen solchen Blutsturz verursacht« (STUD) –, daß er den ungläubigen Polizisten in dieser Geschichte verkünden kann, der Mörder sei ein kräftiger rotbackiger Mann.

Doch können keineswegs alle Uniformitäten, die Holmes im Laufe seiner Interpretationen aufstellt, den gleichen Grad von Allgemeingültigkeit für sich beanspruchen: in Holme's Augen bedeutet das Zögern einer Frau, auf ein bloßes Klingeln hin die [145] Tür zu öffnen, / »immer eine *affaire de cœur*« (IDEN). Solche gewagten Generalisierungen sind nur in einem Kosmos statthaft, der von anthropologischen Konstanten und einer genau definierten Charaktertypologie gekennzeichnet ist.

Interessant ist eine Betrachtung des *lokal/global*-Paares auch beim Vergleich von Sherlock Holmes' und Watsons Denkmethode. Wenn auch der zweite ständig von ersterem übertroffen wird, so sollte man doch nicht übersehen, daß Watsons Auge (das in mancher Hinsicht dem der Polizisten so ähnlich ist) bestimmten Regeln und Prinzipien gehorcht. Für Holmes' Partner ist die Realität von einer klaren Abfolge wahrscheinlicher und rätselhafter Bereiche gekennzeichnet. Wenn die Realität eines Indizienbeweises von sich aus eine Erklärung anbietet, »wenn die Rechnung aufgeht«, weil die Rekonstruktion wahrscheinlich wirkt, sieht Watson sich am Ende der Nachforschungen angekommen, ohne sich um eine Erklärung der eventuell verbleibenden ungelösten *Details* zu bemühen. In derselben Weise vorgehend, hält Inspektor Bardle die Zeit für reif, Professor Murdoch festzunehmen, trotz der klaffenden Lücken, die es noch zu füllen gilt (und auf die Holmes ihn in LION hinweist), wie zum Beispiel in bezug auf die geheimnisvollen Worte, die McPherson vor seinem Tod äußert. Der Denkvorgang des Inspektors läßt sich wie folgt schematisieren: Da es einen Mörder geben muß und da Murdoch der einzige Verdächtige ist, ist eine Festnahme notwendig … um Kritik von öffentlicher Seite zu vermeiden.

Anders als auf dem Felde der Wahrscheinlichkeit erweist sich
Watson in Bereichen, in denen sich das Geheimnis undurch-
dringlich und unergründlich breitmacht, als unfähig, weil er
außerstande ist, sich auf jene Nichtigkeiten zu konzentrieren,
die Holmes zu einer Lösung des Rätsels befähigen. Zwischen
diesen beiden Aspekten scheint eine Verbindung zu bestehen:
Das Geheimnis ist nichts anderes als der plötzliche Umschlag
einer lokalen in eine globale Situation. Die entgegengesetzten
Taktiken von Holmes und Watson entsprechen den beiden
unterschiedlichen Arten des Leserverhaltens der Kriminalgeschichte gegenüber. Der watsonartige Leser sieht sich am Ende
unweigerlich vor zu viele globale Fragen – wie: »Wer ist der
Schuldige?« – gestellt, während der holmesartige Leser es für
wichtiger hält (zumindest in Erzählungen in denen die Lösung
nicht plötzlich preisgegeben wird wie in RESI), zu verstehen,
welche Indizien eine Bewertung verlangen, wobei das meist
schon Conan Doyles Held besorgt hat.

Für Holmes erfüllt die Verbindung zwischen dem Lokalen
und dem Globalen immer eine Funktion abduktiven Schließens:
Um ein Rätsel zu lösen, müssen sich Regelmäßigkeiten finden
lassen. Für Watson verfügt das Lokale entweder bereits über
seine eigene Erklärung – in Form von unwiderlegbarem Beweismaterial –, oder wir verlieren uns in einem entropischen Gewirr
von Indizienbeweisen: in seiner Dunkelheit besteht das einzig
mögliche Vorgehen in der Anwendung eines simplen Schlußverfahrens und damit in unwahrscheinlichen und widersprüchli-
chen Hypothesen. Deshalb stellen »kleine Tatsachen« in Sherlock Holmes' Taktik den Schlüssel zur Beziehung zwischen dem
lokalen und dem globalen Bereich dar.

Ihre Funktion ist nicht nur heuristisch, sie ist auch korrektiv, / [146]
denn natürlich gelangt selbst Sherlock Holmes bisweilen zu
falschen Ergebnissen. In solchen Fällen äußert sich seine Über-
genheit gegenüber der anderen Methode darin, daß er die Falsifikation einer Hypothese durch ein unerklärtes Sekundärdetail
nicht zurückweist. Wenn die Polizei sich auch gern mit ihrem
Erfolg brüstet, so bewahrt sich Holmes doch stets eine professionelle Aufrichtigkeit, der auch eine Art von wissenschaftli-
chem Rigorismus zugrundeliegt. Im Sinne von Poppers Theorien weigert sich Holmes nicht, seine eigenen Theorien einer

strengen Prüfung zu unterziehen und mißtraut grundsätzlich den ersten positiven Bestätigungen seiner Hypothesen.

Nachdem wir die Fähigkeit der »Deduktion« (die eigentlich eine Abduktion darstellt) sowie die »Beobachtungsgabe« (das heißt die Wahrnehmung von Dingen, die für andere nicht sichtbar sind) untersucht haben, wollen wir nun die dritte Qualität analysieren, die der ideale Polizist, wie ihn SIGN beschreibt, aufweisen sollte: es ist die der Kenntnisse. In Conan Doyles erster Erzählung zeigt sich Watson am meisten verblüfft und verwundert über das Ausmaß, die Verschiedenartigkeit und die Zusammenhanglosigkeit von Holmes' Kenntnissen. Er geht sogar so weit, eine Liste von dessen Wissensgebieten anzufertigen, doch will es ihm weder gelingen, deren Gemeinsamkeit auszumachen, noch kann er eine grundlegende Zielrichtung erkennen. Holmes ist auf bestimmten Gebieten so außerordentlich bewandert, daß er nicht einmal versucht, seine Unkenntnis von angeblich allgemein Bekanntem zu verbergen. Eines Tages entdeckt Watson, daß sein Freund die kopernikanische Theorie nicht kennt und auch nichts über die Struktur des Sonnensystems weiß (STUD). Noch größer ist sein Erstaunen jedoch, als Holmes seine extreme Spezialisierung wie folgt rechtfertigt: »... meiner Meinung nach ist das menschliche Gehirn zu Beginn wie ein kleines leeres Dachstübchen, in das es das Mobiliar mit Bedacht zu stellen gilt. Nur ein Narr wird jegliches Gerümpel, auf das er stößt, aufnehmen, so daß am Ende das Wissen, das von Nutzen wäre, wegen Platzmangels hinausgeworfen oder im besten Falle unter einem Haufen Trödel begraben wird, wo es kaum zu erreichen ist. Ein kundiger Arbeiter wird dagegen mit äußerster Vorsicht auswählen, was er in sein Gehirnstübchen aufnimmt. Er beschränkt sich auf die Werkzeuge, die ihm bei seiner Arbeit dienlich sind; von diesen jedoch hat er eine erkleckliche Zahl und hält sie in vortrefflichster Ordnung« (STUD). Dieses Ideal läßt sich jedoch nicht eben leicht verwirklichen; an anderer Stelle erkennt Holmes die Unmöglichkeit einer wissenschaftlichen Systematisierung seiner Theorien: »Mein Kopf ist wie ein überfüllter Packraum, in dem sich Pakete aller Art drängen – so viele, daß ich wohl nur einen vagen Begriff von dem genauen Bestand habe« (LION). Manchmal wird deutlich, daß Holmes sein Gehirn behandelt, als sei es Teil der äußeren Realität. In der oben zitierten Geschichte durchstöbert er ein Zimmer seines Hauses, das voller Bücher ist, ohne recht zu wissen, wonach er eigentlich sucht: »Ich wußte, daß es da etwas gab, das unter Umständen in der Angelegenheit von Bedeutung sein konnte. Noch war es vage, doch wußte ich wenigstens, auf welche Weise ich mir Klarheit verschaffen konnte« *(ibid.)*.

Das Verbrechen bringt Unordnung mit sich. Die Spuren eines Verbrechens stiften Verwirrung in der (zumindest bis dahin) transparenten Sphäre der Realität; Holmes stellt all dem eine andere Art von Unordnung gegenüber, die die erste teilweise widerspiegelt. / Der Detektiv muß sich nämlich seinem Gegner [147] und dessen Ungereimtheiten anpassen, die letzterer geschaffen hat, um die Dinge durcheinanderzubringen und Verwirrung auszulösen. Betrachten wir einmal den folgenden Auszug aus Détienne und Vernant (1978), und zwar so, daß wir insgeheim einfach statt »Arzt« »Detektiv« einsetzen: »Um unseren Weg in dieser Welt ungewisser Symptome klar zu erkennen, bedarf der *Detektiv* der ganzen Unterstützung seiner Intelligenz, die so polymorph sein muß, wie der Gegner proteisch ist.« Erinnern wir uns nur an die Wichtigkeit der Verkleidung in Conan Doyles Erzählungen. Darüber hinaus ist der Besuch eines Schuldigen, der in Verkleidung und auf Sherlock Holmes' Anraten hin in dessen Haus erscheint, schon beinahe ein *Topos*. Viele Nachforschungen finden so mitten in Holmes' Studierzimmer ihr Ende, einem Zimmer, dessen äußerliches Durcheinander sowohl auf das Chaos verweist, das er im Begriff ist zu ordnen, als auch auf jenes Dachstübchen voller verschiedenartigster Objekte, in dem sich Sherlock Holmes' Denken abspielt.

IV. ETHIK, LOGIK UND MASKE

Sherlock Holmes' Inneres läßt an eine Enzyklopädie denken, ein Vergleich, der sich nicht nur wegen der Verschiedenartigkeit und des Reichtums des darin enthaltenen Wissens anbietet, sondern auch hinsichtlich der mnemotechnischen Unmöglichkeit, alle Information im gleichen Maße unter Kontrolle zu haben: »... daß ich wohl nur einen vagen Begriff von dem genauen Bestand habe« (LION). Andererseits wissen wir, daß

GIAN PAOLO CAPRETTINI

Holmes sehr darauf bedacht ist, seine Daten in Ordnung zu halten, wobei ihn diese Ordnung wiederum in die Lage versetzt, die Zahl der möglichen Assoziationsketten zu beschränken und zu einem Schluß zu gelangen; so konnte er sich beispielsweise auf die *Cynea capillata* beziehen, um McPhersons schaurigen Tod zu erklären *(ibid.)*. In diesem Fall wirkt auch das Gedächtnis als ein Mechanismus, der einen Indizienbeweis erbringt: Der Detektiv weiß, daß er »in einem Buch etwas darüber gelesen« hat *(ibid.)*, kann sich jedoch des Titels nicht mehr entsinnen. Doch ist ihm das Anlaß genug, in seinem Zimmer nachzusehen und das Buch, an das er sich vage erinnert, dort zu suchen. Wie immer findet Holmes, was er sucht, weil er weiß, wo er suchen muß.

Kehren wir zum Begriff der »Enzyklopädie« zurück – oder, um es eher semiotisch auszudrücken, zum Verhältnis zwischen ihr und dem »Wörterbuch« (wie von Eco, 1976 postuliert). Während eine Enzyklopädie die Realität anhand der Aufreihung der kulturellen Variabeln zeigt, mittels deren ihre Objekte gedacht werden, verwendet das Wörterbuch viel stärkere kategoriale Filter und betont eine höchst abstrakte Vernetzung der Wissensgebiete. Hierin liegt der Unterschied zwischen »historischer« und »idealer« Wissenskompetenz. Wenn uns Conan Doyles Texte auch keine Einzelheiten zu diesem Thema liefern, so gewinnen wir doch den Eindruck, daß Holmes die notorische und proliferierende Weitläufigkeit seines Denkens mit Hilfe von wörterbuchartigen Filtern und Einteilungen beherrscht.

Der Ausschluß von Wissen, das nicht im Dienste der Nachforschung steht, bildet jedoch nicht Holmes' einzige Vorsichts-[148] maßnahme, die die Wirksamkeit seines Verstandes / sichern soll. Eine zweite Barriere, so unnachgiebig und unüberwindbar wie die erste, muß gegen die Gefahr errichtet werden, die von Leidenschaften – und zwar im besonderen von eher »süßen Leidenschaften« – ausgeht. Natürlich gilt das nur im Falle einer persönlichen Betroffenheit. »Für den Beobachter stellten sie eine vortreffliche Sache dar – äußerst hilfreich, wenn es darum ging, den Schleier von Motiven und Handlungen der Menschen zu lüften« (SCAN). Die Leidenschaft bietet demnach eine Abkürzung auf dem Weg zur Erkenntnis, eine Möglichkeit, ohne das Hindernis der Simulation zur Wahrheit zu finden. Sie erschließt eine Utopie von transparenten Zeichen, die die konkrete Erfahrung eines Kosmos von Beweismaterial und zugleich die Kontrolle darüber garantiert. Was von der Warte des Beobachters aus von unschätzbarem Wert ist, erweist sich für den Detektiv selbst als gefährlich: »Solch ein Eindringen in sein eigenes feingestimmtes und wohlreguliertes Temperament zu erlauben, hieße für den erfahrenen Denker, einem Störfaktor Einlaß zu gewähren, der unter Umständen Zweifel auf alle seine Denkergebnisse werfen würde. Sand in einem empfindlichen Gerät oder ein Sprung in einer seiner starken Lupen könnten keine größere Störung anrichten als eine starke Emotion in einem Wesen wie dem seinen« *(ibid.)*. Man möchte wohl annehmen, daß emotionale Teilnahme an den Gefühlen einer anderen Person unser Wissen erweitert (wie von einer bestimmten Denkrichtung auch vertreten), doch weist Holmes diese Möglichkeit vehement zurück. Gefühle und Leidenschaften sind stets nur Objekt, nie Subjekt der Erfahrung. Ihr »Determinismus«, der die Interpretation durch die Eliminierung von Masken unterstützt, ist den taktischen Fähigkeiten des Nachforschenden abträglich. Holmes' Mysogynie – die bisweilen als Homosexualität gedeutet wird – hat ihre Grundlage in einer theoretischen Forderung: Wenn der Detektiv seinen Verstand als Spiegel der Ursachen- und Wirkungsfolgen benutzen will, die zum Verbrechen geführt haben, muß er zuvor jeden subjektiven Störfaktor ausschalten, denn die logische Lauterkeit seiner Gedanken sollte nicht durch Gefühl und Pathos beeinträchtigt sein. Daher gilt es, die Frau, die über die Fähigkeit verfügt, unlogische (das heißt leidenschaftliche) Mechanismen im Kopf eines Mannes auszulösen, rigoros aus der Sphäre analytischen und abduktiven Vorgehens auszuschließen.

Den Beweis hierfür liefert *ex negativo* Sherlock Holmes' einzige Niederlage: er verdankt diese Demütigung einer Frau – auf die er sich fortan unweigerlich als »*die* Frau« bezieht. Um ehrlich zu sein, schreibt die Erzählung sein Versagen aber nicht explizit dem Eindringen eines Elements von Leidenschaft zu. Holmes verbirgt die möglicherweise von ihr geweckten Gefühle hinter einer unpersönlichen Formulierung: »Ich bekam sie nur flüchtig zu sehen, doch war sie eine bezaubernde Frau, für deren Gesicht so mancher Mann wohl hätte sterben mögen« *(ibid.)*. Sollten wir also annehmen, daß der Sprecher dieser Worte sich selbst unbewußt in diese Aussage miteinschließt? Wenn er auf Regelmäßigkeiten im Kollektivverhalten hinweist, zeigt Holmes sich für gewöhnlich unbeteiligt und objektiv: »Wenn eine Frau glaubt, daß ihr Haus in Brand steht, so befiehlt ihr ihr Instinkt, sofort zu dem eilen, was ihr am meisten am Herzen liegt« *(ibid.)*. Der Sprecher bildet die Ausnahme, die die Wahrheit seiner Aussagen bestätigt. Diese Ausnahme wird möglich, weil Holmes sich / im Gegensatz zum gewöhnlichen Mann darauf versteht, in seinem Inneren eine Schranke zwischen *Pathos* und *Logos* zu errichten, dank deren sich das erste nie mit dem zweiten vermischt. Dem entspricht das Ideal der Verbrechensermittlung als Wissenschaft, das heißt einer Art von Erkenntnis, deren Gültigkeit nicht auf den Erfahrungswerten der Ermittler beruht.

[149]

Es sollte hier erwähnt werden, daß Sherlock Holmes in SCAN zwar nicht verliebt ist, daß jedoch zumindest ein Indiz auf eine mögliche Schwächung seiner geistigen Fähigkeit schließen läßt. Am Abend vor dem abschließenden *coup de théâtre* wird Holmes in der Nähe seines Hauses von einer Person – »einer schlanken, jungen Gestalt in einem Ulster« *(ibid.)* – gegrüßt. Seine Reaktion darauf ist ungewöhnlich: »Wer zum Kuckuck mag das wohl gewesen sein?« *(ibid.)*.

Dazu muß man wissen, daß Holmes Watson gerade mitgeteilt hatte, der Fall Irene Adler sei nun geklärt, um ihn damit von weiteren Nachforschungen abzuhalten. Diesmal vergißt er jedoch seine eigenen Regeln: er übersieht eine Belanglosigkeit, nämlich die geheimnisvolle Identität der Person, die ihn gegrüßt hat, weil er diese Begebenheit in bezug auf den Fall, mit dem er sich gerade beschäftigt, für irrelevant hält. Dies stellt eine echte Verletzung der Methodologie dar, an die er sich bisher so erfolgreich gehalten hat: Holmes geht davon aus, daß sein »Kübel« schon alle notwendigen Informationen enthält. Bei anderer Gelegenheit hätte er sicher daran gedacht, die bereits aufgestellte Hypothese mit der *neuen*, später aufgetauchten (und unerklärlichen) *Tatsache* zu konfrontieren. Hier verhält er sich dagegen nicht viel anders als Watson oder die Polizei: er bereitet den Nachforschungen ein vorschnelles Ende, weigert sich, ein Detail in Betracht zu ziehen, das die Harmonie der Erklärung stört, und unterschätzt die »kleinen Tatsachen«. Wenn er das

Scheinwerferlicht auf diesen rätselhaften Gruß richtete und ihn damit als relevant akzeptierte, könnte Holmes die »Entflechtung« der Erzählung an dieser Stelle noch umgestalten. Warum jedoch bleibt das aus, warum siegt die Faulheit über Holmes? Wegen einer Frau? Dringt das Bild von Irene Adler in Mechanismen ein, die ihre Gegenwart nicht berücksichtigen, so daß sie für Sherlock Holmes' Augen unsichtbar ist?

Die Frau schlägt den Detektiv mit seinen eigenen Waffen: seinen Maskierungen stellt sie die ihren gegenüber. Wie oft ist es Holmes schon gelungen – sogar noch am Anfang dieser Geschichte –, die wahre Identität der sich hinter einer Verkleidung verbergenden Person zu erkennen! Hier aber ist es Irene Adler, die im Sinne aller Holmes'schen Regeln handelt. Als sich bei dem Priester, der ihr Haus betritt, ein leiser Argwohn in ihr regt, überwindet sie jene Trägheit, die sie sonst Details vergessen läßt, und beschließt, ihren Verdacht zu verifizieren, indem sie Holmes als Mann verkleidet folgt. Das bewirkt eine Umkehrung der Situation. Für Holmes stellen Tarnung und Metamorphose eine echte Notwendigkeit dar: als mythologischer Held, der sich an die Stelle eines anderen versetzen muß, um dessen Handlungen zu demaskieren, hat er eine falsche Identität zu simulieren, mit der er sich in einer Welt der Indizienbeweise, der Fiktion und des Rätsels wirksam bewegen kann. Die Maske gestattet ihm, / [150] Kommunikationskanäle in Betrieb zu setzen (oder sie besonders schnell in Betrieb zu setzen), die sonst nicht funktionieren würden. In diesem Fall teilt er sich und übernimmt die Funktion des Datensammlers *und* die des Datenverarbeiters, wobei letztere sich *in seinem Haus* abspielt. Nur hier kann Holmes sich die Freiheit erlauben, seine Identität unverändert und transparent zu erkennen zu geben.

Irene Adler verwendet also dieselben Methoden wie Sherlock Holmes und kann ihn damit demaskieren. Daß sie gewinnt, liegt jedoch daran, daß Holmes versäumt, seine eigenen Erkenntnismethoden anzuwenden. In dem Brief, den sie für ihn zurückläßt, weist sie ihn, vielleicht nicht ohne einen Schuß von Bosheit, sogar selbst darauf hin: »Aber wissen Sie, ich habe ja eine Schauspielausbildung genossen. Ein Männerkostüm ist mir nichts Neues« *(ibid.)*. Holmes vergaß, seine üblichen Methoden anzuwenden. Erinnern wir uns einer Formulierung von Pierce:

»x ist ungewöhnlich; wäre y jedoch wahr, so wäre x nicht mehr so ungewöhnlich; also ist x möglicherweise wahr.« Im vorliegenden Fall ist y bekannt; und dieses Wissen wäre bereits ausreichend. Holmes hätte deshalb wie folgt schließen können: »Eine unbekannte Person grüßt mich; Irene Adler ist Schauspielerin, deshalb weiß sie, wie man als unbekannte Person auszusehen hat; die Person, die mich gegrüßt hat, ist möglicherweise Irene Adler.«

Untrennbar mit dem Holmes'schen Heldenstatus verbunden ist der Umstand, daß nur eine Frau ihn schlagen kann – und auch das nur ein einziges Mal; beide Qualitäten machen Irene Adler zu »*der* Frau«. Die Frau stellt eine Art Tabu dar, eine verbotene Sperrzone. Demgegenüber repräsentiert Dr. Watson den transparenten und verläßlichen Bereich des Komplementären, eine Komplementarität, die zudem unabdingbar notwendig ist. Hier begegnet uns ein recht diffuser literarischer *Topos*, den wir im Mythos von Don Juan über Faust bis hin zu Maupassants Erzählungen wiederfinden. Das Paar Diener/Herr fußt auf einer unauflösbaren Verbindung, in der Gegensätze und Verschiedenheiten, funktionale Trennungen und Bündnisse aufeinandertreffen. Die Notwendigkeit eines Watson ist daher in verschiedener Hinsicht gegeben: vor allem ermöglicht er ein hierarchisches Erkenntnisgefüge, in dem er selbst offensichtlich den bescheidensten Rang einnimmt. Andererseits gäbe es keine korrekten Lösungen von Holmes ohne die falschen von Watson, denn kein Lehrmeister macht von sich aus den Eindruck eines »Meisters«, ohne die Gegenüberstellung mit einem schlechten Schüler. Viele Gespräche zwischen Holmes und Watson erinnern an einen sokratischen Dialog, in dem der Schüler nur dank der kontinuierlichen Hilfe und Anleitung des Meisters auf dem richtigen Weg vorankommt, wobei er dazu neigt, falsche Ansichten zu entwickeln, sobald er für sich allein arbeitet. Wir werden, wenn auch nur teilweise, über die richtigen Prinzipien, die Holmes anwendet, gerade durch Watsons Fehler belehrt. Selbst Watsons blinder Starrsinn, seine beharrliche Wiederholung immer derselben Mißgriffe ist im Sinne der Wahrheitsfindung funktional, weil sie eine erneute Kontrolle über die Wirksamkeit der Methode ermöglicht.

Wenn er auch ständig in seine alten Fehler und seinen Starr-

sinn zurückverfällt, verhält sich Watson doch immer unterwür-
fig und ist stets bereit, die Zurechtweisungen seines Freundes zu
akzeptieren. Dies bewirkt eine wechselnde Ausdehnung und
Verkürzung der Distanz zwischen den beiden / Gestalten. Ihre [151]
Entfernung zueinander reicht von einem maximalen Abstand,
wenn sie unterschiedliche Gedankenwege verfolgen oder wenn
Holmes handelt, ohne seinen Freund einzuweihen (der dann
gezwungen ist, passiv stillzustehen und die Handlungen des
anderen abzuwarten), bis zu einem minimalen, der in Momenten
vollständiger kooperativer Einigkeit gegeben ist (etwa wenn sie
gemeinsam vorgehen, lauschen oder warten). Im zweiten Fall
sind Übereinstimmung und Einigkeit so vollständig, daß eine
physische Unterscheidung zwischen den beiden überflüßig erscheint. So läßt Holmes den Prinzen, der ihn unter vier Augen
sprechen möchte, wissen: »Sie können vor diesem Herrn alles
äußern, was Sie mir sagen möchten« (SCAN).

Dieser Satz ist zwiespältig. Er läßt einen Ausdruck höchster
Wertschätzung, gleichzeitig aber auch einen boshaften Unterton
erkennen; denn keine von Watsons Tugenden reicht aus, ihn
vollständig von dem Verdacht zu reinigen, ein salzloser Geselle
zu sein. Holmes kennt Watson mindestens so gut wie sich selbst;
er birgt für ihn keinerlei Überraschungen oder Enttäuschungen.
Das Hierarchieverhältnis zwischen den beiden ist derart festge-
fügt, daß es dem Herrn jegliche Art von Manipulation seines
Dieners erlaubt. In DYIN muß dieser neben der Sorge um die
Krankheit seines Herrn noch die Bitterkeit seiner Beleidigungen
ertragen: »Schließlich sind Sie nur ein einfacher praktischer Arzt
mit äußerst beschränkter Erfahrung und mittelmäßigen Qualifi-
kationen« *(ibid.)*. Selbst als Watson sich nun offensichtlich
verletzt zeigt, läßt der angeblich Kranke nicht davon ab, den
anderen seine ganze Ignoranz fühlen zu lassen. Im Herr/Diener-
Topos ist also eine gewisse Form von Sadismus enthalten, wenn
er sich auch nur vage und gemildert äußert. Dennoch können wir
zwischen zwei verschiedenen Arten dieses *Topos* unterscheiden.
Die erste beinhaltet eine potentielle Umkehrung der Machtver-
hältnisse (vgl. *Don Quixote,* wo Sancho sich von seinem Herrn
emanzipiert und sich dessen Verrücktheit zunutze macht). Bei
der zweiten erfährt das eigentliche Hierarchieverhältnis keine
Veränderung, wird dafür aber in eine ganze Reihe von Zwi-

227

schen- und Untertönen – von Herzlichkeit und Intimität bis zu
Tyrannei und völliger und skupelloser Ausnutzung des Partners
– aufgelöst.

Aus anderer Sicht betrachtet stehen Holmes und Watson
zueinander nicht in einem Verhältnis von Abhängigkeit und
scheinbarer Komplementärbindung, sondern in einer Beziehung
von Wechselseitigkeit und Kompensation. Watson strebt nach
einem ruhigen Familienleben; als er sich zur Heirat entschließt,
erschöpft sich sein ganzes Denken in der Sorge um sein Glück
und seine häuslichen Interessen. Holmes dagegen ist nicht auf
eine moralische Integration in die Gesellschaft aus, die er doch
vor dem Verbrechen schützt: »Holmes, der jede Gesellschaftsform aus tiefster Zigeunerseele haßte, verblieb in unserer Wohnung in der Baker Street, vergrub sich in seine alten Bücher
und wechselte dabei von Woche zu Woche zwischen Kokain
und Ehrgeiz, der Betäubung der Droge und der stürmischen
Energie seines eigenen wachen Naturells. Nach wie vor war er
vom Studium des Verbrechens fasziniert und verwandte seine
immensen Fähigkeiten und seine außerordentliche Beobachtungsgabe auf die Verfolgung gerade solcher Indizien und die
Lösung solcher Rätsel, wie sie die offizielle Polizei als hoffnungslos aufgegeben hatte« (SCAN).

Die Merkmale »Zigeunerseele« und »jede Gesellschaftsform«
[152] stehen / jedoch nicht in Konflikt miteinander, sondern sind als
komplementär anzusehen. Die beiden Charakterzüge repräsentieren die Versöhnung von Gegensätzen: Holmes schwankt
zwischen unbezähmbarer Energie und Phasen der Apathie, die
das Kokain noch verstärkt, während sich bei Watson beschauli-
ches Familienleben und Arbeit mit häufig gefahrvollen Abenteuer abwechseln, die ihn von seiner alltäglichen Welt fernhalten.
Dank dieser Duplizität gelingt ihnen nicht selten eine harmonische Wechselbeziehung. Ist Holmes apathisch, so finden wir
Watson aktiv; setzt Holmes seine außerordentlichen Fähigkeiten in Taten um, sieht sich Watson auf einen trägen, unfähigen,
geistesabwesenden, jedoch stets treuen Gefolgsmann reduziert.
Jeder von ihnen ist auf seine Art unfähig, etwas aus eigenem
Antrieb heraus zu leisten: Holmes Verhältnis zur Welt ist immer
durch eine Nachfrage definiert (oder, mit einem Begriff der
russischen Formalisten, durch einen »Mangel«). Ständig wird er

aufgerufen, die Rolle des Flickers oder Transformators zu spielen (um einen kulturanthropologischen Terminus zu verwenden). Er kann – wie Helden, Halbgötter, Priester und Schamanen – Widersprüche in der Realität überwinden und schließlich eliminieren. Dabei handelt er nur, wenn sein Ehrgeiz und sein scharfer Verstand durch eine Tatsache stimuliert werden, die seine Zuwendung auch verdient. Auch Watson wird von einer Kausalität zum Handeln getrieben, die außerhalb seiner selbst liegt. Diese Kausalität ist Holmes, der am Anfang von SCAN symbolisch erscheint, als Watson die Baker Street entlangspaziert und den Wunsch verspürt, seinen alten Freund wiederzusehen. Beim Anblick von Holmes' Silhouette, die sich energisch hinter dem Fenster seines Zimmers hin- und herbewegt, verfliegt jeglicher Zweifel: »Mir, der ich jede seiner Launen und Gepflogenheiten genau kannte, erzählten seine Haltung und seine Gebärden ihre eigene Geschichte. Holmes war wieder bei der Arbeit« *(ibid.).* Womit Watson in diesem neuen Abenteuer in die Funktion des Erzählers und damit in die Rolle des passiven Zeugen von Holmes' Aktivitäten zurückversetzt wird.

Die vollständige Kenntnis seines Partners, die Watson an den Tag legt, ist bemerkenswert. Was die Kenntnis von Haltung und Gebärden angeht, steht Watson auf gleicher Ebene wie Holmes, womit er die strenge Unterordnung, die auf der Ebene der Untersuchungsmethode gilt, teilweise ausgleicht. Hierin liegt möglicherweise ein Hinweis auf eine weitere Duplizität von Sherlock Holmes: seine Zielsetzung ist nicht ethisch, sie ist logisch. Spuren zu verfolgen, Rätsel aufzudecken, Geheimnisse zu lüften – all das bedeutet für ihn, das Chaos der Indizien in eine Welt der Zeichen zu überführen. Danach ist seine Mission für ihn erfüllt, und die Polizei darf die moralischen Vorteile genießen, die der Erfolg bereithält. Holmes beklagt sich darüber nur bis zu einem gewissen Grad. Wenn er nie in Eifersucht, Konkurrenzdenken oder Narzißmus verfällt, dann nur, weil er weiß, daß seine Macht nicht über den Bereich des *Logos* hinausreicht. Wir können sagen – wie es auch in Watsons bewunderndem Satz zum Ausdruck kommt: »Wenn Sie ein paar Jahrhunderte früher gelebt hätten, hätte man Sie sicher auf den Scheiterhaufen geworfen« (SCAN) –, daß Holmes sich als Zauberer oder als Seher betätigt, der mit der Enthüllung des scheinbar Geheimnisvollen betraut ist. Er ist das Orakel des Altertums, das der ganzen Gesellschaft ihre Wahrheit offenbart. Und seine theoretische Macht findet dort ihr Ende, wo die praktische, die der Justiz, beginnt.

KAPITEL SIEBEN

Jaakko Hintikka und Merrill B. Hintikka

Sherlock Holmes in Konfrontation mit der Modernen Logik

Zu einer Theorie des Informationserwerbs durch Befragung

I. Sherlock Holmes' Deduktionsbegriff und die moderne Philosophie

Wenn man sich einmal die Vorstellungen eines intelligenten Laien zu Begriffen wie »Deduktion«, »Schlußfolgerung« und »Logik« ansieht, so wird man gewahr, daß zwischen ihnen und der vorherrschenden philosophischen Sichtweise ein interessanter Gegensatz besteht. Es gab in der Vergangenheit – und bis zu einem gewissen Grad ist das noch heute spürbar – eine starke Strömung innerhalb der populären Denkweise, die der Logik und der logischen Schlußfolgerung eine entscheidende Rolle beim Informationserwerb auf praktisch jedem Gebiet zuschrieb. Demgegenüber behauptete Wittgenstein in seinem *Tractatus*, alle logischen Wahrheiten seien Tautologien, worin ihm die meisten Philosophen zugestimmt haben. Wenn auch der eine oder andere häretische Philosoph Wittgensteins Konzept seither in Frage gestellt hat, so haben diese verbalen Meinungsverschiedenheiten doch selten zu einem ernsthaften Versuch geführt, die Auffassung zu präzisieren, derzufolge die Deduktion neue Information eintragen soll. Und selbst die wenigen von uns, die sich weiter vorgewagt und sogar ein Konzept deduktiver Information definiert haben, mußten zugeben, daß die logische Schlußfolgerung unsere Erkenntnis der empirischen Realität in keinem gültigen Sinne erweitert und, was noch wichtiger ist: solche neueren Theorien der deduktiven Information schreiben dieser bei weitem nicht die Bedeutung zu, die die andere Denkrichtung der Logik als einem Werkzeug zum Erwerb nichttrivialer, neuer Information zuerkennt. Darüber hinaus bildete

Wittgensteins Behauptung kaum eine Novität, sondern er verlieh damit lediglich ähnlichen Behauptungen größeres Gewicht, die vor ihm seine Landsmänner Ernst Mach und Moritz Schlick aufgestellt hatten. Diese Behauptungen wiederum waren Teil einer älteren Tradition, die zumindest bis auf Descartes und seine Kritik am Wert syllogistischen Denkens zurückgeht. Es [154] läßt sich daher berechtigterweise feststellen, daß die / weitaus stärkste Strömung innerhalb der philosophischen Logiktradition den Informationswert der Logik und der logischen Schlußfolgerung in Abrede gestellt hat.

Im Gegensatz zu ihrer Lehre vom tautologischen Wesen deduktiven Denkens steht die andere Sichtweise, die wir schon weiter oben erwähnt haben und die wir in der Folge die »Sherlock Holmes'sche Auffassung von Logik, Deduktion und Schlußfolgerung« nennen wollen. Es ist kaum verwunderlich, daß die besten Beschreibungen dieser Ideen des großen Detektivs teilweise von dem unnachahmlichen Chronisten der Heldentaten von Sherlock Holmes, von Dr. Watson, und zum anderen Teil von dem großen Detektiv selbst stammen. In der Tat verdanken wir Dr. Watson eine Zusammenfassung von Sherlocks eigenem Artikel über seine Methode, die auf eben jenen angeblich nutzlosen Verfahrensweisen, nämlich Deduktion und Induktion, beruhen soll:

»... er versuchte zu zeigen, wieviel ein aufmerksamer Mensch anhand der akkuraten und systematischen Untersuchung von allem, was er antraf, lernen könne ... Der Gedankengang war dicht und konzentriert, doch schienen die Deduktionen ... weithergeholt ... Ihm zufolge war Täuschung eine Sache der Unmöglichkeit für jemanden, der in der Beobachtung und Analyse geschult war. Seine Schlußfolgerungen waren unfehlbar wie ein euklidischer Satz. Seine Ergebnisse mußten dem Uneingeweihten so unfaßbar scheinen, daß er wohl versucht war, ihn – solange er die Prozesse, mittels derer er dazu gelangt war, noch nicht erfahren hatte – für einen Schwarzkünstler zu halten ... ›Aus einem Wassertropfen‹, schrieb der Verfasser [also Sherlock Holmes], ›könnte ein Logiker die Möglichkeit eines Atlantiks oder eines Niagarafalles erschließen, ohne den einen noch den anderen jemals gesehen oder von ihnen gehört zu haben ... So bildet das ganze Leben eine lange Kette, deren Wesen sich uns zu erkennen gibt, sobald uns ein einziges ihrer Glieder gezeigt wird. Wie alle anderen Künste kann auch die der Deduktion und der

Analyse nur in langem, geduldigem Studium erworben werden ...‹«
(STUD).

Dies veranschaulicht die weitverbreitete Ansicht, daß Deduktionen äußerst nützlich beim Erwerb grundlegender Erkenntnisse
in Hinsicht auf die Welt seien und sogar im Denken eines in der
»Wissenschaft der Deduktion und Analyse« Geschulten völlig
unerwartete Ergebnisse hervorbringen könnten. In der Tat behauptet Sherlock Holmes nicht viel später: »Jene Regeln der
Deduktion, wie ich sie in meinem Artikel dargelegt habe ...
leisten mir in der Praxis unschätzbare Dienste.« Ähnliche Aussagen finden sich auch bei einem Hercule Poirot oder einem Nero
Wolfe. Eine solche Ansicht steht jedoch in scharfem Gegensatz
zu der philosophischen Vorstellung vom Wert der Logik bei
jeglichem Informationserwerb.

Es will uns scheinen, als hätten die Philosophen die Deduktionen der Detektive zu leichtfertig entweder als fälschlich bezeichnet oder als rein enthymematische Schlußfolgerungen abgetan,
also als solche, die sich auf unvollständig formulierte Prämissen
stützen. Es ist unserer Ansicht nach so, daß Holmes' »Wissenschaft der Deduktion und Analyse« in Wirklichkeit nichts enthält, was / mit der philosophischen These unvereinbar wäre, [155]
Schlußfolgerungen seien – in einem völlig zutreffenden Sinne des
Wortes »logisch« – tautologisch. Diese Feststellung jedoch berührt noch nicht die Aufgabe, jenen Gebrauch der Logik – wenn
es sich dabei um »Logik« handelt – zu erklären, der scheinbar
neue Information liefert. Collingwood nahm zu unrecht das
Sherlock Holmes'sche Konzept der Deduktion und Logik für
seine idealistische Geschichts- und Philosophie-Methodologie
in Anspruch. Doch auch abgesehen von Collingwood stellt das
Sherlock Holmes'sche Konzept der Deduktion und Logik eine
entscheidende Herausforderung an philosophische Logiker dar.
Neben der Aufgabe, die überraschenden Schlußfolgerungen
eines scharfsinnigen Detektivs irgendwie mit der philosophischen These vom tautologischen Charakter aller logischen Deduktion zu vereinbaren, liefern uns die Argumente eines Sherlock Holmes und seinesgleichen eine amüsante und pädagogisch
nützliche Quelle von Anwendungsspielen. Unserer Meinung
nach stellt gerade die Struktur von »Deduktion« und »Schlußfolgerung« im Sherlock Holmes'schen Sinne die philosophische

Logik vor eine wichtige neue Aufgabe. Es genügt dabei nicht, das Handwerkszeug zeitgenössischer philosophischer Logik einfach auf das neue Gebiet anzuwenden. Um die Methoden eines Sherlock Holmes zu verstehen und sie rational zu erörtern und zu bewerten, bedarf es neuer begrifflicher Festlegungen. Diese Studie soll einige der relevanten neuen Begriffe und Resultate aufzeigen, die uns dazu befähigen. Wir sind der Überzeugung, daß die daraus resultierende neue Theorie in der philosophischen Logik bald eine Vielfalt von weiteren Anwendungsmöglichkeiten sowohl innerhalb als auch außerhalb der Philosophie eröffnen wird, mit denen sie sich gewichtiger ausnimmt als mit meinen vielleicht eine Spur frivolen Verweisen auf Conan Doyle. Später soll dann aufgezeigt werden, welcher Art einige dieser inner- und interdisziplinären Anwendungsmöglichkeiten sein könnten.

II. Explizierung Stillschweigender Information durch Befragung

Die erste Beobachtung, die wir hier benötigen, ist ziemlich offensichtlich, wenn sich auch später noch herausstellen wird, daß sie erheblicher Modifikationen bedarf. Sherlocks Vorgehen bei seinen sogenannten Deduktionen besteht nicht so sehr in der Ableitung expliziter Schlußfolgerungen aus expliziten Prämissen. Nicht selten sondert er aus einer enormen Masse chaotischer Hintergrundinformationen die passenden Zusatzprämissen aus, die er den als solche vielleicht bereits deklarierten voran- oder nachstellt, woraus dann die scheinbar überraschende Konklusion mittels unserer herkömmlichen deduktiven Logik gewonnen werden kann. Die schematische Darstellung dieses Vorgehens ergibt damit nicht den gewöhnlichen Beweisbaum, bei dem $p_1, p_2, \ldots, p_k$ die erforderlichen expliziten Prämissen und $c_1, \ldots, c_l$ die sukzessiven Konklusionen vertreten.

Wie läßt sich diese schematische Darstellung differenzieren? Die entscheidende Aufgabe für den Holmes'schen »Logiker« besteht in unserer Argumentation nicht so sehr darin, logische Deduktionen zu vollziehen, als vielmehr *stillschweigende Information zutage zu fördern oder explizit zu / machen.*

[156]

234

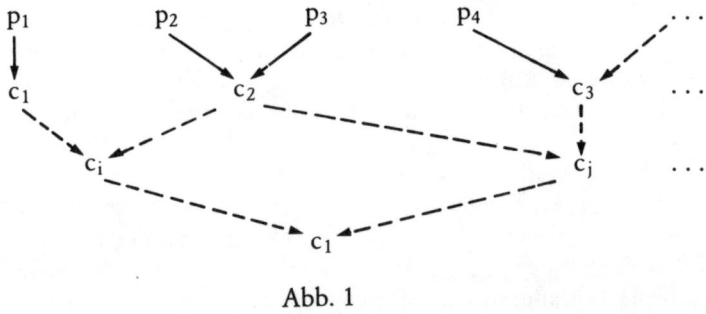

Abb. 1

Diese Aufgabe wird von so gut wie keiner philosophischen Darstellung logischen Denkens, deduktiver Heuristik oder logischer oder mathematischer Methodologie anerkannt. Als Rechtfertigung für dieses Versäumnis wird manchmal angeboten, daß solche Prozesse der Erhellung und Erklärung sich nicht systematisieren und Regeln unterwerfen ließen. Es ist tatsächlich denkbar, daß wir es hier mit Problemen zu tun haben, die ebenso sehr in heuristische wie in logische oder epistemologische Bereiche hineinreichen, wobei sich heuristische Prozesse tatsächlich nicht mit effektiven Gesetzen beschreiben lassen. Daraus folgt jedoch nicht, daß sie nicht rational erörtert und bewertet werden können, vorausgesetzt, es steht ein passender begrifflicher Rahmen zur Verfügung. Hauptziel dieser Arbeit soll es sein, einen solchen Rahmen zu entwerfen.

Die Schlüsselidee, auf der der Rahmen aufbaut, ist der Begriff der *Frage*. Wir wollen die eben erst explizierten (bisher nicht anerkannten) Prämissen als Antworten auf Fragen betrachten, die an den stillschweigend Wissenden gerichtet sind. Die bisher nicht anerkannte Information wird durch die Frage, deren Antwort sie bildet, in die Wirklichkeit versetzt. In diesem Sinne *wird der Prozeß der Aktivierung stillschweigenden Wissens durch die Fragen kontrolliert, die dazu dienen, diese Information in die Wirklichkeit zu befördern.* Eine Untersuchung dieser Fragen und der Art und Weise, wie sie ihre Antworten begrenzen, wäre gleichzeitig eine Untersuchung von Holmes »Wissenschaft der Deduktion«. So kann zum Beispiel eine Frage insofern einer anderen überlegen sein, als Antworten auf die erste einen größeren Informationsgehalt aufweisen als Antworten auf die

JAAKKO HINTIKKA UND MERRILL B. HINTIKKA

zweite. Unsere Aufgabe, eine Untersuchung der Aktualisierung von stillschweigender deduktiver Erkenntnis, wird so Teil einer umfassenderen Aufgabe, bei der wir uns mit der Untersuchung von Fragen und Antworten sowie ihrer Wechselbeziehung befassen.

Anders ausgedrückt: es wird bereits deutlich, warum eine scharfumrissene Theorie des Frage/Antwort-Verhältnisses für unser Unternehmen unabdingbar ist. Unsere Leitidee liegt also in der Untersuchung bestimmter Arten des Informationserwerbs nach Maßgabe der Vorstellung, daß diese Information in Form von Antworten auf Fragen gewonnen wird. Dieser Prozeß ist durch die Wahl der passenden Fragen kontrollierbar. Den Kontrollmechanismus selbst können wir jedoch nicht verstehen, ohne einen klaren Begriff davon zu haben, auf welche Weise eine Frage ihre (vollständigen) Antworten festlegt, beziehungsweise [157] ohne einen klaren Begriff vom Frage/Antwort-Verhältnis. /

III. DIE STRUKTUR DES FRAGE/SCHLUSSFOLGERUNGS- KOMPLEXES

Es gilt also, das Schema der Abb. 1 insofern zu präzisieren, als wir die Prämissen, p_1, p_2 als Antworten auf Fragen kenntlich machen, und zwar als Antworten, die sich als auf stillschweigender Hintergrundinformation basierend vorstellen lassen. Damit ist es jedoch nicht getan. Es genügt nicht, einfach jede der Prämissen p_m als Antwort auf eine Frage zu verstehen, die ihrerseits auf einigen stillschweigenden, tieferliegenden Prämissen $m_1, m_2, \ldots$, basiert, etwa folgendermaßen:

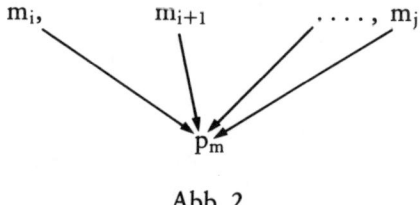

Abb. 2

Zum einen könnte es sich als unmöglich erweisen, die Hintergrundinformation, auf deren Basis die entsprechenden Fragen

236

beantwortet werden, mit einer endlichen (oder zählbaren) Menge von Sätzen aus der von uns verwandten Sprache zu beschreiben. Der Inhalt der gegebenen Information wird durch eine Menge von Musterraumpunkten (»möglichen Welten«) spezifiziert. Es gilt dabei nicht notwendigerweise, daß eine solche Menge mit der Menge der Modelle irgendeiner endlichen oder zählbaren Menge von Sätzen in einer gegebenen Sprache identisch ist.

Hiermit zeigt sich schon ein Vorteil des Befragungsmodells zum Informationserwerb gegenüber dem deduktiven oder induktiven Schlußfolgerungsmodell. Eine Schlußfolgerung bedarf der Ableitung einer explizit formulierten Konklusion aus expliziten Sätzen, die wiederum in einer festgelegten Sprache formuliert sein müssen. Eine Frage muß nicht unbedingt auf der Basis einer Information beantwortet werden, die eine Festlegung in einer gegebenen Sprache erlaubt, auch wenn sowohl Frage als auch Antwort in dieser Sprache formuliert sind. Diese Tatsache verleiht dem Befragungsmodell zusätzliche Flexibilität. Sie macht darüberhinaus deutlich, daß Abb. 2 uns nicht hilft, die Darstellung in Abb. 1 umfassender zu gestalten.

Was wir in unserer Darstellung explizit kenntlich machen können, sind lediglich die verschiedenen Fragen, die die jeweils passenden Prämissen in Form ihrer Antworten auslösen. Bei diesen Antworten handelt es sich zunächst einmal um die Prämissen $p_1, p_2 \ldots$ Folgerichtig müßte die Darstellung in Abb. 1 durch etwa die folgende Darstellung ersetzt werden:

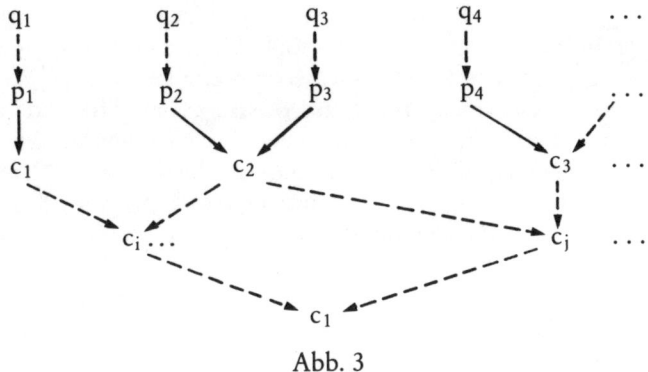

Abb. 3

237

JAAKKO HINTIKKA UND MERRILL B. HINTIKKA

Gepunktete Linien zeigen hier die Antworten, durchgezogene
[158] Linien die Schlußfolgerungen an. /
Noch ist das Bild nicht vollkommen wirklichkeitsgetreu.
Abb. 3 setzt voraus, daß alle Fragen lediglich auf der Basis
stillschweigender Hintergrundinformation beantwortet werden. Dies stimmt nicht mit der Realität überein, denn die
Antworten können teilweise auf den abgeleiteten Konklusionen
c_i beruhen. Daher müßte vielleicht jedes Einzelelement der
Abb. 3 durch etwa die folgende Darstellung ersetzt werden:

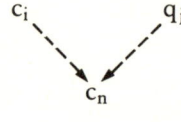

Abb. 4

Anders ausgedrückt: Die Antwort auf eine Frage geht nicht in
jedem Fall (zeitlich oder logisch gesehen) deduktiven Schlußfolgerungen voraus. All diese Beobachtungen bezüglich der Wechselwirkung von Fragen und Schlußfolgerungen müssen natürlich
später expliziter formuliert werden, ebenso wie die Regeln der
angewandten Schlußfolgerung ausdrücklich dargelegt werden
müssen.

Inzwischen kann unter Bezugnahme auf unseren provisorischen schematischen Rahmen eine Reihe von Fragen angegangen
werden. Eine interessante begriffliche Verbindung, die wir damit erörtern können, bildet das Verhältnis von *Gedächtnis* und
Intelligenz. Das Hervorlocken stillschweigender Information
durch Befragung kann als ein möglicher Erinnerungsvorgang
verstanden werden. Verallgemeinernd könnte man es gleichzeitig zum gemeinsamen Modell der verschiedenen Arten von auf
Informationserwerb beruhenden deduktiven oder induktiven
Aktivitäten machen. Diese partielle Überschneidung der Modelle für Informationsabruf und intelligente Befragung könnte
vielleicht als Erklärung für die Verknüpfung von Gedächtnis
und Intelligenz dienen.

Darüberhinaus wird unsere Leitidee einen Sherlock Holmes-
Liebhaber kaum erstaunen. Das *dénouement* beinahe jeder Erzählung oder Romanfassung innerhalb der Sherlock Holmes'-

schen Tradition läßt sich in Form der konkreten oder nur gedachten Fragen paraphrasieren, die Holmes sich selbst (bzw. dem Leser) stellt. In einigen Fällen erfordert die Beantwortung dieser Fragen von dem großen Detektiv eine Beobachtung oder gar ein Experiment. In der überwiegenden Zahl der Fälle hat er jedoch nicht mehr zu tun, als eine *Anamnese* zu inszenieren und sich bestimmter Informationsdetails zu erinnern, die ihm bereits zur Verfügung stehen und die im typischen Fall dem Leser im Verlauf der Erzählung oder des Romans ebenfalls mitgeteilt worden oder die so elementar sind, daß sie sich bei einem intelligenten Leser voraussetzen lassen. Ein Beispiel dafür stellt die oft zitierte Begebenheit mit dem Hund in der Nacht dar. Das berühmte Rennpferd Silver Blaze ist gestohlen und sein Trainer ermordet im Heideland aufgefunden worden. Bisher sind mehrere Verdächtige aufgetaucht, und der unschätzbare Dr. Watson hat eine bunte Mischung von Informationen zu den Ereignissen jener verhängnisvollen Nacht zusammengetragen. Die Tragweite von Sherlock Holmes' berühmter Bemerkung zu dem »merkwürdigen Vorfall mit dem Hund in der Nacht« wird anhand von zwei Fragen deutlich: gab der Wachhund des Trainers Laut, als der unbekannte Dieb das Pferd aus dem Stall führte? / Wir [159] wissen, daß die Antwort negativ ausfällt (»Aber der Hund hat sich doch nicht gerührt!« »Eben *das* ist ja das Merkwürdige.«) Welches ist die einzige Person, bei der ein eigens dazu abgerichteter Wachhund wohl nicht anschlagen würde? Natürlich sein Herr. Daher Sherlock Holmes' »Deduktion« bezüglich der Rolle des Tainers.

Es zeigt sich also, daß die Rolle, die wir der Befragung beim Informationserwerb zuschreiben, in dem Kontext, den wir zu ihrer Erörterung gewählt haben, keineswegs unnatürlich ist. Philosophen mögen sich ruhig weiterhin an die sokratische Befragungsmethode oder den Prozeß wissenschaftlicher Untersuchung als ihre Paradigmen halten, besonders in einem klinischen Kontext. Wir sind überzeugt, daß diese Paradigmen dieselben strukturellen Merkmale aufweisen wie die, die wir uns in der Sherlock Holmes'schen »Wissenschaft der Deduktion« aufzudecken bemühen.

JAAKKO HINTIKKA UND MERRILL B. HINTIKKA

IV. ZUM PRINZIP DER TOTALEN EVIDENZ: BAYES

Wir können nun auch einen Faktor ausmachen, der frühere
Analysen der menschlichen Informationssuche – deduktiver wie
induktiver Art – in die Irre geführt hat. In der Philosophie der
Erfahrungswissenschaften ist diese irreführende Annahme als
das *Prinzip der totalen Evidenz* bekannt. Seine Rolle sowie seine
relative Berechtigung lassen sich am besten an Theorien erkennen, die wissenschaftliche Schlußfolgerungen vom probabilist-
ischen Standpunkt aus als eine Serie von Konditionalisierungs-
schritten betrachten. Solche Theorien werden gelegentlich (nicht
ganz zutreffend) als Bayes'sche Theorien wissenschaftlicher
Schußfolgerung bezeichnet. Nehmen wir an, es ist eine Probali-
tätsverteilung P(x) vorgegeben, und wir verfügen dazu über die
Hintergrundinformation C_0. Nehmen wir weiterhin an, wir
erwerben neues Beweismaterial e_1. Wie sieht die Probalitätsver-
teilung aus, die jetzt unseren epistemischen Zustand repräsentiert? Sie ist eindeutig nicht mehr P(x) oder gar $P(x/e_1)$, sondern
$P(x/e_0\&e_1)$. Und hier muß e_1 eigentlich die Codifizierung buchstäblich *aller* unserer relevanten Information zugeschrieben
werden, denn unsere probalistische Behandlung könnte sonst zu
Paradoxien und Fehlern führen, was sich unschwer demonstrieren läßt.

Für eine Anwendung in kleinem Rahmen mag eine solche
Darstellung akzeptabel sein, doch macht sie Bayes'sche Theorien in einem größeren Rahmen eindeutig zu unrealistischen
Modellen umfassender wissenschaftlicher Verfahrensweisen.
Denn bei der Anwendung in der Realität ist es sehr oft buchstäblich unmöglich, die *gesamte* potentiell relevante Information
wirklich zu bedenken oder gar aufzuzeichnen. Im allgemeinen
gibt es keine Garantie dafür, daß diese Information sich in einem
einzigen Satz (unserem »e_1«) oder in einer zählbaren Menge von
Sätzen einer gegebenen Sprache codifizieren läßt. Daraus ergibt
sich, daß die Notwendigkeit, Anspruch auf totale Evidenz zu
erheben, ganz allgemein als die schwache Stelle der probalisti-
schen Methode wissenschaftlicher Schlußverfahren im Bayes'-
schen Sinne angesehen wird.

Dieses Problem ist innerhalb der Wissenschaftstheorie erkannt und bis zu einem gewissen Grad diskutiert worden.

Unserer Ansicht nach stellt es eines der schwerwiegendsten Probleme der Bayes'schen Sichtweise wissenschaftlicher Schlußverfahren dar. / Soweit uns bekannt ist, ist bisher noch nicht [160] darauf hingewiesen worden, daß die Philosophie der deduktiven Wissenschaften ein genau analoges Problem aufweist. Auch hier geht man beim Studium des Schlußverfahrens davon aus, daß alle relevante Information in gewissem Sinne bereits eingebracht worden und somit abrufbereit ist. Dies ist eine der allzu großen Vereinfachungen bei der begrifflichen Erfassung der in den Abb. 3 und 4 beschriebenen Situation, so als handele es dabei um die Abb. 1 oder 2, eine deduktionistische Version des Problems der totalen Evidenz. Es ist mindestens so erstrebenswert, eine Methode zu entwickeln, mittels derer sich auf die deduktionistische Version des Prinzips der totalen Evidenz verzichten läßt, wie es erstrebenswert ist, die induktionistische Version zu überwinden – wobei sich die beiden im Endeffekt wohl nicht sauber voneinander trennen lassen. Noch wichtiger ist es, eine Methode zu finden, mit der sich rational über jene Prozesse diskutieren und theoretisieren läßt, die uns helfen, unsere unvollständige Evidenz (Prämissen) totaler zu gestalten. Es will uns scheinen, als sei ihr Studium von der Logik, der Wissenschafts- und der Erkenntnistheorie sträflich vernachlässigt worden.

V. Die Rolle der Beobachtungen

Im Geiste dieser Feststellungen ist bereits eine entscheidende Richtung erkennbar, in die sich unsere Beobachtungen über die philosophische Logik und Sprachphilosophie hinaus ausweiten lassen. (Hier handelt es sich um eine der bereits weiter oben angedeuteten Anwendungsformen.) Nicht alle Hintergrundinformation muß man sich so vorstellen, als habe sie schon vor unserer Übung unterbewußt existiert. Mit anderen Worten, nicht alle Fragen, die zu den Prämissen p_i geführt haben, müssen betrachtet werden, als seien sie notwendig an einen selbst (das heißt an den betreffenden Logiker) gerichtet. Einige der Prämissen p_i sowie einige der Zwischenkonklusionen c_n, die in Abb. 4 dargestellt sind, lassen sich durch passende *Beobachtungen* aufdecken, anstatt dem eigenen Hintergrundwissen entnommen zu

241

werden. Interessant ist dabei jedoch, *daß dies das Bild nicht wesentlich verändert.* Denn wir können uns die Prämissen p$_i$ weiterhin als einer Masse von nurmehr potentiellen Erkenntnissen durch passende Fragen entnommen denken. Mit dem einen Unterschied, daß es sich nun bei einigen der Fragen um solche handelt, die in Form von relevanten Beobachtungen an die Natur gerichtet werden. Die verschiedenen Elemente dieses potentiellen Wissens brauchen also nicht irgendwo im Unterbewußtsein verborgen zu sein, sondern können einfach beobachtbare, jedoch bisher unbeobachtet gebliebene Sachverhalte umfassen. Dies ändert die grundsätzliche logische und methodologische Situation jedoch keineswegs. Wir können die neue Information (besonders die Prämissen p$_i$) weiterhin als Antworten betrachten, die wir auf die passenden Fragen erhalten haben. Tatsächlich gemachte Beobachtungen müssen aus einer großen Anzahl von möglichen Beobachtungen ausgewählt werden, ebenso wie tatsächlich verwandte Prämissen auf eine Auswahl aus einer Fülle paralleler Information zurückgehen. Ein Zugang zum Verständnis dieser Wahl der Beobachtungen und ihrer [161] sonstigen Rolle bei der Bildung / bestimmter Konklusionen eröffnet sich, wenn wir sie als Antworten auf Fragen denken, die an die Natur gerichtet sind. Dann lassen sich die relativen Vorzüge von Fragen dieser Art untersuchen und auf die gleiche Art und Weise wie Vor- und Nachteile von Fragen bewerten, die darauf abzielen, stillschweigende Information hervorzulocken. Auf diese Weise läßt sich die Theorie des Informationserwerbs durch Befragung, die wir hier zu entwikkeln versuchen, über ihre erste Anwendungsstufe hinaus fortsetzen, nämlich in einen Bereich jenseits der Deutung stillschweigenden Wissens. Wenn die vorliegende Erörterung auch keine sehr große Ausweitung dieser Anwendung erlaubt, so seien doch im folgenden einige Feststellungen angefügt.

Erstens: Die kantische Metapher der »Befragung der Natur« erhält hier eine weniger metaphorische Deutung, zumindest in einer ihrer Anwendungen. Auch die Anwendung, die wir ihr zuteilwerden lassen, ist insofern nicht rein metaphorisch, als wir eine ganze Reihe derselben Konzepte auf Beobachtungen anwenden können, die ebenso gut auch auf Fragen und ihre Antworten zutreffen. Dabei haben wir es mit methodologischen

Konzepten zu tun, die die Wahl der Fragen bestimmen (einschließlich Beobachtungs- und Experimentwahl, Informationsvergleichen und so weiter).

Zweitens: Die Abhängigkeit der Beobachtungen von ihrem theoretischen Hintergrund läßt sich nun deutlicher als zuvor diskutieren. So haben wir in den letzten Jahren viel über die »Theoriebelastung« von Beobachtungen gehört. Es ist jedoch leicht zu sehen, daß wir in gewissem Sinne wohl eher von einer Problembelastung oder Fragebelastung der Beobachtungen sprechen können. Von unserem methodologischen Modell oder Standpunkt aus stellt eine Beobachtung immer eine Antwort auf eine Frage dar. Diese Fragebelastung impliziert natürlich eine Begriffsbelastung, denn die Antwort auf eine Frage muß normalerweise in denselben Begriffen formuliert werden, mit denen auch die Frage gestellt worden war.

Wir können jedoch noch weiter gehen. Oft wird die korrekte Art und Weise, den Inhalt einer Beobachtung auszudrücken, von der Form einer Konklusion gebildet, die uns die imaginär »reine« Beobachtung zu ziehen erlaubt und die über das simple Registrieren der Sinneseindrücke hinausgeht. Eben das ist der Fall bei der in Abb. 4 dargestellten Situation. Die imaginär »reine« Beobachtung können wir uns als eine der m_i's in der irreführenden Abb. 2 denken, während die korrekte begriffliche Erfassung der tatsächlichen Beobachtung mit dem Schema in Abb. 4 übereinstimmen würde. Was in Abb. 4 wie eine Zwischenkonklusion c_n anmutet, hängt in Wirklichkeit sowohl von der Frage q_j, deren Antwort sie ist, als auch von der vorläufigen Konklusion c_i ab, die als Bedingung dieser Frage gedacht werden kann.

Eine Hauptbegründung für das oben Gesagte liegt darin, daß die scheinbare Gedankenfolge von der Hintergrundinformation zu den Prämissen p_i und zu den Zwischenkonklusionen e_j vollkommen unbewußt ablaufen kann. / Eine klassische Illustra- [162] tion hierzu liefert uns wiederum eines der berühmtesten Beispiele Sherlock'scher Denkweise:

>»Dr. Watson, Sherlock Holmes‹, stellte Stamford uns vor.
›Freut mich‹, sagt er herzlich …
›Ich sehe, Sie waren in Afghanistan.‹
›Woher um alles in der Welt wissen Sie das?‹ fragte ich bass erstaunt.«

Später antwortet Sherlock ihm auf diese Frage:

>»Sie schienen überrascht zu sein, als ich bei unserer ersten Begegnung bemerkte, Sie seien in Afghanistan gewesen.‹
›Es muß Ihnen jemand gesagt haben.‹
›Nichts dergleichen. Ich *wußte*, daß Sie aus Afghanistan kamen. Dank langjähriger Übung durchliefen die Gedanken meinen Kopf so geschwind, daß ich bei meiner Schlußfolgerung angelangt war, ohne mir der einzelnen Zwischenschritte bewußt zu sein. Solche hat es aber fraglos gegeben. Meine Gedankenfolge besagte: Hier ist ein Mann, der dem Ärztestand angehört, jedoch militärisches Gebaren an den Tag legt. Also eindeutig ein Militärarzt. Er ist gerade aus den Tropen zurückgekehrt, denn sein Gesicht ist dunkel, und das ist nicht seine natürliche Hautfarbe, denn seine Handgelenke sind hell. Er hat Notlagen und Krankheit durchgestanden, was sein abgezehrtes Gesicht deutlich bezeugt. Sein linker Arm ist verwundet worden. Er hält ihn steif und unnatürlich. Wo in den Tropen hätte ein englischer Militärarzt viele Notlagen durchmachen müssen und einen verwundeten Arm davontragen können? Eindeutig in Afghanistan. Die ganze Gedankenfolge nahm nicht einmal eine Sekunde in Anspruch ...
›So wie Sie es erklären, wirkt es ganz einfach‹, lächelte ich« (STUD).

Hierzu läßt sich einiges anmerken. Erstens: Einer der Zwischenschritte in Sherlock Holmes' rationaler Rekonstruktion seines Gedankenablaufs wird buchstäblich als Antwort auf die passende Frage erreicht. (Vgl. »Wo in den Tropen ...?«)
Zweitens: Die zeitgenössische Wahrnehmungspsychologie bestätigt die Verwendung des Begriffs *Beobachtung* für die »Konklusion« n_j. Es bleibt die Frage offen, ob die angeblich unterbewußten gedanklichen Schritte nur deshalb so schnell vollzogen werden, um eine aktive Teilnahme zu vermeiden, oder ob sie wirklich und wahrhaftig der bewußten Überlegung unzugänglich sind und mitten in unsere ungeordneten Sinneseindrücke hineinkonstruiert werden. Die Antwort, die uns Psychologen wie J. J. Gibson und David Katz geben, bejaht die zweite Alternative. Wahrnehmung bedeutet für sie Aufnahme von Information und nicht Aufnahme von unstrukturierten Sinneseindrücken, was auch mit unserer Behauptung übereinstimmt.
Damit konnte Sherlock auch seine Angewohnheit rechtfertigen, seine unbewußt getroffenen Konklusionen als »*perceiving-that*« [»indem-ich-feststellte, daß«] – Aussagen zu formulie-

ren, die er bisweilen als Äquivalente zu deduktiv erreichten Konklusionen anbietet. So fragt / Sherlock Holmes den getreuen [163] Dr. Watson nach einer solchen Deduktion: »So haben Sie also wirklich nicht *sehen* können, daß der Mann ein Marinesergeant war?« (STUD; unsere Hervorhebung)

Diese Beobachtungen zeigen bereits ein wenig von dem subtilen Wechselspiel von Beobachtung und Deduktion, das für unser Modell des Informationserwerbs durch Befragung charakteristisch ist. Sie legen uns dabei im besonderen die Vermutung nahe, daß unsere Abb. 2 noch in einer weiteren wichtigen Beziehung allzu simpel ausgefallen ist. Es gibt nämlich vielleicht überhaupt gar keine Grundschicht von Ausgangspunkten m_1. Womit wir in epistemischen Erkenntnissituationen zu tun haben, das ist eine Doppelbewegung: nach unten zu immer aussagekräftigeren Konklusionen, und nach oben zu immer primitiveren Daten. Wir haben keine größere Veranlassung zu erwarten, daß die letztere Bewegung jemals zu einem natürlichen Abschluß kommt, als das es im ersten Falle geschehen kann.

Dieselbe Struktur findet sich auch im wissenschaftlichen Kontext. In einer Beobachtungssituation wird ein Großteil des überwiegend stillschweigenden Hintergrundwissens als selbstverständlich vorausgesetzt. Dieses Hintergrundwissen entspricht den m_i's unseres Schemas in Abb. 2. Was eigentlich als Beobachtungsaussage registriert wird, ist in unserer Gliederung eine Zwischenkonklusion c_n, die sich irgendwo zwischen der Hintergrundinformation und der Endkonklusion befindet, etwa vergleichbar mit Abb. 4.

Auf einer etwas anderen und allgemeineren Ebene können wir nun die Rolle der Beobachtungen im Holmes'schen Konzept von Logik und Deduktion verstehen. In unserem oben angeführten Zitat ist das wohl interessanteste und verwirrendste Merkmal, das dem Leser auffallen mag, das merkwürdige Nebeneinander von Begriffen wie »Beobachtung« einerseits und »logisches Denken«, »Deduktion«, »Analyse«, »Schluß« und »Logik« andererseits. Sherlock Holmes' *»compleat logycien«* erscheint zeitweilig als der perfekte Beobachter, der noch die winzigsten aussagekräftigen Details der Welt ringsum bemerkt. Holmes »behauptete, anhand eines flüchtigen Mienenspiels, eines Muskelzuckens oder eines hingeworfenen Blicks die tiefinnerlichen Gedanken eines Menschen ergründen zu können« (STUD). Im nächsten Moment sehen wir uns einem vollkommenen logischen Denker gegenüber, der im Geiste und unter Wahrung aller Regeln der Deduktion so geschwind eine lange Serie von Zwischenschritten vollziehen kann, daß er selbst sich ihrer nicht unmittelbar bewußt zu sein braucht.

VI. FRAGE/ANTWORT-SEQUENZEN ALS SPIELE GEGEN DIE NATUR

Aus der jetzt erreichten Perspektive läßt sich das Verbindungsglied zwischen den beiden Konzepten erkennen. Das fehlende Glied ist die Fragestellung. Sowohl das Hervorlocken von bislang unbeachtet gebliebenen Prämissen, das Sherlock Holmes mit »Deduktion« bezeichnet, als auch die Beobachtung lassen sich begrifflich als Frage/Antwort-Prozesse erfassen. Später [164] werden wir sehen, daß diese / Ähnlichkeit von Beobachtung und Deduktion sogar noch eine Stufe weitergeführt werden kann.

Wie genau haben wir den Gebrauch der Fragen und Antworten für die (Sherlock Holmes'schen) Zwecke zu untersuchen, um die es uns hier geht? Das erste und dringlichste Problem, dem sich der Logiker an dieser Stelle gegenübersieht, besteht darin, das Verhältnis von Frage und Antwort festzulegen. Es überrascht dabei, daß die frühere Literatur zur Logik, Semantik Grammatik oder Pragmatik von Fragen keine befriedigende Antwort bietet. (Diese Überraschung wird allerdings durch die Erkenntnis dessen gemildert, was solch eine Antwort auf die Frage nach dem Wesen der Antwort miteinschlösse, nämlich die Ergründung des logischen und semantischen Verhältnisses von Äusserungen zweier verschiedener Sprecher mit unterschiedlicher individueller Information. Dieses Hintergrundwissen muß miteinbezogen werden, was sich sowohl Logiker als auch Linguisten bisher zu tun geweigert haben.) Jaakko Hintikka hat das Frage/Antwort-Verhältnis in einer Reihe früherer Werke analysiert (vgl. bes. Hintikka, 1976). Wir müssen im folgenden die Ergebnisse dieser früheren Analysen als gegeben voraussetzen, darunter auch die wesentliche Unterscheidung zwischen vollständigen und Teil-Antworten (Erwiderungen) auf eine gegebene Frage. Ebenso wird der entscheidende Begriff der »Präsupposition« in den früheren Arbeiten erklärt.

Wie läßt sich der Prozeß des Informationserwerbs durch Befragung und Deduktion begrifflich fassen? Wir wollen eine Form vorschlagen, die sich in gewisser Hinsicht von der oben skizzierten unterscheidet, dessen ungeachtet aber die oben eingebrachten Vorstellungen berücksichtigt. Wir können uns den Prozeß als ein Spiel gegen die Natur denken, wobei an die Stelle der Natur auch der Vorrat meiner eigenen stillschweigenden Information treten kann. Der Grund für die Verwendung des Konzeptes der Spieltheorie liegt darin, daß diese Theorie den besten existierenden Forschungsrahmen für Strategiefragen bietet. Im vorliegenden Fall umfassen diese Strategien sowohl Befragungs- als auch (damit verknüpfte) Deduktionsstrategien.

Das Spiel, um das es hier geht, läßt sich wie folgt erklären: Es gibt zwei Spieler, mich und die Natur. Intuitiv und provisorisch ausgedrückt liegt mein Ziel darin, eine bestimmte Konklusion, C_o, zu beweisen. Zunächst steht mir eine Anfangsprämisse C_1 zur Verfügung (die auch leer sein kann). Die verschiedenen Sätze, die im Laufe des Spiels auftauchen, lassen sich als in einer fixen Sprache der ersten Ordnung ausgedrückt denken. Diese wird nur extendiert, damit Fragen in der so extendierten Sprache möglich sind. (Einige der Extensionen sollen später noch erklärt werden.) Der Spielverlauf läßt sich unter Bezugnahme auf ein Bewertungssystem beschreiben, das Beths (1955) semantischen *tableaux* nicht unähnlich ist. Zu einer Erklärung der Unterschiede werden wir weiter unten noch kommen. An dieser Stelle sei nur soviel gesagt, daß wir diesen Bewertungsbogen *tableau* nennen und daß auf ihn dieselbe Terminologie anwendbar ist wie auf die Bethschen *tableaux*. Dabei wollen wir besondere Ausdrücke / wie »Geschlossenheit«, »linke und rechte Spalte« [165] sowie »*subtableau*« im selben Sinne verwenden, wie Beth es getan hat. Die verschiedenen *subtableaux* eines gegebenen *tableau* stehen in einem bestimmten Verhältnis zueinander, das dem Bethschen entspricht, also disjunktiv ist. Sie müssen insgesamt geschlossen sein, damit das *tableau* in sich selbst geschlossen ist.

Mit dieser Verwendung der Bethschen *tableaux* befinden wir uns in bester Gesellschaft: Sherlock Holmes spricht in

Verbindung mit seiner »Wissenschaft der Deduktion« von *Analyse*. Wie Beth in seiner allerersten Abhandlung betonte, stellt die *tableau*-Methode eine ausgezeichnete Rekonstruktion der alten Idee der analytischen Methode dar. Beths Rekonstruktion der traditionellen Methode läßt sich jedoch nur auf den deduktiven Bereich anwenden. Unser Vorgehen hier läßt sich als Ausweitung der Bethschen »Wissenschaft der Deduktion und der Analyse« über ihren engen deduktiven Anwendungsbereich hinaus verstehen.

Zu Anfang enthält das *tableau* C_o in der rechten Spalte und C_1 in der linken. Es gibt nun drei verschiedene Züge: (1) deduktive Züge; (2) interrogative Züge; (3) definitorische Züge.

(1) Die Regeln für deduktive Züge entsprechen der üblichen Formulierung in der *tableau*-Methode.

Wie Jaakko Hintikka an anderer Stelle festgestellt hat (1979), bestehen dennoch Gründe für einige Modifikationen der *tableau*-Regeln, so wie diese auch beim Übergang von der klassischen zur intuitiven Logik eine Modifizierung erfahren. Dabei soll nur immer ein Satz gleichzeitig in der rechten Spalte eines *subtableau* erscheinen.

Die Aktualisierungsregeln der *tableau*-Konstruktion können unsere vorgegebene Sprache extendieren, indem sie Dummys (indefinite Individuen) einführen. Wir gehen davon aus, daß dies nur möglich ist, wenn ein existentieller Satz in der linken oder ein Allquantor-Satz in der rechten Spalte eines *subtableau* aktualisiert wird.

(2) Ein interrogativer Zug bezieht sich auf ein *subtableau* σ_j. Er besteht aus einer Frage, die ich an die Natur richte. Die Präsupposition der Frage muß in der linken Spalte des *subtableau* erscheinen. Sie verlangt eine vollständige Antwort von der Natur. Nennen wir diese Antwort A_i; A_i wird dann ebenfalls in die linke Spalte von σ_j eingetragen.

Der Einfachheit halber wollen wir annehmen, daß eine vollständige Antwort immer möglich ist, und zwar im Sinne eines Substitutionsfalls der Matrix der Frage, die zusammen mit der bestimmten, vom Antwortgebenden zusätzlich gelieferten Information eine komplette Antwort bilden. Diese zusätzliche Information wird in die linke Spalte von σ_j eingesetzt, zusammen mit der übrigen Antwort.

Substitutionsterme müssen Einzelkonstanten sein (wie bei den Wortfragen).

Die Vollständigkeit der von der Natur gegebenen Antwort soll dann auf der Grundlage meines Hintergrundwissens und ausgehend davon beurteilt werden, daß mir die Wahrheit aller / [166] Sätze in der linken Spalte von σ_j bekannt ist. (Das ist der Grund dafür, daß die Frage sich auf σ_j bezieht.)

(3) Auch ein definitorischer Zug bezieht sich auf ein *subtableau* σ_j. Er besteht in der Einführung eines neuen Symbols, das wir P(x) nennen wollen. Eingeführt wird dies mittels einer expliziten Definition, bzw. indem wir in die linke Spalte von σ_j entweder

(x) (P(x) ↔ ∫(x))

oder

(x) (P(x) (x=a_1 v x=a_2 v ... v x=a_k))

eintragen, wobei ∫ ein Ausdruck in dem in σ_j benutzten Vokabular ist, der eine unabhängige Variable aufweist, und $a_1, a_2, ... a_k$ Einzelkonstanten sind.

VII. Rentabilität und Strategien

Wie meist in der Spieltheorie der Fall, werden die strategischen Erwägungen der Spieler im wesentlichen von der Frage nach der Rentabilität bestimmt. Wir wollen hier nicht den Versuch unternehmen, diese vollständig darzulegen. Die folgenden allgemeinen Prinzipien sind jedoch von Wichtigkeit.

(1) Ein interrogativer Zug, der eine Wortfrage beinhaltet, kostet um so mehr, je mehr Schichten von Quantoren die Frage aufweist, darunter auch solche, die sich als W-Pronomen ausgeben (mit der Ausnahme der äußeren Schicht solcher Quantoren). Wir können uns den »Preis« einer Frage provisorisch als aus so vielen Einheiten bestehend vorstellen wie die Frage Quantorenschichten umfaßt. Dabei zählen Quantoren, die außerhalb der eigentlichen Frage auftauchen, nicht mit.

(2) Die Kosten eines definitorischen Zuges entsprechen der Zahl der Quantorenschichten, die das Definiens ∫ aufweist. Auch hier läßt sich jede Schicht als eine Kosteneinheit denken.

(3) Jeder deduktive Zug, der neue Dummies einführt, kostet eine Einheit.

249

Intuitiv gesehen bedeuten diese Prinzipien, daß ein Zug um so teurer ist, je mehr er die Konfigurationen der in der Deduktion betrachteten Individuen (im Sinne der Neueinführung von Individuen in das Argument) kompliziert. Diese »Kosten« für die Hinzufügung neuer Individuen zu unserem deduktiven Argument, (gleich ob es sich dabei um wirkliche oder »willkürliche«, durch Dummies vertretene Individuen handelt) spiegeln die Bedeutung solcher Züge für eine erfolgreiche Deduktion wider. Die Auswahl der neuen Individuen, die eingeführt werden sollen, stellt die entscheidende strategische Erwägung in unseren Spielen dar.

Dies findet sich erneut in den eigentlichen Argumenten Sherlock Holmes'scher Prägung bestätigt. Nehmen wir nur das naheliegendste Beispiel: den seltsamen Vorfall mit dem Hund in [167] der Nacht. Hier bringt Holmes drei Individuen zum ersten Mal / miteinander in Verbindung, und zwar den unbekannten Dieb, den Hund und den Trainer. (Wir können auch sagen, daß der Hund neu in das Argument eingeführt und die anderen auf dem Wege über ihn miteinander in Verbindung gebracht werden.) Der Überraschungseffekt von Holmes' »Deduktion« liegt nicht in der Verbindung der drei Individuen (von denen sich zwei als identisch erweisen), sondern in der zum erstenmal gestellten Frage, welcherart ihre Verbindung ist. Diese Frage wiederum ist durch die Einführung eines der drei Individuen erst möglich gemacht worden.

VIII. Deduktionen, die sich manchmal durch Fragen und Antworten ersetzen lassen

Eine gründlichere Untersuchung der Rentabilitäten und der verschiedenen Strategien würde hier zu weit führen. Begnügen wir uns deshalb mit der Erwähnung eines interessanten Punktes. Die meisten deduktiven Züge – darunter auch einige der interessantesten – lassen sich durch eine passende Frage ersetzen, vorausgesetzt, daß eine Antwort darauf verfügbar ist.

Nehmen wir z. B. an, daß $(F_1 \vee F_2)$ in der linken Spalte einiger *subtableaux* σ_j auftaucht. Bei einem deduktiven Zug würde σ_j vielleicht in zwei Teile geteilt und F_1 bzw. F_2 in ihre linken

Spalten eingetragen. Stattdessen könnten wir jedoch fragen: »Trifft es zu, daß F_1, oder trifft es zu, daß F_2?« Diese Frage kann gestellt werden, weil ihre Präsupposition (F_1 v F_2) ist. Auf welches Element auch die Antwort fallen mag, es bleibt uns in jedem Fall erspart, die Konstruktion eines der beiden *subtableaux* weiterzuführen, in die der deduktive Zug σ_j gespalten hätte.

Nehmen wir gleichfalls an, (Ex)F(x) tauche in der linken Spalte von σ_j auf. Ein deduktiver Zug würde dann vielleicht neue Dummys »α« einführen, woraufhin »F(α)« in die linke Spalte von σ_j eingetragen würde. Stattdessen können wir die Frage stellen: »Wer oder was (nennen wir das Individuum x) ist so, daß F(x) gilt?« Diese Frage ist berechtigt, weil ihre Präsupposition (Ex) F(x) ist. Ist die Antwort »b«, so kann »F(b)« in die linke Spalte von σ_j, statt »F(α)« eingesetzt werden. Da »b« kein Leername, sondern ein wirklicher Name ist, kann seine Einführung die Deduktion gegenüber dem deduktiven Zug nur vereinfachen. (Halten wir fest, daß wir hier die Existenzquantor-Deutung, die dem Desideratum der Frage zu entnehmen ist, präsupponiert haben.)

Darüberhinaus läßt sich ein definitorischer Zug ebenfalls oft durch einen Frage-Antwort-Zug ersetzen. So mag bei einem definitorischen Zug beispielsweise der Satz

$$(*) \ (x) \ (P(x) \leftrightarrow \smallint(x))$$

in die linke Spalte des *subtableau* σ_j eingeführt werden. Stattdessen könnte auch die Frage gestellt werden: »Wer oder was (nennen wir einen davon x) ist so, daß $\smallint$ (x) zutrifft?«, wobei wir die Allquantor-Deutung des Desideratums präsupponieren. Als Antwort ergibt sich ein Satz von derselben Form, wobei lediglich das neue primitive Prädikat »P« / durch ein bereits einmal [168] verwendetes Prädikat ersetzt wird. Und auch hier kann die deduktive Aufgabe von einem solchen Wechsel nur profitieren.

Diese extensive Austauschbarkeit von deduktiven und interrogativen Zügen (ebenso von definitorischen und interrogativen Zügen) können wir als Unterstützung der Idee auffassen, daß die Kunst der Deduktion und die der Fragestellung im wesentlichen auf dasselbe hinauslaufen. Und diese Idee stellt wohl das Hauptelement in Sherlock Holmes' Konzept der Logik, Deduktion und Schlußfolgerung dar.

KAPITEL ACHT

Jaakko Hintikka

Sherlock Holmes formalisiert

I. Einleitung

In einem früheren Artikel (Hintikka, 1978) habe ich argumentiert, daß das, was im normalen Gespräch oft als Deduktion oder Schlußfolgerung durchgeht, am besten begrifflich zu erfassen sei, indem man es als Antwort auf eine stillschweigende Frage behandelt. Das Element der Geschicklichkeit und des scharfen Denkens, das »Deduktionen« in diesem weitgefaßten Sinne vor Trivialität bewahrt, ergibt sich aus der Wahl eben dieser Fragen. Einen paradigmatischen Paradefall stellen die »Deduktionen« eines brillanten Detektivs dar, sei er nun eine reale oder eine fiktive Gestalt. Deshalb findet sich der Name eines solchen in der Überschrift dieses Kapitels.

Die Idee ist einleuchtend; sie verlangt jedoch nach einer expliziten und detaillierten Durchführung. Dieses Kapitel soll den Grundstein zu einer expliziten formalen Behandlung der »Wissenschaft« legen, die Sherlock Holmes »Die Wissenschaft der Deduktion und der Analyse« (STUD, bes. Kap. 2) nannte. Das stellt mich vor einige wichtige Entscheidungen bezüglich des zu verwendenden begrifflichen Rahmens. Mir scheint jedoch, daß diese Entscheidungen nicht allzu schwierig zu treffen sind.

Auf der Grundlage unserer allgemeinen Idee ist deutlich, daß das Können eines brillanten praktischen Denkers größtenteils strategischer Natur ist. Es besteht aus der Formulierung der strategisch richtigen Fragen, also solcher Fragen, deren Antworten mit größter Wahrscheinlichkeit die informativsten sind und eine weitere Reihe von erfolgreichen Fragen eröffnen. Das beste allgemeine Werkzeug, das uns im Augenblick bei strategischen Erwägungen zur Verfügung steht, ist der Forschungszweig, der ein wenig irreführend als »mathematische Spieltheorie« bekannt ist. Eine passendere Bezeichnung wäre wohl »Strategietheo-

rie«.* Aus diesem Grund bietet es sich an, die Frage/Antwort-
Folgen, die wir einer Betrachtung unterziehen wollen,/ als [170]
Spiele (im exakten Sinne der Spieltheorie) zwischen Fragesteller
und einem Antwortenden zu konstruieren. Letzteren kann man
sich oft als die Natur vorstellen, und so wollen wir ihn auch
nennen, während der Fragesteller in der Folge als »ich« erscheint.

Die zweite Hauptentscheidung betrifft die Methode der
Buchhaltung für diese *Befragungsspiele* gegen die Natur, wie wir
sie nennen wollen. Eine solche Methode muß uns erlauben,
logische Schlußfolgerungen in dem engen fachlichen Sinn durchzuführen und aufzuzeichnen, in dem die Philosophen des zwanzigsten Jahrhunderts diesen Begriff zu verwenden pflegen.
Gleichzeitig muß das Berechnungssystem es den Spielteilneh-
mern ermöglichen, die Antworten der Natur entsprechend festzuhalten.

Mir scheint, das weitaus beste Buchhaltungssystem bietet die
bekannte Methode der sogenannten semantischen *tableaux*, die
E. W. Beth (1955) einführte. Die Regeln eines Befragungsspiels,
in dem die Natur der Gegner ist, können unter Bezugnahme auf
ein solches *tableau* formuliert werden, das wir Spieltableau
nennen wollen. Ich möchte im Zusammenhang mit diesem
Spieltableau die übliche Terminologie verwenden, von der ich
annehmen darf, daß sie meinen Lesern vertraut ist.

Bei den einfachen Spielen, mit denen sich dieses Kapitel
befassen soll, gehe ich von dem Versuch aus, eine bestimmte
vorgegebene Konklusion C zu beweisen, indem ich eine gegebene Annahme T sowie Antworten auf Fragen, die ich nacheinan-
der an die Natur gerichtet habe, als meine Prämissen verwende.
Demnach besteht das Spieltableau im Anfangsstadium aus C in
der rechten Spalte und T in der linken Spalte und ist sonst leer.

Die Spielregeln sind äußerst simpel und lassen sich unter
Bezugnahme auf das Spieltableau formulieren. Es gibt drei

---

* So steckt in dem Begriff »Spieltheorie« zum Beispiel die Andeutung
einer Konflikttheorie, obwohl sie Kooperationsstrategien ebenso wie
Konfliktstrategien umfaßt und sich beide Strategien in der Spieltheorie behandeln lassen und auch so behandelt werden.

verschiedene Züge: (I) deduktive Züge; (II) interrogative Züge; (III) definitorische Züge.

(I) Bei einem deduktiven Zug wird eine der allgemeinen Regeln der Tableaukonstruktion auf das Spieltableau angewandt.

(II) Bei einem interrogativen Zug stelle ich eine Frage an die Natur, die mir darauf eine so schlüssige (vollständige) Antwort wie möglich gibt. Diese Antwort trage ich in die linke Spalte des Spieltableaus ein.

(III) Bei einem definitorischen Zug führe ich einen neuen Begriff ein, indem ich in die linke Spalte des Spieltableaus eine explizite Definition eintrage. Explizite Definitionen sind in erster Linie Sätze, die eine der beiden folgenden Formen aufweisen:

(1) $(z_1)\,(z_2)\,\ldots\,(z_i)\,(x)\,[P(x, z_1, z_2, \ldots, z_i)$
$\leftrightarrow S[x, z_1, z_2, \ldots, z_i]]$
(2) $(z_1)\,(z_2)\,\ldots\,(z_i)\,(x)\,[(f(z_1, z_2, \ldots z_i) = x)$
$\leftrightarrow S[x, z_1, z_2, \ldots, z_i]]$

In (1) ist P das neue Symbol, in (2) ist es f.

Diese Regeln bedürfen einer Reihe von Anmerkungen und zusätzlichen Erklärungen. Zunächst muß ich die hier vorausgesetzte Sprache festlegen. Nehmen wir zunächst einmal an, ich / bediene mich einer interpretierten finiten Sprache L der ersten Ordnung, die über Identität und Funktionssymbole verfügt. In der Regel werde ich mit bestimmten Extensionen von L zu tun haben. Diese Sprachwahl bedeutet, daß die Fragen und Antworten keine intentionalen Ausdrücke enthalten dürfen. Das einzige Element des Spiels, das sich damit dem sprachlichen Ausdruck entzieht, bilden die an die Natur gerichteten Fragen. Da diese Fragen jedoch nicht auf dem Tableau verzeichnet werden, sondern nur ihre Antworten, spielt diese Beschränkung hier keine Rolle.

Gestatten wir zunächst zweierlei Extensionen von L: (a) Extensionen aufgrund neuer Prädikatsfunktionen, oder Einzelkonstanten, die durch einen definitorischen Zug eingeführt werden; (b) Extensionen, die Konstanten, sogenannte Eigensymbole (für Einheiten verschiedener logischer Typen in dem gedachten Modell) einschließen. Dazu gehören Eigennamen von Individuen innerhalb des intendierten Bereichs, Eigenprädikate so-

[171]

wie Eigenfunktionen. Die intendierte Interpretation dieser Symbole läßt sich nur unter Bezugnahme auf die Semantik unserer Befragungsspiele erklären. Intuitiv gesprochen lassen sie sich denken als (logische) Eigennamen verschiedener Typen von Einheiten innerhalb des gewählten Diskursbereiches.

(I) Die bei deduktiven Zügen verwandten Tableauregeln können alle üblichen umfassen. Es mag jedoch in vielen Fällen angebracht sein, die übliche Tableaukonstruktion zu modifizieren, so daß daraus das Bethsche Gegenstück zu Craigs (1957) Regeln der linearen Deduktion wird (die Craig anhand von Sequenzen anstelle von Tableaus erklärte).

(II) Eine unabdingbare Voraussetzung für unser Unternehmen ist die Analyse des Frage/Antwort-Verhältnisses, wie ich sie an anderer Stelle entworfen habe (Hintikka, 1976, bes. Kap. 2–3). Sie läßt sich hier nicht vollständig wiedergeben, und ich muß daher die Kenntnis ihres Resultats bei meinen Lesern als gegeben voraussetzen. Nur so viel sei gesagt, daß ich im Falle einer Satzfrage bei einem interrogativen Zug unter Antwort eine direkte Antwort verstehe. Im Falle der Wortfragen bildet die Antwort einen Substitutionsfall der Matrix der Frage in bezug auf einen Begriff. Dieser Begriff muß natürlich Teil von L oder einer zulässigen Extension von L. sein, wie oben festgelegt. Was Symbole betrifft, die in der Antwort auftauchen, nachdem sie durch definitorische Züge eingeführt worden sind, so müssen sie schon vorher in dasselbe Subtableau eingeführt worden sein.

Vorbedingung für einen interrogativen Zug ist, daß die Frage in der linken Spalte des Spieltableaus präsupponiert wird. In einem gewissen Sinne, der wieder semantische Konzepte zu seiner Formulierung benötigt, kann von einer Antwort verlangt werden, daß sie in der gegebenen Situation so vollständig wie möglich ausfällt.

Ich werde jeden interrogativen Zug von einem Subtableau abhängig machen. Die Voraussetzung der Frage braucht nur in der linken Spalte jenes Subtableaus aufzutauchen, und auch die Antwort wird nur in die linke Spalte des / Subtableaus eingetragen. Die Anforderungen an Antworten auf Wortfragen werden sich ausschließlich auf das Subtableau beziehen. [172]

In (II) haben wir ursprünglich angenommen, daß das *desideratum* der Frage einer Deutung des Existenzquantors unterzogen

JAAKKO HINTIKKA

werden muß. Es kann dennoch (je nach Belieben) auch einer Deutung des Allquantors unterzogen werden (Hintikka, 1976, Kap. 4). Eine Antwort wäre dann ein Satz der Form

(3) (x) [M[x] ↔ S[x]]

wobei M[x] die Matrix der Frage und S[x] einen Ausdruck bezeichnet, der die folgenden Bedingungen erfüllt:

(a) Das nichtlogische Vokabular von S[x] besteht aus dem von L und den zulässigen Extensionen von L, wie oben festgelegt.

(b) S[x] enthält x als seine einzige unabhängige Einzelvariable; x taucht nicht als in S[x] gebunden auf.

Allgemeiner ausgedrückt: Die in einem interrogativen Zug gestellte Frage kann parametrisch angelegt sein, also als Frage mit unabhängigen Variablen (die an äußerliche Allquantoren gebunden sind). Die Antwort ergibt sich dann in der Existenz-Interpretation einer Frage der Form:

(4) $(z_1) (z_2) \ldots (z_i)$ $M[t[z_1, z_2, \ldots z_i],$
$z_1, z_2, \ldots z_i]$

wobei $M[x, z_1, z_2, \ldots, z_i]$ die Matrix der Frage ist (mit $z_1 z_2, \ldots, z_i$ als ihren unabhängigen Variablen) und $t(z_1, z_2, \ldots, z_i)$ ein Term ist, der

(a) $z_1, z_2, \ldots, z_i$ (oder einige davon) als einzige unabhängige Einzelvariablen enthält; sowie

(b) Funktionssymbole aus L und/oder ihren zulässigen Extensionen.

Wenn eine Frage mit einer unabhängigen Variablen universell interpretiert wird, so ergibt sich, als Analogie zu (4) und als Verallgemeinerung von (3) die Antwort

(5) $(z_1) (z_2) \ldots (z_i) (x)$ $[M[x, z_1, z_2, \ldots, z_i]$
$\leftrightarrow S[x, z_1, z_2, \ldots, z_i]]$

Hierbei ist S ein Ausdruck, der $x, z_1, z_2, \ldots, z_i$ als seine einzigen unabhängigen Variablen sowie als seine nichtlogischen Konstanten Symbole aus L und den zulässigen Extensionen von L enthält. Auch hier gilt wieder, daß die durch Definitionen eingeführten Konstanten in dasselbe Subtableau eingeführt worden sein müssen.

Die Präsupposition einer auf ihre Existenzbedingungen befragten Wortfrage mit unabhängigen Variablen muß in der linken Spalte des relevanten Subtableaus auftauchen, bevor die Frage gestellt werden kann. Für die Frage, deren Antwort von der Form (4) sein kann, gilt die Präsupposition: /   [173]

(6) $(z_1) (z_2) \ldots (z_i) (3x) M[x, z_1, z_2, \ldots, z_i]$

Die Präsupposition einer universell interpretierten Wortfrage ist dieselbe wie die der entsprechenden existentiell interpretierten.

Fragen mit unabhängigen Variablen können auch in bezug auf ein Prädikat gestellt werden. Als Beispiel soll ein einstelliges Prädikat $P(z)$ dienen. Nehmen wir als Matrix der Frage $M[z, x]$. Bei der existentiellen Interpretation der Wortfrage sind die Analoge zu (4) und (6) (also zu Antwort und Präsupposition) demnach

(7) $(z)[P(z) \supset M[t[z],x]]$

beziehungsweise

(8) $(z) [P(z) \supset (3x) M[x, z]]$.

Das Analogon zu Antwort (5) bei universell interpretierten Wortfragen mit unabhängigen Variablen ist

(9) $(z) [P(z) \supset (x) (M[x, z] \leftrightarrow [x, z])]$

(III) Definitorische Züge sind wie interrogative Züge von dem Subtableau des Spieltableaus abhängig. Die Definition (1) oder (2) wird nur in die linke Spalte des Subtableaus eingetragen.

Die bei definitorischen Zügen eingeführten Symbole dürfen zuvor nicht in demselben Subtableau auftauchen. Anders ausgedrückt: in einem definitorischen Zug ist laut obiger Definition P ein Prädikatssymbol und f ein Funktionssymbol, das weder im Subtableau der Frage noch in L auftaucht. Außerdem muß $S [x, z_1, z_2, \ldots, z_i]$ als einzige unabhängige Variablen x, $z_1, z_2 \ldots$ und z_i enthalten. In (2) müssen die folgenden Sätze in der linken Spalte desselben Subtableaus auftauchen:

(10) $(z_1) (z_2) \ldots (z_i) (3x) S[x, z_1, z_2 \ldots, z_i]$

(11) $(z_1) (z_2) \ldots (z_i) (x) (y) [(S[x, z_1, z_2, \ldots, z_i] \& S [y, z_1, z_2, \ldots, z_i]) \supset (x = y)]$

Als Sonderfall von (2), (10) und (11) wollen wir Sätze der folgenden Art behandeln:

JAAKKO HINTIKKA

(12) (x) [(a = x) ↔ S[x]]
(13) (∃x) S[x]
(14) (x)(y)[(S[x] & S[y]) ⊃ (x = y)]

Hier ist a eine Einzelkonstante, die nicht vorher im Subtableau aufgetaucht ist. (12)–(14) als Sonderfälle von (2) und (10)–(11) zuzulassen, bedeutet, die definitorische Einführung von Einzelsymbolen in gleicher Weise wie die der definierten Prädikate und [174] Funktionen zu gestatten. /

II. BEISPIELE

Dies soll zur Erklärung der syntaktischen Erscheinungsform eines Befragungsspieles gegen die Natur genügen. Damit bleiben die Semantik des Spieles sowie seine Rentabilitätsstruktur nach wie vor ungeklärt. Besonders letztere ist für meine strategischen Erwägungen in diesem Spiel von entscheidender Bedeutung. Zur Schärfung unseres Perzeptionsvermögens mag es an dieser Stelle trotzdem nützlich sein, ein paar einfache Beispiele von Befragungsspielen gegen die Natur genauer zu betrachten. Diese entstammen entweder Unterschieden zwischen natürlichen Sprachen oder lassen sich leicht in normales Alltagsdeutsch übersetzen. Mein Erfolg bei der Rekonstruktion dieser normalsprachigen »Deduktionen« liefert im Sinne des Befragungsspieles den lebendigen Beweis dafür, daß ich mich auf der richtigen Spur befinde.

Meine ersten Beispiele für einen informationssuchenden Dialog erhalte ich durch Vertiefung eines Ausschnitts aus Sherlock Holmes' logischen Gedankengängen in SILV, und zwar seiner Deduktionen aus dem merkwürdigen Ereignis mit dem Hund in der Nacht (»›Aber der Hund hat sich doch gar nicht gerührt.‹ ›Eben das war ja das Seltsame‹, entgegnete Sherlock Holmes.«). Zunächst die verbalen Formulierungen der verschiedenen Züge.

(1) Gab es im Stall einen Wachhund? Ja.
(2) Hat irgendeiner der Wachhunde bei irgend jemandem Laut gegeben? Nein.
(3) Also hat keiner der Wachhunde im Stall bei dem Dieb Laut gegeben.

258

(4) Bei wem gibt ein Wachhund nicht Laut? Bei seinem Herrn.

(5) Betrachten wir einen der Wachhunde im Stall, sagen wir D.

(6) D hat bei dem Dieb nicht Laut gegeben.

(7) Bei wem immer D nicht Laut gibt, der muß sein Herr sein.

(8) Also ist der Herr von D der Dieb.

Hier sind vielleicht ein paar Erklärungen angebracht. In der Geschichte gehören die Antworten zu (1)–(2) zu den bekannten Sachverhalten des zuvor präsentierten Falles. Die deduktiven Züge (3) und (5)–(8) sind alle äußerst simpel. Im Fall von (4) ergibt sich die Antwort von selbst, sobald die Frage gestellt wird. Sherlock Holmes' Scharfsinn besteht also in Wirklichkeit darin, die richtige zusätzliche Prämisse einzuführen, indem er die richtige Frage stellt, genau wie oben angegeben.

Es sollte beachtet werden, daß die Frage (4) eine unabhängige Variable enthält. Außerdem wird sie in bezug auf den prädikativen »Wachhund« gestellt.

Die Tableauform von Sherlock Holmes' Gedankengängen könnte wie folgt aussehen – dabei wird nur die linke Spalte des Spieltableaus ausgefüllt:

(1) $(\exists x)(W(x) \ \& \ S(x))$

(2) $(y)(x)[(W(x) \ \& \ S(x)) \supset \sim B(x,y)]$

(3) $(x)[(W(x) \ \& \ S(x)) \supset \sim B(x,D)]$

(4) $(x)[(W(x) \supset (y)(\sim B(x,y) \supset (y = m(\chi))))]$

(5) $W(d) \ \& \ S(d) \ /$ [175]

(5a) $W(d)$

(6) $(W(d) \ \& \ S(d)) \supset \sim B(d,D)$

(6a) $\sim B(d,D)$

(7) $W(d) \supset (y) \, (\sim B(d,y) \supset (y = m(d))$

(7a) $(y) \, [\sim B(d,y) \supset (y = m(d))]$

(8) $\sim B(d,D) \supset (D = m(d))$

(8a) $D = m(d)$

Schlüssel: $w(x)$ = x ist ein Wachhund

             $S(x)$ = x war im Stall

             $B(x,y)$ = x hat bei y Laut gegeben

             $m(x)$ = der Herr von x

             D = der Dieb

Im zweiten Beispiel will ich mit der Tableaudarstellung beginnen, erst im Anschluß daran die Tableaueintragungen erklären und ein verbales Beispiel mit derselben Struktur anführen.
Spieltableau

(1)	$(x)(\exists y)\ R(x,y)$		$(\exists u)(z)\ R(z,u)$	(?)
(3)	$(x)[T(x) \longleftrightarrow$		$(z)\ R(z,c)$	(10)
	$((\exists y)\ R(x,y) \supset (z)R(z,x))]$			
(4)	$(\exists y)\ T(x)$			
(5)	$T(c)$			
(6)	$T(c) \longleftrightarrow$			
	$((\exists y)\ R(c,y) \supset (z)\ R(z,c))$			
(7)	$(\exists y)\ R(c,y) \supset (z)\ R(z,c)$			
(8)	$(\exists y)\ R(c,y)$			
(9)	$(z)\ R(z,c)$			

Erklärungen zum Dialog:
(1) ist die vorgegebene Prämisse.
(2) ist die angestrebte Konklusion.
(3) ergibt sich als Antwort auf die Frage: Wer sind all die Individuen x, für die gilt $((\exists y)\ R(x,y) \supset (z)\ R(z,x))$?
(4) ergibt sich als Antwort auf die Frage: Gibt es Individuen x, für die gilt $T(x)$?
(5) ergibt sich als Antwort auf die Frage: Wer (sagen wir x) ist (unter anderen) so, daß $T(x)$ gilt?
(6) ergibt sich aus (3) durch L-universelle Aktualisierung in bezug auf c.
(7) ergibt sich aus (5) und (4) durch die abgeleitete Tableauregel von der Äquivalenzsubstitution.
[176] (8) ergibt sich aus (1) durch L-universelle Aktualisierung. /
(9) ergibt sich aus (7) und (8) durch eine passende Tableauversion des *modus ponens*.
(10) ergibt sich aus (2) durch R-existentielle Aktualisierung.
Verbale Formulierungen(einschließlich Fragen)
Schlüssel: $R(x,y)$ = x verrät y
$T(x)$ = x ist ein Terrorist
C = Carlos
(1) Jeder verrät irgendjemanden (Prämisse).
(3) Welche sind so, daß alle sie verraten, wenn sie jemanden verraten? (Universell interpretierte Wortfrage).
Die Terroristen (Antwort).

(4) Gibt es Terroristen? (Ja-Nein Frage.)

Ja (Antwort)

(5) Wer ist ein Terrorist? (Existentiell interpretierte Wortfrage, deren Präsuppositionen in (4) festgelegt worden sind.)

(6) Carlos ist ein Terrorist, wenn und nur dann wenn er von allen verraten wird, sobald er jemanden verrät. (Aus (3) durch universelle Aktualisierung.)

(7) Alle verraten Carlos, wenn er jemanden verrät. (Aus (5) und (6).)

(8) Carlos verrät jemanden. (Aus (1) durch Aktualisierung.)

(9) Alle verraten Carlos. (Aus (7) und (8) durch *modus ponens*.)

(2) Jemand wird von allen verraten. (Die zu beweisende Konklusion; folgt aus (9) durch existentielle Generalisierung).

Alternative Erklärungen:

Einige der Züge in dem Beispieldialog lassen sich durch andere, jedoch (in diesem Fall) wesentlich äquivalente Züge ersetzen. Im folgenden eine andere Möglichkeit, wie sich ein im wesentlichen identischer Dialog ausführen ließe. In diesem besonderen Beispiel brauche ich nur die Erklärungen für die verschiedenen Züge zu verändern.

(1)–(2) wie gehabt;

(3) definierender Zug, mit dem das neue Prädikat $T(x)$ eingeführt wird;

(4) wie gehabt;

(5) aus (4) durch L-existentielle Aktualisierung;

(6)–(10) wie gehabt;

Dies veranschaulicht die Tatsache, daß verschiedene Arten von Zügen oft austauschbar sind. Oft kann ein interrogativer Zug einen abduktiven Zug ersetzen oder umgekehrt. Daran zeigt sich, wie natürlich die Konzepte der Deduktion und der Schlußfolgerung im weiteren Sinne sind, was wir in diesem Kapitel einzufangen versucht haben: Logische Schlußfolgerungen im engen technischen Sinn lassen sich oft gewinnbringend gegen Antworten auf entsprechende Fragen austauschen, und nichts / [177] anderes stellen für mich »Deduktionen« im weiteren (Sherlock Holmes'schen) Sinne dar.

KAPITEL NEUN

Nancy Harrowitz

Das Wesen des Detektiv-Modells

CHARLES S. PEIRCE UND EDGAR ALLAN POE

Edgar Allan Poe wird in den meisten historischen Abhandlungen zur Detektivgeschichte als der Vater dieser literarischen Gattung und seine »Morde in der Rue Morgue« als die erste Detektivgeschichte der Welt bezeichnet. Der Anspruch auf derartige Auspizien sollte uns bei jedem Literaturgenre von vornherein verdächtig erscheinen; und dieser Verdacht fällt im vorliegenden Fall auf die Historiker der Detektivgeschichte selbst. Howard Haycraft, der wohl angesehendste Autor dieser Gruppe, teilt ihre Vertreter in zwei Schulen ein: eine Mehrheit, für die das Detektiv-Genre mit Poe begann; und eine Minderheit, die die Ansicht vertritt, daß Elemente der Detektivgeschichte schon in so frühen literarischen Werken wie der Bibel anzutreffen seien und daß Poe demnach strenggenommen nicht als der Erfinder der Gattung, sondern nur als ihr Hauptexponent gelten könne.

In seinem Buch *Murder for Pleasure: Life and Times of the Detective Story* (1941: 6) erörtert Haycraft ausführlich die grundsätzlichen Argumente dieser beiden Lager. Dabei beruft sich das erste auf einen phänomenologischen Ansatz, bei dem behauptet wird, die Voraussetzung von Detektivgeschichten – im Unterschied natürlich zur phantastischen Literatur – sei die Existenz von Polizeiwesen und Detektiven. Diese entstanden jedoch im eigentlichen Sinne erst zu Anfang des 19. Jahrhunderts, und zwar im Zuge der allmählichen Entwicklung von Abteilungen zur Verbrechensbekämpfung in Paris und London. Das letzte Wort hat bei Haycraft der englische Bibliophile Georg Bates, der dazu meinte: »Chaucers Schweigen zum Thema Flugzeug lag darin begründet, daß er noch nie eines gesehen hatte.« Niemand kann über Polizisten schreiben, bevor Polizisten existieren, die man beschreiben könnte. Die detektivische

Methode wird von dieser Gruppe von Historikern mithin als weniger wesentlich für das Genre angesehen als deren Handlungs- und Strukturelemente.

Die Sekundärströmung innerhalb der detektivischen Historiographie legt größeren Nachdruck auf die detektivische Methode an sich als auf die Anwesenheit eines Detektivs und eines Verbrechens. / Julian Symons kategorisiert die beiden Richtungen in seinem Buch *Bloody Murder; From the Detective Story to the Crime Novel: A History* (1972) und zählt sich dabei, wie Haycraft, zur Hauptschule. Seine Kritik an der Sekundärbewegung fördert einen entscheidenden, wie wir aber noch sehen werden, bisher größtenteils vernachlässigten Aspekt zutage: [179]

»Die Historiker der Kriminalgeschichte teilen sich in jene, die behaupten, daß es vor der Existenz des organisierten Polizei- und Detektivwesens keine Detektivgeschichten habe geben können, sowie die anderen, die Beispiele von rationaler Deduktion in so unterschiedlichen Quellen wie der Bibel und Voltaires Werken aufspüren und die Meinung vertreten, es handele sich dabei um frühe detektivische Rätsel ... Der entscheidende Punkt ist der, daß wir uns hier mit der Kriminalliteratur beschäftigen sollten, daß aber all jene, die die Bibel und Herodot nach Fragmenten detektivischer Arbeit durchstöbern, lediglich nach Rätseln suchen. Zwar ist das Rätsel ein grundlegendes Merkmal der Detektivgeschichte, aber es ist nicht selbst eine Detektivgeschichte, und sein Stellenwert innerhalb der Kriminalliteratur ist im allgemeinen vergleichsweise niedrig ... [Eine] interessante Übung findet sich in Voltaires *Zadig* (1747). Ohne die Hündin der Königin oder das Pferd des Königs je gesehen zu haben, die beide verschwunden sind, kann Zadig angeben, daß die Hündin erst kürzlich geworfen hat, am linken Vorderlauf lahmt und lange Ohren hat ... als er darauf besteht, die Tiere niemals zu Gesicht bekommen zu haben, verurteilt man ihn zu einer Auspeitschung. Die Erklärung, die er abgibt, nachdem die Tiere wiedergefunden worden sind, stellt ein Musterbeispiel für eine echte Deduktion dar. Im Falle der Hündin lieferten die Spuren von hängenden Zitzen und Ohren sowie ungleichmäßig tiefe Pfotenabdrücke, die sie im Sand zurückgelassen hatte, die betreffenden Indizien« (Symons, 1972: 24–25).

Die Bezeichnung »Musterbeispiel für eine echte Deduktion«, die Symons Zadigs Methode der Indizienanalyse gibt, signalisiert das Problem, das dem Versuch zugrundeliegt, das Genre der Detektivgeschichte und seine Ursprünge zu definieren, ein Problem, das sowohl diese Art von historischer Genrekritik als auch die Kritik von Poes Werk selbst durchdringt[1]. Ohne eine genaue Präzisierung des Inhaltes dieser detektivischen Methode und einer Festlegung, warum und in welcher Weise die Methode für die Detektivgeschichte wesentlich ist, ist es jedoch höchst schwierig, eine entweder genealogische Betrachtungsweise der Ursprünge des Genres oder eine annähernd historische zu rechtfertigen, die auf der Behauptung fußt, die Detektivgeschichte sei im April 1841 mit dem Erscheinen von Poes »Die Morde in der Rue Morgue« in *Graham's Magazine* in Philadelphia, Pennsylvania, entstanden.

Auf der einen Seite tritt also die verhängnisvolle Tendenz in Erscheinung, logische Kategorien unter dem Allgemeinbegriff »rationale Deduktion« über einen Kamm zu scheren. Auf der anderen Seite steht die kurzsichtige Reduzierung der Bedeutung der detektivischen Methode selbst. Aufgabe der vorliegenden Untersuchung soll es nicht sein, in rigoroser Weise die literarischen Anfänge der detektivischen Methode zu analysieren, so sehr es einer solchen Arbeit auch bedarf. Wir wollen uns hier vielmehr auf zweierlei konzentrieren: zum einen auf den empirischen Versuch, das Wesen der detektivischen Methode in der [180] Poeschen Detektivliteratur zu präzisieren / – wobei seine Texte insofern als grundlegend anzusehen sind, als sie die ersten Beispiele für eine abduktive Fragestellung im Rahmen der Detektiv/Verbrechen-Formel darstellen; zum anderen auf den Versuch, das abduktive detektivische Modell situativ festzulegen und seine Parameter innerhalb des semiotischen und epistemologischen Kontextes zu definieren.

>»DIE ABDUKTION IST SCHLIESSLICH NICHTS ANDERES ALS RATEN«
> CHARLES SANDERS PEIRCE (7: 219)

In seinen *Collected Papers* (1965–1966) und auch an anderen Stellen seiner Manuskripte erörtert C. S. Peirce ein Konzept, das er abwechselnd als »Abduktion«, »Retroduktion«, »Hypothese«, »Präsumption« [*presumption*] und »originäres Argument« [*originary argument*] bezeichnet. Ein Blick auf eine Auswahl von Peirces Bemerkungen zur Abduktion gibt uns vielleicht am schnellsten eine brauchbare Definition an die Hand:

»Ein retroduktiver Schluß ist nur dadurch gerechtfertigt, daß er einen beobachteten Sachverhalt erklärt. Eine Erklärung ist ein Syllogismus, dessen Hauptprämisse oder Gesetz ein bekanntes Gesetz oder Naturgesetz oder eine andere allgemeine Wahrheit verkörpert; die Unterprämisse, der Fall, stellt die Hypothese oder den retroduktiven Schluß dar, und die Schlußfolgerung, das Ergebnis, wiederum ist der beobachtete (oder auf andere Weise bestimmte) Sachverhalt« (I: 89).

»Die *Präsumption,* oder genauer: *Abduktion,* liefert dem Denkenden die Problemtheorie, die die Induktion verifiziert. Findet er sich mit einem Phänomen konfrontiert, das mit seinen Erwartungen unter diesen Umständen nicht übereinstimmt, so untersucht er dessen Merkmale, wobei ihm einige aufschlußreiche Wesenszüge oder Verbindungen zwischen ihnen auffallen, die er unverzüglich als charakteristisch für einen Begriff erkennt, den sein Denken bereits gespeichert hat, wodurch eine Theorie zum Vorschein kommt, die all das *erklärt* (das heißt notwendig macht), was am Phänomen überraschend ist« (2: 776).

»Jeder Schritt, der von der Entwicklung primitiver Vorstellungen zur modernen Wissenschaft führt, war in erster Linie reine Raterei oder zumindest reine Vermutung. Der Stimulus des Ratens, der Hinweis auf die Vermutung stammte jedoch aus der Erfahrung. Der Ablauf im Vollzug der verschiedenen Vorschläge führt bei der Retroduktion von der Erfahrung zur Hypothese« (2: 755).

»Die Abduktion ist der Prozeß, mit dem eine erklärende Hypothese gebildet wird. Sie ist die einzige logische Operation, die eine neue Idee einführt, denn die Induktion bestimmt nur einen Wert, während die Deduktion lediglich die notwendigen Konsequenzen aufgrund einer reinen Hypothese entwickelt. Die Deduktion liefert den Beweis, daß etwas sein *muß;* die Induktion zeigt, daß etwas *wirklich* wirkt; die Abduktion schließlich legt nahe, daß etwas sein *kann*« (5: 171).

»Es muß jemand schon vollkommen verrückt sein, wollte er leugnen, daß die Wissenschaft viele wirkliche Entdeckungen gemacht hat. Jede kleine Einzelheit wissenschaftlicher Theorie, die heute als allgemein anerkannt gilt, ist jedoch der Abduktion zu verdanken« (5: 172). /   [181]

Peirce konstruiert die Abduktion im wesentlichen als einen Prozeß, in dem das Subjekt mit einem beobachteten Sachverhalt konfrontiert wird, der der Erklärung bedarf und überdies von Wichtigkeit zu sein scheint. Um nun den beobachteten Sachverhalt zu erklären, bedarf es eines »bekannten Gesetzes oder Naturgesetzes oder einer anderen allgemeinen Wahrheit«, die den Sachverhalt sowohl rückwirkend erklären kann als auch seine Relevanz aufzudecken hoffen darf. Die Abduktion bildet den Zwischenschritt zwischen Sachverhalt und Ursprung; sie ist der instinktive Wahrnehmungssprung, der dem Subjekt gestattet, einen Ursprung zu erraten, der dann erprobt werden kann und die Hypothese entweder bestätigt oder widerlegt. Die Abduktion ist eine Theorie, die zur Erklärung eines vorher existierenden Sachverhaltes entwickelt wird. Peirce führt aus: »Die Deduktion zeigt, daß etwas sein *muß*« (5: 172), und die Induktion »ermittelt den Wert eines Verhältnisses« (1: 67). Die Abduktion unterscheidet sich in Peirces Schema (2: 623–625) von den beiden anderen Kategorien, Deduktion und Induktion, wie folgt:

	Deduktion
Gesetz	Alle Bohnen aus diesem Sack sind weiß.
Fall	Diese Bohnen sind aus diesem Sack.
Ergebnis	Diese Bohnen sind weiß.

	Induktion
Fall	Diese Bohnen sind aus diesem Sack.
Ergebnis	Diese Bohnen sind weiß.
Gesetz	Alle Bohnen aus diesem Sack sind weiß.

	Abduktion
Gesetz	Alle Bohnen aus diesem Sack sind weiß.
Ergebnis	Diese Bohnen sind weiß.
Fall	Diese Bohnen sind aus diesem Sack.

Es ist hier wichtig festzuhalten, daß Peirce die Ausdrücke »Naturgesetz«, »allgemeine Wahrheit« und »Erfahrung« auch auf das anwendet, was in der abduktiven Kategorie oben als »Gesetz« bezeichnet wurde. In gleicher Weise deckt sich »beobachteter Sachverhalt« mit »Ergebnis« und »abduktive Schlußfolgerung« (oder »Abduktion«, »Retroduktion«, »Präsumption«, »Hypothese«, »originäres Argument«) mit »Fall«. In den Kategorien von Deduktion und Induktion können »Gesetz« und

»Fall« beide für einen beobachteten Sachverhalt stehen. Dies stellt uns vor ein neues Problem. Ohne Zweifel ist die Chronologie der Informationsbeschaffung hier von Bedeutung, aber aus den obigen Diagrammen nicht unbedingt zu entnehmen. Wenn wir den hier angenommenen bohnen-und-säcke-gefüllten Raum beträten, so hätte es den Anschein, als hinge der Prozeß, mittels dessen wir zu einer Konklusion in bezug auf Bohnen und Säcke gelangen, von der Reihenfolge ab, in der wir die Dinge betrachten. Die Diagramme implizieren unterschwellig, daß alle Information in gleicher Weise verfügbar ist. Für diese Implikation wie auch für die Begriffsverwirrung ist zweifelsohne / die extreme [182] Simplizität des Bohnen-Säcke-Modells verantwortlich, das hier zur Beschreibung einer mäßig komplexen Prinzipienstruktur herangezogen wird.

Ein Abduktionsdiagramm, das sich möglicherweise als genauer erwiese, sähe folgendermaßen aus:

Ergebnis (beobachteter Sach- Diese Bohnen sind weiß.
verhalt)

Hier setzt der abduktive Prozeß ein . . . .

Gesetz   Alle Bohnen aus diesem Sack
                              sind weiß.

Fall (Ergebnis der Abduktion) Diese Bohnen sind aus diesem
                              Sack.

Setzen wir das Diagramm in Worte um: Wir beobachten einen Sachverhalt (diese Bohnen sind weiß). Um ihn zu erklären und zu verstehen, durchstöbern wir unser Hirn nach dem Zipfel einer Theorie, einer Erklärung, eines Gedankenblitzes usw. Der Prozeß der Abduktion spielt sich zwischen dem Ergebnis und dem Gesetz ab und schließt mit der Aufstellung einer hoffentlich befriedigenden Hypothese. Alles, was jetzt noch zu tun verbleibt, sagt Peirce, ist, die neue Hypothese zu prüfen.

Das konjekturale Modell

In seinem Essay »Indizien: Morelli, Freud und Sherlock Holmes« (1980 *b*; Kap. 4) erörtert Carlo Ginzburg ein Konzept zur

Erkenntniskonstruktion, das er als »konjekturales Modell« bezeichnet. Das konjekturale Modell, führt Ginzburg aus, »tauch-
te ... im Verlauf des späten neunzehnten Jahrhunderts fast
unbemerkt im Bereich der Sozialwissenschaften auf« (vgl. S. 125
des vorliegenden Bandes), und ihm sei »die gebührende Beachtung bisher versagt geblieben«. Ginzburg stellt die Behauptung
auf, daß das Konzept des spekulativen Gebrauchs obskurer und
indirekter Indizien zur Schaffung eines epistemologischen Modells einen wesentlichen – wenn auch weitgehend unerkannt
gebliebenen – Bestandteil unseres kulturellen Erbes ausmache.
Ginzburg führt als Beispiel für sein Paradigma das Werk dreier
großer »Detektive« an: Giovanni Morelli, Sigmund Freud und
Sherlock Holmes.

Giovanni Morelli, ein Kunsthistoriker des neunzehnten Jahrhunderts, schuf sich einen Namen, als er berühmte Maler nach
der Art und Weise einteilte, wie sie gewohnheitsmäßig kleine
»belanglose« körperliche Einzelheiten – Ohren, Fingernägel
und Zehen – charakterisierten. Indem er sich auf geradezu
enzyklopädische Weise mit diesen Details vertraut machte, gelang es Morelli ohne Schwierigkeit, Imitationen und inkorrekte
Zuschreibungen aufzudecken, weil er davon ausging, daß gerade
ein Fälscher seine Aufmerksamkeit mehr auf die auffälligen,
konventionell gebildeten Charakteristika einer bestimmten
Schule oder eines bestimmten Meisters gerichtet hätte. Im Laufe
[183] seines Lebens nahm Morelli viele Neuzuschreibungen in den /
größten Galerien Europas vor. Seine Methode wurde jedoch
später diskreditiert und geriet weitgehend in Vergessenheit. Erst
viel später griff der Kunsthistoriker Edgar Wind (zitiert bei
Ginzburg) Morellis Methoden wieder auf und kommentierte sie
wie folgt:

> »Morellis Bücher unterscheiden sich schon im Aussehen von ande-
> ren kunstkritischen Werken. Sie sind gespickt mit Abbildungen von
> Fingern und Ohren, sorgfältigen Beschreibungen der charakteristi-
> schen Nebensächlichkeiten, durch die sich ein Künstler verrät, so
> wie ein Verbrecher an seinen Fingerabdrücken erkannt werden kann
> ... jede Gemäldegalerie, die Morelli unter die Lupe nimmt, ähnelt
> gleich einem Verbrecheralbum ...« (Wind, 1963: 40–41).

Im weiteren Verlauf seiner Erörterung zieht Ginzburg eine
Parallele zwischen Morellis Methoden, Freuds Interesse an den

»kleinen Details«, die den Schlüssel zu psychologischen Realitäten liefern, und Sherlock Holmes' Verbrechensermittlung durch Indiziendeutung. Alle drei Methoden »liefern ... den Zugang zu einer tieferen Realität« – einer Realität, die wie eine körperliche Krankheit nur an ihren Symptomen erkannt werden kann. Ginzburg sieht in den Aktivitäten der primitiven Menschheit den Ursprung des konjekturalen Modells:

> »Jahrtausendelang lebten die Menschen von der Jagd. Im Laufe ihrer endlosen Pirschzüge lernten die Jäger, Aussehen und Bewegung des Wildes, ohne es direkt wahrzunehmen, aus seiner Fährte zu rekonstruieren – aus Abdrücken im weichen Erdboden, gebrochenen Zweigen, Exkrementen, ausgerissenen Haaren oder Federn, aus Gerüchen, Pfützen, Speichelfäden. Sie lernten Geruchssinn und Beobachtungsgabe so einzusetzen, daß sie mit ihrer Hilfe auch der belanglosesten Spur Bedeutung und Kontext zuordnen konnten ...
>
> Die folgenden Jägergenerationen fügten diesem Erfahrungserbe neue Erkenntnisse hinzu und gaben es weiter. Der [Erkenntnisprozeß] zeichnet sich dadurch aus, daß er den Sprung von scheinbar unerheblichen Fakten, die der Beobachtung zugänglich sind, zu einer komplexen Realität ermöglicht, die ihrerseits – zumindest direkt – nicht sichtbar ist. Diese Fakten hatte der Beobachter so zu ordnen, daß sie eine Erzählfolge bildeten – in der einfachsten Form ein: ›Hier ist jemand gewesen‹.«

Die Bedeutung des konjekturalen Modells liegt nicht darin, daß es sich codierte Zeichen wie Abdrücke zur Lektüre wählt, sondern vielmehr in der Tatsache, daß die von Ginzburg behandelten Systeme ihre Entwicklung und Bedeutungsbesetzung einem Prozeß zu verdanken haben, der in vielem der Abduktion gleicht. Man postulierte Gesetze, die die beobachteten Sachverhalte erklären sollten, bis eine Kausalität bewiesen und die Hypothese geprüft war. Wie bei der Abduktion ist kulturelle oder empirische Erkenntnis zur Codifizierung des Systems vonnöten. Die Abduktion leistet buchstäblich die für die Codifizierung eines Zeichens notwendige Vorarbeit. Wie Peirce feststellt, bringt die Abduktion eine neue Idee hervor.

Die Peircesche Gesetzeskategorie ist ungemein weitläufig und vage. Sie umfaßt alle Arten von Erkenntnis, von der kulturellen bis zur persönlichen. Peirce spricht von dem Gesetz als »Gesetz oder Naturgesetz oder einer anderen allgemeinen Wahrheit«,

[184] mit anderen / Worten: jeglicher Information, die allgemein verfügbar ist. Die Gesetzeskategorie schließt jedoch darüber hinaus
die »Erfahrung« mit ein, die ja sowohl allgemein als auch rein
persönlich sein kann. Eben diese Art von »Raten« in der Abduktion – einem ungeordneten Unterfangen, wie wir an dem enormen Ausmaß an Gesetzesbeispielen sehen – wie auch die weitrei-
chenden, beinahe gegnerischen Implikationen von Ginzburgs
Modell machen den Reiz und zugleich das Risiko der Methode
aus. Das soll später noch genauer erörtert werden, wenn wir die
Untersuchung des abduktiven Textes selbst, Poes Erzählungen,
abgeschlossen haben.

Der Begriff der »Ratiocination« bei Poe

Das erzählerische Werk Edgar Allan Poes ist mit Strukturen des
Hyperrealen gesättigt, es ist von kurzen Einblicken oder dem
völligen Eintauchen in eine ganz und gar innere, phantastische
Realität gekennzeichnet, deren Parameter lediglich durch die
Grenzen eines schier unerschöpflichen Phantasiedenkens bestimmt sind. In seiner Dichtung stützt Poe sich auf einen Begriff,
den er als »*ratiocination*« bezeichnet, der aber im Englischen
leider nicht ganz eindeutig ist. Das *Oxford English Dictionary*
erklärt seine Bedeutung so: »*to reason; to carry on a process of
reasoning, the process of reasoning*«. Die Betonung des »Prozesses« ist insofern interessant, als er auf das »Wie« des Schließens
hinweist, um das es uns hier natürlich geht. Von diesem einen
Hinweis abgesehen ist der Begriff recht vage, und wir müssen
uns direkt an Poes Erzählungen halten, um zu verstehen, was
gemeint ist.

In vielen von Poes Erzählungen, darunter auch solchen, die
keine Detektivgeschichten im herkömmlichen Sinne sind, bezeichnet die *ratiocination* eine Geistesverfassung des Erzählers
[die sich durch fortgesetzte Bemühung um Vernunftschlüsse
auszeichnet; Anm. d. Übers.], wobei Abduktionen diejenigen
Akte sind, die die Existenz dieser Geistesverfassung möglich
machen. Abduktive Akte spielen eine Vermittlerrolle zwischen
der gedanklichen Welt des Erzählers und der physischen Welt,
in der er lebt. Ratiocination und Abduktion bilden wesentliche

Bestandteile desselben Phänomens. Sie dienen der Aufrichtung einer – wenn auch nur scheinhaften – Ordnung im sonst überwältigenden Chaos des Hyperrealen bei Poe, wie am »Sturz in den Malstrom« deutlich erkennbar ist.

Der Erzähler in dieser Geschichte berichtet von einem furchterregenden Erlebnis, bei dem er von einem Meeresstrudel eingesogen wurde und sich schließlich rettete, indem er die verschiedenen physikalischen Formen der in seinem Umkreis treibenden Gegenstände analysierte. Der Strudel hatte diese Gegenstände zertrümmert, indem er sie zuerst angesogen und dann wieder an die Wasseroberfläche zurückgeschleudert hatte. Der Erzähler abduziert nun, daß ein zylindrisch geformter Gegenstand dem Sog am längsten widersteht, und rettet sich, indem er sich an ein Faß klammert, bis der Malstrom in sein ruhiges Stadium eingetreten ist:

> »Es war nicht etwa ein neuerlicher Schrecken, der mich so befiel, sondern vielmehr – und weit erregender – ein Dämmerschein von *Hoffnung*. Diese Hoffnung stieg zum Teil aus der Erinnerung auf, zum Teil aus meinen gegenwärtigen Beobachtungen. Ich rief mir die große Vielfalt des Strandguts in den Sinn, welches / die Küste von [185] Lofoten bedeckte: verschlungen einst vom Moskoestrom, dann wieder ausgespien. Bei weitem der größere Teil der Gegenstände war in der ungewöhnlichsten Weise zerschmettert – war derart zerschunden und zerschürft, daß es aussah, als sei er über und über mit Splittern gespickt – doch dann erinnerte ich mich deutlich, daß ein *anderer Teil* wiederum nicht im mindesten entstellt war ... Ich machte insgleichen drei wichtige Beobachtungen. Die erste war, daß – als allgemeine Gesetzmäßigkeit – Körper, je größer sie waren, desto rapider niedersanken, – die zweite, daß bei zwei Körpern gleicher Masse, von denen der eine sphärische, der zweite *beliebig andre Gestalt* hatte, dem sphärischen die höhere Sinkgeschwindigkeit eignete, – die dritte schließlich, daß von zwei Massen gleicher Größenordnung, deren eine zylindrisch, deren andere aber beliebig anders geformt war, der Zylinder langsamer hinabgesogen ward. ... Ein überraschender Umstand trug beträchtlich dazu bei, diese Beobachtungen zu bekräftigen, und ließ mich danach trachten, sie mir zunutze zu machen; bei jeder Runde nämlich kamen wir an irgendwelchen Gegenständen vorüber, einem Fasse, einer Segelstange oder einem Schiffsmast, und da zeigte es sich, daß viele dieser Dinge, welche anfangs, da ich meine Augen zum erstenmal über den Wundern des Wirbels öffnete, auf gleicher Ebene mit uns gewesen

271

waren, nunmehr hoch über uns hingen und sich von ihrer ursprünglichen Höhenlage nur ganz wenig fortbewegt zu haben schienen« (Poe, 1967, II: 545–546).

Die ratiocinativen Mechanismen, denen das Denken des Erzählers unterworfen ist, erlauben der gelassenen, besänftigenden Stimme des Verstandes, sich in einer Schreckensszene über die wogende, heulende, kochende See, die kreischenden Winde und die Todesangst des Erzählers hinweg Gehör zu verschaffen. Dieser verfügt über spezifische wissenschaftliche Erkenntnisse, die er aus früheren Beobachtungen gewonnen hat, und eine scharfe Beobachtungsgabe selbst angesichts des Todes; diese Fähigkeiten ermöglichen es ihm, Vermutungen über die an der Strudelwand kreiselnden Gegenstände aufzustellen. So postuliert er ein Gesetz, das bestimmte physikalische Sachverhalte, die diesen Gegenständen zukommen, erklären kann. Er gelangt zu der Abduktion, »daß von zwei Massen gleicher Größenordnung, deren eine zylindrisch, deren andere aber beliebig anders geformt war, der Zylinder langsamer hinabgesogen ward«. Er rettet sich dann, indem er sich an ein zylinderförmiges Faß klammert, das sich dem Strudel entziehen kann. Der Erzähler entkommt unversehrt (nur sein Haar ist vor Grauen weiß geworden), und wir haben damit eine Lektion über die Bedeutung des Verstandes oder, anders ausgedrückt, die der Abduktion erhalten.

Abduktives Vorgehen findet sich in Hülle und Fülle in »Der englische Kater« *(The Black Cat),* »Der Stibitzte Brief« *(The Purloined Letter),* »Du bist der Mann!« *(Thou art the Man)* und »Der Goldkäfer« *(The Gold Bug).* In einigen Fällen liefern der Vernunftschluß und seine Ausdrucksform, die Abduktion, das Mittel, kraft dessen der Erzähler den ständig drohenden Wahnsinn abwehren kann. Bevor wir jedoch Poes abduktives Grab direkt ausheben, wollen wir einmal untersuchen, was er über die »Analyse« zu sagen hat, insbesondere auf den ersten Seiten von »Die Morde in der Rue Morgue« *(The Murders in the Rue Morgue):*

»Beträchtlich gestärkt wird die Fähigkeit des Wieder-Auflösens möglicherweise von mathematischen Studien und vorzüglich von deren bedeutendstem Zweige, welcher zu Unrecht und lediglich im Betracht seiner rückschlüssigen Verfahrensweise als Analyse – und

zwar ganz wie / *par excellence* – bezeichnet wird. Doch rechnerisch [186]
bestimmen heißt nicht eigentlich analysieren« (Poe, 1966, I: 723).

Im weiteren skizziert Poe die Unterschiede zwischen Kalkulation und Analyse. Die Kalkulation gründet sich auf induktives
und deduktives Vorgehen, wie Poe anhand seines Schachbrett-
beispieles verdeutlicht; die Analyse fordert dagegen eine weitaus
komplexere Fertigkeit.

> »Aber Bereiche jenseits der Grenzen bloßer Regel sind es, in welchen
> das Geschick des Analytikers sich erweist. In aller Stille sammelt
> dieser eine Fülle von Beobachtungen und zieht seine Schlüsse daraus.
> Insgleichen verfahren vielleicht auch seine Mitspieler; doch ist ein
> Unterschied in der Wirkungs- und Reichweite der gewonnenen
> Erfahrungen, und zwar liegt dieser nicht so sehr in der Stichhaltigkeit
> der Schlüsse selbst als vielmehr in Wert und Weise der Beobachtung.
> Not tut zu wissen, *was* zu beobachten ist. Unser Spieler beschränkt
> sich nicht im mindesten; noch weist er etwa, weil das Spiel sein
> eigentliches Objekt wäre, Deduktionen von Dingen von sich, die
> außerhalb des Spieles selber liegen. Er prüft die Miene seines Partners
> und vergleicht sie sorgsam mit der jedes seiner Gegner. Er merkt sich
> die Anordnung der Karten in der Hand; oft liest er Trumpf um
> Trumpf, Honneur um Honneur den Blicken ab, die von den Spielern
> darauf gewendet wurden. Er nimmt jede Veränderung des Gesichts-
> ausdrucks im Verlauf des Spiels zur Kenntnis und gewinnt eine Fülle
> von Aufschlüssen aus den Unterschieden im Ausdruck von Sicher-
> heit, von Überraschung, Triumph oder Verdruß. Aus der Weise, wie
> ein Spieler einen Trick zusammenbringt, urteilt er, ob der Betreffen-
> de in der Folge noch ein weiteres machen kann. An der Miene, mit
> der eine Karte auf den Tisch gespielt wird, erkennt er, wann es sich
> um eine Finte handelt« (Poe, 1966, I: 726).

Der Semiotiker Poe zeigt hier die gesamte Skala der Möglichkeiten auf – Ableitungen, Rückwärtsdenken, visuelle, sensorische
und auditive Zeichen, das Lesen von Gesichtsausdrücken. Mit
diesem Mann Karten zu spielen, wäre sicher ein interessantes
Erlebnis gewesen. Die oben zitierte Stelle ist nicht nur ein
Rezept für absoluten Erfolg beim Kartenspiel, sie stellt auch
einen Spielplan für die Abduktion dar. Wie Poe uns informiert:
Die Ergebnisse der Analyse, »erbracht wohl ganz im Wesen und
Geiste der Methode, haben in Wahrheit durchaus den Hauch
von Intuition an sich«. (Poe, 1966, I: 723).
Die erste Beschreibung abduktiven Schließens in »Die Morde

in der Rue Morgue« folgt gleich im Anschluß an die Definition
der Analyse, die Poe vorträgt, und dient als Veranschaulichung
der Methode. Der Erzähler beschreibt sein Pariser Leben mit
einem gewissen C. Auguste Dupin. Eines abends machen die
beiden einen Spaziergang. Nachdem sie mindestens eine Viertel-
stunde lang Schweigen gewahrt haben, wird es schließlich von
Dupin mit der Bemerkung gebrochen: »Er ist ein ziemlich
kleiner Kerl, das stimmt, und wäre besser für das *Théâtre des
Variétés* geeignet.« Der Erzähler pflichtet ihm bei: »Daran kann
kein Zweifel sein«, verfällt dann in völlig ungläubiges Staunen
und drängt Dupin, ihm zu erklären, wie er habe wissen können,
daß er in eben diesem Moment an den Schauspieler Chantilly
gedacht habe. Dupin rekonstruiert seine Schritte in dem folgen-
[187] den Auszug: /

»Wir hatten ein Gespräch über Pferde, wenn ich mich recht entsinne,
just ehe wir die Rue C . . . verließen. Dies war der letzte Gegenstand,
den wir erörterten. Als wir in diese Straße einbogen, warf ein
Obsthändler, welcher mit einem großen Korbe auf dem Kopf eilig
hinter uns anstürmte, Sie auf einen Haufen Pflastersteine, die an
einem Fleck gesammelt lagen, wo der Straßendamm eine Ausbesse-
rung erfährt. Sie traten auf einen der losen Brocken, strauchelten,
verstauchten sich leicht den Knöchel, machten ein ungehaltenes oder
verdrießliches Gesicht, murmelten ein paar Worte vor sich hin,
wandten sich zu einem Blick auf den Haufen um und schritten dann
schweigend weiter. Ich widmete Ihrem Tun keine sonderliche Aufmerksamkeit; doch ist Beobachten letzterzeit bei mir so etwas
wie eine Notwendigkeit geworden.« »Sie hielten den Blick zu Boden
gerichtet – musterten, mit einem Ausdruck des Unmuts, die Löcher
und Geleise im Pflaster (so daß ich sah, Sie waren in Gedanken
immer noch bei den Steinen), bis wir das kleine, Lamartine genannte
Gäßchen erreichten, welches versuchsweise eine Reihenpflasterung
aus fest eingefügten Blöcken erhalten hatte. Hier erhellte sich ihre
Miene, und indem ich eine Bewegung Ihrer Lippen bemerkte,
konnte ich nicht zweifeln, daß Sie das Wort ›Stereotomie‹ murmelten, einen besonders gern auf diese Art Pflasterung angewendeten
Ausdruck. Ich wußte aber, daß Sie das Wort ›Stereotomie‹ nicht vor
sich hin sprechen konnten, ohne auf den Gedanken an Atome
gebracht zu werden und mithin auf die Theorien Epikurs; und da ich
Ihnen, als wir unlängst diesen Gegenstand erörterten, die Erwähnung tat, wie einzigartig doch, obschon mit geringem Aufsehen, die
unsichern Mutmaßungen jenes ausgezeichneten Griechen in der

neuen Nebel-Kosmogonie ihre Bekräftigung getroffen hätten, fühlte ich, daß Sie nun ganz unvermeidlich den Blick empor zur großen *nebula* im Orion richten mußten, und erwartete mit Sicherheit, daß Sie es tun würden. Sie blickten in der Tat auch auf; und nun hatte ich die Bestätigung, daß ich ihren Gedanken-Schritten korrekt gefolgt war. Aber in jener bitterlichen *tirade* auf Chantilly, die im gestrigen ›Musée‹ erschien, zitierte der Spötter gelegentlich einiger hämischer Anspielungen auf des Schumachers Namenswechsel beim Besteigen des Kothurns eine lateinische Verszeile, über die wir uns oft unterhielten. Ich meine den Satz

Perdidit antiquum littera prima sonum.

Ich hatte Ihnen mitgeteilt, daß dies sich auf Orion bezöge, früher Urion geschrieben; und von gewissen, mit dieser Erklärung verbundnen Spitzigkeiten nahm ich die Überzeugung, daß Sie es nicht vergessen haben konnten. Es war daher klar: Sie mußten die beiden Gedanken Orion und Chantilly in Verbindung bringen. Daß Sie das wirklich taten, ersah ich aus der Art des Lächelns, das über Ihre Lippen glitt. Sie dachten an des armen Schusters Abschlachtung. Bis dahin waren Sie in leicht gebeugter Haltung geschritten; nun jedoch sah ich Sie sich zu voller Höhe aufrichten. Da war ich gewiß, daß Ihre Gedanken bei der dürftigen Gestalt Chantillys weilten. An diesem Punkt unterbrach ich Ihre Überlegungen mit dem Bemerken, wie er doch in der Tat ein sehr kleiner Kerl wäre – jener Chantilly – und daß er besser für das Théâtre des Variétés geeignet sei« (Poe, 1966, I: 733–735).

Der erste Abschnitt dieses Auszugs detailliert die eigentlichen psychischen Ereignisse der Szene, nämlich den Zusammenstoß mit dem Obsthändler, der die folgende Ereignissequenz auslöst, und die Reaktionen des Erzählers auf den Zusammenstoß. Der zweite Abschnitt zeigt jedoch eine Verschiebung in der Erzählhaltung an, denn hier handelt es sich um eine Beschreibung der sich aus Dupins Sicht ergebenden Ereignisse. Das / folgende [188] Diagramm soll den Versuch darstellen, Peirces Kategorien von »beobachtetem Sachverhalt«, »Gesetz« und »Fall« auf Dupins Auslegung anzuwenden, um auf diese Weise festzustellen, ob und wie der Begriff der Abduktion in seiner Analyse wirksam wird.

Chronologisch gesehen ergibt sich beim abduktiven Prozeß und seinem Verhältnis zum beobachteten Sachverhalt und Fall ein Problem. Der Prozeß funktioniert nämlich nicht nur »rückwärts« (wie der Peircesche Begriff der »Retroduktion« impli-

Beobachteter Sachverhalt	Gesetz	Fall
1. Erz. hielt den Blick zu Boden gerichtet	Etwas zu betrachten, heißt, daran zu denken.	Erzähler denkt an die Steine.
2. Erz. musterte Löcher und Geleise.	Löcher und Geleise zeigen an, daß Straßenbauarbeiten im Gange sind.	Erz. strauchelte über den Steinhaufen, der für Straßenbauarbeiten vorgesehen ist, aus denen sich Löcher und Geleise ergeben; bei der Betrachtung von Löchern und Geleisen denkt er also an Steine (1. Gesetz).
3. a) Lippenbewegung b) Miene erhellte sich.	a) Lippenbewegung zeigt an, daß man ein Wort vor sich hin sagt. b) Gesichtsausdruck spiegelt Gedanken und Gefühle wider. c) Da ist das Wort »Stereotomie«, das im Fachjargon auf die Art von Pflasterung angewandt wird, die der Erz. betrachtet.	Fall 2 + Gesetz 3a + b + c = Fall 3: Erz. denkt an Stereotomie.
4. Fälle 2 + 3	Wenn man an Stereotomie denkt, muß man auch an Atom denken.	Erz. muß an Epikurs Theorien denken.
5.	Gespräch zwischen Erz. und Dupin in der Vergangenheit über Epikur und die *nebula* im Orion.	Erz. muß Verbindung zwischen Epikur und *nebula* herstellen.
6. Erz. blickte auf.	(Bestätigung der Fälle 3 + 4. /	
7.	In der Schmähschrift gegen Chantilly zitierte der Spötter eine lateinische Verszeile. In einem vorherigen Gespräch zwischen Erz. und Dupin: Verbindung zwischen Zeile und Orion hergestellt.	Orion führt zu Chantilly; Erz. muß an Chantilly denken.

[189]

8. Bestimmte Art von Lächeln beim Erz.	(Bestätigung von Fall 7) basierend auf der Annahme, daß Fall 7 ein Lächeln bewirken würde.	
9.	Chantilly ist bekannt für seine geringe Körpergröße; falls Erz. an Chantilly denkt, so denkt er auch an dessen Größe.	Erz. denkt an Chantillys Körpergröße.
10. Erz. richtet sich auf.	(Bestätigung von Fall 9) basierend auf der Annahme, der körperliche Ausdruck spiegele den Gedanken wider; wenn man sich aufrichtet, denkt man an Körpergröße.	Erz. denkt an Chantillys Körpergröße.

ziert), sondern auch »vorwärts«. Das Registrieren des beobachteten Sachverhalts stellt den ersten Schritt dar. Nun bietet sich ein Gesetz von selbst an, das den Usprung des beobachteten Sachverhalts erklärt. Daraufhin wird der beobachtete Sachverhalt im Lichte des hypothetisch postulierten Gesetzes betrachtet und der Fall abduziert. Das Gesetz ruft also die Intelligibilität des beobachteten Sachverhalts hervor, und der beobachtete Sachverhalt wird durch dieses Gesetz erfaßt. Es liegt hiermit eine Wechselwirkung vor, die für das Wesen des Modells von Bedeutung ist:

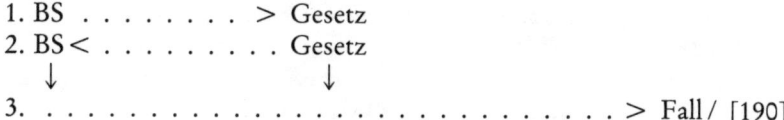

1. BS . . . . > Gesetz
2. BS < . . . . Gesetz
   ↓   ↓
3. . . . . > Fall / [190]

Die beobachteten Sachverhalte und später auch die Fälle sind, besonders unter der Voraussetzung, daß die Hypothesen erprobt wurden, dazu angetan, die Wahrheit und Wirksamkeit der Gesetze in einigen Situationen zu demonstrieren.

Wie wir aus dem ersten Diagramm ersehen können, sind einige Gesetze hypothetischer und problematischer als andere.

Andererseits ist aber auch festgestellt worden, daß die Peircesche Konzeptualisierung des Gesetzes so weitläufig ist, daß sie ohne Schwierigkeit die Art der Information miteinschließt, mittels derer Dupin zu seinen Schlußfolgerungen gelangt.

Bei einer Betrachtung des ersten Diagramms wird deutlich, daß die ersten beiden Abduktionen relativ unkompliziert sind: wir haben einen beobachteten Sachverhalt, ein Gesetz, das diesen Sachverhalt erklärt, sowie eine Konklusion. Das Spiel ändert sich jedoch mit der dritten Abduktion. In Ziffer 3 werden die zwei beobachteten Sachverhalte wegen ihres gleichzeitigen Auftauchens im Erzählgefüge und ihrer scheinbaren Wesensverwandtschaft gemeinsam betrachtet. Die Art der beobachteten Sachverhalte bleibt zunächst die gleiche, es ändert sich nur das angewandte Gesetz. Die Gesetze 3 a und 3 b sind vergleichbar mit den Gesetzen 1 und 2, insofern sie auf sehr allgemeine Erkenntnisse menschlicher Verhaltensweisen, Denkprozesse und Umweltinformation beruhen. Gesetz 3 c führt uns allmählich in einen anderen Bereich und eine andere Gesetzeskategorie, da es sich auf eine spezifische, lokal beschränkte Vertrautheit mit einer bestimmten Art von Straßenpflaster sowie eine bestimmte Nomenklatur für dieses Pflaster gründet, die möglicherweise nur in diesem Bezirk oder dieser Stadt Anwendung findet. Es ist also anzunehmen, daß die in Gesetz 3 c enthaltene Information dem nicht-ortsansässigen Leser oder dem nicht-ortsansässigen Detektiv nicht zugänglich ist. Dies wäre natürlich von Bedeutung, wenn Dupin seine Schritte nicht für uns rekonstruiert hätte und wenn es sich hierbei um eine Situation der Verbrechensermittlung und nicht etwa um die Veranschaulichung der abduktiven Methode außerhalb des kriminalistischen Kontextes handelte.

Gesetz 3 c beginnt mit einem Prozeß, in dessen Verlauf die Fälle 2 und 3 den Platz eines beobachteten Gesetzes in Nummer 4 einnehmen. Ein beobachteter Sachverhalt fehlt auch in der Abduktion Nummer 5. Hier ist die narrative Chronologie von entscheidender Bedeutung. Dupin teilt uns mit, daß er auf Fall 4 und 5 gestoßen sei, noch bevor der Erzähler aufgeblickt habe. Das Aufblicken bildet hier die Bestätigung der beiden Fälle. Dabei handelt es sich jedoch nicht um eine Erprobung von Fall 4 und 5, da man es mit keiner konklusiven, auf Deduktion und

Induktion basierenden Bestätigung zu tun hat, wie Peirce es für die Erprobung einer Hypothese verlangt. Bei der Erprobung einer Abduktion mittels einer Abduktion erhält man doch immer wieder nur eine Abduktion.

Das Fehlen wirklich von außen beobachteter Sachverhalte nach der dritten Abduktion zeigt eine Verschiebung von der öffentlichen Welt beobacht- und identifizierbarer Phänomene auf die innerliche, private Welt der Gedanken, die nur Dupin und der Erzähler teilen: »... der phantastischen Düsternis unserer gemeinsamen Gemütsstimmungen ... Unsere Abgeschiedenheit war vollkommen. Wir ließen keine Besucher vor ... Wir führten unser Dasein ganz für uns allein« (Poe, 1966, I: 729).

Gesetz Nummer 5 trägt deshalb besonders zu einer Verdeutlichung der oben angesprochenen Verschiebung bei, weil es ausschließlich auf vorherige Gespräche zwischen Dupin und dem / [191] Erzähler über Epikur und die Nebel im Orion zurückgreift. Gesetz Nummer 4 deutet dagegen auf einen besonderen Zug in Dupins Sprachverständnis hin, den er nun dem Erzähler zuzuschreiben sucht: »Ich wußte aber, daß Sie das Wort ›Stereotomie‹ nicht vor sich hin sprechen konnten, ohne auf den Gedanken an Atome gebracht zu werden ...«. Die dem 4. Gesetz zugrundeliegende Annahme besagt, daß die Sprache sowohl metonymisch als auch paranomasisch sei. Das Wort ›Stereotomie‹ enthält das Suffix »-tomie«. Dupin stellt nun die Behauptung auf, »-tomie« lasse an »Atome« denken. Es ist interessant festzustellen, daß sich das Wort »Stereotomie«, das »Steinschneiden« bedeutet, hier sozusagen selbst zerschneidet und nur einen isolierten Teil übrigläßt, der, wiederum zufällig, derjenige Wortteil mit der Bedeutung von »Schneiden« ist. Gleichzeitig erlangt das Wort, das sich selbst auf den »Schneiden« bedeutenden Teil zurückschneidet, eine Vorsilbe, mit dem es »Atom«, also »kleinstes Teilchen« bedeutet. Den Ablauf dieses gesamten Prozesses setzt Dupin als selbstverständlich bei dem Erzähler voraus.

Es sollte inzwischen deutlich geworden sein, daß Dupin hier ein gutes Maß an Projektion betreibt, wenn er sich die Assoziationen vergegenwärtigt, die ihm in einer vergleichbaren Situation gekommen wären, und diese dann dem Erzähler zuschreibt.

Der beobachteten Sachverhalte gibt es wenige, und sie spielen in diesem Absatz eine durchaus untergeordnete Rolle, während die Vermutungen um sich greifen. Doch handelt es sich hier immer noch um Abduktion, und Dupins Erklärung ist immer noch nachvollziehbar, wenn sie auch stellenweise, gemäß der Natur einiger Gesetze, weithergeholt wirkt. Es ist wichtig, sich vor Augen zu halten, daß das Ziel dieser Abduktion darin liegt, die Gedanken des Erzählers zu lesen, und nicht etwa, ein von einem Fremden begangenes Verbrechen aufzudecken. Offensichtlich besteht ein beträchtlicher Unterschied zwischen diesen beiden Zielen, was die Verschiedenheit der eingesetzten Mittel verdeutlicht.

Insgesamt ist diese Reihe von Abduktionen durch einen allgemeinen Mangel an codifizierten Indizien (wenn auch die Gesetze versuchen, Codes aufzustellen) und eine ausgeprägte sprachliche Interferenz gekennzeichnet. Dies kommt sowohl in dem Stereotomie-Beispiel als auch in dem lateinischen Zitat und schließlich in der Tatsache zum Ausdruck, daß viele der Gesetze dem persönlichen Erfahrungsschatz entnommen sind. Es handelt sich hierbei jedoch noch nicht um eine vollständig realisierte detektivische Methode der Problemlösung, da das Verbrechen fehlt. Dieser Auszug liefert vielmehr einen methodologischen Hintergrund, vor dem die wirkliche Geschichte einsetzt, und zwar unmittelbar danach, oder, wie Poe sich ausdrückt: »Die folgende Erzählung wird dem Leser in etwa als Kommentar zu den hier vorgetragenen Behauptungen erscheinen« (Poe, 1966, I: 727). Poe vollzieht die Exposition seiner analytischen Methode in drei Schritten: 1.) einer Definition der Analyse; 2.) einem analytischen Beispiel in einem nicht-detektivischen Kontext; 3.) der Lösung der Mordfälle in der Rue Morgue.

Eine Frau und ihre Tochter werden in ihrer Wohnung Opfer eines brutalen Mordes. Mehrere Aspekte des Falles lösen bei der Polizei völlige Verwirrung aus. Die Leichen der beiden Frauen sind zerstückelt, eine der beiden ist in einen Kamin gezwängt worden – eine Tat, zu der es beachtlicher Kraft bedurfte. Es gibt keinen offensichtlichen Weg, auf dem der Mörder das Haus [192] hätte betreten oder verlassen können, / da man die Türen nach dem Verbrechen verriegelt und die Fenster verschlossen vorfindet. Die Ohrenzeugen behaupten einhellig, daß die Stimme, die

280

sie kurz vor den Morden aus der Wohnung hätten dringen hören, die eines Ausländers gewesen sei.

Dupin, der nun zum erstenmal ein Verbrechen aufklärt, stellt hier die charakteristische Methodologie und Philosophie der Verbrechensermittlung auf, die später berühmt werden sollte und noch heute in der Kriminalliteratur Verwendung findet. Tatsächlich hat Conan Doyle die meisten Prinzipien der Dupin-schen Methode im Grunde schlichtweg übernommen und in seiner Schöpfung des Sherlock Holmes unsterblich gemacht.

Die Grundlage dieser Prinzipien ist natürlich die abduktive Methode, während die übrigen Prinzipien in gewissem Sinne eine Verfeinerung der Abduktion darstellen, einen Meisterplan zum ertragreichsten Gebrauch der Methode. Hier einige von Dupins Kommentaren zu seiner Methode, die uns Aufschluß über seinen *modus operandi* geben:

>»Die Pariser Polizei, so hoch gepriesen für ihren Scharfsinn, ist schlau, doch weiter nichts. Es ist keine Methode in ihrem Vorgehen, jedenfalls keine, die über die gegenwärtigen Praktiken hinausginge. Sie prunkt recht ausgiebig mit ihren Maßnahmen; doch nicht selten sind diese den vorgegebenen Gegenständen so übel angemessen, daß es uns an Monsieur Jourdain gemahnt, der nach seiner *robe-de-chambre* rief, *pour mieux entendre la musique*« (Poe, 1966, I: 746).

>»Vidocq zum Beispiel war ein guter Rater und ein beharrlicher Mann. Doch bei seinem Mangel an geschultem Denken ging er fortgesetzt in die Irre, und zwar eben aufgrund der verbohrten Beharrlichkeit seiner Nachforschungen. Er verstellte sich selbst den Blick, indem er sich zu nahe an der Sache hielt. Er mochte wohl ein oder zwei Punkte mit ungewöhnlicher Klarheit sehen, doch eben dabei verlor er notwendigerweise die Übersicht über das Ganze« (Poe, 1966, I: 746–747).

>»Es verbleibt uns einzig darzutun, daß diese anscheinende ›Unmöglichkeit‹ in Wahrheit gar nicht so unmöglich ist« (Poe, 1966, I: 755).

Dupins Prinzipien lassen sich wie folgt auf einen Nenner bringen: Setze nie etwas voraus; das Wesen des untersuchten Objekts muß das Wesen der Fragestellung diktieren; es ist notwendig, die Angelegenheit stets als Ganzes zu betrachten; es gilt zu beweisen, daß ausschlaggebende »anscheinende Unmöglichkeiten« so unmöglich gar nicht sind (wenn sie sich wirklich so verhalten).

Indem er sich dieser Prinzipien bedient, gelingt es Dupin, das

Verbrechen zu lösen, während die Polizei vergleichsweise erfolglos bleibt. Ihre Kurzsichtigkeit sowie ihr Festhalten an vorgefaßten Ideen und Vermutungen schränkt sie hier ebenso ein wie in »Der stibitzte Brief«, weil das Blickfeld ihrer Suche nicht weit genug ist, um zu erkennen, was doch unmittelbar vor Augen liegt. Das Problem der Vermutungen zeigt sich ganz deutlich im folgenden Rätsel: Harry und Joan liegen tot auf dem Fußboden. Neben ihnen auf dem Boden finden sich Glasscherben. Auf dem Sofa hockt eine Katze, die einen Buckel macht und die beiden fixiert, sämtliche Türen und Fenster sind verschlos-

[193] sen. Niemand sonst / ist in der Wohnung. Frage: Wie konnte der Mörder entkommen? Antwort: Der Mörder ist noch gar nicht entkommen. Harry und Joan sind Goldfische.

In »Die Morde in der Rue Morgue« konnte sich die Polizei nicht von ihrer Vermutung lösen, bei dem Mörder habe es sich um ein menschliches Wesen gehandelt. Deshalb war sie nicht in der Lage, auch nur einige der Indizien zu verstehen oder sie überhaupt als solche zu erkennen. Alle diese Probleme – wonach es Ausschau zu halten gilt, wie eine Untersuchung durchzuführen ist, welche Indizien wichtig und welche dagegen irrelevant sind, auf welche »Wahrheit« sich die Suche richtet – sind Probleme, um die es sowohl Poe als auch Peirce geht. Die Relevanz dieser Art von Fragestellung – und die hypothetische Voraussetzung der Art von Verstand, der für ihre Behandlung entsprechend ausgerüstet ist – stellt einen wichtigen Bestandteil der Abduktion dar.

»RATIONCINATIVES«/ABDUKTIVES DENKEN: POE UND PEIRCE

Wie Dupin und auch der Erzähler uns deutlich machen, bedarf es einer besonderen Art von Denkleistung, um derartige Rätsel zu lösen. Neben der allgemeinen Rubrik »Ratiocination« nennt Poe diese geistige Anlage auch »Zwillingsseele« oder »Dichter-Mathematiker«. Wenn das Subjekt über ein Rätsel nachdenkt, das, wie Dupin sagt, »Aposteriori-Denken« verlangt, verfällt er in einen Tagtraum: »Sein Gebaren war in solchen Augenblicken herzlos-eisig und abstrakt; seine Augen zeigten sich ausdrucksleer; während seine Stimme, für gewöhnlich ein reicher Tenor,

sich zu einem Diskant erhob, dem man hätte unbeherrschte
Gereiztheit entnehmen können, wäre nicht die Ausdrucksweise
stets bedacht und gänzlich deutlich geblieben« (Poe, 1966, I:
730)[2].

Daniel Hoffman, ein interessanter und beeindruckender zeitgenössischer Interpret Poes, erörterte in seinem Buch *Poe Poe
Poe Poe Poe Poe Poe Poe* auch die allgemeineren Implikationen
der Ratiocination: »Dupins Denken verläuft assoziativ. Dabei
ist seine Methode ein weitaus verfeinerterer, scheinbar durchgei-
stigterer Mechanismus als die gewöhnlichen Prozesse rationaler
Berechnung. Sie hat teil am Irrationalen und stellt somit die
höchste Form der Ratiocination dar, da sie nicht Gefangene ihrer
eigenen Prämissen ist. Dupins Fähigkeit scheint mir dem sehr
nahe zu kommen, was die ›Analyse‹ heutzutage das *Vorbewußte*
nennt. Dupin kann die assoziativen Verknüpfungen des Vorbe-
wußten abrufen oder sich ihnen überlassen und verfügt damit
über das wundertätige Netzwerk von Vergleichen, das unsereins
mit der üblen Masse bewußten, rationalen Denkens verkleistert
hat. So erweist er sich als weitaus differenzierter bei der Entwir-
rung von Rätseln als wir, da er den Ursprüngen unseres Seins um
so vieles näher ist. Sein Denken, das sich metaphorischer Analogien bedient, verbindet dichterische Intuition mit mathematischer Exaktheit« (Hoffman, 1973: 107–108).

Interessant ist hier weniger der mystische Ton, in den Hoffman die Ratiocination kleidet und der in diesem Fall / auf eine [194]
völlige Leugnung ihres systematischen Charakters hinauslaufen
könnte. Von weit entscheidenderer Bedeutung ist die Vorstellung, die Ratiocination stelle eine Technik dar, die die verschiedenen Ebenen der Realität zu durchdringen vermöchte, eine Art
kreativen Tagtraum, der positivistisches Denken und Vermuten
transzendiert. Diese führt uns unmittelbar zu Peirce und zu
einem Konzept zurück, das er als das »Spiel der Versenkung«
bezeichnet.

»Demnach ist es logisch anzunehmen, daß der Mensch ein jegliches
Problem richtig zu lösen imstande ist, wenn nur genügend Zeit und
Aufmerksamkeit auf das Problem verwendet werden. Außerdem
erhalten solche Probleme, die auf den ersten Blick unlösbar erscheinen, durch eben diesen Umstand, wie Egar Poe in seinen *Morden in
der Rue Morgue* feststellt, ihren perfekt passenden Schlüssel. Dies

macht sie für das Spiel der Versenkung besonders geeignet [Poe hatte bemerkt: »Mir scheint, daß der Grund, weshalb man dieses Rätsel als unlösbar betrachtet, gleichzeitig Anlaß geben sollte, es als leicht erklärbar anzusehen. Ich meine damit die Ausgefallenheit seiner Merkmale.«]

Vierzig oder fünfzig Minuten unvermindert konzentrierten analytischen Denkens, die einem von ihnen gewidmet werden, erweisen sich in der Regel als ausreichend, alles aus ihm zu ziehen, was sich herausziehen läßt; seine allgemeine Lösung ... Besteig dein Floß der Versenkung, stoß dich in den See der Gedanken ab und überlaß es dem Atem des Himmels, deine Segel zu schwellen. Halte die Augen offen, sei deinem ganzen Inneren gegenüber wach und dem Zwiegespräch mit dir selbst aufgeschlossen; denn all das ist Meditation« (6.460-461).

Die Parallelen zwischen der Peirceschen Abduktion, dem Spiel der Versenkung sowie der Poeschen »Ratiocination« sind offensichtlich. Weniger offensichtlich ist jedoch der Grad des Einflusses, den Poe auf Peirce ausgeübt hat, eine Frage, die dennoch gestellt werden muß. Daß Peirce Poe gelesen hat – und zwar mit Aufmerksamkeit und Enthusiasmus –, steht außer Zweifel. Poe findet mehrere Male in Peirces *Collected Papers* sowie in seinen Manuskripten Erwähnung. Eines der Manuskripte trägt sogar die Überschrift »*Art Chirography*« [Schriftkunst] und stellt den Versuch dar, anhand der schriftmäßigen Besonderheiten Aussagen über die ersten Zeilen von Poes »Der Rabe« zu entwerfen. Sicherlich handelt es sich hierbei nicht um die Spielerei eines gelegentlichen oder gleichgültigen Lesers (Peirce, o. J.: Ms. 1539).

Die Frage nach dem »Grad der Beeinflussung« ist nie leicht zu beantworten und führt nur allzu schnell in den Bereich der Reduktion. Es soll hier genügen, die eindringliche Lektüre zu erwähnen und auf die Beschäftigungen hinzuweisen, denen sich Poe und Peirce in annähernd übereinstimmender Weise widmeten. Als letztes Beispiel dafür soll Peirces Ms. 475, der Text eines im Jahre 1903 in Cambridge, Massachusetts, gehaltenen Vortrags dienen, der den Titel »Abduktion« trägt. In diesem Vortrag diskutiert Peirce die Ursprünge der Abduktion und führt sie auf das Kapitel 25 aus Aristoteles' *Analytica priora* zurück. Peirce stellt die Hypothese auf, das Wort mit der Bedeutung »Abduktion« sei im Zuge einer schlechten Transkription verlorengegangen und als Folge dessen sei ein Wort mit der Bedeutung »Reduktion« an seine Stelle getreten. Er übersetzt den Abschnitt neu und tauscht dabei »Abduktion«/ gegen »Reduktion« aus. [195] Der Begriffsaustausch ändert den Sinn dieses Abschnitts erheblich, und das von Aristoteles erörterte Konzept klingt nun wirklich viel mehr nach Peircescher Abduktion. Der Rest des Vortrags ist einer epistemologischen Spekulation über die Implikationen der Abduktion gewidmet:

> »Wie konnte der Mensch jemals zu korrekten Theorien in bezug auf die Natur vorstoßen? Wir wissen kraft der Induktion, daß der Mensch über korrekte Theorien verfügt, denn sie produzieren Voraussagen, die bereits erfüllt sind. Durch welchen gedanklichen Prozeß kamen sie ihm aber jemals in den Sinn?« (Peirce, o. J.: Ms. 475).

Peirce weist darauf hin, daß verschiedene Faktoren, beispielsweise prophetische Träume, früher in die Erörterung des Erkenntniserwerbs miteinbezogen worden seien. Er schätzt, daß »Milliarden« von Theorien existieren, und fragt: »Und jedes Küken, das ausschlüpft, soll alle möglichen Theorien durchstöbern, bis es schließlich auf die gute Idee verfällt, etwas aufzupikken und zu fressen?« *(ibid.).* Das Gegenargument lautete hier natürlich, daß das Küken über angeborene Ideen oder Instinkte verfügt, die ihm sagen, was es mit sich anzustellen hat. Peirce erwidert darauf: »Jedes armselige Küken soll mit einer angeborenen Neigung zur positiven Wahrheit ausgestattet sein? Glauben Sie wirklich, daß allein dem Menschen diese Gabe versagt sein soll?« *(ibid.)*
Die Reichweite der Abduktion begrenzt er insofern, als er der Meinung ist, der Glaube an ein Leben nach dem Tode führe zu weit. Peirce schließt seinen Vortrag mit einer Betrachtung von eher tautologischem Charakter: »Es bleibt die Frage, welche Theorien und Konzepte wir in Betracht ziehen *sollten« (ibid.).*

SCHLUSS: EINE SYSTEMATISIERUNG DES HYPERREALEN?

Es ergibt sich hiermit ein insgesamt ähnliches Muster von Fragestellungen im Denken von Poe und Peirce. Allgemein gesprochen stellen sie Fragen nach der Methodik des Denkvorgangs, der Definition des Verstandes, danach, was jenseits des Verstandes liegt, nach der Topologie der Randbezirke des Instinktes, dem Neugewinn von Erkenntnis und dem Verhältnis von Intuition und Verstand.

Poe und Peirce verbindet darüber hinaus eine interessante, zwiespältige Haltung gegenüber diesen Fragen und der abduktiven Methode, die zu ihrer Lösung entwickelt wurde. Auf der einen Seite steht der empirisch verankerte systematische Zugang zu dem Modell. Bei Peirce tritt dieser deutlich in Erscheinung, etwas weniger dagegen bei Poe. Das Detektiv-Modell bietet ein gutes Beispiel für diese zwiespältige Haltung, weil es sich strikt auf die Gesetze und Erfahrungen dieser Welt bezieht. Wie Peirce und Poe uns jedoch gezeigt haben, stützt es sich darüber hinaus nachhaltig auf die Intuition.

Damit finden wir uns auf der anderen Seite wieder. Die Art der Fragestellung, die sowohl Poe als auch Peirce beschäftigt, läßt implizit eine direkte Bewegung in Richtung auf das Mystische erkennen. / Wenn prophetische Träume und die Intuition [196] in den Erfahrungsbereich einbezogen werden, der neues Wissen hervorbringt, so sprechen wir damit von epistemologischen Möglichkeiten, die eine weit allgemeinere Skala umfassen als die gewöhnlichen. Ginzburg würde vielleicht sagen, daß hier das Rationale und das Irrationale einander begegnen. Das hieße im Lichte dieser Diskussion nichts anderes, als daß Doppeldeutigkeit zur Doppelgesichtigkeit würde.

Die Implikationen der Abduktion und die Probleme, die die abduktive Methode aufwirft, kennen offensichtlich keine Parameter. Das deuten sowohl Ginzburg als auch Hoffman, Poe und Peirce an. Sie bringen solche wichtigen Fragen ins Spiel wie die nach dem Wesen wissenschaftlicher und kultureller Erkenntnisse, über die wir verfügen, nach dem Prozeß, mit dem sie erworben werden, und außerdem danach, auf welche Weise wir all das wissen, wonach wir zu wissen trachten und was wir an Wissen benötigen.

Und was hat dies nun alles mit der Detektivliteratur zu tun?, wird man an dieser Stelle ungeduldig fragen! Die Antwort soll wie folgt lauten: Die Detektivliteratur war und ist bis heute die einzige literarische Gattung, die der Darstellung der Abduktion gewidmet ist. Das Erbe Poes, eines Spezialdetektivs mit einer Spezialmethode (und vielleicht einem Gehilfen), ist über ein

Jahrhundert lang von Generation zu Generation weitergetragen worden, von Conan Doyle über Dashiell Hammett und Raymond Chandler bis hin zu Ross McDonald. Die Tatsache, daß Poes abduktive Methode beinahe unversehrt erhalten geblieben ist, wird sofort offenkundig, wenn man sich mit den Werken eines der anderen Exponenten des Genres befaßt. Die Detektivliteratur erfreut sich inzwischen außerordentlicher Beliebtheit und Verbreitung. Die detektivische Methode übt eine weitreichende Anziehungskraft aus, die vielleicht durch ihren gleichzeitig dichterischen und wissenschaftlichen Charakter zu erklären ist: ihr Doppelgesicht.

Anmerkungen

1 Eine semiotische Analyse dieses Kapitels aus *Zadig,* die eine Typenunterscheidung zwischen den Indizien vornimmt und die Rolle der Abduktion diskutiert, findet sich bei Eco, Kap. 10 des vorliegenden Bandes.
2 Es sollte hier angemerkt werden, daß Conan Doyles Schöpfung, Sherlock Holmes, in einen ähnlichen Tagtraum verfällt, wenn er sich in die Überlegungen zu einem Fall vertieft; vgl. Kap. 2.

KAPITEL ZEHN

Umberto Eco

Hörner, Hufe, Sohlen

EINIGE HYPOTHESEN ZU DREI ABDUKTIONSTYPEN

I. HÖRNER

I.1 Aristoteles über Widerkäuer

In den *Analytica posteriora* (II; 98 *a* 15 ff.) führt Aristoteles, als er das Problem jener Art der Unterteilung erörtert, die zur Formulierung einer korrekten Definition notwendig ist, ein interessantes Beispiel an:

> »Bisher haben wir nur Beispiele gewählt, in denen für die gemeinsamen Gattungen Namen üblich sind. Man darf sich aber nicht auf diese Fälle beschränken, sondern muß, wenn man sonst eine gemeinsame Gruppe erkennt, auch diese herausstellen und untersuchen, welche Tiere dazu gehören und welche Eigenschaften ihr zukommt. Z. B. haben alle gehörnten Tiere einen Schwertmagen und im Oberkiefer keine Schneidezähne, und es ist festzustellen, welche Tiere Hörner haben. Dann ist nämlich klar, warum ihnen die genannten Eigenschaften zukommen, weil sie nämlich Hörner haben.«

Etwas definieren heißt für Aristoteles eine Gattung [*genus*] und ein Unterscheidungsmerkmal [*differentia specifica*] bestimmen, wobei Gattung und Unterscheidungsmerkmal zusammen eine Umschreibung der Art [*species*] darstellen. Eine Definition unterscheidet sich von einem Syllogismus darin, daß der Definierende nicht die Existenz des Definiendums beweist (*Anal. post.*, II; 92 *b* 20), weil eine Definition lediglich angibt, *was* ein Ding ist, nicht jedoch, *daß* es ist. Festzustellen, was ein Ding ist, bedeutet dagegen gleichzeitig, zu sagen, *warum* es so ist und damit die *Ursache* für sein So-und-so-Sein zu erkennen (*ibid.*, 92 *a* 5 ff.). Diese Ursache übernimmt später die Funktion des Mittelbegriffs bei der weiteren Deduktion, anhand dessen sich

288

die Existenz des definierten Dings ableiten läßt (*ibid.*, 93 *a* 4–5 ff.).

Nehmen wir an, eine gegebene Art A wird als M definiert (Gattung plus Unterscheidungsmerkmal): M gilt dabei als Ursache dafür, daß A auch alle diejenigen Merkmale besitzt, die es als E charakterisieren. / Es ist nicht klar, ob Aristoteles dabei im [198] Sinne einer Klassifizierung (das heißt einer Einbettung der Arten in die Obergattung) oder im Sinne einer Häufung vieler Eigenschaften argumentiert, die mehr oder weniger zufällig sind. Im ersten Fall würde er sagen, daß S, da es als M definiert ist, zu der Obergattung P gehört; im zweiten Fall würde er dagegen sagen, daß S, insofern es M ist, in gewisser Weise die Eigenschaft P impliziert (so ist z. B. ein Mensch, insofern er ein sterbliches Wesen ist, auch fähig, zu lachen). Es bleibt umstritten, ob Aristoteles glaubte, daß Tiere sich anhand eines einzigen »globalen« Porphyrischen Baumes klassifizieren lassen, oder ob er eher geneigt war, eine Vielzahl von komplementären und »lokalen« Untergliederungen zu akzeptieren. In den *Analytica posteriora* scheint er die erste Annahme zu unterstützen, in *De partibus animalium* (wie auch in *Historia animalium*) dagegen verwirft er (a) die dichotomische Aufteilung als ineffektiv (was die Möglichkeit einer anderen, nicht-dichotomischen Aufteilungsweise jedoch nicht ausschließt) und scheitert (b) offensichtlich bei dem Versuch, eine vollständige und kohärente Klassifikation zu entwerfen.

Wie Balme (1975) überzeugend gezeigt hat, bezeichnen die meisten seiner Gruppennamen nicht Gattungen, sondern diagnostische Merkmale. Er »wählt nur solche Unterscheidungsmerkmale aus, die im Augenblick relevant erscheinen, weil sie einen Zugang zu dem gerade erörterten Problem bieten ... Es ist dabei völlig unerheblich, ob er von den ›Oviparen unter den Vierfüßlern‹ ... oder den ›Vierfüßlern unter den Oviparen‹ spricht ... Er gruppiert [die *differentiae specificae*] dauernd um, um sie auf bestimmte Probleme zuzuschneiden«, und zwar tut er das deshalb, weil er erkennt, daß die Unterscheidungsmerkmale kein hierarchisches System bilden können, weil sie sich wechselseitig überkreuzen »und zwischen den Arten eine ausgeprägte Überschneidung besteht.«

Jedoch gefährdet dies seine in *Anal. post.* (II; 93 *a* 4 ff.)

postulierte Annahme nicht, nämlich, daß eine gute Definition (gleichgültig, ob sie nun aufgrund einer dichotomischen Aufteilung zustande gekommen ist oder nicht) neben ihrer Aussage darüber, *was* etwas ist, gleichzeitig angibt, *warum* dieses Etwas so-und-so ist. Anhand der Definition von A als M läßt sich demnach ein brauchbarer, anschaulicher Syllogismus entwerfen:

(1)   alle M sind P
       alle S sind M
       alle S sind P

was Barbara korrekt beschreibt und was zugleich als Paradebeispiel für eine Deduktion gelten kann. Verwendet man das deduktive Schema als Mittel zur Voraussage, so kann man feststellen, ob die deduzierten Ableitungen tatsächlich eingetroffen sind.

Also sind Definition und Syllogismus einerseits zwar radikal verschieden, in gewisser Weise jedoch durchaus miteinander verbunden. Die Definition läßt sich nicht als Konklusion eines Syllogismus demonstrieren (da sie lediglich postuliert ist), doch [199] versetzt einen / ein weiterer Syllogismus in den Stand festzustellen, ob eine Wechselbeziehung zwischen *Tatsachen* besteht.

In der Folge muß Aristoteles eine brauchbare Definition für Horntiere aufstellen. Er ist auf diesem Gebiet recht beschlagen und widmet ihm in *De partibus animalium* lange Erörterungen. Dabei stellt er folgende Tatbestände fest:

(2)   Alle Horntiere haben nur eine Reihe von Zähnen bzw. es fehlen ihnen die oberen Schneidezähne (663 *b* – 664 *a*).

(3)   Tiere ohne Hörner sind dafür mit einem anderen Mittel zur Verteidigung ausgestattet (663 *a* – 664 *a*). Dies gilt für Tiere mit Zähnen oder Fängen, aber auch für das Kamel, (das, wie wir noch sehen werden, eine ganze Reihe von Merkmalen mit den Horntieren teilt), dem seine Körpergröße Schutz bietet.

(4)   Alle Horntiere haben vier Mägen (674 *a*, *b*).

(5)   Nicht alle Tiere mit vier Mägen sind gehörnt, siehe Kamele und Damhirsche *(ibid.)*.

(6)   Allen Tieren mit vier Mägen fehlen die oberen Schneidezähne (674 *a*).

Dies sind ohne Zweifel »überraschende Tatsachen«, und Aristoteles macht sich daran, herauszufinden, ob eine Ursache existiert, der die Rolle des Mittelbegriffs in einem möglichen Syllogismus zukommen könnte und die dabei der Definition der Horntiere entspricht. Er sucht somit nach einer Hypothese, die tauglich ist, »für eine große Zahl von Prädikaten, die sich zu keinerlei Einheit zusammenfügen, ein einziges zu finden, in dem alle enthalten sind« (Peirce, 1965–1966: 5.276).

In *De partibus animalium* schlägt Aristoteles einige Erklärungen vor: Bei Tieren, die des Schutzes bedürfen, wird die zusätzliche körperliche (harte) Materie für die Hörner auf Kosten der oberen Schneidezähne beschafft. Aristoteles behauptet, daß in der biologischen Evolution die letzte der berühmten vier Ursachen (formale, materiale, Wirk- und Ziel- bzw. Zweckursachen) eine privilegierte Rolle spiele und die Hörner das Endziel der Natur darstellen. Somit verlege die Natur die harte Materie, die den Oberkiefer bildet, auf den Schädel, um so Hörner entstehen zu lassen. Die Hörner sind damit der Endzweck des Fehlens von oberen Schneidezähnen. Folgerichtig können wir sagen, daß Hörner die Abwesenheit von Zähnen verursachen (663 *b* 31 ff.).

In bezug auf das Ursache/Wirkung-Verhältnis bei fehlenden oberen Schneidezähnen und drei Mägen erscheint Aristoteles weniger eindeutig. Er hätte entweder feststellen können, daß das Fehlen von oberen Schneidezähnen die Bildung eines dritten Magens verursacht habe, um den Tieren das wiederzukäuen zu ermöglichen, was sie nicht genügend zerbeißen können; oder daß die Ausbildung eines dritten Magens die oberen Schneidezähne jeglicher Funktion enthoben und so ihre Abschaffung bewirkt habe.

Eine mögliche Antwort steckt in der Diskussion über Vögel (674 *a* ff.), wo Aristoteles bemerkt, die Natur kompensiere die Unzulänglichkeiten des Schnabels durch eine größere Aktivität und eine höhere Temperatur im Magen. Hieraus scheint hervorzugehen, daß der Magen des Vogels sich aufgrund der Schwäche des Schnabels herausbildet. / [200]

An diesem Punkt können wir also zusammenfassen, daß für Aristoteles die Notwendigkeit des Schutzes die Ursache der Hörner ist, Hörner wiederum die Ursache für die Verlagerung der harten Materie vom Maul auf den Schädel bilden, die Verlagerung ihrerseits die Ursache für das Fehlen von Zähnen und diese letztere Schwäche schließlich die Ursache für die Ausbildung von weiteren Mägen ist. Aristoteles stellt außerdem fest, daß Kamele, die keine Hörner benötigen, weil ihnen ihre Körpergröße genügend Schutz bietet, die harte Materie sparen und sie in einen harten Knorpel im Oberkiefer umwandeln, weil sie dornige Nahrung zu sich nehmen müssen.

Auf der Grundlage dieser Vorstellungen müßte Aristoteles eigentlich eine Definition der Horntiere versuchen können (eine solche Definition wird in *Anal. post.* lediglich vorgeschlagen, jedoch nicht ausgearbeitet). Definieren bedeutet jedoch, den Mittelbegriff (die Ursache) zu isolieren, und die Wahl dieses Mittelbegriffs wiederum bedeutet, eine Entscheidung darüber zu treffen, was zu erklären ist.

Unterstellen wir zunächst einmal, daß Aristoteles zuerst erklären muß, warum Horntieren die oberen Schneidezähne fehlen. Er hat ein Gesetz zu ersinnen, so daß, wenn das Ergebnis, um dessen Erklärung es ihm zu tun ist, einen Fall dieses Gesetzes darstellte, dieses Ergebnis nicht länger überraschend wäre. Er vermutet daher, daß die harte Materie vom Maul weg verlagert worden ist, um Hörner zu bilden. Nehmen wir also an:

(7) M = verlagernde Tiere (d. h. Tiere, bei denen die harte
         Materie vom Maul auf den Schädel verlegt ist)
     P = Tiere, denen die oberen Schneidezähne fehlen
     S = Horntiere

Wenn gilt, daß die »Hypothese der Schritt (ist), bei dem wir einigen äußerst seltsamen Umständen begegnen, die durch die Annahme erklärt werden, daß sie den Fall eines allgemeinen Gesetzes bilden, worauf diese Annahme für gültig erklärt wird« (Peirce, 1965–1966: 2.624), dann könnte Aristoteles es mit dem folgenden Syllogismus versuchen:

(8) *Gesetz*   Allen verlagernden Tieren fehlen die oberen
                 Schneidezähne.
     Fall   Alle Horntiere haben verlagert.
     Ergebnis Allen Horntieren fehlen die oberen Schneidezähne.

Dieser Syllogismus wird den Erfordernissen von Modell (1) gerecht.

Das Ergebnis wird also als der Fall eines Gesetzes erklärt, wobei die Ursache des Ergebnisses den Mittelbegriff des Syllogismus bildet, der auf einer vorläufigen Definition beruht: »Horntiere sind alle solche Tiere (Art), die die harte Materie vom Maul auf den Schädel verlagert haben« (Unterscheidungsmerkmal). Dieses Wesensmerkmal ordnet sie der Oberart all jener Tiere zu, denen die oberen Schneidezähne fehlen; oder: dieses Wesensmerkmal läßt sie die weitere Eigenschaft besitzen, keine oberen Schneidezähne zu haben – eine Art, die auch nichtgehörnte Tiere wie das Kamel einschließt (oder eine Eigenschaft, die auch diesen zukommt). Falls es der Zufall will, daß wir im Laufe der weiteren Beobachtung auf ein S stoßen, daß nicht P ist (also ein Tier mit Hörnern und / oberen Schneidezähnen), ergibt [201] sich eine Falsifikation der durch die Definition repräsentierten Hypothese. Was jedenfalls das Phänomen der vier Mägen betrifft, so scheint ein solches Merkmal, wie bereits angeführt, mit dem Fehlen der oberen Schneidezähne in Verbindung zu stehen, so daß möglicherweise – vorausgesetzt, es gibt Tiere, die ein spezielles Verdauungssystem ausgebildet haben (was nicht nur auf die Wiederkäuer, sondern auch auf die Vögel zutrifft) – einige von ihnen das wegen ihrer fehlenden oberen Schneidezähne taten. Auf dieser Grundlage läßt sich der folgende Syllogismus entwickeln:

(9) *Gesetz* Alle Tiere, denen die oberen Schneidezähne fehlen, haben ein spezielles Verdauungssystem.

Fall Allen Wiederkäuern fehlen die oberen Schneidezähne.

Ergebnis Alle Wiederkäuer haben ein spezielles Verdauungssystem.

Es sollte nicht verschwiegen werden, daß Aristoteles bei dem Versuch, die Sondersituation der Kamele zu erklären, in ziemliche Verlegenheit gerät. Das beweist nur, wie schwierig es ist, eine »brauchbare« Unterteilung festzulegen, die sich einem Globalsystem korrelierender Definitionen zugrundelegen läßt (was aus *De partibus animalium*, 642 b 20 – 644 a 10, eindeutig her-

vorgeht). Doch können wir diesen Punkt für unsere Zwecke
außer acht lassen.

I.2 Peirce über Bohnen

Es ist deutlich zu sehen, daß die obigen Schlußfolgerungen (8)
und (9), die beide von Modell (1) reguliert werden, dem bekannten Problem der weißen Bohnen, das Peirce aufstellte, verwandt
sind (2.623). Angesichts der überraschenden Tatsache der Existenz einiger weißer Bohnen definiert Peirce diese nämlich als
»die weißen Bohnen aus diesem Sack«. »*Aus diesem Sack*« bildet
den Mittelbegriff, der sowohl für das postulierte Gesetz als auch
für den folgenden Syllogismus zutrifft:

(10) *Gesetz*   Alle Bohnen aus diesem Sack sind weiß.
     Fall   Diese Bohnen sind aus diesem Sack.
     Ergebnis Diese Bohnen sind weiß.

Es besteht kein Unterschied zwischen dem, was Peirce als
Hypothese oder Abduktion bezeichnet, und der Leistung, kraft
derer man, Aristoteles zufolge, eine Definition ersinnt, die
besagt, *was* ein Ding ist, die versuchsweise erklärt, *warum* dieses
Ding so ist, und also alle Elemente entfaltet, die zusammen eine
Deduktion ermöglichen. Dieser zufolge wird jedes Ergebnis,
vorausgesetzt, das Gesetz trifft zu, beweisen, *daß* das Ding ist.

Ein interessantes Problem wirft die Frage auf, warum Aristoteles sich mit der Apagogie beschäftigt, dem Schluß, den man
zieht, »wenn zwar offensichtlich ist, daß der erste Begriff sich
auf den mittleren, jedoch noch nicht, daß der mittlere Begriff
sich auf den letzten bezieht; letzteres jedoch wahrscheinlicher
[202] oder zumindest nicht / weniger wahrscheinlich ist als die Konklusion« (*Anal. priora*, II; 69 a 20). Anscheinend aber identifiziert Aristoteles die Apagogie nicht mit dem Definitionsprozeß.

Zwar war für ihn die Definition ein wissenschaftlicher Vorgang, der auf die Formulierung einer unwiderlegbaren Wahrheit
zielte, in der *Definiens* und *Definiendum* vollständig austauschbar sind; doch war er sich andererseits der Tatsache bewußt, daß
sich viele Definitionen desselben Phänomens in Abhängigkeit
von verschiedenen Ursachen darstellen ließen (*Anal. post.*, II;
99 b), je nach der Art der Fragestellung, das heißt der Art der
Identifizierung (oder Wahl) des *überraschendsten* Sachverhalts.

294

Hätte Aristoteles die Konsequenzen dieser Einsicht explizit anerkannt, so wäre ihm der provisorische und abduktive Charakter *jeder* wissenschaftlichen Definition uneingeschränkt klar geworden.

Peirce hegte nicht den geringsten Zweifel. Er setzte nicht nur Abduktion mit Apagogie gleich, sondern behauptete überdies, daß die Abduktion jede Form der Erkenntnis, selbst die Wahrnehmung (5.181) und die Erinnerung (2.625) beherrsche.

Es ist jedoch klar, daß für Aristoteles das Definieren überraschender Sachverhalte (vgl. den Fall der Eklipse oder des Donners) bedeutet, eine Hierarchie von Kausalverknüpfungen mittels einer Art von Hypothese zu entwerfen, die sich nur dann auf ihre Gültigkeit hin prüfen läßt, wenn sie einen deduktiven Syllogismus auslöst, der als Voraussage für weitere Überprüfungen fungiert.

Im Lichte der obigen Feststellungen sollte die Peircesche Definition der Abduktion neu betrachtet werden. Peirce sagt (2.623), die Induktion sei der Schluß des Gesetzes aus einem Fall und einem Ergebnis, während die Hypothese sich als Schluß des Falls aus Gesetz und Ergebnis ergebe. Thagard (1978) zufolge, besteht ein Unterschied zwischen der Hypothese als *Schluß auf einen Fall* und der Abduktion als Schluß auf ein Gesetz. Diese Punkte werden wir unten in I.4 noch deutlicher erkennen; im vorliegenden Zusammenhang sollte nur hervorgehoben werden, daß das eigentliche Problem nicht darin liegt, ob man zuerst den Fall oder zuerst das Gesetz findet, sondern darin, Gesetz und Fall *zugleich* zu erkennen, da sie umgekehrt und in einer Art Chiasmus miteinander verbunden sind, wobei der Mittelbegriff den Angelpunkt allen logischen Schließens bildet.

Der Mittelbegriff stellt das auslösende Moment des gesamten Prozesses dar. Peirce hätte ja ebensogut beschließen können, daß das entscheidende Element nicht sei, wo die Bohnen herkamen, sondern vielleicht, wer sie dorthin gelegt hatte; oder daß die Quelle, aus der die Bohnen stammten, eher eine Schublade oder ein Topf in der Nähe des Sackes gewesen sei. Genausogut hätte auch Aristoteles beschließen können, daß die relevanten Elemente in seinem Problem nicht die Verlagerung der harten Materie (was eine äußerst anspruchsvolle Erklärung darstellte) oder die Notwendigkeit eines Schutzes seien, sondern irgendeine andere Ursache. Die geniale Idee lag in der Auffindung eines gültigen Mittelbegriffs.

Natürlich gibt es Gesetze, die so eindeutig sind, daß sie beinahe von selbst den Verweis auf den Mittelbegriff nahelegen. Nehmen wir an, in einem Zimmer befindet sich nichts weiter als [203] ein Tisch, eine Handvoll weißer Bohnen und ein Sack. In der Identifizierung: »Sie stammen aus diesem Sack« das entscheidende Element zu erkennen, wäre ein Leichtes. Wenn ich auf einem Tisch einen Teller mit einer Portion Konserven-Thunfisch und in angemessener Entfernung davon eine Thunfisch-Büchse gewahre, so erfolgt die anschließende Hypothese *quasi*-automatisch: doch ist es eben das *quasi*, daß diese Art automatischen Folgerns noch immer zu einer Hypothese macht.

Selbst in Fällen also, in denen das allgemeine Gesetz unzweifelhaft ist und in denen die Folgerung sich auf den Fall beschränkt, kann die Hypothese niemals als gewiß angesehen werden. Peirce (2.265) führt an, daß, wenn wir Fossilienabdrücke von Meerestieren im Landesinnern finden, wir zu der Annahme berechtigt seien, das Meer habe einst dieses Land bedeckt. Eine ganze paläontologische Tradition scheint zu einer solchen Abduktion zu ermutigen. Warum aber sollten wir nicht irgendeiner anderen Erklärung den Vorzug geben, zum Beispiel der, daß außerirdische Monster all dies nach einem Picknick zurückgelassen haben oder daß ein Filmdirektor dieses *Set* für »Der Neandertaler schlägt zurück« entworfen hat?

Coeteribus paribus (wenn keine Schauspieler oder Filmleute dort anzutreffen sind, wenn die Zeitungen nicht erst vor kurzem von ähnlich mysteriösen Phänomenen berichtet haben, wie man sie außerirdischen Eindringling zuschreibt, und so weiter), so verbliebe die allgemeine paläontologische Erklärung als die praktisch verbindlichste. Doch hat es der falschen wissenschaftlichen Erklärungen schon eine ganze Reihe gegeben, die zunächst äußerst praktisch schienen (wie zum Beispiel das geozentrische Paradigma, die Phlogiston-Theorie und dergleichen mehr) und im Endeffekt dennoch einer scheinbar weniger »regelmäßigen« oder weniger »normalen« Erklärung weichen mußten.

I.3 Gesetze und Sachverhalte

So paradox sie auch erscheinen mag, beleuchtet diese letzte
Reihe von Fragen doch zwei verschiedene Arten von Abduktion: die erste geht von einem oder mehreren überraschenden
Sachverhalten aus und endet als Hypothese über ein allgemeines
Gesetz (so scheint es sich bei allen wissenschaftlichen Entdek-
kungen zu verhalten). Die letztere dagegen geht von einem oder
mehreren überraschenden Sachverhalten aus und endet als Hypothese über einen weiteren Sachverhalt, der als die Ursache des
früheren gilt (so scheint es sich in der Kriminalistik zu verhalten). Stellen die Fossilien im obigen Beispiel den Fall eines
allgemeinen Gesetzes oder die Wirkung einer einzelnen verhängnisvollen Ursache dar (die sogar als Verletzung gültiger
Normen definiert werden kann)?

Wir können sagen, daß der erste Typ von Abduktion sich mit
der Natur von *Universen* und der zweite sich mit der Natur von
Texten befaßt. Unter »Universen« verstehe ich intuitiv Welten
wie jene, anhand deren Wissenschaftler ihre Gesetze erklären,
während »Texte« für mich eine kohärente Abfolge von Sätzen
darstellen, die untereinander durch ein gemeinsames Thema
oder Leitmotiv verbunden sind (vgl. Eco, 1979). In diesem Sinne
läßt sich selbst die Sequenz von Ereignissen, die ein Detektiv
untersucht, als Text definieren; und zwar nicht nur, weil sie sich
auf eine Abfolge von Sätzen reduzieren läßt / (nichts anderes [204]
stellt ja der Detektivroman oder das offizielle Protokoll einer
echten Ermittlung dar), sondern auch, weil verbale und bildliche
Texte, genau wie Kriminalfälle, um als ein kohärentes und aus
sich heraus erklärbares Ganzes erkannt zu werden, eines »idio-
lektischen Gesetzes« bedürfen, eines eigenen Codes, einer Erklärung, die für sie und mit ihnen funktioniert und nicht auf
andere Texte übertragen werden kann.

Dieser Unterscheidung fehlt jedoch die rechte Überzeugungs-
kraft. Wenn die Abduktion wirklich ein allgemeines Prinzip
darstellt, das alle menschlichen Erkenntnisse beherrscht, dann
dürften keine grundsätzlichen Unterschiede zwischen diesen
beiden Arten von Abduktion existieren. Zur Erklärung eines
Textes bedienen wir uns oft intertextueller Regeln; dabei handelt
es sich nicht nur um genrespezifische Regeln in literarischen

Texten, sondern auch um allgemeingültige Normen, rhetorische *Endoxien* (so wie die Regel »*Cherchez la femme*« bei der Behandlung eines Kriminalfalles). Ebenso wenden wir, um Universen zu erklären, oft Gesetze an, die nur für einen bestimmten Teil dieses Universums gültig sind, ohne jedoch *ad hoc* aufgestellt zu sein wie im Falle des Komplementärprinzips in der Physik.

Ich glaube, daß sich der allgemeine Mechanismus der Abduktion nur verdeutlichen läßt, wenn wir annehmen, daß wir Universen behandeln, als seien sie Texte, und Texte, als seien sie Universen. Unter dieser Perspektive verschwindet der Unterschied zwischen den beiden Abduktionsarten. Wird ein einzelner Sachverhalt als die hypothetische Erklärung eines anderen Einzelsachverhalts herangezogen, so fungiert ersterer (innerhalb des gegebenen sprachlichen Universums) als das allgemeine Gesetz, das zur Erklärung des letzteren dient. Allgemeine Gesetze sollten – insofern sie der Möglichkeit der Falsifikation und des Konflikts mit alternativen Gesetzen, die den gleichen Sachverhalt ebenso gut erklären könnten, Raum bieten – als besondere Sachverhalte oder als allgemeine Modelle für bestimmte Sachverhalte verstanden werden, die die zu erklärenden Sachverhalte bewirken. Darüber hinaus werden in der wissenschaftlichen Forschung Gesetze durch die mediatisierende Entdeckung einer ganzen Reihe von weiteren Sachverhalten aufgestellt, während man in der Textinterpretation neue relevante Sachverhalte identifiziert, indem man bestimmte allgemeine (intertextuelle) Gesetze voraussetzt.

In der modernen Forschung wird die Abduktion häufig mit den konjekturalen Verfahrensweisen von Ärzten und Historikern identifiziert (vgl. den Essay von Ginzburg in Kapitel 4 dieses Buches). Der Arzt sucht sowohl nach allgemeinen Gesetzen als auch nach spezifischen, idiosynkratischen Ursachen, ebenso wie der Historiker sich bemüht, sowohl historische Gesetzmäßigkeiten als auch die einzelnen Ursachen von bestimmten Ereignissen zu identifizieren. In beiden Fällen stellen Historiker und Ärzte Vermutungen über die textuelle Qualität einer Reihe von scheinbar unabhängigen Elementen an und bewirken dabei eine *reductio ad unum* einer Vielzahl. Wissenschaftliche Entdeckungen, medizinische und kriminalistische

Untersuchungen, historische Rekonstruktionen sowie philologische Interpretationen literarischer Texte (die Zuschreibung an einen bestimmten Autor, und zwar auf der Grundlage von stilistischen Schlüsseln und »redlichen Vermutungen« über verlorengegangene Sätze oder Wörter) sind allesamt Fälle von *konjekturalem Denken.*

Das ist auch der Grund, weshalb ich überzeugt bin, daß eine Analyse der konjekturalen Verfahrensweisen / innerhalb der kriminalistischen Ermittlung neues Licht auf die konjekturalen Verfahrensweisen der Wissenschaft und eine Beschreibung der konjekturalen Verfahrensweisen in der Philologie neues Licht auf die medizinische Diagnostik werfen kann. Und das ist wiederum der Grund dafür, daß die Beiträge zu diesem Buch, wenn sie sich auch (vordergründig) mit dem Verhältnis Peirce – Poe – Conan Doyle auseinandersetzen, eigentlich ein weitaus allgemeingültigeres, epistemologisches Ziel verfolgen. [205]

I.4 Hypothese, Abduktion und Meta-Abduktion

Wie schon in I.2 angedeutet (vgl. die wichtigen Feststellungen von Thagard, 1978), dachte Peirce wohl an zwei Arten von Schlußverfahren: die *Hypothese,* also die Isolierung eines bereits codierten Gesetzes, zu dem ein Fall mittels einer Schlußfolgerung in Beziehung gesetzt wird; und die *Abduktion,* also die provisorische Aufrechterhaltung einer erklärenden Schlußfolgerung, die als Grundlage für weitere Gültigkeitsproben dient und auf die Isolierung von Fall und Gesetz gerichtet ist. Vielleicht ist es jedoch besser (ungeachtet der Begriffe, mit denen Peirce sie belegt), drei Typen der Abduktion herauszukristallisieren. Ich möchte dabei einigen Vorschlägen von Bonfantini und Proni (Kap. 5 dieses Buches) sowie einer ganzen Reihe von Thagards Anregungen folgen und der Liste den neuen Begriff der »Meta-Abduktion« hinzufügen.

(a) *Hypothese oder übercodierte Abduktion.* Das Gesetz ergibt sich automatisch oder halb-automatisch. Nennen wir diese Art von Gesetz ein *codiertes* Gesetz. Hierbei ist die Annahme von äußerster Wichtigkeit, daß selbst die Interpretationen durch Codes eine wenn auch noch so schwach ausgeprägte abduktive

299

Leistung voraussetzen. Nehmen wir an, ich weiß, daß /Mann/ auf Deutsch »männlicher erwachsener Mensch« bedeutet (ein perfekter Fall von linguistischer Codierung), und nehmen wir darüber hinaus an, daß ich *glaube,* ich höre die Äußerung /Mann/, so muß ich, um sie in ihrer Bedeutung zu verstehen, zuerst annehmen, daß es die Äußerung *(Token)* des Typus eines deutschen Wortes darstellt. Es scheint, daß wir diese Art interpretatorischer Leistung meistens automatisch erbringen; wenn man jedoch einmal zufällig in einer international geprägten Umwelt lebt, in der die Menschen ganz natürlich verschiedene Sprachen sprechen, wird einem bewußt, daß sich die Wahl nicht grundsätzlich automatisch vollzieht. Ein gegebenes Phänomen als den Token eines gegebenen Typus zu erkennen, setzt eine Hypothese über den Kontext der Äußerung sowie den diskursiven Ko-Text voraus. Thagard vertritt die Ansicht, daß dieser Typus (der in seinen Augen der Hypothese entspricht) meinem Begriff der *Übercodierung* (vgl. Eco, 1976: 2.14) als der Fall-Folgerung aufgrund der besten Erklärung nahekommt.

(b) *Untercodierte Abduktion.* Das Gesetz muß aus einer Folge von gleichwahrscheinlichen Gesetzen ausgewählt werden, die uns über die gültige Erkenntnis der Welt (oder semiotische Enzyklopädien, vgl. Eco, 1979) zur Verfügung stehen. In diesem Sinne liegt uns ohne Zweifel eine Schlußfolgerung auf ein Gesetz vor, die Thagard als »Abduktion« *stricto sensu* bezeichnet (hier sollte angemerkt werden, daß Thagards Abduktionsbegriff auch meine dritte Abduktionsart deckt). Da das Gesetz als das plausibelste unter vielen ausgewählt wird, man aber nicht sicher sein kann, ob es das »korrekte« ist oder nicht, wird die Erklärung bis zu weiteren Gültigkeitsproben lediglich *aufrecht-* [206] *erhalten.* Mit der Entdeckung, / daß der Orbit des Mars Ellipsenform hat, stieß Kepler auf einen überraschenden Sachverhalt (die Ausgangspositionen des Planeten), worauf er zwischen verschiedenen geometrischen Kurven zu wählen hatte, deren Zahl jedoch nicht unendlich war. Einige schon früher ins Auge gefaßte Annahmen über die Regelmäßigkeit des Universums bewogen ihn dazu, nur nach geschlossenen, nicht ausschweifenden Kurven zu suchen (Planeten vollführen keine unregelmäßigen Sprünge und bewegen sich weder in Spiralen noch in Sinuskurven). Dieselbe Erfahrung hatte auch Aristoteles gemacht:

nicht nur sein auf Zielursachen ausgerichtetes Denken, sondern auch eine ganze Reihe von bereits gefaßten Meinungen ließen ihn zu der Überzeugung gelangen, daß der Selbstschutz eine der plausibelsten Zielursachen der biologischen Evolution sei.

(c) *Kreative Abduktion.* Das Gesetz muß *ex novo erfunden* werden. Ein Gesetz zu erfinden ist so schwierig nicht, vorausgesetzt, unser Denken ist »kreativ« genug. Wie wir in III.1 noch sehen werden, schließt diese Kreativität auch ästhetische Aspekte mit ein. In jedem Fall verpflichtet uns eine solche Erfindung dazu (mehr als bei den über- oder untercodierten Abduktionen), eine Meta-Abduktion zu vollziehen. Beispiele für kreative Abduktionen finden sich in den »revolutionären« Entdeckungen, die ein feststehendes wissenschaftliches Paradigma ändern (Kuhn, 1962).

(d) *Meta-Abduktion.* Sie liegt in der Entscheidung darüber, ob das mögliche Universum, das wir mit unseren Abduktionen der ersten Ebene entworfen haben, mit dem Universum unserer Erfahrung übereinstimmt. Bei über- oder untercodierten Abduktionen ist diese Meta-Ebene der Schlußfolgerung nicht obligatorisch, da wir unser Gesetz einem Depot bereits geprüfter Welterfahrung entnehmen. Anders ausgedrückt: diese allgemeine Erkenntnis der Welt berechtigt uns zu der Feststellung, daß das Gesetz – vorausgesetzt, es läßt sich hier anwenden – bereits in der Welt unserer Erfahrungen seine Gültigkeit hat. Bei den kreativen Abduktionen fehlt uns diese Art der Gewißheit. Wir stellen eine »redliche Vermutung« an, und zwar nicht nur über die Natur des Ergebnisses (seine Ursache), sondern auch über die Natur der Enzyklopädie (so daß, falls das neue Gesetz am Ende verifiziert wird, unsere Entdeckung zu einer Umwandlung des Paradigmas führt). Wie wir noch sehen werden, ist die Meta-Abduktion nicht nur bei »revolutionären« wissenschaftlichen Entdeckungen, sondern auch (und zwar in überwiegendem Maße) in der kriminalistischen Ermittlung ausschlaggebend.

Die obige Hypothese soll im Folgenden anhand eines Textes verifiziert werden, der, vielen Auslegungen zufolge, eine ganze Reihe von Analogien zu den Methoden Sherlock Holmes' aufweist und der gleichzeitig ein perfektes Beispiel (oder allegorisches Modell) für die wissenschaftliche Forschung bietet. Ich meine das dritte Kapitel von Voltaires *Zadig*.

II. Hufe

II.1 Voltaires Text

»Zadig sollte bald erfahren, daß der erste Ehemonat, wie schon im Buche Zend* steht, der Wonnemonat, der zweite aber der Wermutmond ist. Nach kurzer Zeit sah er / sich gezwungen, Azora zu verstoßen, denn das Zusammenleben mit ihr war zu schwierig geworden, und er suchte fortan sein Glück im Studium der Natur. ›Niemand ist so glücklich wie der Philosoph‹, sagte er sich, ›der in dem großen Buch zu lesen versteht, das Gott vor unseren Augen aufgeschlagen hat. Die Wahrheiten, die er dort entdeckt, sind sein eigen; er gibt seiner Seele Nahrung und erbaut sie; er führt ein ruhiges Leben, hat von den Menschen nichts zu fürchten, und es kommt keine zärtliche Gattin daher, ihm die Nase abzuschneiden.‹

Solche Gedanken bestimmten ihn, sich in ein Landhaus am Ufer des Euphrat zurückzuziehen. Dort befaßte er sich nicht etwa damit, zu berechnen, wieviel Wasser unter einem Brückenbogen hindurchfließt oder ob im Mäusemonat ... ein Kubikzentimeter mehr Regen fällt als im Hammelmonat. Er ließ sich auch nicht einfallen, aus Spinngewebe Seide oder aus Flaschenscherben Porzellan herstellen zu wollen. Vielmehr studierte er die Eigenschaften der Tiere und Pflanzen; sein Blick schärfte sich bald derart, daß er tausend feine Unterschiede feststellte, wo andere Menschen nur Gleichförmigkeit wahrnahmen.

Als er eines Tages in der Nähe eines kleinen Gehölzes spazierenging, sah er einen Eunuchen der Königin mit mehreren Hofbeamten auf sich zueilen. Sie machten alle einen ganz verstörten Eindruck und liefen kopflos bald hierhin, bald dorthin wie Menschen, die etwas sehr Kostbares verloren haben und es suchen. ›Junger Mann‹, sagte der Obereunuch zu Zadig, ›habt Ihr nicht den Hund der Königin gesehen‹? Zadig antwortete bescheiden: ›Es ist eine Hündin, kein Hund.‹ – ›Ihr habt recht‹, antwortete der Obereunuch. ›Es ist eine ganz kleine Wachtelhündin‹, fügte Zadig hinzu. ›Sie hat vor kurzem geworfen, lahmt auf dem linken Vorderlauf und hat sehr lange Ohren.‹ – ›Also habt Ihr sie gesehen?‹ fragte der Obereunuch atemlos. ›Nein‹, erwiderte Zadig, ›ich habe sie noch nie gesehen, und ich habe auch nicht gewußt, daß die Königin eine Hündin besitzt.‹

Eine der vielen Launen des Zufalls wollte es, daß sich genau zur selben Zeit das schönste Pferd des königlichen Stalls von seinem

---

* Zend-Awesta, die heiligen Schriften der Anhänger Zarathustras.

Pferdeknecht losgerissen hatte und in die Ebene von Babylon gelaufen war. Der Hofjägermeister und alle anderen Hofbeamten jagten ebenso entsetzt hinter ihm her wie der Obereunuch hinter der Hündin. Der Hofjägermeister wandte sich an Zadig und fragte ihn, ob er nicht zufällig das Pferd des Königs habe vorbeikommen sehen. Zadig antwortet: ›Das ist doch das Pferd, das den besten Galopp läuft, es ist fünf Fuß hoch, hat sehr kleine Hufe und einen Schweif von dreieinhalb Fuß. Die Buckel seines Zaumzeugs sind aus dreiundzwanzigkarätigem Gold, die Hufeisen aus elflötigem Silber.‹ – ›Wo ist es denn hingelaufen, wo ist es?‹ wollte der Hofjägermeister wissen. ›Ich habe es gar nicht gesehen‹, antwortete Zadig, ›und auch nie etwas von ihm gehört.‹

Der Hofjägermeister und der Obereunuch zweifelten nicht daran, daß Zadig das Pferd des Königs und die Hündin der Königin gestohlen habe. Sie ließen ihn vor den Großen Desturham ... führen, der ihn zur Knute verurteilte und auf Lebenszeit nach Sibirien verbannte. Kaum war das Urteil gesprochen, fanden sich das Pferd und die Hündin wieder ein. Die / Richter aber sahen sich vor [208] die peinliche Notwendigkeit gestellt, ihre Entscheidung abzuändern, doch verhängten sie über Zadig eine Geldbuße von vierhundert Unzen Gold für seine Aussage, er habe gar nicht gesehen, was er doch gesehen hatte. Zunächst mußte er seine Strafe bezahlen; erst dann erhielt er die Erlaubnis, seine Sache dem großen Desturham vorzutragen. Dort sprach er folgendermaßen: ›Sterne der Gerechtigkeit, Abgründe der Weisheit, Spiegel der Wahrheit, die ihr die Schwere von Blei, die Härte von Eisen, den Glanz von Diamanten und große Ähnlichkeit mit dem Gold besitzt! Da mir vergönnt ist, vor dieser erlauchten Versammlung zu sprechen, schwöre ich bei Orosmad ..., daß ich weder die ehrbare Hündin der Königin noch das geweihte Pferd des Königs der Könige jemals gesehen habe. Vernehmt, wie es sich zugetagen hat. Ich ging spazieren in der Nähe des Gehölzes, wo ich dem ehrwürdigen Eunuchen und kurz darauf dem erlauchten Hofjägermeister begegnete. Im Sand entdeckte ich die Spuren eines Tieres und konnte leicht feststellen, daß sie von einem kleinen Hund herrührten. An den langgezogenen leichten Furchen auf den kleinen Sandbuckeln zwischen den Pfotenabdrükken erkannte ich, daß es sich um eine Hündin mit herabhängenden Zitzen handelte, das Tier also wenige Tage vorher geworfen haben mußte. Weitere ganz anders verlaufende Spuren, die jedesmal seitlich der Vorderpfoten eingeprägt zu sein schienen, haben mir gezeigt, daß die Hündin sehr lange Ohren hatte; und da ich außerdem festgestellt habe, daß eine Pfote den Sand stets etwas weniger eingedrückt hatte als die anderen drei, wußte ich, daß die Hündin unserer erlauchten Königin hinkte, wenn ich das hier einmal so ausdrücken darf.

Was nun das Pferd des Königs anlangt, so vernehmt, daß ich beim Spaziergang auf den Wegen in besagtem Wald die Abdrücke von Hufeisen bemerkt habe, die alle gleich weit voneinander entfernt waren. ›Sieh mal einer an‹, sagte ich zu mir, ›ein Pferd mit einem makellosen Galopp.‹ Auf einem schmalen, nur sieben Fuß breiten Weg war links und recht jeweils dreieinhalb Fuß von der Mitte des Weges der Staub vom Laub der Bäume gewischt. ›Dieses Pferd‹, sagte ich mir, ›hat einen Schweif von dreieinhalb Fuß, mit dem es beim Wedeln links und rechts diesen Staub weggefegt hat.‹ Unter den Bäumen, die ein fünf Fuß hohes Laubgewölbe bildeten, fand ich frisch herabgefallene Blätter und wußte also, daß dieses Pferd sie gestreift hatte und demnach fünf Fuß hoch war. Sein Zaumzeug aber mußte aus dreiundzwanzigkarätigem Gold sein, denn das Pferd hatte die Buckel an einem Stein gescheuert, den ich als Probierstein erkannte und daraufhin sofort untersucht habe. Und aus den Spuren seiner Hufeisen an einer anderen Art von Kieselsteinen schloß ich, daß es mit elflötigem Silber beschlagen war.‹

Alle Richter bewunderten die sichere und scharfe Beobachtungsgabe Zadigs, und die Kunde davon drang bis zum König und zur Königin. In den Vorzimmern, in der Kammer und im Kabinett wurde nur noch von Zadig gesprochen. Und obgleich mehrere Magier die Meinung vertraten, er müsse als Zauberer verbrannt werden, befahl der König, ihm die vierhundert Unzen Gold, die er nach dem Urteil hatte zahlen müssen, zurückerstatten. Der Gerichtsschreiber, die Gerichtsdiener und die Anwälte begaben sich mit großem Pomp zu ihm, um ihm seine vierhundert Unzen zurückzubringen, behielten aber für Gerichtskosten dreihundertneunundachtzig Unzen ein, und die Diener verlangten obendrein noch Trinkgelder.

Zadig erkannte, wie gefährlich mitunter allzu große Klugheit sein kann, und gelobte sich, bei der nächsten Gelegenheit nicht mehr zu sagen, was er gesehen hatte. Und diese Gelegenheit ließ nicht lange auf sich warten.

[209]   Ein Staatsgefangener war entflohen. Er ging / unter den Fenstern von Zadigs Haus vorüber. Zadig wurde vernommen und gab keine Auskunft. Man wies ihm jedoch nach, daß er aus dem Fenster geschaut hatte. Für dieses Vergehen wurde er zu einer Strafe von fünfhundert Unzen Gold verurteilt, und er mußte seinen Richtern, wie es in Babylon so Brauch war, für ihre Milde auch noch danken. ›Großer Gott‹, sagte er zu sich, ›wir sind doch zu bedauern, wenn wir in einem Wald spazierengehen, in dem vorher die Hündin der

Königin und das Pferd des Königs gewesen sind; wie gefährlich ist es
gar, sich ans Fenster zu stellen, und wie schwer ist es erst, in diesem
Leben glücklich zu sein.‹«

II.2 Übercodierte Abduktionen

Nicht von ungefähr nennt Zadig die Natur ein »großes Buch«;
für ihn bietet sie sich als ein System codierter Zeichen dar. Er
verbringt seine Zeit nicht mit der Berechnung, wieviele Kubikzentimeter Wasser unter einer Brücke durchfließen (ein Unterfangen, an dem sowohl Peirce als auch Holmes sich ergötzt
hätten), ebenso wenig versucht er, aus Flaschenscherben Porzellan herzustellen (eine Fähigkeit, für die Peirce wohl versucht
hätte, sich den rechten *Habitus* zuzulegen). Zadig studiert dagegen die »Eigenschaften der Tiere und Pflanzen«; er begibt sich
auf die Suche nach allgemeinen Bedeutungsrelationen (er will
wissen, ob irgendein S = P ist), und er scheint um die extensionale
Verifikation seiner Erkenntnisse nicht allzu besorgt zu sein. Als
Zadig Tierspuren im Sand sieht, kann er sie als die Fährten eines
Hundes und eines Pferdes erkennen. Beide Fälle (Hund und
Pferd) weisen denselben semiotischen Mechanismus auf, doch
ist hier der Fall des Pferdes komplexer und eine Analyse der Art
und Weise, in der Zadig die Spuren eines Pferdes erkennt,
ertragreicher. Die Fähigkeit, Fährten als das Auftreten (Token)
einer Typus-Fährte zu isolieren, beweist eine präzise (codierte)
Kenntnis von Abdrücken (vgl. Eco, 1976: 3.6).
Abdrücke stellen den elementarsten Fall von Zeichenproduktion dar, weil der Ausdruck, der zu einem gegebenen Inhalt in
Beziehung steht, für gewöhnlich in dem Moment als Zeichen
produziert wird, indem man es erkennt und beschließt, es als
Zeichen anzunehmen (wobei es auch Abdrücke von Naturereig-
nissen gibt, etwa die Spuren einer Lawine; auch im Falle des
königlichen Pferdes hatte das Tier keinerlei Absicht, ein Zeichen
zu produzieren). Einen Abdruck zu interpretieren, bedeutet,
ihn mit einer möglichen physikalischen Ursache in Verbindung
zu bringen. Eine solche physikalische Ursache muß keine tatsächliche, sie kann eine rein *mögliche* sein, weil sich ein Abdruck
selbst in einem Pfadfinderhandbuch erkennen läßt: Eine frühere
Erfahrung hat eine Gewohnheit produziert, nach der eine gege-

bene Typus-Form auf die Klasse ihrer möglichen Ursachen
zurückverweist. In diesem semiotischen Typus-zu-Typus-Ver-
hältnis spielt das konkrete Individuum vorerst noch keine Rolle.

Man kann einem Computer beibringen, den Abdruck eines
Rotweinglases auf einem Tisch zu erkennen, indem man ihm
genaue Instruktionen gibt, etwa, daß der Abdruck rund sein,
[210] daß der Durchmesser des Ringes / 4–6 cm betragen muß und daß
dieser Ring aus einer flüssigen roten Substanz besteht, deren
chemische Formel zusammen mit den Spektraldaten über den
fraglichen Rot-Ton eingegeben werden kann. Ein Typus-Ausdruck stellt nichts anderes dar als eben diese Menge von Instruktionen. Übrigens deckt sich diese Definition des Typus-Ausdrucks mit der Definition als Anweisung, die Peirce bezüglich
/Lithium/ gibt (2.330). Wenn dann dem Computer nach einer
solchen Definition des Typus-Ausdrucks noch Instruktionen
bezüglich des entsprechenden Typus-Inhalts eingegeben werden, ist er in der Lage, alle Abdrücke dieses Typus wiederzuer-
kennen.

Ein Code von Abdrücken kann jedoch nicht ohne synekdo-
chische Schlüsse auskommen, weil der Abdruck eines Glases die
Form des Glases nicht visuell reproduziert, sondern höchstens
die Form seines Sockels, wie auch Hufabdrücke nur die Form
der Hufunterseite reproduzieren und nur über ein weiteres
Glied mit der Klasse der Pferde in Verbindung gebracht werden
können. Darüber hinaus kann der Code Abdrücke verschiedener Relevanzebenen umfassen, das heißt ein Abdruck kann
entweder auf eine Art oder eine Gattung bezogen werden. So
erkennt Zadig nicht nur »Hund«, sondern »Wachtelhündin«,
und nicht nur »Pferd«, sondern auch (mittels einer Folgerung
aus dem Abstand zwischen den Abdrücken) »Hengst«.

Zadig entdeckt jedoch auch noch weitere semiotische Merkmale, nämlich Symptome und Indizien (vgl. Eco, 1976: 3.6.2.).
Bei den Symptomen bildet der Typus-Ausdruck eine Klasse
gebrauchsfertiger physikalischer Ereignisse, die auf die Klasse
ihrer möglichen Ursachen zurückverweisen (rote Punkte im
Gesicht bedeuten Masern); sie unterscheiden sich jedoch insofern von Abdrücken, als die Form eines Abdrucks eine Projektion der relevanten Merkmale der Typus-Form des möglichen
Abdruckverursachers ist, während zwischen dem Symptom und

seiner Ursache keine Punkt-für-Punkt-Übereinstimmung besteht. Die Ursache eines Symptoms ist kein Merkmal der Form seines Typus-Ausdrucks, sondern ein Merkmal seines Typus-Inhalts (die Ursache ist ein *marker* der kompositionellen Bedeutungsanalyse eines gegebenen Symptom-Ausdrucks). Zadig erkennt daher Symptome, als er feststellt, daß rechts und links, dreieinhalb Fuß von der Mitte des Weges entfernt, der Staub vom Laub der Bäume gewischt worden ist. Die veränderte Lage des Staubes ist das Symptom dafür, daß etwas seine Verlagerung verursacht hat. Dasselbe trifft für die Blätter zu, die von den Zweigen gefallen sind. Seiner Kenntnis des Codes entnimmt Zadig, daß beide Phänomene Symptome einer von außen einwirkenden Kraft darstellen, die auf eine widerstandleistende Materie eingewirkt haben, doch liefert ihm der Code keinerlei Information über die Natur der Ursache.

Indizien andererseits sind Objekte, die eine von außen wirkende Kraft an ihrem Wirkungsort zurückgelassen hat und die irgendwie in ihrer physikalischen Verknüpfung mit jener Kraft erkannt werden, so daß sich an ihrer tatsächlichen oder möglichen Anwesenheit die tatsächliche oder mögliche Anwesenheit dieser Kraft in der Vergangenheit ablesen läßt.

Der Unterschied zwischen Symptomen und Indizien beruht auf der Tatsache, daß die Enzyklopädie bei den Symptomen eine *notwendige* gegenwärtige oder vergangene / Kontinuität zwischen Wirkung und Ursache verzeichnet, wobei die Anwesenheit der Wirkung auf die notwendige Anwesenheit der Ursache zurückverweist; während die Enzyklopädie bei den Indizien nur eine *mögliche* vergangene Kontiguität zwischen dem Besitzer und dem Besitz verzeichnet, wobei die Anwesenheit des Besitzes auf die mögliche Anwesenheit des Besitzers zurückverweist. In gewissem Sinne stellen Indizien komplexe Symptome dar, weil man zuerst die notwendige Anwesenheit eines unbestimmten Verursachers feststellen muß, um dann dieses Symptom als das Indiz verwenden zu können, das auf einen möglicherweise näher bestimmten Verursacher zurückverweist – der der Konvention zufolge als der wahrscheinlichste Besitzer des an dem Ort zurückgelassenen Gegenstandes erkannt wird. Deshalb ist eine Kriminalgeschichte zumeist um vieles spannender als der Nachweis einer Lungenentzündung.

[211]

307

Zadig erkennt Indizien, als er anhand der Goldspuren am Stein und den Silberspuren an den Kieseln feststellt, daß das Zaumzeug des Pferdes von dreiundzwanzigkarätigem Gold und die Hufeisen mit elflötigem Silber beschlagen waren. Der Code sagt Zadig jedoch nur, daß Gold und Silber auf den Steinen von einem Besitzer von Gold und Silber zurückgelassen worden sein mußten; aber keine enzyklopädische Information kann ihm Gewißheit darüber verschaffen, daß es sich bei dem Besitzer um das Pferd – und zwar um das durch die Abdrücke bezeichnete – gehandelt hat. Insofern fungieren Gold und Silber auf den ersten Blick weiterhin nur als Symptome und noch nicht als Indizien: Die Enzyklopädie gibt ihm höchstens darüber Auskunft, daß auch Pferde, unter vielen anderen möglichen Verursachern, Träger von aus Gold und Silber gefertigtem Zubehör sein können. Bis zu diesem Punkt sind Zadig jedoch lediglich die schon vorher gewußten Gesetze bekannt, nämlich, daß bestimmte Abdrücke, Symptome und Indizien auf eine bestimmte Klasse von Ursachen zurückverweisen. Nach wie vor ist er an übercodierte Abduktionen gebunden.

Dennoch kann er die Spuren, nachdem er sie in *jenem* Wald und zu genau *jenem* Zeitpunkt gefunden hat, nun als das konkrete Ereignis der indexikalischen Feststellung: »Hier ist ein Pferd gewesen« bestimmen. Indem er erneut vom Typus zum Token übergeht, bewegt Zadig sich von dem Universum der Intensionen in das Universum der Extensionen. Und selbst in diesem Fall sind wir Zeugen einer übercodierten deduktiven Leistung: Die Entscheidung, wann eine indexikalische Feststellung produziert wird und daß sie produziert wird, um Zustände unserer Erfahrungswelt einzufangen, ist weiterhin eine Sache der pragmatischen Konvention.

Nachdem er alle diese Decodierungsabduktionen erfolgreich vollzogen hat, verfügt Zadig immer noch über nichts weiter als die Erkenntnis unzusammenhängender, überraschender Sachverhalte, nämlich:

– Ein x, das ein Pferd ist, ist an dieser Stelle vorbeigekommen;

– ein y (nicht identifiziert) hat die Zweige abgeknickt;

– ein k (nicht identifiziert) hat etwas Goldenes gegen den Stein gerieben;

- ein j (nicht identifiziert) hat silberne Spuren auf bestimmten Kieseln hinterlassen;
- ein z (nicht identifiziert) hat den Staub von den Blättern gewischt. / [212]

II.3 Untercodierte Abduktionen

Die verschiedenen visuellen Aussagen, die Zadig behandelt, können entweder eine unzusammenhängende *Serie* oder eine kohärente *Sequenz*, also einen Text, bilden. Eine Serie als eine textuelle Sequenz zu erkennen, bedeutet, ein textuelles Thema zu erkennen, herauszufinden, »wovon der Text handelt«, was die Errichtung einer kohärenten Verbindung zwischen unterschiedlichen und weiterhin unzusammenhängenden Textdaten ermöglicht. Die Identifizierung eines textuellen Themas stellt einen Fall von untercodierter Abduktionsleistung dar.

Oft ist ungewiß, ob das entdeckte Thema nun das »gültige« ist oder nicht, und das Verfahren der Textinterpretation kann zu verschiedenen und einander widerstreitenden semantischen Darstellungen führen. Damit ist der Beweis erbracht, daß bei jeder Textinterpretation Abduktionen unter vielen möglichen Lesarten desselben Textes angestellt werden. So geht auch Zadig vor.

Wenn er eine Serie von allgemein codierten intertextuellen Konventionen oder *Rahmen* angenommen hat, nach denen (a) Pferde für gewöhnlich den Staub mit dem Schweif abwischen, (b) Pferde goldene Zaumzeuge und silberne Beschläge haben und (c) Steine für gewöhnlich Fragmentspuren schmiedbarer Metallkörper zurückbehalten, sobald diese in einen heftigen Zusammenstoß mit ersteren verwickelt werden und so fort, wird Zadig damit in die Lage versetzt (auch wenn mehrere andere Phänomene dieselben Wirkungen auslösen könnten), seine Textkonstruktion auf die Probe zu stellen.

Dabei zeichnet sich allmählich ein kohärentes Bild ab: der definitive Entwurf einer Geschichte mit *einem einzigen* Gegenstand, auf den sich verschiedene Symptome und Indizien gleichzeitig beziehen. Zadig hätte ebenso gut eine völlig andere Rekonstruktion versuchen können. So zum Beispiel, daß ein Ritter in goldener Rüstung und mit silberner Lanze, den sein Pferd abgeworfen hatte, die Zweige geknickt und mit seinem Zubehör

309

die Steine berührt hat ... Sicherlich hat Zadig die »korrekte«
Interpretation nicht kraft eines mysteriösen »Rate-Instinktes«
gewählt. Zunächst einmal lagen Gründe ökonomischer Art vor:
Ein einzelnes Pferd war ökonomischer als ein Pferd mit Reiter.
Darüber hinaus kannte Zadig viele analoge intertextuelle Rahmen (kanonische Geschichten von Pferden, die aus ihrem Stall
ausgebrochen waren), worauf er mittels einer untercodierten
Abduktion aus vielen möglichen intertextuellen Gesetzen das
allerwahrscheinlichste wählte.

Das genügte jedoch noch nicht. Voltaire ist in diesem Punkt
nicht explizit; nehmen wir jedoch an, Zadig habe im Geiste viele
alternative Hypothesen erwogen und sich erst in dem Augenblick definitiv für die endgültige entschieden, als er den Hofleu-
ten auf der Suche nach dem Pferd begegnete. Erst an dieser Stelle
wagte es Zadig, seine endgültige Meta-Abduktion zu versuchen,
wie wir später noch sehen werden. Es versteht sich von selbst,
daß alle das Pferd betreffenden Überlegungen auch für die
Hündin gelten.

Es sollte abschließend bemerkt werden, daß das Gesamtbild
durch untercodierte Abduktionsleistungen zustandegekommen
zu sein scheint, ohne daß dabei kreative Abduktionen zu Hilfe
genommen worden wären. Schließlich untersucht Zadig lediglich eine »normale« Geschichte. /

[213]

II.4 Auf der Schwelle zur Meta-Abduktion

Zadig verfügt nicht über die wissenschaftliche Gewißheit, daß
seine Texthypothese *wahr* ist: sie ist lediglich *textuell wahrscheinlich*. Zadig verkündet sozusagen ein *teleologisches* Urteil.
Er beschließt, die gesammelten Daten so zu interpretieren, als
seien sie harmonisch miteinander verbunden.

Er *wußte* schon vorher, daß es da ein Pferd und darüber
hinaus vier weitere, nicht identifizierte Verursacher gab. Er
wußte, daß es sich bei diesen fünf Verursachern um Vertreter der
tatsächlichen Welt seiner eigenen Erfahrung handelte. Nun
glaubt er außerdem, daß das Pferd einen langen Schwanz hatte,
fünfzehn Fuß hoch war, ein goldenes Zaumzeug und silberne
Beschläge trug. Ein solches Pferd gehört allerdings nicht unbedingt zu der tatsächlichen Welt von Zadigs Erfahrungen. Es

gehört vielmehr zu der textuell möglichen Welt, die Zadig
errichtet hat, zu der Welt von Zadigs stark motivierten Entscheidungen, zu der Welt von Zadigs Einstellung zur Behauptung.
Untercodierte Abduktionen – von den kreativen ganz zu
schweigen – sind Mittel zur Weltschöpfung. Es ist von Wichtigkeit, die modale Natur von Zadigs textlicher Abduktion zu
erkennen, um die folgenden Ereignisse zu verstehen.

Der Hofjägermeister und der Obereunuch verfügen über
wenig semiotische Raffinesse. Ihnen geht es einzig und allein um
die beiden Tiere, die sie kennen und die sie in pseudodefinitiven
Beschreibungen (oder »degenerierten Eigennamen«) wie »der
Hund der Königin« und »das Pferd des Königs« *erwähnen*. Da
sie auf der Suche nach zwei bestimmten Individuen sind, gebrauchen sie ganz richtig den bestimmten Artikel: »*der* Hund, *das*
Pferd«.

Bei der Beantwortung ihrer Fragen steht Zadig vor zwei
Alternativen. Er kann das Extensionsspiel akzeptieren: Im Umgang mit Menschen, denen es um die Aussonderung von gegebenen Individuen geht, kann er eine Meta-Abduktion versuchen;
er ist in der Lage, eine »redliche Vermutung« anzustellen,
derzufolge sowohl das Pferd als auch der Hund *seiner eigenen*
textuellen Welt mit jenen beiden, die die Hofbeamten kennen,
identisch sind. Dieser Art der Abduktion bedient sich der Detektiv zumeist: »Das mögliche Individuum, das ich als Einwohner
meiner vermuteten Welt bezeichnet habe, ist dasselbe wie das
Individuum der *tatsächlichen* Welt, nach dem gesucht wird.«
Dieses Verfahren setzt gewöhnlich Sherlock Holmes ein. Dabei
sind Holmes und seine Gesinnungsgenossen jedoch an eben den
Dingen interessiert, die für Zadig gleichgültig waren, nämlich
wieviele cm³ Wasser unter einer Brücke durchfließen und wie
man aus Flaschenscherben Porzellan herstellt.

Ganz dem Studium des Buches der Natur hingegeben, würde
sich Zadig wohl für die zweite Alternative entscheiden. Seine
Antwort lautete dann vielleicht: »Wenn ich von der Welt *meiner*
Hypothesen ausgehe, dann *glaube* ich nachdrücklich, daß *ein*
Pferd und *ein* Hund hier waren; ich *weiß* dabei nicht, ob sie mit
den Individuen, auf die *Ihr* Euch bezieht, identisch sind.«

Zadig beginnt mit der ersten Alternative. Als guter Sherlock
Holmes blufft er: »*Euer* Hund ist eine Hündin, und *Euer* Pferd

311

[214] ist der beste Galoppierer im / Stall ...« In ihrer Doktor-Watson-Rolle zeigen sich die Hofbeamten gebührend überwältigt: »In der Tat!«

Die Ermittlung ist von Erfolg gekrönt, und Zadig könnte seinen Triumph nun stolz genießen. Als die Hofbeamten jedoch ganz selbstverständlich annehmen, daß Zadig ihre eigenen Tiere kennt und ihn nicht ganz unberechtigterweise fragen, wo sie seien, entgegnet Zadig, daß er sie weder jemals gesehen, noch jemals von ihnen gehört habe. Er distanziert sich in dem Augenblick von seiner Meta-Abduktion, als er sich ihrer Richtigkeit gewiß ist.

Wahrscheinlich ist er so stolz auf seine Fähigkeit, textuelle Welten zu errichten, daß er sich auf ein rein extensionales Spiel einlassen will. Er fühlt sich hin- und hergerissen zwischen seiner ungeheuren Bravour bei der Erschaffung möglicher Welten und seinem praktischen Erfolg. Als Meister der Abduktion wünscht er sich geehrt zu sehen, nicht als Träger empirischer Wahrheiten. Anders ausgedrückt: er ist mehr an einer *Theorie* der Abduktion als an wissenschaftlicher *Forschung* interessiert. Natürlich können weder die Hofbeamten noch die Richter diesen interessanten Fall epistemologischer Schizophrenie begreifen. So verurteilen sie Zadig »für seine Aussage, er habe gar nicht gesehen, was er doch [fraglos] gesehen hatte«. Welch herrliches Beispiel für einen Dialog zwischen einem Mann mit guten Intensionen und ein paar Männern mit begrenzten Extensionen!

Zadig begreift jedoch nicht, daß er sich selbst bereit erklärt hat, beim Spiel seiner Gegner mitzuspielen, als er in einem Sprachspiel die bestimmten Artikel und Pronomen als Identitätsoperatoren akzeptierte (während seines Gespräches mit den Hofmeistern bezog er sich ständig mittels definitiver *shifters* auf die Tiere: »*Es* ist eine Hündin ... *Sie* hat sehr lange Ohren ... *Sein* Schweif ... *Das* Pferd ...«). Diese Indices bezogen sich (für ihn) auf seine mögliche Welt, für die Hofmeister jedoch auf ihre »tatsächliche« Welt. Zadig erwies sich, tyrannisiert von seiner Schizophrenie, als nicht geschickt genug bei der Handhabung der Sprache. Unfähig, sein Schicksal als das eines Sherlock Holmes zu akzeptieren, schreckte Zadig vor der Meta-Abduktion zurück.

III. SOHLEN

III.1 Kreative Abduktionen

Viele der sogenannten »Deduktionen« von Sherlock Holmes stellen Fälle von kreativen Abduktionen dar. In CARD findet Holmes heraus, was Watson vor sich hingemurmelt hatte, indem er dessen Gedankengänge an seiner Mimik und besonders an seinen Augen abliest. Die Tatsache, daß der Gedankengang, den Holmes sich vorstellte, bis ins kleinste mit dem von Watson tatsächlich vollzogenen übereinstimmte, ist der Beweis dafür, daß Holmes »richtig« erfunden hat (oder jedenfalls in Übereinstimmung mit einem bestimmten »natürlichen Verlauf«). Dennoch handelt es sich immer noch um *Erfindung.*

Etymologisch betrachtet bedeutet »erfinden« das Herausfinden von etwas bereits / irgendwo Existierendem, und Holmes [215] »erfand« in eben dem Sinn, den Michelangelo meinte, als er sagte, der Bildhauer entdeckte in dem Stein die Statue, die das Material bereits umgebe und die von dem Übermaß *(soverchio)* des Steines verdeckt gewesen sei.

Watson warf seine Zeitung zu Boden und starrte auf das Porträt des General Gordon. Ohne Zweifel war das *eine Tatsache.* Daß er danach zu einem anderen (ungerahmten) Porträt hinübersah, war eine weitere *Tatsache.* Und daß er dabei an die Verbindung zwischen den beiden Porträts gedacht haben mag, läßt sich als untercodierte Abduktion ansehen, die sich auf Holmes' Kenntnis von Watsons Interesse an der Innenarchitektur gründete. Doch daß Watson, von diesem Punkt ausgehend, an die Ereignisse in Beechers Laufbahn dachte, war ohne Zweifel ein Fall von kreativer Abduktion. Ebensogut hätte Watson anhand einer Episode des amerikanischen Bürgerkrieges die Heldenhaftigkeit jenes Krieges mit den Schrecken der Sklaverei vergleichen können. Oder er hätte über die Schrecken des afghanischen Krieges nachsinnen können, wobei sein Lächeln von der abschließenden Erkenntnis ausgelöst sein konnte, daß seine Wunde ein annehmbarer Preis für sein Überleben war.

Es ist wichtig zu verstehen, daß Watson in jenem Kosmos der Erzählung, der von einer Art Komplizentum zwischen dem Verfasser und seinen Figuren gekennzeichnet ist, keine anderen

313

Gedanken als seine tatsächlichen hätte verfolgen können, so daß
wir den Eindruck gewinnen, daß Holmes die einzig möglichen
Merkmale von Watsons innerem Monolog isoliert hat. Wäre die
Welt der Erzählung jedoch die »wirkliche« Welt, so hätte Watsons innerer Monolog noch viele andere Richtungen einnehmen
können. Sicher bemühte sich Holmes, Watsons Gedankengang,
so wie er hätte verlaufen sollen, zu imitieren (ars imitatur
naturam in sua operatione!); er war jedoch gezwungen, von
Watsons möglichen Denkprozessen (die wahrscheinlich alle
gleichzeitig abliefen) denjenigen auszuwählen, der die größte
ästhetische Kohärenz, die größte »Eleganz« aufwies. Holmes
erfand somit eine Geschichte. Es war reiner Zufall, daß diese
mögliche Geschichte mit der tatsächlichen übereinstimmte.

Dasselbe ästhetische Kriterium bestimmte die kopernikanische Intuition der heliozentrischen Theorie in De revolutionibus
orbium coelestium. Kopernikus fand das Ptolemäische System
unelegant und meinte, es fehle ihm an Harmonie, so wie einem
Gemälde, auf dem der Maler alle Einzelteile reproduziert habe,
ohne diese in ein zusammenhängendes Ganzes zu integrieren.
Deshalb, befand Kopernikus, müsse die Sonne das Zentrum des
Universums bilden, denn nur so könne sich die bewundernswer-
te Symmetrie der erschaffenen Welt offenbaren. Im Gegensatz
zu Galilei und Kepler beobachtete Kopernikus nicht die Positionen von Planeten. Er entwarf im Geist eine mögliche Welt,
deren Gewährleistung darin bestand, daß sie gut konstruiert und
von wohlgestalteter Eleganz war.

Folgen wir einmal dem Gedankengang, der Holmes (SIGN)
zu dem Schluß führt, daß Watson auf das Postamt in der
Wigmore Street gegangen ist, um ein Telegramm aufzugeben.
Der einzige überraschende Sachverhalt bestand darin, daß sich
[216] unter Watsons Schuhsohlen ein paar rötliche Erdkrumen / fanden. Nun wäre das im London des 19. Jahrhunderts, das noch
keine Straßenpflasterung für Autos kannte, als Tatsache eigentlich nicht besonders überraschend gewesen. Holmes konzentrierte seine Aufmerksamkeit jedoch deshalb auf Watsons Schuhe, weil ihm bereits eine Idee vorschwebte. Wir wollen aber
Conan Doyle trauen und zugeben, daß diese Tatsache an sich
schon überraschend genug war.

Die erste Abduktion ist eindeutig übercodiert: Leute, die Erde

314

an ihren Sohlen sitzen haben, sind über einen ungepflasterten Weg gegangen und so weiter. Die zweite Abduktion ist untercodiert: Warum Wigmore Street? Weil diese Erde eine bestimmte Färbung hat. Warum aber nicht annehmen, daß Watson eine Droschke genommen und so gleich das ganze Viertel verlassen hat? Weil die Wahl der nächsten Straße das Vernunftskriterium der Sparsamkeit erfüllt. Elementar. Diese beiden Abduktionen (die sich im Jargon von Doyle-Holmes schlicht »Beobachtungen« nennen) geben noch keine Auskunft darüber, daß Watson das Postamt betreten hat.

Halten wir fest, daß, wenn Holmes auch auf der Grundlage seiner Kenntnis der Welt in der Lage war, das Postamt als das wahrscheinlichere Ziel Watsons anzusehen, alle äußeren Umstände *gegen* diese Annahme sprechen: Holmes wußte, daß Watson weder Briefmarken noch Postkarten benötigte. Um an die letzte Möglichkeit (das Telegramm) zu denken, mußte Holmes bereits beschlossen haben, daß Watson ein Telegramm aufgeben wollte! Holmes erinnert an einen Richter, der überzeugendes Beweismaterial dafür zusammengetragen hat, daß ein bestimmter Angeklagter sich zur betreffenden Zeit nicht am Schauplatz des Verbrechens befand, und daraus schließt, daß dieser Angeklagte deshalb zur gleichen Zeit ein anderes Verbrechen an einem anderen Ort begangen haben muß. Da es Watson an 93 Prozent der Gründe fehlte, um zum Postamt zu gehen, beschloß Holmes (anstatt daraus zu folgern, daß diese Hypothese nicht plausibel sei), daß Watson also aufgrund der verbleibenden 7 Prozent dorthingegangen war. Tatsächlich eine merkwürdig halluzinatorische 7-Prozent-Lösung! Um einer solchen schwachen Wahrscheinlichkeit Plausibilität zu verleihen, mußte Holmes von der Annahme ausgehen, daß Watson jedenfalls ein regelmäßiger Postkunde sei. Nur unter dieser Bedingung kann das Vorhandensein von Briefmarken und Postkarten als Beweis dafür genommen werden, daß Watson ein Telegramm verschickt hat. Holmes wählt also nicht aus lauter begründeten Wahrscheinlichkeiten eine aus, was ja ein Fall von untercodierter Abduktion wäre. Im Gegenteil, er setzt gegen alle Wahrscheinlichkeit und erfindet lediglich um der Eleganz willen.

III.2 Meta-Abduktionen

Der Übergang von einer kreativen Abduktion zu einer Meta-Abduktion ist typisch für das rationalistische Denken des 17. und 18. Jahrhunderts. Um so zu denken wie Holmes, muß man fest davon überzeugt sein, daß »*ordo et connexio idearum idem est ac ordo et connexio rerum*« (Spinoza, *Ethica*, II, 7) und daß sich die Gültigkeit eines komplexen Konzeptes in der Möglichkeit zeigt, es bis in seine einfachsten Grundbestandteile zu analysie-[217] ren, von denen jeder / rational *möglich* erscheinen muß: eine Leistung der freien Gestaltung von Konzepten, die Leibniz »Intuition« nannte (*Nouveaux essais sur l'entendement humain*, IV,1,1; vgl. Gerhardt, 1875–1890, V:347). Nach Leibniz kann der Ausdruck dem ausgedrückten Ding *ähnlich* sein, wenn sich eine bestimmte Analogie zwischen ihrer jeweiligen Struktur beobachten läßt, da Gott als der »Autor« sowohl der Dinge als auch des Denkens unserer Seele eine Denkfähigkeit eingeprägt hat, die in Übereinstimmung mit den Naturgesetzen zu funktionieren vermag (*Quid sit idea*, Gerhardt, 1875–1890, VII:263). »*Definitio realis est ex qua constat definitum esse possibile nec implicare contradictionem ... Ideas quoque rerum non cogitamus, nisi quatenus earum possibilitatem intuemur*« (*Specimen inventorum de admirandis naturae generalis arcanis*, Gerhardt, 1875–1890, VII:310).

Holmes kann seine Meta-Abduktionen nur deshalb versuchen, weil er glaubt, seine kreativen Abduktionen seien durch eine enge Verknüpfung zwischen Denken und äußerer Welt gerechtfertigt. Vielleicht liefert sein rationalistischer Hintergrund die Erklärung dafür, warum er darauf besteht, seine Art des logischen Denkens »Deduktion« zu nennen. In einem Kosmos, der durch eine von vornherein angelegte Parallelität zwischen *res extensa* und *res cogitans* (oder durch eine präestabilierte Harmonie) bestimmt ist, impliziert das vollständige Konzept einer individuellen Substanz alle ihre vergangenen und zukünftigen Prädikate (Leibniz, *Primae veritates;* Couturat, 1903: 518–523).

Peirce spricht vom Symbol als einem Gesetz oder einer Regelmäßigkeit von unbestimmter Zukunft (2.293) und stellt fest, daß jede Proposition ein rudimentäres Argument sei (2.344); und mehr als einmal zeigt er ein gewisses Vertrauen in die Existenz eines »*lumen naturale*« als Affinität zwischen Geist und Natur (1.630; 2.753 ff.; 5.604; 5.591; 6.604). Doch selbst wenn er unterstreicht, daß »allgemeine Prinzipien tatsächlich in der Natur wirksam werden« (5.501), geht es ihm vor allem darum, eine (scotistische) »realistische« Aussage zu machen, wobei er nicht selten Kritik am Leibniz'schen Rationalismus übt (vgl. z. B. 2.370).

Peirce vertritt die Ansicht, daß Vermutungen eine gültige Form des Schlußverfahrens darstellen, insofern sie sich aus vorausgegangener Beobachtung nähren, auch wenn sie *vielleicht* alle ihre abwegigen Folgerungen und Konsequenzen lediglich erahnen. Peirces Vertrauen in eine solche Übereinstimmung zwischen dem Verlauf der Gedanken und dem der Ereignisse ist eher evolutionistisch als rationalistisch (Fann, 1970: 2.3). Die Gewißheit, die die Abduktion bietet, schließt mitnichten den *Fehlbarkeitsgrundsatz* aus, der jede wissenschaftliche Fragestellung bestimmt (1.9), »denn der Fehlbarkeitsgrundsatz besagt, daß unsere Erkenntnis nie absolut ist, sondern sozusagen in einem Kontinuum von Ungewißheit und Unbestimmtheit treibt« (1.171).

Holmes dagegen irrt sich nie. Im Gegensatz zu Zadig ist Holmes frei von Zweifeln, wenn er die Meta-Wette hält, daß die von ihm entworfene mögliche Welt mit der »realen« identisch sei. So wie er privilegiert ist, in einer von Conan Doyle geschaffenen Welt zu leben, um seine egozentrischen Bedürfnisse zu befriedigen, so fehlt es ihm auch nicht an unmittelbaren Beweisen für seinen Scharfsinn. Watson existiert (erzähltheoretisch) / [218] nur, um seine Hypothesen zu verifizieren: »Was ist das, Holmes? Das übertrifft alles, was ich mir hätte vorstellen können!« (CARD). »Tatsächlich! Ich muß allerdings zugeben, daß ich nicht so recht verstehe, wie Sie darauf gekommen sind ...« (SIGN). Watson stellt die unanfechtbare Garantie dafür dar, daß sich Holmes Hypothesen nicht weiter falsifizieren lassen.

Über dieses Privileg verfügt Karl Popper nicht; doch gab ihm das Fehlen dieses Privilegs andererseits die Möglichkeit, eine Logik wissenschaftlicher Forschung zu entwickeln. Während in der Kriminalgeschichte ein allmächtiger Gott die Hypothesen ein für allemal verifiziert, stellen Meta-Abduktionen in der

»realen« wissenschaftlichen Forschung (so wie auch in der realen
kriminalistischen, medizinischen oder philologischen Untersuchung) eine furchteinflößende Angelegenheit dar. *Zadig* ist keine Kriminalgeschichte, sondern eine philosophische Erzählung,
deren eigentliches Thema eben dieser Abgrund der Meta-Abduktion ist. Um diesem Abgrund zu entkommen, verknüpfte
Peirce die Abduktionsphase strikt mit der Deduktionsphase:

> »Die Retroduktion bietet keinerlei Sicherheit. Die Hypothese muß
> geprüft werden. Diese Prüfung muß, um logisch gültig zu sein,
> ehrlich und also nicht wie die Retroduktion mit einer genauen
> Untersuchung der Phänomene beginnen, sondern mit der Untersu-
> chung der Hypothese und einer Musterung jeglicher Art von kondi-
> tionalen Erfahrungskonsequenzen, die sich aus ihrer Wahrheit ergä-
> ben. Eben dies bildet das zweite Stadium der Nachforschung«
> (6.470).

Dieses deutliche Bewußtsein von dem, was wissenschaftliche
Forschung sein sollte, schloß nicht aus, daß Peirce selbst bei
vielen Gelegenheiten am meta-abduktiven Spiel teilnahm. Wir
sind gezwungen, im Alltagsleben Abduktionen zu vollziehen,
bei denen oft keine Zeit zu weiterer Prüfung bleibt. Nehmen wir
z. B. den Fall des Mannes unter dem Baldachin:

> »Einmal ging ich in dem Seehafen einer türkischen Provinz an Land;
> und als ich so zu dem Haus hinaufstieg, das ich besuchen wollte,
> begegnete ich einem Mann zu Pferde, der von vier weiteren Reitern
> begleitet war, die einen Baldachin über sein Haupt hielten. Da mir
> außer dem Statthalter jener Provinz niemand einfiel, dem eine solche
> Ehre zukäme, schloß ich, daß dieser Mann der Statthalter sein müsse.
> Damit stellte ich eine Hypothese auf« (2.265).

Eigentlich stellte Peirce sogar zwei Schlußfolgerungen an. Die
erste war eine Hypothese oder übercodierte Abduktion: er
kannte das allgemeine Gesetz, demzufolge in der Türkei ein
Mann mit einem Baldachin über dem Kopf ein Würdenträger
sein mußte, und malte sich aus, daß der Mann, dem er begegnete, einen Fall dieses unstrittigen Gesetzes darstellte. Bei der
zweiten handelte es sich um eine untercodierte Abduktion: unter
den verschiedenen Würdenträgern, die sich an jenem Ort hätten
aufhalten können (warum nicht ein Minister aus Istanbul auf
Besuch?), war der Statthalter der Provinz der plausibelste. Wir

können annehmen, daß Peirce von diesem Punkt aus seine zweite Abduktion so betrachtete, als sei dies der Fall, und sich dementsprechend verhielt. /   [219]
Die in diesem Buch (Kap. 2) von Sebeok und Umiker-Sebeok analysierte Geschichte (um die gestohlene Ankeruhr) schließt eine ganze Reihe von gewagten kreativen Abduktionen ein, auf die Peirce sich ohne weitere Prüfung verließ und die er bis ganz zum Schluß als gegebene Fälle behandelte. Peirces Meta-Abduktion bestand darin, auf das Endergebnis zu wetten, ohne Zwischentests abzuwarten.

Der wahre Unterschied zwischen Abduktionen vom Sachverhalt auf Gesetze und Abduktionen und solchen von Sachverhalten auf Sachverhalte liegt wahrscheinlich in der meta-abduktionalen Flexibilität, also dem Mut, ohne weitere Prüfungen die grundsätzliche Fehlbarkeit, die alle menschliche Erkenntnis beherrscht, herauszufordern. Deshalb unterlaufen Detektiven im »wirklichen« Leben häufiger (oder häufiger sichtbare) Irrtümer als Wissenschaftlern. Detektive werden von der Gesellschaft für die Unverschämtheit belohnt, Wetten aufgrund der Meta-Abduktionen einzugehen, während Wissenschaftlern soziale Anerkennung für ihre Geduld bei der Prüfung ihrer Abduktionen gewährt wird. Um die nötige intellektuelle und moralische Kraft für diese Prüfungen zu gewinnen, immer neue Prüfungen anzustreben und hartnäckig eine Abduktion aufrechtzuerhalten, bevor sie definitiv bewiesen worden ist, bedürfen natürlich auch die Wissenschaftler der Meta-Abduktion. Der Unterschied zu den Detektiven besteht in ihrer Weigerung, ihre Annahmen zum Dogma zu erheben, und in ihrer Standhaftigkeit, motivierte Vermutungen nicht aufzugeben. Bertolt Brechts *Leben des Galilei* handelt von der Schwierigkeit, eine solche Vermutung entgegen den allgemein vertretenen Abduktionen aufrechtzuerhalten (sowie von der ständigen Versuchung, eine solche unwahrscheinliche Vermutung aufzugeben).

In den fiktional-möglichen Welten sehen die Dinge rosiger aus. Da erfindet Nero Wolfe elegante Lösungen für verworrene Situationen, um dann alle Verdächtigen in seinem Zimmer zu versammeln und seine Geschichte vorzutragen, *als sei* sie der Fall. Rex Stout tut ihm den Gefallen, den »echten« Schuldigen reagieren zu lassen, gesteht dadurch seine eigene Schuld ein und

319

bestätigt Wolfes geistige Überlegenheit. Weder Galilei noch Peirce konnten derartige gesellschaftliche Erfolge in ihrem Leben verbuchen; und solches Mißgeschick sollte sich auch epistemologisch begründen lassen. Während also die Geschichte von den Sohlen eine von der Unfehlbarkeit und die Geschichte von den Hufen eine von der Furcht vor dem Abgrund der Unfehlbarkeit war, ist und bleibt die von den Hörnern und den Bohnen die Geschichte der menschlichen Fehlbarkeit. Das ergibt zumindest einen Gesichtspunkt, zu dem Peirce und Conan Doyle (*via* Voltaire) nicht dieselbe Geschichte erzählen.

Bibliographie

Agamben, G.
1975 »Aby Warburg e la scienza senza nome.« *Prospettive Settanta* (Juli–September).

Alpher, Ralph A., Hans Bethe, und George Gamow
1948 »The Origin of Chemical Elements.« *Physical Review, 73* (7): 803–804.

Anderson, Sir Robert
1903 »Sherlock Holmes, Detective, as Seen by Scotland Yard.« *T. P.'s Weekly, 2* (Oktober): 557–558.

Anonymus
1959 *Sir Arthur Conan Doyle Centenary 1859–1959.* London: John Murray.

Argan, Giulio C., und Maurizio Fagiolo
1974 *Guida alla storia dell'arte.* Florenz: Sansoni.

Aristoteles
1951 *Kategorien* und *Hermeneutik.* In *Die Lehrschriften*, hrsgg. und übers. von P. Gohlke. Paderborn: Schöningh. Abt. II, Bd. 1.
1952 *Topik.* In *Die Lehrschriften*, a.a.O., II, 4.
1953 *Erste Analytik [Analytica priora].* In *Die Lehrschriften*, a.a.O., II, 2.
1953 *Zweite Analytik [Analytica posteriora].* In *Die Lehrschriften*, a.a.O., II, 3.

Ashton-Wolfe, H.
1932 »The Debt of the Police to Detective Fiction.« *The Illustrated London News*, Februar, *27:* 320–328.

Averlino, Antonio (Pseud. Filarete)
1972 *Trattato di architettura*, hrsgg. von A. M. Finoli und L. Grassi. Bd. I. Mailand: Ed. Il Polifilo.

Ayim, Maryann
1974 »Retroduction: The Rational Instinct.« *Transactions of the Charles S. Peirce Society, 10:* 34–43.

Baldi, Camillo
1625 *Trattato* ... Mailand: G. B. Bidelli.

Baldinucci, Filippo
1681 *Lettera ... nella quale risponde ad alcuni quesiti in materie di pittura.* Rom: Tinassi.

Ball, John
1958 »The Twenty-Three Deductions.« *The Baker Street Journal*, Neue Folge, *8* (Oktober): 234–237.

Baring-Gould, William S.
1955   *The Chronological Holmes.* New York: Privatdruck.
1962   *Sherlock Holmes of Baker Street: A Life of the World's First Consulting Detective.* New York: Clarkson N. Potter.
1967   (Hrsg.) *The Annotated Sherlock Holmes.* 2 Bde. New York: Clarkson N. Potter.
Bell, Harold W.
1932   *Sherlock Holmes and Dr. Watson: The Chronology of Their Adventures.* London: Constable.
1934   *Baker Street Studies.* London: Constable.
Bell, Joseph
1893   »Mr. Sherlock Holmes.« Einführung zur vierten Auflage von *A Study in Scarlet.* London: Ward, Lock & Bowden. (Zuvor veröffentlicht in *Bookman* [London].)
Bell, Whitfield J., Jr.
1947   »Holmes and History.« *The Baker Street Journal,* Erste Folge, 2 (Oktober): 447–456.
Benjamin, Walter
1966   *Angelus Novus. Ausgewählte Schriften.* Bd. II. Frankfurt/M.: Suhrkamp.
1974   [1936] »Das Kunstwerk im Zeitalter seiner technischen Reproduzierbarkeit.« *Gesammelte Schriften,* Bd. I, 2. Frankfurt/M.: Suhrkamp.
Berg, Stanton O.
1970   »Sherlock Holmes: Father of Scientific Crime Detection.« *Journal of Criminal Law, Criminology, and Police Science, 61:* 446–452.
Bernoulli, Jakob
1713   *Ars Conjectandi.* Basel: Impensis Thurnisiorum.
Bernstein, Richard J. (Hrsg.)
1964   *Perspectives on Peirce.* New Haven, Conn.: Yale University Press.
Bertillon, Alphonse
1883   *L'identité des récidivistes et la loi de relégation.* Paris: G. Masson.
1893 *a Album.* Melun.
1893 *b Identification anthropométrique; instructions signalétique.* Melun.
Beth, E. W.
1955   »Semantic Entailment and Formal Derivability.« *Mededilingen van de Koninklijke Nederlandse Akademie van Wetenschappen, Afd. Letterkunde,* N. R., *18* (13): 309–342.

Bigelow, S. Tupper
1959 *An Irregular Anglo-American Glossary of More or Less Familiar Words, Terms and Phrases in the Sherlock Holmes Saga.* Toronto: Castalotte and Zamba.

Bignami-Odier, Jeanne
1973 *La Bibliothèque vaticane de Sicte IV à Pie XI.* Vatikan: Biblioteca Apostolica Vaticana.

Black, Max
1967 »Induction.« In *The Encyclopedia of Philosophy*, hrsgg. von Paul Edwards *et al.*, *4:* 169–181. New York: Macmillan.

Blakeney, Thomas S.
1932 *Sherlock Holmes: Fact or Fiction?* London: John Murray.

Bloch, Marc L. B.
1924 *Les rois thaumaturges. Étude sur le caractère surnaturel attribué à la puissance royale particulièrement en France et en Angleterre.* Straßburg; erneut Paris: Armand Colin, 1969.
1949 *Apologie pour l'histoire ou métier d'historien.* Paris: Armand Colin; dt. *Apologie der Geschichte oder Der Beruf des Historikers.* Stuttgart: Klett, 1974.

Bonfantini, Massimo A., und Marco Macciò
1977 *La neutralità impossibile.* Mailand: Mazotta.

Bottéro, I.
1974 »Symptômes, signes, écritures.« In *Divination et Rationalité*, hrsgg. von J.-P. Vernant *et al.* Paris: Seuil.

Bozza, Tommaso
1949 *Scrittori politica italiani dal 1550 al 1650.* Rom.

Bremer, R.
1976 »Freud and Michelangelo's Moses.« *American Imago, 33.*

Brend, Gavin
1951 *My Dear Holmes, A Study in Sherlock.* London: Allen and Unwin.

Brown, Francis C.
1969 »The Case of the Man Who Was Wanted.« *The Vermissa Herald: A Journal of Sherlockian Affairs, 3* (April): 12. (Veröffentl. von den Scowrers, San Francisco, Calif.)

Buchler, Justus (Hrsg.)
1955 *Philosophical Writings of Peirce.* New York: Dover. (Erstveröffentl. 1940 als *The Philosophy of Peirce: Selected Writings.*)

Butler, Christopher
1970 *Number Symbolism.* New York: Barnes & Noble.

Caldera, A.
1924 *L'indicazione dei connotati nei documenti papiracei dell' Egitto greco-romano.* Mailand.

Campana, A.
1967 »Paleografia oggi. Rapporti, problemi e prospettive de una ›coraggiosa disciplina‹.« In *Studi urbinati, 41*, Neue Folge, B, *Studi in onore de Arturo Massolo.* Bd. II.
Campbell, Maurice
1935 *Sherlock Holmes and Dr. Watson: A Medical Digression.* London: Ash.
Canabis, Pierre Jean Georges
1823 *Œuvres Complètes.* Paris: Thurot. *An Essay on the Certainty of Medicine,* übers. von R. LaRoche. Philadelphia: R. Desilver. (Originaltitel: *Du degré de la certitude en médicine.*)
Canini, G.
1625 *Aforismi politici cavati dall'Historia d'Italia di Francesco Guicciardini.* Venedig.
Carr, John Dickson
1949 *The Life of Sir Arthur Conan Doyle.* New York: Harper & Bros.
Casamassima, Emanuele
1964 »Per una storia delle dottrine paleografiche dall'Umanesimo a Jean Mabillon.« In *Studi medievali,* S. III, Nr. 9.
Castañeda Calderón, Héctor Neri
1978 »Philosophical Method and the Theory of Predication and Identity.« *Nous, 12:* 189–210.
Castelnuovo, Enrico
1968 »Attribution.« In *Encyclopaedia Universalis,* II.
Cavina, A. Ottani
1976 »On the theme of landscape-II: Elsheimer and Galileo. *The Burlington Magazine.*
Cawelti, John G.
1976 *Adventure, Mystery, and Romance: Formula Stories as Art and Popular Culture.* Chicago, Ill.: University of Chicago Press.
Cazade, E., und Ch. Thomas
1977 »Alfabeto.« In *Enciclopedia,* I. Turin: Einaudi.
Cerulli, E.
1975 »Una raccolta persiana di novelle tradotta a Venezia nel 1557.« In *Atti dell'Accademia Nazionale dei Lincei,* 372. »Memorie della classe di scienze morali ...«, Serie VIII, Bd. XVIII, Nr. 4.
Chomsky, Noam
1979 *Language and Responsibility.* New York: Pantheon Books.

Christ, Jay Finley
1947 a *An Irregular Chronology of Sherlock Holmes of Baker Street.*
Ann Arbor, Mich.: Fanlight House.
1947 b *An Irregular Guide to Sherlock Holmes of Baker Street.* New
York: The Pamphlet House and Argus Books.
Christie, Winifred M.
1955 »Sherlock Holmes and Graphology.« *The Sherlock Holmes
Journal,* 2: 28–31.
Cohen, Morris R. (Hrsg.)
1949 *Chance, Love and Logic* von Charles Sanders Peirce. Magno-
lia, Mass.: Peter Smith (Erstveröffentlichung 1923).
Contini, Gianfranco
1972 »Longhi prosatore.« In *Alteri esercizi (1942–1971).* Turin:
Einaudi.
Cooper, Peter
1976 »Holmesian Chemistry.« In *Beyond Baker Street: A Sherlo-
ckian Anthology,* hrsgg. von Michael Harrison, S. 67–73.
Indianapolis, Ind.: Bobbs-Merrill.
Copi, Irving M.
1953 *Introduction to Logic.* New York: Macmillan.
Couturat, Louis
1903 *Opuscules et fragments inédits de Leibniz* Paris: Alcan.
Craig, William
1957 »Linear Reasoning: A New Form of the Herbrand-Gentzen
Theorem.« *Journal of Symbolic Logic,* 22: 250–285.
Cresci, G. F.
1622 *L'Idea.* Mailand: Naua.
Croce, Benedetto
1946 *La critica e la storia delle arti figurative; questioni di metodo.*
Bari: Laterza.
Crocker, Stephen F.
1964 »Sherlock Holmes Recommends Winwood Reade.« *The Baker Street Journal,* Neue Folge, *14* (September): 142–144.
Damisch, Hubert
1979 »La partie et le tout.« *Revue d'esthétique,* 2.
1977 »Le gardien de l'interprétation.« *Tel Quel, 44* (Winter).
De Giustino, David
1975 *Conquest of Mind: Phrenology and Victorian Social Thought.*
London: Croom Helm.
Derrida, Jacques
1975 »Le facteur de la vérité.« *Poétique, 21:* 96–147.
De Sanctis, Francesco
1938 *Lettere dall'esilio (1853–1860),* Bari: Laterza.

Détienne, Marcel, und Jean-Pierre Vernant
  1978   *Cunning Intelligence in Greek Culture and Society*, übers.
         von J. Lloyd. Atlantic Highlands, N. J.: Humanities Press.
         (Originaltitel: *Les ruses de l'intelligence. La métis des grecs.*
         Paris: Flammarion, 1974).
Diaconis, Persi
  1978   »Statistical Problems in ESP Research.« *Science, 201;* 131–
         136.
Dickens, Charles
  1843   *A Christmas Carol.* London: Chapman & Hall.
Diller, H.
  1932   *Hermes, 67:* 14–42.
Doyle, Adrian M. Conan
  1945   *The True Conan Doyle.* London: John Murray.
Doyle, Adrian M. Conan, und John Dickson Carr
  1954   *The Exploits of Sherlock Holmes.* New York: Random House.
Doyle, Sir Arthur Conan
  1924   *Memories and Adventures.* Boston: Little, Brown. (Double-
         day, Doran, Crowborough-Ausgabe, 1930.)
  1948   »The Case of the Man Who Was Wanted.« *Cosmopolitan, 125*
         (August): 48–51, 92–99.
  1952   *The Complete Sherlock Holmes.* Einb. Ausgabe (Ausgabe in
         2 Bdn., 1953.) Garden City, N., Y.: Doubleday.
  1968   *The Sherlockian Doyle.* Culver City, Calif.: Luther Norris.
Dubos, Jean Baptiste
  1729   *Reflexions critiques sur la poésie et sur la peinture.* Bd. II.
         Paris: Mariette.
Eco, Umberto
  1976   *A Theory of Semiotics.* Bloomington: Indiana University
         Press; dt. *Semiotik. Entwurf einer Theorie der Zeichen.* Mün-
         chen: Fink, 1986.
  1979   *The Role of the Reader.* Bloomington: Indiana University
         Press.
  1980   »Il cane e il cavallo: un testo visivo e alcuni equivoci verbali.«
         Versus, 25.
Eisele, Carolyn (Hrsg.)
  1976   *The New Elements of Mathematics by Charles S. Peirce.*
         4 Bde., Den Haag: Mouton.
Eritreo, J. N. (Gian Vittorio Rossi)
  1692   *Pinacotheca imaginum illustrium* ... Bd. II. Leipzig: Gledit-
         schi.
Esposito, Joseph L.
  1980   *Evolutionary Metaphysics.* Athens, Ohio University Press.

Étiemble, René
1973 *L'écriture*. Paris: Gallimard.
Fann, K. T.
1970 *Peirce's Theory of Abduction*. Den Haag: Martinus Nijhoff.
Feibleman, James
1946 *An Introduction to Peirce's Philosophy, Interpreted as a System*. New York: Harper & Bros.
Ferriani, M.
1978 »Storia e ›priestoria‹ del concetto di probabilita nell'età moderna.« *Rivista di filosofia, 10* (Februar).
Feyerabend, Paul K.
1975 *Against Method*. London: NLB; dt. *Wider den Methodenzwang*. Frankfurt/M.: Suhrkamp, 1976, ²1983.
1981 *Problems of Empiricism*. In *Philosophical Papers*. Bd. II. Cambridge: Cambridge University Press.
Fisch, Max H.
1964 »Was There a Metaphysical Club in Cambridge?« In *Studies in the Philosophy of Charles Sanders Peirce*, Zweite Folge, hrsgg. von Edward C. Moore und Richard S. Robin, 3–32. Amherst: University of Massachusetts Press.
1982 »The Range of Peirce's Relevance.« *The Monist, 65* (2).
Folsom, Henry T.
1964 *Through the Years at Baker Street: A Chronology of Sherlock Holmes*. Washington, N. J. Privatdruck.
Foucault, Michel
1963 *La naissance de la clinique*. Paris: P. V. F., ²1972; dt. *Die Geburt der Klinik. Eine Archäologie des ärztlichen Blicks*. München: Hanser, 1973.
1975 *Surveiller et punir*. Paris: Gallimard; dt. *Überwachen und Strafen. Die Geburt des Gefängnisses*. Ffm.: Suhrkamp, 1976.
1976 *Mikrophysik der Macht. Über Strafjustiz, Psychiatrie und Medizin*. Berlin: Merve.
Freud, Sigmund
1900 *Die Traumdeutung*. In *Gesammelte Werke*, Bd. II/III.
1914 »Der Moses des Michelangelo.« In *G. W.*, X: 172–201.
1923 *Das Ich und das Es*. In *G. W.*, XIII: 237–289.
1968 *Briefe 1873–1939*, hrsgg. von Ernst und Lucie Freud. Ffm.: S. Fischer.
Gaboriau, Émile
1869 *Monsieur Lecoq*. Bd. I: *L'Enquête*. Paris: Fayard.
Galilei, Galileo
1935 *Opere*. Bd. XIII. Florenz.
1965 *Il Saggiatore*, hrsgg. von Libero Sosio. Mailand: Feltrinelli.

Galton, Sir Francis
1892   *Finger Prints.* London und New York: Macmillan.
Gamow, George
1947   *One, Two, Three ... Infinity: Facts & Speculations of Science.*
New York: The New American Library.
Gardiner, Muriel (Hrsg.)
1971   *The Wolf-Man.* New York: Basic Books; dt. *Der Wolfsmann
vom Wolfsmann.* Frankfurt/M.: Fischer, 1972.
Gardner, Martin
1957   *Fads and Fallacies in the Name of Science.* New York: Dover.
(Originaltitel: *In the Name of Science.*)
1976   »The Irrelevance of Conan Doyle.« In *Beyond Baker Street: A
Sherlockian Anthology,* hrsgg. von Michael Harrison, 123–
135. Indianapolis, Ind.: Bobbs-Merrill.
1978   *Encyclopedia of Impromptu Magic.* Chicago, Ill.: Magic, Inc.
1981   *Science: Good, Bad, and Bogus.* Buffalo, N. Y.: Prometheus
Books.
Garin, Eugenio
1961   »La nuova scienza e il simbolismo del ›libro‹.« In *La Cultura
filosofica del Rinascimento italiano: ricerche e documenti.*
Florenz: Sansoni.
Gerhardt, Karl Immanuel
1875–1890 *Die philosophischen Schriften von G. W. Leibniz.*
7 Bde., Berlin.
Gernet, Jacques
1963   »La Chine: ascpects et fonctions psychologiques de l'écriture.« In *L'écriture et la psychologie des peuples.* Paris.
1974   »Petits écarts et grands écarts.« In *Divination et Rationalité,*
hrsgg. von J.-P. Vernant *et al.* Paris: Seuil.
Gilson, Étienne
1958   Peinture et réalité. Paris: Vrin; dt. *Malerei und Wirklichkeit.*
Salzburg 1965.
Ginoulhiac, M.
1940   »Giovanni Morelli. La Vita.« *Bergomum, 34.*
Ginzburg, Carlo
1979   »Spie. Radici di un paradigma indiziario.« In *Crisi della
ragione,* hrsgg. von Aldo Gargani, 57–106. Turin: Einaudi.
1980 *a   The Cheese and the Worms.* Baltimore, Md.: Johns Hopkins
University Press. (Originaltitel: *Il formaggio e i vermi.* Turin:
Einaudi, 1976; dt. *Der Käse und die Würmer.* Frankfurt/M.:
Suhrkamp, 1979).
1980 *b*   »Morelli, Freud and Sherlock Holmes: Clues and Scientific
Method.« *History Workshop, 9:* 7–36.

Giuntini, Francesco
1573 *Speculum astrologiae.* Lugdini: Tinghi.
Gombrich, E. H.
1966 »Freud's Aesthetics.« *Encounter, 26.*
1969 »The Evidence of Images.« In *Interpretation: Theory and Practice,* hrsgg. von Charles S. Singleton. Baltimore, Md.: Johns Hopkins University Press.
Goody, Jack
1977 *The Domestication of the Savage Mind.* Cambridge: Cambridge University Press.
Goody, J., und I. Watt
1962–1963 »The Consequences of Literacy.« In *Comparative Studies in Society and History, 5.*
Goudge, Thomas A.
1950 *The Thought of C. S. Peirce.* Toronto: University of Toronto Press.
Gould, Stephen Jay
1978 »Morton's Ranking of Races by Cranial Capacity.« *Science, 200*: 503–509.
Granger, Gilles G.
1960 *Pensée formelle et sciences de l'homme.* Paris: Aubier Montaigne.
Hacking, Ian
1975 *The Emergence of Probability: A Philosophical Study of Early Ideas about Probability, Induction and Statistical Inference.* London and New York: Cambridge University Press.
Hall, Trevor H.
1978 *Sherlock Holmes and His Creator.* London: Duckworth.
Hammett, Dashiel
1930 *The Maltese Falcon.* New York: Knopf.
1934 *The Thin Man.* New York: Knopf.
Hardwick, Charles S. (Hrsg.)
1977 *Semiotic and Significs: The Correspondence between Charles S. Peirce and Victoria Lady Welby.* Bloomington: Indiana University Press.
Hardwick, Michael, und Mollie Hardwick
1962 *The Sherlock Holmes Companion.* London: John Murray.
1964 *The Man Who Was Sherlock Holmes.* London: John Murray.
Harrison, Michael
1958 *In the Footsteps of Sherlock Holmes.* London: Cassell.
1971 »A Study in Surmise.« *Ellery Queen's Mystery Magazine, 57* (Februar): 60–79.

329

Hart, Archibald
    1948   »The Effects of Trades Upon Hands.« *The Baker Street Journal,* Erste Folge, *3* (Oktober): 418–420.
Haskell, Francis
    1963   *Patrons and Painters: A Study in the Relations between Italian Art and Society in the Age of the Baroque.* New York: Knopf.
Hauser, Arnold
    1958   *Philosophie der Kunstgeschichte.* München: Beck.
Havelock, Eric A.
    1973   *Cultura orale e civiltà della scrittura. Da Omera a Platone.* Bari: Laterza.
Haycraft, Howard
    1941   *Murder for Pleasure: The Life and Times of the Detective Story.* New York: D. Appleton-Century.
    1946   (Hrsg.) *The Art of the Mystery Story: A Collection of Critical Essays.* New York: Simon and Schuster.
Heckscher, William S.
    1967   »Genesis of Iconology.« In *Stil und Überlieferung in der Kunst des Abendlandes.* Bd. III. Berlin.
    1974   »Petites Perceptions: An Account of Sortes Warburgianae.« *The Journal of Mediaeval and Renaissance Studies, 4.*
Hess, J.
    1968   »Note Manciniane.« In *Münchener Jahrbuch der bildenden Kunst,* Dritte Folge, Bd. XIX.
Hilton, George W.
    1968   *The Night Boat.* Berkeley, Calif.: Howell-North Books.
Hintikka, Jaakko
    1976   »The Semantics of Questions and the Questions of Semantics.« *Acta Philosophica Fennica.* Bd. 28 (4). Amsterdam: North-Holland.
    1979   »Information-Seeking Dialogue: Some of Their Logical Properties.« *Studia Logica, 32:* 355–363.
    1982   »Sherlock Holmes Meets Modern Logic: Toward a Theory of Information-Seeking through Questioning.« In *Proceedings of the 1978 Groningen Colloquium;* dt. vergleiche Kap. 7 des vorliegenden Bandes.
Hitchings, J. L.
    1946   »Sherlock Holmes the Logician.« *The Baker Street Journal,* Erste Folge, I (2): 113–117.
Hoffman, Daniel
    1972   *Poe Poe Poe Poe Poe Poe Poe.* New York: Doubleday.
Hogan, John C., und Mortimer D. Schwartz
    1964   »The Manly Art of Observation and Deduction.« *Journal of*

Criminal Law, Criminology and Police Science, 55: 157–164.

Holroyd, James Edward
1967 *Seventeen Steps to 221 B.* London: George Allen and Unwin.

Horan, James D.
1967 *The Pinkertons: The Detective Dynasty that Made History.* New York: Crown.

How, Harry
1892 »A Day with Dr. Conan Doyle.« *Strand Magazine* (August).

Huxley, Thomas
1881 »On the Method of Zadig: Retrospective Prophecy as a Function of Science.« In *Science and Culture.* London: Macmillan.

Ingram, David
1978 »Typology and Universals of Personal Pronouns.« In *Universals of Human Language,* hrsgg. von Joseph H. Greenberg, *3:* 213–247. Stanford, Calif.: Stanford University Press.

Jakobson, Roman, und Morris Halle
1956 *Fundamentals of Language.* Den Haag: Mouton.

Jakobson, Roman, und Linda R. Waugh
1979 *The Sound Shape of Language.* Bloomington: Indiana University Press.

James William
1907 *Pragmatism.* New York: Longmans, Green; dt. *Der Pragmatismus.* Hamburg: Meiner, 1977.

Johnson, Barbara
1980 *The Critical Difference: Essays in the Contemporary Rhetoric of Reading.* Baltimore, Md.: The Johns Hopkins University Press.

Jones, Ernest
1953–1960 *The Life and Work of Sigmund Freud.* New York: Basic Books; dt. *Das Leben und Werk Sigmund Freuds.* Bern/ Stuttgart: Huber, 1960–1962.

Kejci-Graf, Karl
1967 »Sherlock Holmes, Scientist, Including Some Unpopular Opinions.« *The Sherlock Holmes Journal,* 8 (3): 72–78.

Kenney, E. J.
1974 *The Classical Text: Aspects of Editing in the Age of Printed Books.* Berkeley: University of California Press.

Ketner, Kenneth L., und James E. Cook (Hrsg.),
1975 *Charles Sanders Peirce: Contributions to* The Nation. *Part One:* 1869–1893. (Graduate Studies, Texas Tech. University, Nr. 10.) Lubbock: Texas Tech. Press.

Kloesel, Christian J. W.
　1979　»Charles Peirce and the Secret of the Harvard O. K.« *The New England Quarterly, 52* (I).

Kofman, Sarah
　1975　*L'enfance de l'art. Une interpretation de l'esthétique freudienne.* Paris: Payot.

Koselleck, Reinhart
　1969　*Kritik und Krise. Ein Beitrag zur Pathogenese der bürgerlichen Welt.* Freiburg: K. Alber.

Kuhn, Thomas S.
　1962　*The Structure of Scientific Revolutions.* Chicago, Ill.: University of Toronto Press; dt. *Die Struktur wissenschaftlicher Revolutionen.* Frankfurt/M.: Suhrkamp, 1967.
　1974　»Postcript 1969.« In *The Structure of Scientific Revolutions* (zweite erweiterte Auflage) Chicago, Ill.: University of Chicago Press.
　1975　»Tradition mathématique et tradition expérimentale dans le dévéloppement de la physique.« *Annales ESC, 30:* 975–998.

Lacan, Jacques
　1966　*Écrits.* Paris: Seuil; dt. *Schriften.* Olten/Freiburg: Walter, 1973 ff.

Lacassagne, Alexandre
　1914　*Alphonse Bertillon: L'homme, le savant, la pensée philosophique.* Lyon: A. Rey.

Lacassin, Francis
　1974　*Mythologie du roman policier.* Bd. I. Paris: Union Générale d'éditions.

Lamond, John
　1931　*Arthur Conan Doyle: A Memoir.* London: John Murray.

Lanzi, Luigi A.
　1968　*Storia pittorica dell' Italia,* hrsgg. von Martino Capucci. Bd. I. Florenz: Sansoni.

Larsen, Svend Erik
　1980　»La structure productrice du mot d'ésprit et de la sémiosis. Essai sur Freud et Peirce.« *Degrés, 8* (21): 1–18.

Leavitt, R. K.
　1940　»Nummi in Arca or The Fiscal Holmes.« In 221 *B: Studies in Sherlock Holmes,* hrsgg. von Vincent Starrett, 16–36. New York: Macmillan.

Levinson, Boris M.
　1966　»Some Observations on the Use of Pets in Psychodiagnosis.« *Pediatrics Digest, 8:* 81–85.

Lévi-Strauss, Claude, *et al.*
1977   *L'Identité.* Séminare interdisciplinaire, geleitet von Claude Lévi-Strauss. Paris: Plon.
Locard, Edmond
1909   *L'identification des récidivistes.* Paris: A. Maloine.
1914   »L'Œuvre« *Alphonse Bertillon.* Lyon: A. Rey.
Locke, Harold
1928   *A Bibliographical Catalogue of the Writings of Sir Arthur Conan Doyle, M. D., LL. D., 1879–1928.* Tunbridge Wells: D. Webster.
Locke, John
1975   *An Essay Concerning Human Understanding,* hrsgg. von Peter H. Nidditch. Oxford: Clarendon Press.
Longhi, Roberto
1967   *Saggi e ricerche: 1925–1928.* Florenz: Sansoni.
Lotz, János
1976   »A személy, szám, viszonyítás és tárgyhatározottság kategóriái a magyarban.« In *Szonettkoszorú a nyelvröl.* Budapest.
Lotz, John
1962   »Thoughts on Phonology as Applied to the Turkish Vowels.« In *American Studies on Altaic Linguistics,* hrsgg. von Nicholas Poppe, *13:* 343–351. Bloomington: Indiana University Press.
Lynceo, Ioanne Terrentio (Francisco Hernandez)
1651   *Rerum medicarum Novae Hispaniae Thesaurus.* Rom: Vitalis Mascardi.
Mackenzie, J. B.
1956   »Sherlock Holmes' Plots and Strategies.« In *Baker Street Journal Christmas Annual,* 56–61.
Mahon, Denis
1947   *Studies in Seicento Art and Theory.* London: London University-Warburg Institute.
Mancini, Giulio
1956–1957 *Considerazioni sulla pittura,* hrsgg. von A. Marucchi. 2 Bde., Rom: Accademia Nazionale dei Lincei.
Marcus, Steven
1976   »Introduction.« *The Adventures of Sherlock Holmes.* New York: Schocken Books.
Martinez, J. A.
1974   »Galileo on Primary and Secondary Qualities.« *Journal of the History of Behavioral Sciences, 10:* 160–169.
Marx, Karl
1872   *Das Kapital: Kritik der politischen Ökonomie.* Hamburg: O. Meisner.

333

May, Luke S.
1936   *Crime's Nemesis.* New York: Macmillan.
Meyer, Nicholas
1974   *The Seven Percent Solution: Being a Reprint from the Reminiscences of John Watson, M. D.* New York: Dutton.
Melandri, Enzo
1968   *La linea e il circolo. Studio logico-filosofico sull'analogia.* Bologna: Mulino.
Mercati, Giovanni, Cardinal
1952   *Note per la storia di alcune biblioteche romane nei secoli xvi– xix.* Vatikan
Merton, Robert K.
1957   *Social Theory and Social Structure.* Glencoe, Ill.: Free Press. (Erstveröffentlichung 1949.)
Messac, Régis
1929   *La »Detective Novel« et l'influence de la pensée scientifique.* Paris: Libraire Ancienne Honoré Champion.
Millar, Kenneth (Pseud. für Ross MacDonald)
1969   *The Goodbye Look.* New York: Knopf.
Momigliano, Arnaldo
1975   »Storiographica greca.« *Rivista storia italiana,* 87.
Morelli, Giovanni (Pseud.: Ivan Lermolieff)
1880   *Die Werke italienischer Meister in den Galerien von München, Dresden und Berlin.* Leipzig: Seemann.
1886   *Le Opere dei Maestri Italiani nelle gallerie di Monaco, Dresda e Berlino.* Bologna: N. Zanicchelli.
1890   *Kunstkritische Studien über Italienische Malerei.* Bd. I: *Die Galerien Borghese und Doria Panfili in Rom.* Leipzig: F. A. Brockhaus, 1890.
1897   *Della pittura italiana: Studii storico critici – Le gallerie Borghese e Doria Panfili in Roma.* Mailand: Treves.
Morris, Charles W.
1971   *Writings on the General Theory of Signs.* Den Haag: Mouton.
Mourad, Youssef
1939   (hrsgg. und übers.) *La physionomie arabe et le Kitāb al-Firāsa de Fakhr al-Dīn al-Rāzī.* Paris: P. Geuthner.
Murch, Alma Elizabeth
1958   *The Development of the Detective Novel.* London: Peter Owen.
Nelson, Benjamin N. (Hrsg.)
1958   *Freud and the Twentieth Century.* Gloucester, Mass.: Peter Smith.

Nolen, William A.
1974   *Healing: A Doctor in Search of a Miracle*. New York: Random House. (Greenwich, Conn.: Fawcett, 1975.)

Nordon, Pierre
1966   *Conan Doyle:* London: John Murray.
1967   *Conan Doyle: A Biography*, übers. von Frances Partridge. New York: Holt, Rinehart and Winston.

Pagels, Heinz R.
1982   *The Cosmic Code: Quantum Physics as the Language of Nature*. New York: Simon and Schuster.

Park, Orlando
1962   *Sherlock Holmes, Esq., and John H. Watson, M. D.: An Encyclopedia of Their Affairs*. Evanston, Ill.: Northwestern University Press.

Pearson, Hesketh
1943   *Conan Doyle, His Life and Art*. London: Methuen.

Peirce, Charles Sanders
1923   *Chance, Love, and Logic*. New York: Harcourt, Brace.
1929   »Guessing.« *The Hound and Horn*, 2: 267–282.
1955   »Abduction and Induction.« In *Philosophical Writings of Peirce*, hrsgg. von Justus Buchler. New York: Dover.
1956   »Deduction, Induction, and Hypothesis.« In *Chance, Love, and Logic*. New York: Braziller.
1935–1966 *Collected Papers of Charles Sanders Peirce*, hrsgg. von Charles Hartshorne, Paul Weiss und Arthur W. Burks. 8 Bde., Cambridge, Mass.: Harvard University Press.
1967   *Schriften*, hrsgg. von K.-O. Apel. 2 Bde. Frankfurt/M.: Suhrkamp.
1982   *Writings of Charles S. Peirce: A Chronological Edition. Vol. I: 1857–1866*, hrsgg. von Max H. Fisch, *et al.* Bloomington: Indiana University Press.

Pelç, Jerzy
1977   »On the Prospects of Research in the History of Semiotics.« *Semiotic Scene*, 1 (3): 1–12.

Perrot, M.
1975   »Délinquance et système pénitentiaire en France au XIXᵉ siècle.« *Annales ESC, 30:* 67–91.

Peterson, Svend
1956   *A Sherlock Holmes Almanac*. Washington, D. C.: Privatdruck.

Pintard, René
1943   *Le libertinage-érudit dans la premiere moitié du XVIIᵉ siècle*. Bd. I. Paris: Boivin.

Poe, Edgar Allan
1966 [1841] »Die Morde in der Rue Morgue.« In *Gesammelte Werke*. Olten/Freiburg: Walter. Bd. I: 723–777.
1967 [1841] »Ein Sturz in den Malstrom.« In *Gesammelte Werke*. Olten/Freiburg: Walter. Bd. II: 522–548.
Pomian, Krzysztof
1975 »L'histoire des sciences et l'histoire de l'histoire.« *Annales ESC, 30:* 935–952.
Popper, Karl R.
1963 *Conjectures and Refutations: The Growth of Scientific Knowledge*. New York: Basic Books.
1972 *Objective Knowledge: An Evolutionary Approach*. Oxford: Clarendon Press, ²1979; dt. *Objektive Erkenntnis. Ein evolutionärer Entwurf*. Hamburg: Hoffmann u. Campe, 1974.
Potter, Vincent G.
1967 *Charles S. Peirce on Norms & Ideals*. Amherst: University of Massachusetts Press.
Pratt, Fletcher
1955 »Very Little Murder.« *The Baker Street Journal*, Neue Folge, 2 (April): 69–76.
Previtali, Giovanni
1978 »À propos de Morelli.« *Revue de l'Art, 42*.
Propp, Vladimir I.
1946 *Istoričeskie Korni Volšebnoi Skazki*. Leningrad: Staatsuniversität.
Purkyně, Jan E.
1948 *Opera Selecta*. Prag: Spolek Českých Lékařu.
Queen Ellery (Hrsg.)
1944 *Misadventures of Sherlock Holmes*. Boston, Mass.: Little, Brown.
Raimondi, E.
1974 *Il romanzo senza idillio. Saggio sui Promessi Sposi*. Turin: Einaudi.
Ransdell, Joseph
1977 »Some Leading Ideas of Peirce's Semiotic.« *Semiotica, 19*.
Reed, John Shelton
1970 »The Other Side.« Unveröff. Ms., Department of Sociology, University of North Carolina at Chapel Hill.
Reik, Theodor
1928 *Das Ritual. Psychoanalytische Studien*. Leipzig/Wien/Zürich.
Remer, Theodore G. (Hrsg.)
1965 *Serendipity and the Three Princes: From the Peregrinaggio of 1557*. Norman: University of Oklahoma Press.

Revzin, Isaak I.
1964 »K semiotičiskomu analizu detektivov (na primere romanov Agaty Kristi).« *Programma i tezisy dokladov v letnej škole po vtoričnym modelirujuščim sistemam*. 16–26 avg., 38–40. Tartu.

Richter, Jean Paul
1960 *Italienische Malerei der Renaissance im Briefwechsel von Giovanni Morelli und Jean Paul Richter – 1876–1891*. Baden-Baden: Grimm.

Robert, Marthe
1966 *The Psychoanalytic Revolution: Sigmund Freud's Life and Achievement*. New York: Harcourt, Brace & World; dt. *Die Revolution der Psychoanalyse*. Frankfurt/M.: Fischer, 1972.

Roberts, Sir Sydney C.
1931 *Doctor Watson: Prolegomena to the Study of a Biographical Problem*. London: Faber and Faber.

Robin, Richard S.
1967 *Annotated Catalogue of the Papers of Charles S. Peirce*. Amherst: University of Massachusetts Press.

Rossi, Paolo
1977 *Immagini della scienza*. Rom: Editori riuniti.

Scalzini, Marcello
1585 *Il secretario*. Venedig: D. Nicolini.

Scheglov, Yuri K.
1975 [1968] »Toward a Description of Detective Story Structure.« *Russian Poetics in Translation, I:* 51–77.

Scheibe, Karl E.
1978 »The Psychologist's Advantage and Its Nullification: Limits of Human Predictability.« *American Psychologist, 33:* 869–881.
1979 *Mirrors, Masks, Lies, and Secrets: The Limits of Human Predictability*. New York: Praeger.

Schenk, Remsen Ten Eyck
1948 *Occupation Marks*. New York: Grune and Stratton.
1953 »The Effect of Trades upon the Body.« *The Baker Street Journal*, Neue Folge, *3* (Januar): 31–36.

Schlosser Magnino, Julius
1924 *Die Kunstliteratur*. Wien: Schroll.

Schönau, Walter
1968 *Sigmund Freuds Prosa. Literarische Elemente seines Stils*. Stuttgart: Metzler.

Schorske, Carl E.
1980 »Politics and Parricides in Freud's Interpretation of Dreams.«

In *Fin de-Siècle Vienna: Politics and Culture*. New York: Knopf.

Sebeok, Thomas A.
1951 »Aymara ›Little Riding Hood‹ with Morphological Analysis.« *Archivum Linguisticum, 3:* 53–69.
1976 *Contributions to the Doctrine of Signs.* Lisse: Peter de Ridder Press.
1977 (Hrsg.) *A Perfusion of Signs.* Bloomington: Indiana University Press.
1979 *The Sign & Its Masters.* Austin: University of Texas Press.
1981 *The Play of Musement.* Bloomington: Indiana University Press.
1984 »The Role of the Observer.« In *I Think I Am A Verb*, Kap. 10. New York: Plenum.
1984 »Symptom.« *Zeitschrift für Semiotik, 5 (Semiotik und Medizin).*

Sebeok, Thomas A., und Jean Umiker-Sebeok
1979 »You Know My Method: A Juxtaposition of Charles S. Peirce and Sherlock Holmes.« *Semiotica, 26* (2/3): 203–250; dt. Kap. 2 des vorliegenden Bandes.

Segre, E.
1975 »La gerarchia dei segni.« In *Psicanalisi e semiotica*, hrsgg. von A. Verdiglione. Mailand: Feltrinelli.

Seppilli, Anita
1971 *Poesia e magia.* Turin: Einaudi.

Šklovskij, Viktor B.
1925 *O Teorii prozy.* Moskau: Federacija.

Smith, Edgar W.
1940 *Baker Street and Beyond: A Sherlockian Gazeteer.* New York: Pamphlet House.
1944 *Profile by Gaslight: An Irregular Reader about the Private Life of Sherlock Holmes.* New York: Simon and Schuster.

Spector, J. J.
1969 »Les méthodes de la critique de l'art et la psychanalyse freudienne.« *Diogenes, 66.*

Spini, Giorgio
1956 *Risorgimento e protestanti.* Neapel: Edizioni Scientifiche Italiane.

Spinoza, Benedictus de [Baruch]
1924–1925 »Ethica ordine geometrico demonstrata.« *In Opera*, hrsgg. von C. Gebhardt, 4 Bde., im Auftrag der Heidelberger Akademie der Wissenschaften. Heidelberg: Universitätsbuchhandlung.

Spitzer, Leo
1910 *Die Wortbildung als stilistisches Mittel, exemplifiziert an Rabelais.* Halle: Niemeyer.

Starrett, Vincent
1940 *221 B: Studies in Sherlock Holmes.* New York: Macmillan.
1971 [1934] *The Private Life of Sherlock Holmes.* New York: Haskell House.

Stendhal (Pseud. für Henri Beyle)
1948 *Souvenirs d'égotisme,* hrsgg. von H. Martineau. Paris.

Steward-Gordon, James
1961 »Real-Life Sherlock Holmes.« *Reader's Digest, 79* (November): 281–288.

Stone, Gregory P., und Harvey A. Farberman (Hrsg.)
1970 *Social Psychology through Symbolic Interaction.* Waltham, Mass.: Ginn-Blaisdell.

Stout, Rex
1938 *Too Many Cooks.* London: Collins.

Swanson, Martin J.
1962 »Graphologists in the Canon.« *The Baker Street Journal,* Neue Folge, *12* (Juni): 73–80.

Symons, Julian
1972 *Bloody Murder; From the Detective Story to the Crime Novel: A History.* London: Faber & Faber.
1978 *The Tell-Tale Heart: The Life and Works of Edgar Allan Poe.* New York: Harper & Row.

Thagard, Paul R.
1978 »Semiosis and Hypothetic Inference in Ch. S. Peirce.« *Versus, 19–20.*

Thom, René
1972 *Stabilité structurelle et morphogenèse.* Reading, Mass.: W. A. Benjamin; engl. Übersetzung *Structural Stability and Morphogenesis: An Outline of a General Theory of Models.* Reading: W. A. Benjamin, 1975.
1980 *Modèles mathématiques de la morphogenèse.* Paris: Christian Bourgois.

Thomas, Lewis
1983 *The Youngest Science: Notes of a Medicine-Watcher.* New York: The Viking Press.

Thompson, E. P.
1975 *Whigs and Hunters: The Origin of the Black Act.* London: Allen Lane.

Timpanaro, Sebastiano
1963 *La genesi del metodo del Lachmann.* Florenz: F. Le Monnier.

1974   *Il lapsus freudiano. Psicanalisi e critica testuale.* Florenz: F. Le Monnier.

Timpanaro-Cardini, Maria (Hrsg.)
1958   *Pitagorici: Testimonianze e frammenti.* Bd. I. Florenz: La Nuova Italia.

Tracy, Jack (Hrsg.)
1977   *The Encylopedia Sherlockiana, or A Universal Dictionary of the State of Knowledge of Sherlock Holmes and His Biographer, John H. Watson, M. D.* Garden City, N. Y.: Doubleday.

Traube, L.
1965   »Geschichte der Palaeographie.« In *Zur Palaeographie und Handschriftenkunde,* hrsgg. von P. Lehmann; München.

Tronti, M.
1963   »Baldi.« In *Dizionario biografico degli italiani.* Bd. 5. Rom.

Truzzi, Marcello
1973   »Sherlock Holmes: Applied Social Psychologist.« In *The Humanities as Sociology: An Introductory Reader,* hrsgg. von Marcello Truzzi, 93–126. Columbus, Ohio: Charles E. Merrill; dt. Kap. 3 des vorliegenden Bandes.

Vandermeersch, L.
1974   »De la tortue à l'Achilée.« *Divination et Rationalité,* hrsgg. von J. P. Vernant *et al.* Paris: Seuil.

Vegetti, Mario
1965   (Hrsg.) »Introduction.« *Opere di Ippocrate.* Turin: U.T.E.T.
1978   *Il coltello e lo stilo.* Mailand: Il Saggiatore.

Vernant, Jean-Pierre
1974   »Paroles et signes muets.« In *Divination et Rationalité,* hrsgg. von J.-P. Vernant *et al.* Paris: Seuil.

Victorius, K.
1956   »Der ›Moses des Michelangelo‹ von Sigmund Freud.« In *Entfaltung der Psychoanalyse,* hrsgg. von Alexander Mitscherlich. Stuttgart: E. Klett.

Voltaire
1949   [1747] *Zadig oder Das Schicksal.* In *Sämtl. Romane und Erzählungen.* Bd. I. Leipzig: Dieterich.

Walsh, F. Michael
1972   »Review of Fann (1970).« *Philosophy, 47:* 377–379.

Warburg, Aby
1932   *Gesammelte Schriften.* Leipzig: Teubner.

Webb, Eugene J. *(et al.)*
1966   *Unobtrusive Measures: Non-Reactive Research in the Social Sciences.* Chicago: Rand McNally.

Wesselofsky, A.
1886   »Eine Märchengruppe.« In *Archiv für slavische Philologie, 9.*

Winch, R. F.
1955   »The Theory of Complementary Needs in Mate Selection: Final Results on the Test of the General Hypothesis.« *American Sociological Review, 20:* 552–555.

Winckelmann, J. J.
1952–1954 *Briefe,* hrsgg. von H. Diepolder und W. Rehm. 2 Bde., Berlin: W. de Gruyter.

Wind, Edgar
1964   *Art and Anarchy.* New York: Knopf; dt. *Kunst und Anarchie.* Frankfurt/M.: Suhrkamp, 1979.

Wolff, Julian
1952   *The Sherlockian Atlas.* New York: Privatdruck.
1955   *Practical Handbook of Sherlockian Heraldry.* New York: Privatdruck.

Wollheim, Richard
1973   »Freud and the Understanding of Art.« In *On Art and the Mind.* London: Allen Lane.

Yellen, Sherman
1965   »Sir Arthur Conan Doyle: Sherlock Holmes in Spiritland.« *International Journal of Parapsychology, 7:* 33–57.

Zeisler, Ernest B.
1953   *Baker Street Chronology: Commentaries on the Sacred Writings of Dr. John H. Watson.* Chicago, Ill.: Alexander J. Isaacs.

Zerner, H.
1978   »Giovanni Morelli et la science de l'art.« *Revue de l'Art, 40–41.*

Supplemente

Textprobe:

„Das Verständnis von Zeichen ist keine bloße Frage des Erkennens (einer stabilen Äqui-
valenz), es ist eine Frage der *Interpretation*
Deshalb ist die Substitution *(aliquid stat pro aliquo)* nicht die einzig notwendige Bedingung für ein Zeichen: die Möglichkeit der *Interpretation* ist ebenfalls notwendig. Mit Interpretation (Kriterium der Interpretierbarkeit) meinen wir das Konzept, das Peirce ausgearbeitet hat, nach dem jeder *Interpretant* (entweder ein Zeichen oder ein Ausdruck
oder eine Sequenz von Ausdrücken, die einen vorausgegangenen Ausdruck übersetzen),
über das Übersetzen des unmittelbaren Objektes oder Zeicheninhalts hinaus auch unser
Verständnis von ihm erweitert. Das Kriterium der Interpretierbarkeit erlaubt es, bei
einem Zeichen zu beginnen, um Schritt für Schritt den gesamten Kreis der Semiose ab-
zudecken. [. . .]
An diesem Punkt ist klar, daß das Todesurteil, das wegen der Anklage der Gleichheit,
Ähnlichkeit und Verminderung von Unterschieden über das Zeichen verhängt wurde,
ein absolutes Fehlurteil war. Es gründete sich auf die Erpressung eines ‚flachen‘ sprachlichen Zeichens, das als Korrelation gesehen wurde, die auf einer Sackgassen-Äquivalenz
basiert, auf der Substitution des Gleichen. In Wahrheit aber schließt das Zeichen immer
etwas Neues auf. Kein Interpretant, der nicht bei der Adjustierung des interpretierten
Zeichens bis zu einem gewissen Grad dessen Grenzen ändert. [. . .]
Hjelmslev läßt uns die Existenz zweier getrennter Kontinua annehmen, eines für den
Ausdruck und eines für den Inhalt. Aber das Zeichenfunktionsmodell sollte im Lichte
der Peirceschen Semiotik neu formuliert werden. Die *Materie*, das *Kontinuum*, über das
und durch das Zeichen sprechen, ist immer dieselbe. Sie ist das dynamische Objekt, von
dem Peirce sprach, das das Zeichen motiviert, obgleich das Zeichen es nicht unmittelbar
wiedergibt, da sein Ausdruck lediglich ein unmittelbares Objekt (den *Inhalt*) vermittelt.
Eine bestimmte Zivilisation organisiert den Inhalt in Form von Feldern, Achsen, Subsy-
stemen und Teilsystemen, die oft untereinander nicht verbunden sind. Sie werden nach
einer bestimmten kontextuellen Perspektive gegliedert (und der Kontext kann ebensogut die Kultur eines Jahrtausends sein wie ein Gedicht oder ein Diagramm). Diese In-
halts-Segmente können mit physikalischen Größen korrespondieren (Frau, Hund,
Haus), mit abstrakten Konzepten (Gut, Böse), mit Handlungen (laufen, essen), Gattungen und Arten (Tier, ebene Figur) und genausogut mit Richtungen und Beziehungen
(über, vor, hin, wenn und dann, oder). Diese Abschnitte werden aufgrund schlußfolgern-
der Verbindungen in größeren Sequenzen artikuliert. Um sie auszudrücken, muß man
formalisierte und formalisierbare Abschnitte des Kontinuums wählen, die *dasselbe sind*
wie das, worüber gesprochen wird, d. h. dasselbe Kontinuum, das durch den Inhalt seg-
mentiert wird."

Supplemente

Band 5
Umberto Eco. **Semiotik. Entwurf einer Theorie der Zeichen**
Aus dem Englischen übersetzt von Günter Memmert

Inhalt

Vorwort

0. Einführung – In Richtung auf eine Logik der Kultur
1. Bedeutung und Kommunikation
2. Theorie der Codes
3. Theorie der Zeichenproduktion
4. Der Gegenstand der Semiotik

Textprobe:

3.5.9 Ikonische Artikulation

„Wir haben gesehen, daß zur Realisierung ikonischer Äquivalente der Wahrnehmung nur bestimmte relevante Aspekte ausgewählt werden. Kinder unter vier Jahren sehen den Rumpf eines Menschen nicht als relevantes Merkmal und stellen ihn nur als Gebilde aus Kopf mit Gliedern dar. Auf der Ebene der großen Einheiten kann man also tatsächlich relevante Merkmale identifizieren. Auf der Ebene der mikroskopischen Komponenten dagegen ist die Sache bei weitem nicht so klar. In der Verbalsprache findet man diskrete Einheiten auf allen Ebenen: von den lexikalischen Einheiten bis zu den Phonemen, von den Phonemen bis zu den distinktiven Merkmalen ist hier alles der Analyse zugänglich. Auf der Ebene der vermuteten ikonischen Codes hingegen wird das Bild recht verwirrend. Die Erfahrungen mit der visuellen Kommunikation erinnern uns daran, daß wir sowohl auf der Basis *starker* Codes (wie bei der Verbalsprache) oder sogar *sehr starker* Codes (wie beim Morse-Alphabet) als auch auf der Basis *schwacher* Codes kommunizieren, die kaum definiert sind, sich ständig ändern und bei denen die freien Varianten viel stärker in Erscheinung treten als die relevanten Merkmale.
Es gibt in der Verbalsprache viele Möglichkeiten, ein Phonem oder ein Wort verschieden intoniert und betont auszusprechen; dennoch lassen sich bestimmte distinktive Merkmale erkennen, die nicht redundant sind und also die Grenzen festlegen, innerhalb derer eine bestimmte ,etische' Emission ,emisch' erkennbar bleibt. So sind zum Beispiel die Grenzen zwischen [dz] und [tz] stark codifiziert.
Im Bereich der graphischen Darstellung hingegen gibt es unendlich viele Möglichkeiten, etwa ein Pferd wiederzugeben. Ich kann mit der Verteilung von Licht und Schatten arbeiten, kann es mit wenigen Pinselstrichen andeuten oder in peinlichstem Realismus darstellen (und ich kann es stehend, galoppierend, liegend, beim Trinken usw. zeigen). Natürlich kann ich /Pferd/ auch verbal in Hunderten verschiedener Sprachen und Dialekte sagen; aber so lange ich Sprachen und Dialekte benutze, und seien es noch so viele, kann ich sie auch kodifizieren und registrieren, während die *zahllosen verschiedenen Arten*, ein Pferd abzubilden, überhaupt nicht vorhersehbar sind. Andererseits sind verbale Ausdrücke nur für die verstehbar, denen die betreffenden Sprachen vertraut sind, während die unendlich vielen Arten, ein Pferd abzubilden, im allgemeinen auch von denen verstanden werden können, denen visuelle Konventionen fremd sind (Ausnahmen sind die Fälle sehr starker Schematisierung). Es gibt bei der visuellen Darstellung also *makroskopische* Blöcke (Texte), deren artikulierende Elemente nicht identifizierbar sind.“

UTB   Uni-Taschenbücher

Umberto Eco. **Einführung in die Semiotik**
Autorisierte deutsche Ausgabe von Jürgen Trabant
UTB Uni-Taschenbücher 105

Inhalt

Die Semiotik, d. h. die Erforschung der Kultur als Kommunikation, bedeutet Grundlagenwissen für den gesamten Bereich der Philosophischen Fakultät. Umberto Eco, der zu den Pionieren auf diesem Gebiet zählt, ist wie kein anderer berufen, in die allgemeine Lehre von den Zeichen in gründlicher Gesamtschau einzuführen. Für die Literatur- und Sprachwissenschaften, für Soziologie, Philosophie, Rhetorik, Kunst, einschließlich solcher Probleme wie Filmästhetik, Reklame, politische Propaganda, Trivialliteratur und Subkultur, werden in gut faßlicher und fesselnder Weise neue Wege des Verständnisses aufgewiesen.
Die vorliegende Fassung ist eine autorisierte völlige Neubearbeitung für den deutschen Leser.

„Die Erforschung der Kultur als Kommunikation, wie Eco sie in seiner ungemein reichen ‚Einführung' entwirft, bleibt glücklicherweise im Bereich des Methodologischen unter Ausschluß jeglicher metaphysischer Fragen oder Zielsetzungen. Die Übersetzung ist sehr zuverlässig und gut lesbar. Die Bibliographie mit fast 500 Titeln ist ein hervorragendes und nützliches Instrumentarium".   (Frankfurter Allgemeine Zeitung)